中国特色社会主义论纲

杨根乔 等◎著

合肥工业大学出版社

图书在版编目(CIP)数据

中国特色社会主义论纲/杨根乔等著. —合肥:合肥工业大学出版社,2017. 12
ISBN 978 - 7 - 5650 - 3803 - 7

Ⅰ. ①中…　Ⅱ. ①杨…　Ⅲ. ①中国特色社会主义—学习参考资料　Ⅳ. ①D616

中国版本图书馆 CIP 数据核字(2017)第 324024 号

中国特色社会主义论纲

杨根乔　等　著　　　　责任编辑　郭娟娟

出　版	合肥工业大学出版社	版　次	2017 年 12 月第 1 版
地　址	合肥市屯溪路 193 号	印　次	2018 年 3 月第 1 次印刷
邮　编	230009	开　本	710 毫米×1000 毫米　1/16
电　话	人文编辑部:0551 - 62903205	印　张	23. 25
	市场营销部:0551 - 62903198	字　数	416 千字
网　址	www. hfutpress. com. cn	印　刷	安徽昶颉包装印务有限责任公司
E-mail	hfutpress@ 163. com	发　行	全国新华书店

ISBN 978 - 7 - 5650 - 3803 - 7　　　　定价:49. 00 元

如果有影响阅读的印装质量问题,请与出版社市场营销部联系调换。

序　言

习近平总书记指出，坚持和发展中国特色社会主义是一篇大文章，邓小平同志为它确立了基本思路和基本原则，以江泽民同志为核心的党的第三代中央领导集体，以胡锦涛同志为总书记的党中央都在这篇大文章上写下了精彩的篇章。我们这一代共产党人的任务就是继续把这篇大文章写下去。

诚然，中国特色社会主义是中国共产党和人民历尽千辛万苦、付出巨大代价取得的根本成就。它是以道路、理论和制度的形态存在的，“是由道路、理论体系、制度三位一体构成的”。

胡锦涛同志在中共十八大报告中指出：“中国特色社会主义道路，中国特色社会主义理论体系，中国特色社会主义制度，是党和人民九十多年奋斗、创造、积累的根本成就，必须倍加珍惜、始终坚持、不断发展。”中国特色社会主义是实践、理论、制度紧密结合的，既把成功的实践上升为理论，又以正确的理论指导新的实践，还把实践中已见成效的方针政策及时上升为党和国家的制度，由此形成了中国特色社会主义道路、理论体系、制度。

中国特色社会主义道路，是实现我国社会主义现代化的必由之路，是创造人民美好生活的必由之路。中国特色社会主义理论体系，包括邓小平理论、“三个代表”重要思想、科学发展观以及党的十八大以来习近平治国理政新理念新思想新战略。中国特色社会主义制度不会一成不变，而是要在改革实践中不断发展完善。

道路是实现途径，理论体系是行动指南，制度是根本保障。中国特色社会主义道路、理论、制度是中国特色社会主义的三个基本方面，构成了中国特色社会主义的基本框架，三者统一于中国特色社会主义伟大实践。这是中国特色社会主义的最鲜明特色。正如2012年11月习近平总书记在中央政治局第一次集体学习时所指出的，中国特色社会主义特就特在其道路、理论体系、制度上；特就特在实现途径、行动指南、根本保障的内在联系上；特就特在这三者统一于中国特色社会主义伟大实践上。在当代中国，坚持和发展中国特色社会主义，就是真正坚持社会主义。

当前，深入研究中国特色社会主义道路、理论、制度，无疑是坚持和发展中国特色社会主义的一种有效形式。由安徽省社会科学院马克思主义研究所同志撰写的《中国特色社会主义论纲》一书，着力研究的中国特色社会主义，这就是建党90多年来，尤其是改革开放30多年来，中国共产党人不断进行理论创新和实践创新取得的最重要的成果，积累的最宝贵的财富，它是在中国特色社会主义旗帜统率下的中国特色社会主义道路、理论体系、制度“三位一体”的有机统一整体，它明确地回答了举什么旗、走什么路、以什么理论做指导、坚持和完善什么社会制度等重大理论和现实问题。

全书分为上、中、下三篇，共十二章，内容撰写到中共十九大召开之前，从宏观视角，对中国特色社会主义道路、理论体系、制度进行了较全面和系统论述。其中，上篇为中国特色社会主义道路，主要论述中国特色社会主义道路的开辟历程、中国特色社会主义道路的基本内涵、中国特色社会主义道路的基本特征、中国特色社会主义道路的重大意义。中篇为中国特色社会主义理论体系，主要论述中国特色社会主义理论体系的形成发展、中国特色社会主义理论体系的基本内容、中国特色社会主义理论体系的基本特点、中国特色社会主义理论体系的历史地位。下篇为中国特色社会主义制度，主要论述中国特色社会主义制度的创设发展、中国特色社会主义制度的基本内涵、中国特色社会主义制度的基本特征、中国特色社会主义制度的地位意义。

作　者

目　录

中　篇　中国特色社会主义理论体系

下　篇　中国特色社会主义制度

上 篇
中国特色社会主义道路

"道路"关乎党的命脉，关乎国家前途、民族命运、人民幸福。在道路、理论体系和制度中，"道路"最能体现中国特色社会主义的内涵，它与国家富强、民族振兴和人民幸福是紧紧联系在一起的。习近平指出："事实雄辩地证明，要发展中国、稳定中国，要全面建成小康社会、加快推进社会主义现代化，要实现中华民族伟大复兴，必须坚定不移坚持和发展中国特色社会主义。"① 在中国这样一个经济文化十分落后的国家探索民族复兴道路，是极为艰巨的任务。90 多年来，中国共产党紧紧依靠人民，把马克思主义基本原理同中国实际和时代特征结合起来，独立自主走自己的路，历经千辛万苦，付出各种代价，取得了革命、建设和改革的伟大胜利，开创和发展了中国特色社会主义道路，从根本上改变了中华民族和中国人民的前途命运。

以毛泽东为主要代表的中国共产党人创造性地运用马克思主义解决中国的问题，深入研究中国国情和中国革命的特点，开创了一条由新民主主义通向社会主义的革命道路，从而实现了中华民族伟大复兴的第一步——民族独立和人民解放，为中国的现代化扫除了政治制度和社会结构上的障碍。中华人民共和国成立后，在探索社会主义建设道路方面进行了艰辛探索，为后来开辟中国特色社会主义新道路提供了宝贵经验、理论准备和物质基础。

---

① 习近平：《全面贯彻落实党的十八大精神要突出抓好六个方面工作》，《求是》2013 年第 1 期。

中共十一届三中全会以后，以邓小平为核心的党的第二代中央领导集体带领全党全国人民实现了指导思想的拨乱反正和工作重点的转移，开启了改革开放新的征程，开辟了中国特色社会主义新道路。中共十三届四中全会以后，以江泽民为核心的党的第三代中央领导集体，坚持改革开放、与时俱进，确立社会主义市场经济体制，推进党的建设新的伟大工程，把中国特色社会主义伟大事业成功推向21世纪。中共十六大以后，以胡锦涛为总书记的党中央深入贯彻落实科学发展观，团结带领全党全国各族人民齐心协力，锐意进取，在新的历史起点上领导我们坚持和发展了中国特色社会主义道路。

中共十八大以来，以习近平为核心的党中央，毫不动摇地坚持和发展中国特色社会主义道路，在治国理政实践中，围绕改革发展稳定、内政外交国防、治党治国治军各个方面，涵盖经济、政治、文化、社会、生态、党的建设等领域，发表系列重要讲话，深刻回答了新形势下党和国家事业发展的一系列重大理论和现实问题，形成了治国理政新理念新思想新战略，坚持中国道路，弘扬中国精神，凝聚中国力量，在建设中国特色社会主义这一前无古人的伟大实践中继续创造着新的辉煌，开启了坚持和发展中国特色社会主义道路的新阶段。

中国共产党领导全国人民坚持走的中国特色社会主义道路，是一条能够使民族振兴、国家富强、人民幸福、社会和谐的康庄大道，是中国发展和进步的唯一正确道路。这条道路越走越坚实，越走越宽广。实践证明，在当代中国，坚持中国特色社会主义理论体系，就是真正坚持马克思主义；坚持走中国特色社会主义道路，就是真正坚持社会主义。

第一章
中国特色社会主义道路的开辟历程

中国特色社会主义道路的历史进程大体可以划分四个阶段，即第一代中央领导集体的探索酝酿阶段；第二代中央领导集体的初步形成阶段；第三代中央领导集体的深入发展阶段以及新一届中央领导集体将其推向创新发展阶段的历史过程；中共十八大以来中国特色社会主义道路的完善发展阶段。搞清楚中国特色社会主义道路选择的来龙去脉，探索其形成发展的历史线索，总结历史经验，就是为了更好地、更坚定地走中国特色社会主义道路。

第一节　中国特色社会主义道路的艰辛探索

在中国这样一个曾经落后的东方大国从事社会主义建设，必然会遇到许多在马克思主义经典教科书中找不到答案的问题。在对中国社会主义道路的探索过程中，中国共产党人把坚持马克思主义基本原理同推进马克思主义中国化结合起来，开辟了实现中国繁荣富强和中国人民幸福安康的中国特色社会主义道路。中国特色社会主义道路的探索过程，是我们党在实践基础上不断深化对共产党执政规律、社会主义建设规律和人类社会发展规律认识的过程，是创造性地探索和回答一系列重大理论与实际问题的过程，是中国特色社会主义理论体系的形成过程。实践表明，正确道路和正确理论相辅相成、良性互动，统一于党领导的中国革命和建设的伟大实践之中。

一、中国特色社会主义道路的艰辛探索历程

1840 年鸦片战争以后，无数仁人志士开始了寻找救亡图强道路的历程。但

是，包括康有为、梁启超的资产阶级改良主义，孙中山先生的资产阶级民主革命在内的各种探索，都无一例外地失败了。历史证明，资产阶级革命或改良道路行不通，只有以马克思主义为指导，推翻军阀统治和国外资本主义的压迫，中国的独立富强才能实现。马克思主义传入中国，为中国特色社会主义道路的最终确立奠定了最初的思想基础。中国共产党成立之后，历经曲折，创造性地解决了把马克思主义基本原理与中国具体实际相结合，推进马克思主义中国化和用中国化的马克思主义指导中国革命实践的重大问题。领导中国人民开创了一条前人没有走过的、中国自己的革命道路——“农村包围城市，武装夺取政权”，完成了反帝反封建的任务，取得了革命胜利，从而实现了中华民族伟大复兴的第一步：实现了民族独立和人民解放，建立了中华人民共和国。

中华人民共和国成立后，如何把马克思主义基本原理与中国具体实际结合起来，领导和推进社会主义现代化建设，是中国共产党面临的一个重大问题。社会主义现代化建设的成功与否，就在于能不能找到一条适合中国国情的发展道路，而不是照搬苏联模式，脱离中国具体实际；或者生搬硬套，陷入教条主义或者狭隘经验主义的窠臼。

1956 年社会主义改造的基本完成，实现了由新民主主义社会向社会主义社会的转变，我国初步建立起社会主义的基本制度，中国共产党领导全国人民开始转入全面的、大规模的社会主义建设。1957 年春，毛泽东提出必须正确区分和处理社会主义社会两类不同性质的社会矛盾，把正确处理人民内部矛盾作为国家政治生活的主题。1958 年，中共八大二次会议通过了社会主义建设总路线及其基本点，提出要“鼓足干劲，力争上游，多快好省地建设社会主义”。这一总路线尽管反映出中国共产党人探索社会主义建设正确道路的良好愿望，但在实施过程中产生了急于求成的思想，忽视了经济发展过程中的自身规律，在后来纠正“大跃进”和人民公社化运动错误的过程中，以毛泽东为代表的中国共产党人又提出了许多重要的思想理论观点，丰富了马克思主义理论宝库，为探索中国特色社会主义道路奠定了坚实的基础。

二、毛泽东探索中国特色社会主义道路的历史贡献

中国特色社会主义是一项承前启后、接续奋斗的伟大事业，它“始于毛、成于邓”。毛泽东是中国特色社会主义的伟大探索者、先行者和奠基者，对中国特色社会主义做出了巨大贡献。中共十八大报告高度评价：以毛泽东为核心的党的第一代中央领导集体，在社会主义建设中取得的独创性理论成果和巨大成就，为改革开放新的历史时期开创中国特色社会主义道路“提供了宝贵经验、理论准

备、物质基础”。[1] 他带领人民紧紧围绕“走什么样的路以及怎么走”的问题，对中国特色社会主义基本道路做出了艰苦卓绝的开创性探索。毛泽东时代的探索，虽然还没有找到一条正确的中国特色社会主义道路，但它为改革开放历史新时期开辟的这条道路，奠定了坚实的基础。

（一）为探索中国特色社会主义道路奠定了根本政治前提

以毛泽东为主要代表的中国共产党人在领导新民主主义革命取得胜利的基础上建立了中华人民共和国，实现了民族独立、人民解放和国家统一。毛泽东曾说：“没有独立、自由、民主和统一，不可能建设真正大规模的工业。”[2] 中华人民共和国的成立，使中国走上了追求繁荣富强的工业化乃至现代化建设道路，为探索中国特色社会主义道路奠定了根本政治前提。主要体现在以下方面：

中华人民共和国的成立实现了中华民族的独立。它废除了100多年来外国侵略者强迫中国签订的一系列不平等条约和他们在中国攫取的种种特权，结束了旧中国长期受外国列强欺凌的历史，让中国人重新找回了自己的尊严，特别是空前提高了民族自尊心和自信心，中华民族从此扬眉吐气，以崭新的姿态自立于世界民族之林。自此中华民族开始走上复兴之路，追求国家工业化和社会主义现代化梦想。

中华人民共和国的成立改变了中国劳苦大众的命运。它使得长期受尽压迫和欺凌的劳苦大众在政治上翻了身，第一次成为新国家、新社会的主人，过上了安居乐业的生活。他们过去的悲惨境况，是旧中国贫穷落后的深刻根源；他们今天当家作主人，是新中国、新社会的显著特征。人民群众翻身解放、当家作主人，为找到适合自己的发展道路，实现国家的繁荣富强，提供了最根本的依靠力量。

中华人民共和国的成立形成了和平稳定的社会局面。它实现了整个大陆地区的完全统一，结束了长期以来国家分裂和军阀混战的局面，在较短的时间里成功地医治了战争创伤，从而为中华民族团结一致，探索面向工业化和社会主义现代化的发展道路，共同建设美好家园，奠定了坚实的基础。

---

① 胡锦涛：《坚定不移沿着中国特色社会主义道路前进 为全面建成小康社会而奋斗》，《人民日报》2012年11月18日。

② 《毛泽东选集》第3卷，人民出版社1991年版，第1080页。

（二）为探索中国特色社会主义道路确立了各项基本制度

“中华人民共和国的成立，标志着中国革命第一阶段的基本结束和中国革命第二阶段的开始。中国革命第二阶段的任务，就是要在中国建立社会主义的社会。”① 毛泽东在不断认识中国国情和特殊规律的基础上，领导党和人民探索适合中国实际情况的社会主义改造道路，在中国这样一个曾经长期处于半封建半殖民地社会的落后的农业国里，依靠中国共产党的坚强领导，依靠人民政府的高度威信，在短短的时间里，实现了从新民主主义社会向社会主义社会的过渡，确立了社会主义根本制度。

1. 领导确立了我国的根本政治制度和其他各项基本政治制度

毛泽东领导创建了人民民主专政的国体。1949 年 6 月，毛泽东在《论人民民主专政》一文中写道：“中国人民在几十年中积累起来的一切经验，都叫我们实行人民民主专政。”② 人民民主专政实质就是无产阶级专政，就是对人民实行民主，对敌人实行专政。1949 年 9 月的《共同纲领》和 1954 年的《宪法》都郑重确立了人民民主专政的国体，即以工人阶级为领导的、以工农联盟为基础的、团结各民主阶级和国内各民族的人民民主专政，这就有力地保障了革命胜利果实和社会主义建设事业。此后，毛泽东又领导创立了与人民民主专政国体相适应的人民代表大会制度，并将这一制度作为我国的根本政治制度。人民代表大会制度既不同于西方议会制，也不同于苏联的苏维埃制，而是符合中国国情和实际、具有鲜明中国特点的政治制度。这一制度不仅为人民当家作主提供了根本保障，为人民民主专政提供了最高的实现形式，而且为新时期改革开放和中国特色社会主义建设奠定了坚实的政治制度基石。此外，毛泽东还领导创立了其他各项基本政治制度，主要是中国共产党领导的多党合作和政治协商制度，以及民族区域自治制度等基本政治制度。这些基本政治制度，有利于广泛吸收各民主党派和无党派民主人士参政议政，结成广泛的爱国统一战线；保障了各少数民族享有充分的自治权力，有利于维护各民族的大团结和国家的统一。

2. 领导确立了我国基本的经济制度

中华人民共和国成立以后，以毛泽东为核心的第一代中央领导集体领导党和人民在迅速医治战争创伤、恢复国民经济的基础上，不失时机地提出了逐步实现国家的社会主义工业化，并逐步实现国家对农业、手工业和资本主义工商业的社

① 《建国以来重要文献选编》第 4 册，中央文献出版社 1993 年版，第 693 页。

② 《毛泽东选集》第 4 卷，人民出版社 1991 年，第 1475 页。

会主义改造的过渡时期总路线。在这条总路线的指引下，我国成功地走出了一条具有中国特色的社会主义改造之路，到 1956 年底，国营经济、集体经济和公私合营经济占到国民经济的92.9%，基本消灭了生产资料私有制，确立了社会主义公有制。自 1956 年社会主义公有制的经济制度在我国全面建立起来之后，新中国在粮食、资金、原料、出口、换汇，以及开展农田水利建设、战胜自然灾害、培养技术人才等方面，积累了一定的物质技术基础，为后来开展大规模工业化建设和社会主义现代化建设，提供了强有力的支撑。同时，社会主义公有制经济制度的确立，为新时期实行改革开放，走中国特色社会主义道路，提供了制度保障。

3. 领导确立了我国社会主义法律体系

中华人民共和国成立后，毛泽东非常重视我国社会主义法律体系建设，他领导并亲自主持了多部法律法规的制定与实施。在起草婚姻法过程中，毛泽东曾两次亲自主持召开由中央多部门参加的联席座谈会，讨论婚姻法草案。1950 年 4 月，中央人民政府委员会第七次会议通过了《中华人民共和国婚姻法》。1950 年 6 月 29 日毛泽东签署主席令，公布实施了《中华人民共和国工会法》。1953 年 3 月 1 日，以中央人民政府命令公布实施了《中华人民共和国选举法》。毛泽东还主持制定了全国人大、国务院、人民法院、人民检察院、地方各级人大和地方各级人民委员会的五个组织法，极大地推动了国家机关的法制化进程。1954 年 9 月 20 日，新中国第一部社会主义性质的宪法在第一次全国人大通过，为新中国的民主和法治建设奠定了坚实的基础。在毛泽东的积极领导和主持下，到 1957 年上半年，经政协会议和中央人民政府委员会制定或者批准的法律、法令共有 50 件。从第一届全国人大召开到 1957 年上半年，全国人大及其常委会制定和批准的法律、法令约 40 多件，刑法草案已起草了 22 稿，民法草案的大部分初稿也已拟出。这些法律法规制定与实施，使我国初步形成了以宪法为核心包括民法、刑法、诉讼法等在内的社会主义法律体系，巩固了新中国社会主义制度，为中国特色社会主义法律体系的形成奠定了坚实的基础。

（三）为探索中国特色社会主义道路提供了宝贵经验

自 1956 年起，以毛泽东为核心的党的第一代中央领导集体率领全党全国各族人民为找寻一条适合中国国情的社会主义道路，进行了艰辛的探索，取得了巨大成就，既有丰富经验，也有沉痛教训。自 1976 年 10 月粉碎“四人帮”、结束“文化大革命”以后，以邓小平为代表的中国共产党人在总结以往经验教训基础上，坚持了实事求是的思想路线，在开创中国特色社会主义道路过程中取得了一个又一个辉煌的成就。

（四）为探索中国特色社会主义道路提供了理论准备

在领导建设社会主义的过程中，毛泽东以苏为鉴，对我国政治、经济、文化等各方面建设进行了积极有益的探索，创造性地提出了一系列符合中国实际、具有中国特点的社会主义建设理论，这些理论成果既涉及宏观层面的战略理论，也有微观层面的具体操作措施，不仅为中国特色社会主义建设提供了必要的理论准备和思想基础，而且对今后中国特色社会主义道路的发展和完善具有十分重要的指导意义。

1. 关于宏观层面的战略理论

一是关于实现马克思主义基本原理与中国实际第二次结合的理论。20 世纪 50 年代，斯大林模式的弊端逐渐显现出来，毛泽东敏锐地意识到要摆脱斯大林模式对我国的不良影响，必须积极主动寻找符合中国特点的社会主义建设道路。他旗帜鲜明地提出要实现马克思主义基本原理与中国实际第二次结合，独立自主地探索适合中国实际的社会主义建设道路。在《论十大关系》中，毛泽东指出："马克思列宁主义，斯大林讲的对的那些方面，我们一定要继续努力学习。我们要学的是属于普遍真理的东西，而且学习一定要与实际结合。如果每句话，包括马克思的话，都要照搬，那就不得了。"① 这些卓越的理论和思想观点，对于突破斯大林模式，实现马克思主义普遍真理和中国实际的第二次结合提供了理论准备和思想基础，也成为探索中国特色社会主义道路的历史和逻辑起点。

二是关于社会主义社会矛盾的理论。这是毛泽东关于中国社会主义建设道路的理论支撑，是他在社会主义建设时期的最大理论创造。毛泽东批判了受斯大林影响的苏联学术界长期居统治地位的社会主义社会"无冲突论"的形而上学观点，强调社会主义社会各方面都存在矛盾，矛盾才是社会主义社会发展的动力。② 他着重论述了以下两种矛盾：其一，关于社会主义社会的基本矛盾。毛泽东在《关于正确处理人民内部矛盾的问题》一文中首次明确提出，社会主义社会的基本矛盾仍然是生产力和生产关系、上层建筑和经济基础的矛盾，二者之间基本适应但又有不适应的方面，这种不适应可以通过改革不断加以解决，这与斯大林"完全适应"的观点有了区别。这一论述极大地解放了人们的思想，成为

---

① 中共中央文献研究室：《建国以来毛泽东文稿》第 6 册，中央文献出版社 1992 年版，第 103 页。

② 赵曜：《中国特色社会主义道路的探索和开创》，《中国延安干部学院学报》2013 年第 5 期。

后来中国改革的最重要的理论依据。其二，关于社会主义社会两类不同性质的矛盾。即敌我矛盾和人民内部矛盾。他强调要严格区分和正确处理两类不同性质的矛盾，用不同方法处理不同性质的矛盾，在革命时期大规模的急风暴雨式的阶级斗争结束后，大量的是属于人民内部矛盾，要把正确处理人民内部矛盾作为国家政治生活的主题。毛泽东关于社会主义社会基本矛盾和人民内部矛盾理论，是新时期实行改革开放政策与大力发展生产力的重要依据。

三是关于社会主义的长期性和发展的阶段性。通过总结我国和其他社会主义国家急于向共产主义过渡的经验教训，毛泽东提出社会主义是一个相当长的历史阶段的论断。之后，他又进一步提出社会主义可以划分为不发达和发达两个阶段，后一阶段更长，由此得出了我国正处于并将长期处于不发达的社会主义阶段的判断。他提出："建设强大的社会主义经济，在中国，五十年不行，会要一百年，或者更多的时间。"[①] 他还多次提出，中国要经过五十年到一百年的时间，才能赶上或超过欧美等发达的资本主义国家。毛泽东这些具有前瞻性和战略性的思想理论观点，为明确我国所处的发展阶段，探索中国特色社会主义道路提供了理论依据。

2. 关于党的方针政策

毛泽东在经济、文化、科技、外交、党的建设等方面都提出了具有长远指导意义的思想和观点，为中国特色社会主义道路的创立提供了理论基础。

一是在经济建设方面，主要是主张调动一切积极因素，化消极因素为积极因素，为建设强大的社会主义国家而奋斗；提出实现社会主义现代化和分两步走实现农业、工业、国防和科学技术现代化，使我国经济走在世界前列的战略目标；提出一系列推进社会主义现代化建设的战略方针，包括坚持"以农业为基础，以工业为主导"的发展国民经济总方针和一整套"两条腿走路"的方针，提出经济体制改革的初步设想；坚持发展工业和发展农业同时并举的方针，走中国式的工业化道路；坚持"统筹兼顾、适当安排"原则，搞好国民经济的综合平衡；发扬艰苦奋斗精神，实行增产节约、勤俭建国的方针；坚持自力更生为主、争取外援为辅的经济建设方针等。

二是在政治建设方面，重视加强人民民主专政，建立、健全全国和地方各级人民代表大会制度；坚持共产党领导的多党合作和政治协商制度，发挥全国和地方各级人民政治协商会议的作用；坚持民族区域自治制度，实行各民族平等相

---

① 《毛泽东文集》第5卷，人民出版社1999年，第265页。

处，共同发展；实行中国共产党和各民主党派“长期共存，互相监督”的方针，巩固以工农联盟为基础的人民民主统一战线；切实保障人民当家作主的各项权利，尤其是人民参与国家和社会事务管理的权利；强调必须正确区分和处理社会主义社会两类不同性质的矛盾，把正确处理人民内部矛盾作为国家政治生活的主题；[①] 社会主义法制要保护劳动人民利益，保护社会主义经济基础，保护社会生产力；主张精简国家机构，改革不合理的规章制度，扩大国家的民主生活，加强民主集中制和人民民主法制，克服官僚主义。

三是在思想文化建设方面，坚持马克思主义的指导地位，提倡发展民族的、科学的、大众的文化，实行“百花齐放、百家争鸣”的方针；主张积极开展马克思主义的思想教育，牢固树立无产阶级的世界观、价值观和人生观；提出思想政治工作是经济工作和其他一切工作的生命线，要求实行政治与经济、与技术的统一；重视知识分子在社会主义革命和建设中的作用，强调科学技术在发展社会生产力和现代化建设中的极端重要性，明确提出了“向科学进军”的口号，并将其作为社会主义现代化的重要组成部分。

四是在对外交往和国际战略方面，制订并实施新中国外交“争取一切国际朋友、保卫国际和平、发展人类进步事业”的总战略，始终不渝地奉行独立自主的外交方针；主张在“互相尊重主权和领土完整、互不侵犯、互不干涉内政、平等互利、和平共处”五项原则的基础上，同世界各国建立外交关系；提出两个中间地带和三个世界划分的国际战略，强调中国不在任何地方谋求霸权，也反对任何形式的大国沙文主义和霸权主义；既保持原则的坚定性，又注意策略的灵活性，团结一切可以团结的力量，维护世界的和平，在国际事务中发挥越来越重要的作用。

五是在党的建设方面，论述了中国共产党在社会主义建设中的重要地位，强调党是全国人民的领导核心，任何时候都必须坚持党的领导；提出必须确立和坚持正确的思想、政治路线，确保党的建设健康顺利发展；提出“两个务必”，艰苦奋斗是我们党的政治本色；必须扫除官气，不断克服官僚主义，接受来自党内和党外的监督；必须坚持民主集中制和集体领导原则，防止个人专断和个人崇拜；重视党的建设，将之视为“伟大工程”，主张从制度、作风、思想等方面加强党的建设。

---

① 唐洲雁：《毛泽东是探索中国特色社会主义道路的先行者》，《东岳论丛》2013 年第 9 期。

（五）为探索中国特色社会主义道路打下了坚实的物质基础

毛泽东在积极探索适合中国特点的社会主义建设道路的同时，领导开展了大规模的社会主义建设运动，为中国特色社会主义建设奠定了坚实的物质基础。

发展社会主义工业，建立起了相对完整的工业体系。中华人民共和国成立初期，我们党执政面临的是一个“一穷二白”的工业烂摊子。在毛泽东的领导下，通过制定和实施“五年计划”，我国很快摆脱了“一穷二白”的工业落后面貌。1965年，我国就实现了电力、煤炭、石油等工业领域的巨大发展，原煤和原油产量分别达到2.32亿吨与1131万吨，从此摘掉了长期戴在头上的“贫油国”帽子；在钢铁和机械工业方面也取得了令人瞩目的成就，建成了鞍钢、武钢、宝钢等一大批重点钢铁企业，形成了门类较为齐全的机械工业体系；原子能、航天等尖端工业也在逐渐起步发展。同时，我国还基本实现了大中小型工业、内陆沿海工业、重轻工业的协调发展，初步形成了较为合理的工业布局。即使在十年“文化大革命”中，毛泽东仍然重视经济建设。1974年11月，毛泽东还发出了“把国民经济搞上去”的指示。正因为如此，所以在十年动乱期间，我国工农业生产仍实现了一定程度的发展。1976年与1966年相比，工业总产值、工业净产值、能源生产总量平均每年增长8.8%、7.5%、9.2%；农业总产值和粮食总产量分别增长39.1%和33.8%，平均每年增长3.4%和3.0%。[①]

发展社会主义农业，农业基础设施不断完善。毛泽东高度重视农业的发展，他多次强调：“全党一定要重视农业，农业关系国计民生极大……不抓粮食，总有一天要天下大乱”，“农业是工业的基础，没有农业，就没有轻工业”。[②] 在实现农业集体化，让农民加入互助组、合作社的基础上，大力加强农业基础设施建设，到1965年，黄河、淮河、海河等大河基本上得到了治理，建成了150多座大中型水利设施，为农业发展提供了有利条件；机械耕地比重占全国总耕地的15%，机械灌溉耕地占到24.5%；土壤改良、良种培育等也取得了较大进展，从而不断推动农业现代化。事实表明，农业的发展不仅使人民物质生活水平得到大幅度提高，而且也为新中国成立初期的工业发展提供了坚实基础。

推动科学技术和国防事业现代化，国防实力不断增强。毛泽东十分重视科学

① 《中国道路与中国模式：中国特色社会主义道路的初步探索》，人民网-理论频道，2009年12月3日。

② 《毛泽东文集》第5卷，人民出版社1999年，第265页。

技术的发展，在他的大力推动下，我国于 1949 年 9 月 27 日就成立了中国科学院——这一自然科学最高的学术机构。此后，毛泽东又指导成立了国务院科学规划委员会和国家科学技术委员会，并指导制定了《1956—1967 年科学技术发展远景规划纲要》和《1963—1972 年科学技术发展规划》，有力地促进了新中国科学技术的发展。20 世纪 50 年代末，中苏关系破裂，新中国面临着帝国主义武装威胁和核讹诈的严峻国际形势，他果断地做出了独立自主研制“两弹一星”的重大战略决策。在“三年自然灾害”极其困难的时期，党和国家依然坚定支持尖端科学技术的研发工作。从 1964 年 10 月到 1970 年 4 月，我国先后自行研制的第一颗原子弹爆炸成功；首次完成人工合成牛胰岛素；原子弹和导弹两弹结合实验成功；第一颗氢弹空爆试验成功；第一颗人造卫星发射成功。同时，我国的电子计算机、电子显微镜、氨分子钟以及核潜艇等尖端科技也在不断发展。这些不仅极大地提高了我国的国际地位，也为我国社会主义事业的发展提供了强大的动力支持和国防保障。

此外，我国教育、科学、文化、卫生、体育等事业也得到了较好发展，培养了一大批从事经济、科技、文化、教育等工作的专业人才。

第二节　中国特色社会主义道路的成功开辟

如同新民主主义革命道路一样，中国特色社会主义道路的形成也经历了一个曲折的探索过程。1978 年 12 月中国共产党召开了具有深远意义的十一届三中全会，成为开辟中国特色社会主义道路的光辉起点。中共十一届三中全会以来，中国共产党几代中央领导集体带领全国各族人民坚持解放思想，实事求是，与时俱进，在“摸着石头过河”的过程中，成功找到了一条中国特色社会主义道路并使这条道路越走越宽广。迄今为止，中国特色社会主义道路的开辟、拓展和完善经历了如下历程：第一阶段（1978—1989）为中国特色社会主义道路的开辟时期；第二阶段（1989—2002）为中国特色社会主义道路的推进时期；第三阶段（2002—2012）为中国特色社会主义道路的拓展时期；第四阶段（2012 至今）为中国特色社会主义道路的完善时期。四个历史阶段既相互衔接又有显著区别，涵盖中国特色社会主义道路的丰富内涵。相对来说，中共十八大之后，中国特色社会主义道路则进入了一个新的发展阶段。

一、中国特色社会主义道路的历史起点

1978 年中共十一届三中全会的召开，实现了历史性的伟大转折，开启了中国特色社会主义道路新的征程。主要体现在：

一是全会重新确立了解放思想、实事求是的思想路线，解决了在中国进行社会主义建设的指导思想问题。二是全会重新确立了党的正确的政治路线，做出了改革开放的伟大战略决策。1988 年 6 月，邓小平指出："1978 年我们党的十一届三中全会对过去作了系统总结，提出了一系列新的方针政策。果断地停止了'以阶级斗争为纲'的口号，把党和国家的中心转移到社会主义现代化上来。从此，我们又开辟了建设有中国特色社会主义的全新的事业。"① 这表明我们党开始提出中国特色社会主义道路的一些基本思想，明确了在实践中应该做什么和不应该做什么的问题。三是通过平反冤假错案，解决历史遗留问题，恢复了党的正确组织路线。四是提出建立健全社会主义民主与法制，明确了建设社会主义的重要保障。全会指出，民主是解放思想的重要条件，为了保障人民民主，必须进一步加强和完善社会主义法制。

正如邓小平所指出的："党的十一届三中全会对过去作了系统的总结，提出了一系列新的方针政策。中心点是从以阶级斗争为纲转到以发展生产力为中心，从封闭转到开放，从固守成规转到各方面的改革。"② 他还说，考虑今后的路怎么走，历史"界限的划分是我们党的十一届三中全会"③。

二、中国特色社会主义道路的成功开辟

中共十一届三中全会前后，摆在中国共产党人面前有三条路。一条是"两个凡是"的老路；一条是否定社会主义的邪路；一条是走出独具特色的新路。以邓小平为核心的党的第二代中央领导集体，冲破"两个凡是"的禁锢，拒绝走邪路，从中国国情出发，把马克思主义基本原理同中国具体实际结合起来，在实践中成功开创了中国特色社会主义道路。

1978 年 12 月，中国的社会主义事业在经历了持续 20 年之久"左"倾错误影响之后，终于以中共中央举行的十一届三中全会为标志发生了历史性的转折。三中全会以邓小平为核心的党的第二代中央领导集体毅然抛弃了以阶级斗争为纲

① 《邓小平文选》第 3 卷，人民出版社 1993 年版，第 269 页。
② 《邓小平文选》第 3 卷，人民出版社 1993 年版，第 269 页。
③ 《邓小平文选》第 3 卷，人民出版社 1993 年版，第 157 页。

的方针，把工作重心转移到经济建设上来，从此开始了中国社会主义建设的新时期。1981 年 6 月，中共十一届六中全会通过《关于建国以来党的若干历史问题的决议》，对中华人民共和国成立 32 年来党的重大历史事件做了科学的总结，在全面拨乱反正和总结中华人民共和国成立以来正反两方面经验教训的基础上，正式宣告："三中全会以来，我们党已经逐步确立了一条适合我国情况的社会主义现代化建设的正确道路"，并对这条道路的主要点第一次做了初步概括，共十点。这十点构成了中国特色社会主义道路的最初框架，成为我们党进一步探索这条道路的基础。

1982 年 9 月，中共第十二次代表大会召开。中共十二大对社会主义初级阶段理论和党的基本路线作了系统阐明，进一步明确了中共十一届三中全会开辟的建设中国特色社会主义的道路，确立了我们党在改革开放新时期解决社会主要矛盾、完成主要任务的总方针、总政策，标志着中国特色社会主义道路的基本确立。邓小平在中共十二大开幕词中郑重指出："把马克思主义的普遍真理同我国的具体实际结合起来，走自己的道路，建设有中国特色的社会主义，这就是我们总结长期历史经验得出的基本结论。"[①] 中共十二大后，我国的改革开放全面展开。党中央一再强调要抓住经济建设这个中心不放，坚持四项基本原则，进行体制改革和实行对外开放，开始形成后来概括为"一个中心、两个基本点"的基本路线。同时，改革开放取得两个重大突破：一是农村推行家庭联产承包责任制，突破了人民公社体制；二是创办深圳、珠海、汕头、厦门四个经济特区，实行对外开放，打破了多年的封闭状态。

1984 年 10 月，中共十二届三中全会通过的《关于经济体制改革的决定》（以下简称《决定》）阐明了加快以城市为重点的整个经济体制改革的必要性、紧迫性，规定了改革的方向、性质、任务和各项基本方针政策，[②]《决定》在理论上的一个重大突破就是提出社会主义经济是在公有制基础上的有计划的商品经济，突破了把计划经济同商品经济对立起来的传统观念。十二届三中全会以后，我国改革开放全面展开，重点由农村转移到城市，改革开放迈出重大步伐，在实践上发生了五个积极变化：一是企业推行承包制；二是生产资料价格出现双轨制；三是多种经济成分并存；四是乡镇企业"异军突起"；五是对外开放形成新的格局。我国形成了由五个经济特区—十四个沿海开放城市—沿海经济开放区—

---

① 《邓小平文选》第 3 卷，人民出版社 1993 年版，第 3 页。

② 王建：《论中国特色社会主义道路的演进与历史性经验生成》，《学术论坛》2012 年第 8 期。

内地组成的这样一个有重点、多层次的对外开放格局。所有这些变化都冲破了旧体制和传统观念的束缚，使中国的社会主义开始焕发勃勃生机和活力。

1989 年 11 月，党中央召开了十二届五中全会。会议调整了治理整顿和深化改革的部署，继续开始治理整顿工作。与此同时，由于东欧剧变和 1989 年国内政治风波的冲击，在党内和社会上引起一些疑虑。在考验面前，以邓小平为主要代表的中国共产党人，拒绝了走回头路和邪路，以极大的政治勇气和极为清醒的头脑，领导全党和全国各族人民朝着中国特色社会主义道路奋勇前进。1992 年春天的南方谈话，明确回答了改革开放以来长期困扰和束缚人们思想的许多重大认识问题，在中国向何处去的困惑中再次为全党指明了前进的方向。

三、邓小平开创中国特色社会主义道路的伟大贡献

邓小平作为党的第一代领导集体的重要成员和第二代领导集体的核心，中国社会主义改革开放和现代化建设的总设计师，邓小平理论的创立者，为这条中国特色社会主义道路的开辟做出了特殊而重大的贡献。

（一）始终坚持解放思想、实事求是的思想路线，为成功开辟中国特色社会主义道路奠定思想基础

新时期我们党解放思想、实事求是思想路线的重新确立，是实现拨乱反正、推进中国特色社会主义伟大事业的逻辑前提和历史起点。在千头万绪中，邓小平抓住关键环节，首先端正党的思想路线。众所周知，“文化大革命”结束后，尤其是在拨乱反正过程中，邓小平以远大的政治眼光和深刻的理论见解，明确提出要正确评价毛泽东同志历史功绩和晚年的错误，完整准确地理解毛泽东思想。他亲自主持起草了《关于建国以来党的若干历史问题的决议》，对毛泽东同志的历史地位和毛泽东思想做出了客观公正的评价，统一了全党的思想，从而为开辟中国特色社会主义道路奠定了坚实的思想基础。他反对“两个凡是”，支持“真理标准”大讨论，发表《解放思想，实事求是，团结一致向前看》的重要讲话，以此作为理论上的突破口，推动了全面拨乱反正。他强调，只有思想路线端正了，正确的政治路线和组织路线才可能确立，改革开放才可能迈开步伐。他把解放思想、实事求是的精神贯穿于改革开放的全过程，认为改革开放走的每一步，靠的都是实事求是。① 邓小平把自己称作为“实事求是派”，以此表达了既反

---

① 冷溶：《邓小平开创中国特色社会主义道路的伟大贡献》，《人民日报》2014 年 8 月 20 日。

“左”又防止右，始终坚持中国特色社会主义正确方向的坚强决心。

1992 年，邓小平再次重申解放思想、实事求是，从而解决了困扰中国改革开放的一系列重大问题，确立了社会主义市场经济体制的改革目标。不仅如此，邓小平理论中的一系列重要观点都贯彻和体现了解放思想、实事求是的思想路线。其中，社会主义初级阶段论、社会主义本质论、社会主义市场经济论、“一国两制”论等，最能体现邓小平解放思想、实事求是的思维特点。正是在实事求是地分析了中国的国情后，邓小平才做出了中国的社会主义还处于初级阶段的论断。同样，在实事求是地总结了世界各国社会主义运动兴衰成败的经验教训之后，邓小平提出了全新的社会主义本质论，极大地深化了我们党对社会主义的认识。邓小平在深刻考察与总结了世界社会主义运动实践和经验之后，提出了计划和市场都是经济手段，都是配置资源的方式，而不是区别社会主义与资本主义本质特征的重要论断。正是基于对中国历史和现实、中国与世界关系的理性思考以及利弊得失的辩证分析，邓小平提出了“一国两制”的伟大构想。正是由于“解放思想、实事求是”在中国特色社会主义理论和实践中具有极其重要的地位和作用，江泽民在中共十四大报告中指出：“解放思想，实事求是，是建设有中国特色社会主义理论的精髓，是保证我们党永葆蓬勃生机的法宝。”① 而将“解放思想”与“实事求是”并列，并且将其作为中国共产党思想路线的首倡者正是邓小平。邓小平在党内重新确立解放思想、实事求是的思想路线，为改革开放和中国特色社会主义道路的成功开辟奠定了思想基础。②

（二）科学回答什么是社会主义问题，为成功开辟中国特色社会主义道路奠定理论基础

什么是社会主义以及经济文化相对落后的国家如何建设社会主义，是 20 世纪以来社会主义国家面临的重大课题。马克思和恩格斯通过比较，从与资本主义社会相对立的意义上预测、描绘和揭示了未来共产主义社会的一般特征。列宁领导的十月革命虽然使社会主义在苏联由理论变成了现实，但对于什么是社会主义、怎样建设社会主义这些问题的探索，也经历了一个曲折复杂的历程。邓小平指出：“社会主义究竟是个什么样子，苏联搞了很多年，也并没有完全搞清楚。

① 《十四大以来重要文献选编》（上），人民出版社 1996 年，第 39 页。

② 袁银传：《邓小平探索中国特色社会主义道路的历史过程与历史贡献》，《马克思主义研究》2009 年第 9 期。

可能列宁的思路比较好，搞了个新经济政策，但是后来苏联的模式僵化了。”①邓小平在总结苏联社会主义建设经验教训的基础上，深刻指出，我们过去对这个问题之所以认识不完全清醒，关键还在于脱离了中国实际。为此，他向全党提出了再一次“相结合”的任务。在中共十二大上，他明确提出要把马克思主义的普遍真理同我国的具体实际结合起来，走自己的道路，建设有中国特色的社会主义，这就是我们总结长期历史经验得出的基本结论。这就抓住了问题的实质和核心，强调要一切从中国的实际出发，通过“相结合”来回答和解决什么是社会主义、怎样建设社会主义的问题。

沿着以上确定的正确方向，以邓小平为核心的党中央第二代领导集体领导党和人民在改革开放的实践中积极探索，不断有所突破，既没有丢“老祖宗”，又讲了许多新话，实现了认识上的新飞跃，形成了一系列战略性的基本理论，不断深化了对什么是社会主义、怎样建设社会主义的认识，成为邓小平理论体系的核心组成部分。

一是社会主义本质论。对社会主义本质的概括，马克思主义经典作家们没有做过，这最能反映邓小平对社会主义的认识和理解。从邓小平的大量论述看，他讲社会主义首先是从优越性讲起的。这个优越性主要是两个方面，一个是生产力比资本主义发展得更快一些、更高一些；另一个是生产力发展的成果要落到人民生活水平的提高上，逐步实现共同富裕。他还提出贫穷不是社会主义，发展太慢不是社会主义，平均主义不是社会主义，两极分化不是社会主义等论断。1992年在南方谈话时对社会主义本质作了概括，即社会主义的本质，是解放生产力，发展生产力，消灭剥削，消除两极分化，最终达到共同富裕。这一新概括从三个层面系统回答了“社会主义是什么”：社会主义是实现生产力高度发展的社会；社会主义是逐步消灭剥削、消除两极分化的社会；社会主义是最终达到共同富裕的社会。这一本质属性决定，中国特色社会主义必须始终坚持以解放生产力和发展生产力作为根本任务，始终坚持以经济建设为中心推动整个事业的发展；在生产力持续稳定发展的基础上，进行生产关系的改革，创造公平、公正的生产关系，逐步消灭剥削和消除两极分化；在中国特色社会主义发展过程中，必须始终确立使全体人民走向共同富裕的价值目标，实现共同富裕的核心问题是不断满足人民日益增长的物质文化需要，不断促进人的全面发展。② 这一概括是邓小平对

---

① 《邓小平文选》第3卷，人民出版社1993年版，第139页。

② 包心鉴：《邓小平理论对中国特色社会主义道路的独特贡献》，《中共云南省委党校学报》2007年第4期。

科学社会主义理论的重大创新，对于指导我国改革开放沿着社会主义道路前进具有非常重要的意义。

二是社会主义初级阶段论。正确认识我国社会所处的历史阶段，是建设中国特色社会主义的首要问题，是我们制定和执行正确的路线和政策的根本依据。邓小平总结社会主义建设初期经验，依据我国改革和现代化建设实际，明确提出并深刻阐述了社会主义初级阶段理论。他认为建设中国特色的社会主义，首先要弄清中国的国情，摸清楚自己的家底，“我们穷，底子薄，教育、科学、文化都落后”①，“我们搞社会主义才几十年，还处在初级阶段”②。要有一个艰苦奋斗的时期。“中国社会主义是处在一个什么阶段，就是处在初级阶段，是初级阶段的社会主义。社会主义本身是共产主义的初级阶段，而我们中国仍处在社会主义的初级阶段，就是不发达阶段。一切从这个实际出发，根据这个实际来制订规划。”③因此，巩固和发展社会主义制度，还需要一个很长的历史阶段，需要我们几代人、十几代人，甚至几十代人坚持不懈地努力奋斗，决不能掉以轻心。根据邓小平的论述，中国共产党第十三次全国代表大会正式阐述了社会主义初级阶段理论，并在此基础上制定了党在社会主义初级阶段的总路线，从而使我国走中国特色社会主义道路有了切实的根基而稳步前行。

三是社会主义市场经济论。社会主义社会是否存在着商品生产和货币关系？社会主义能不能搞市场经济？当时，这是一个长期争论不休、阻碍改革推进的重大问题。长期以来，人们一直认为社会主义最主要的标志之一就是计划经济，而市场经济就是资本主义。邓小平没有回避这个问题。其实，市场经济是经济社会发展不可逾越的阶段，经济市场化不仅是资本主义社会化大生产的主要依托，而且也是实现社会主义社会化大生产的必经之路。早在 1979 年，针对计划经济的弊端，邓小平就指出：“说市场经济只存在于资本主义社会，只有资本主义的市场经济，这肯定不正确的，社会主义为什么可以搞市场经济，这个不能说是资本主义的。”④ 由此，他创造性地提出了社会主义可以搞市场经济、应该搞市场经济的思想。在南方谈话中，他进一步明确提出：计划经济不等于社会主义，资本主义也有计划；市场经济不等于资本主义，社会主义也有市场。计划和市场都是

① 《邓小平文选》第 2 卷，人民出版社 1994 年版，第 257 页。
② 《邓小平文选》第 3 卷，人民出版社 1993 年版，第 379 页。
③ 《邓小平文选》第 3 卷，人民出版社 1993 年版，第 252 页。
④ 《邓小平文选》第 2 卷，人民出版社 1994 年版，第 236 页。

发展生产力的手段、方法。我们是社会主义国家，必须把市场经济的发展建立在以公有制为主体的基本经济制度之上。同时，加强全社会精神文明建设，以克服市场自身的弱点和消极方面。这些都为我们党冲破“左”的思想禁锢，开创中国特色社会主义道路提供了坚实的理论支撑。

以上三大基本理论，在邓小平理论体系中占有极重要的地位，不啻是中国特色社会主义道路选择的三块理论基石，不仅对20世纪中国特色社会主义道路的形成和拓展具有根本性的指导意义，而且对21世纪中国特色社会主义的全面推进，具有久远性的指导作用。

（三）着力解决怎样建设社会主义的问题，为成功开辟中国特色社会主义道路确定基本思路和基本原则

回答了什么是社会主义的问题，还要解决怎样建设社会主义的问题。“什么是”的问题最终要在“怎样建设”问题的解决中得到回答。为此，邓小平提出了小康目标和现代化建设“三步走”战略，并且提出了保证这一战略目标实现的一整套“相互关联”的“管用”的路线方针政策，这些路线方针政策的核心，就是党在社会主义初级阶段的“一个中心、两个基本点”的基本路线。

一是确立“一个中心、两个基本点”的社会主义初级阶段党的基本路线，明确中国特色社会主义的中心任务和基本政治原则。邓小平为坚持和发展中国特色社会主义确定了“基本思路和基本原则”，最重要的就是确定了党的“一个中心、两个基本点”基本路线。邓小平非常重视党的基本路线，他多次讲坚持党的十一届三中全会以来的路线、方针、政策，关键是坚持“一个中心、两个基本点”。他始终强调在社会主义初级阶段坚持“四项基本原则”的极端重要性。在1979年3月30日党的理论工作务虚会上，针对资产阶级自由化的错误思潮，邓小平明确提出了必须坚持“四项基本原则”的思想。邓小平指出：“我们要在中国实现四个现代化，必须在思想政治上坚持四项基本原则。这是实现四个现代化的根本前提。这四项是：第一，必须坚持社会主义道路；第二，必须坚持无产阶级专政；第三，必须坚持共产党领导；第四，必须坚持马列主义、毛泽东思想。”① 他还特别强调：决不允许在四项基本原则这个根本立场上有丝毫动摇，“如果动摇了这四项基本原则中的任何一项，那就动摇了整个社会主义事业，整

① 《邓小平文选》第2卷，人民出版社1994年版，第164-165页。

个现代化建设事业”①。之后，邓小平始终把“四项基本原则”作为中国特色社会主义的政治前提和思想基础。在1992年初南方谈话中，邓小平再次强调：“在整个改革开放的过程中，必须始终注意坚持四项基本原则。”② 同时，邓小平特别强调发展经济、解放和发展生产力的极端重要性。他指出：“现代化建设的任务是多方面的，各个方面需要综合平衡，不能单打一。但是说到最后，还是要把经济建设当作中心。离开了经济建设这个中心，就有丧失物质基础的危险。其他一切任务都要服从这个中心，围绕这个中心，决不能干扰它，冲击它。”③ 他还反复强调指出：“抓住时机，发展自己，关键是发展经济。”④ “发展才是硬道理。”⑤

二是明确改革开放的思路和政策，找到建设和发展中国特色社会主义的根本动力和途径。1976年10月“文化大革命”结束后，面对我国总体上处于一种僵化半僵化、封闭半封闭的状态，邓小平高瞻远瞩地看到“如果再不实行改革，我们的现代化和社会主义事业就会被葬送”⑥。因此，他以大无畏的进取精神带领全国人民冲破思想禁锢的藩篱，提出了一系列关于改革开放的思想。在他看来，改革不是对原有经济体制细枝末节的修补，而是一种革命性变革，是中国的第二次革命。改革就是变革社会主义生产关系和上层建筑中同生产力发展不相适应的环节和部分。改革不是改变社会主义的根本制度，而是社会主义制度的自我完善和发展。改革的目的是为了解放和发展生产力，提高人民的生活水平。改革的中心环节，是在把单一的公有制的社会经济结构调整为现阶段以公有制为主体、多种所有制经济共同发展的基本经济制度的基础上，由计划经济体制转向社会主义市场经济体制。同时，改革是全面的社会变革，还要配套地进行政治体制、科技体制、文化体制、教育体制等方面的改革。经济体制改革的目标是建立社会主义市场经济体制，以进一步解放和发展生产力；政治体制改革的目标是建设有中国特色社会主义民主政治，以确保人民当家作主。经济体制改革和政治体制改革必须相互配合、协调发展。改革必然引起开放，要求开放，促进开放。开放也是一种改革。社会主义要赢得与资本主义相比较的优势，必须大胆吸收和借鉴人类社

---

① 《邓小平文选》第2卷，人民出版社1994年版，第173页。
② 《邓小平文选》第3卷，人民出版社1993年版，第379页。
③ 《邓小平文选》第2卷，人民出版社1994年版，第250页。
④ 《邓小平文选》第3卷，人民出版社1993年版，第375页。
⑤ 《邓小平文选》第3卷，人民出版社1993年版，第377页。
⑥ 《中国特色社会主义理论体系形成与发展大事记》，中央文献出版社2008年版，第2页。

会创造的一切文明成果，包括当今资本主义发达国家先进的经营方式和管理方法。总之，邓小平社会主义改革思想创造性地回答了依靠什么动力、通过什么途径建设社会主义这一重大问题。[①]

三是提出社会主义现代化“三步走”战略，为中国特色社会主义道路确立战略目标和战略步骤。邓小平着眼于我国社会主义初级阶段的基本国情和实现现代化的宏伟目标，确立了“三步走”的发展战略，明确形成了实现小康社会的阶段性目标和达到中等发达国家水平的现代化长远目标。这就是在20世纪80年代初期，邓小平提出到20世纪末实现人均国民生产总值翻两番，达到小康水平的战略目标和分前后两个十年两步走的战略部署。20世纪80年代中期，邓小平又在小康目标和两步走的基础上，进一步提出了新的现代化战略目标和战略部署。他指出：“我们确定的目标不高。从一九八一年开始到本世纪末，花二十年的时间，翻两番，达到小康水平，就是年国民生产总值人均八百到一千美元。在这个基础上，再花五十年的时间，再翻两番，达到人均四千美元。那意味着什么？就是说，到下一个世纪中叶，我们可以达到中等发达国家的水平。”[②]“更重要的是向人类表明，社会主义是必由之路，社会主义优于资本主义。”[③]中共十三大依据邓小平的构想，明确了我国经济建设“三步走”的战略部署。这就从宏观和全局层面上，提出了我国社会主义初级阶段经济建设的发展战略，为走中国特色社会主义道路确立了战略目标和战略步骤。

四是提倡继续发扬独立自主、自力更生、艰苦创业的精神，制定中国特色社会主义道路的基本方针。独立自主、自力更生是中国共产党领导中国人民夺取中国新民主主义革命胜利的一条基本经验，也是毛泽东在领导中国革命和建设过程中一贯强调和坚持的方针。邓小平在认真总结中国革命、建设和改革的历史经验，深入分析社会主义初级阶段基本国情的基础上，继承和发展了毛泽东倡导的自力更生、艰苦奋斗的精神。他强调：“我们一方面实行开放政策，另一方面仍坚持建国以来毛泽东主席一贯倡导的自力更生为主的方针。必须在自力更生的基础上争取外援，主要依靠自己的艰苦奋斗。”[④]我们搞的现代化，是中国式的现代化；我们建设的社会主义，是有中国特色的社会主义。“中国的事情要按照中

---

① 包心鉴：《邓小平理论对中国特色社会主义道路的独特贡献》，《中共云南省委党校学报》2007年第4期。

② 《邓小平文选》第3卷，人民出版社1993年版，第224页。

③ 《邓小平文选》第3卷，人民出版社1993年版，第225页。

④ 《邓小平文选》第2卷，人民出版社1994年版，第406页。

国的情况来办，要依靠中国人自己的力量来办。独立自主，自力更生，无论过去、现在和将来，都是我们的立足点。中国人民珍惜同其他国家和人民的友谊和合作，更加珍惜自己经过长期奋斗而得来的独立自主权利。”① 中共十三大将“自力更生，艰苦创业”作为实现社会主义现代化奋斗目标的方针，写进了党在社会主义初级阶段的基本路线之中，成为社会主义初级阶段的基本路线和中国特色社会主义道路的一项重要内容。

第三节　中国特色社会主义道路的拓展

1989 年注定是个多事之秋。从国际看，苏联解体、东欧剧变，标志着冷战的结束。冷战的结束使世界呈现出经济全球化趋势加快、政治多极化不可阻挡、文化多元化方兴未艾、现代科技革命突飞猛进的态势。随着全球化步伐的加快，世界各国之间的竞争，不仅是不同政党和不同社会制度性质上的比较，而且是包括经济、政治、文化在内的综合国力的竞争。从国内看，中国的发展与世界的联系更为密切，在全球竞争中面临着更为严峻的挑战。在这样的国际背景下，积极加入全球化进程，并争取在这个进程中趋利避害，建设中国特色社会主义，是我国改革开放面临的新课题。

一、中国特色社会主义道路的推进

1989 年至 2002 年，是中国特色社会主义道路的推进时期。在中共十三届四中全会上，江泽民代表新当选的中央领导集体郑重地声明：对于党在社会主义初级阶段的基本路线，要“毫不动摇，坚定不移，全面执行，一以贯之”②。这实际上表明了以江泽民为核心的党中央领导集体坚持走中国特色社会主义道路的决心。事实表明，十三届四中全会以来，以江泽民为核心的第三代中央领导集体，面对国际、国内形势的风云变幻，沉着冷静，韬光养晦，坚持社会主义初级阶段基本路线不动摇，稳住了改革和发展的大局，成功地把中国特色社会主义伟大事业推向 21 世纪，并在实践中创立了“三个代表”重要思想。

---

① 《邓小平文选》第 3 卷，人民出版社 1993 年版，第 3 页。
② 《江泽民文选》第 1 卷，人民出版社 2006 年版，第 57 页。

“三个代表”重要思想进一步回答了“什么是社会主义、怎样建设社会主义”，创造性地回答了“建设什么样的党、怎样建设党”这一重大历史课题。“三个代表”重要思想是对马克思列宁主义、毛泽东思想、邓小平理论的继承和发展。从1989年至2002年的十三年来，以江泽民同志为核心的党的第三代中央领导集体在各个方面丰富了中国特色社会主义道路的内涵，极大地拓展了这条道路。

（一）确立了经济体制改革目标，建设社会主义市场经济

1992年邓小平南方谈话，提出了许多振聋发聩的观点，是解放思想、实事求是的宣言书。邓小平针对市场经济“姓资姓社”的争论，明确提出：“计划经济不等于社会主义，资本主义也有计划；市场经济不等于资本主义，社会主义也有市场。计划和市场都是经济手段。”① 这为我国发展社会主义市场经济指明了方向。

1992年10月召开的中共十四大明确提出了我国经济体制改革的目标是建立社会主义市场经济体制。十四大报告指出：“我国经济体制改革确定什么样的目标模式是关系到整个社会主义现代化建设全局的一个重大问题。”② 中共十四大的突出贡献主要体现在：一是确立了“社会主义市场经济体制”；二是系统总结了改革开放14年来的经验教训，对建设有中国特色社会主义理论进行了概括。从中共十二大的“计划经济为主，市场经济为辅”，到中共十二届三中全会的“在公有制基础上有计划的商品经济”，再到中共十四大建立“社会主义市场经济体制”，这是一个循序渐进的过程。在这个过程中，邓小平在“南方谈话”中所阐发的重要思想为十四大确立社会主义市场经济体制奠定了坚实基础，使我们对社会主义经济体制的认识产生了质的飞跃，从而完成了从社会主义计划经济向社会主义市场经济的转变。与此同时，中国特色社会主义理论内涵也得到了丰富和发展。十四大从发展道路、发展阶段、根本任务、发展动力、外部条件、政治保证、战略步骤、领导力量和依靠力量、祖国统一等九个方面系统概括了有中国特色社会主义理论的内容，初步构建了有中国特色社会主义理论的基本框架，从而为邓小平理论的正式提出做好了充分的思想理论准备。③ 中共十四大以后，经

---

① 《邓小平文选》第3卷，人民出版社1993年版，第373页。

② 《江泽民文选》第1卷，人民出版社2006年版，第225页。

③ 郑凯旋，郑德荣：《中国特色社会主义道路的开辟、推进和拓展》，《中国浦东干部学院学报》2013年第3期。

济体制改革不断向前推进。中共十四届三中全会通过的《关于建立社会主义市场经济体制若干问题的决定》，构筑了社会主义市场经济体制的基本框架，“从转换国有企业经营机制、转变政府职能、培育和发展市场体系、健全个人收入分配和社会保障制度、深化农村经济体制改革、进一步扩大对外开放以及改革科技和教育体制、加强法律制度建设等方面”①，对经济体制改革做出了全面部署。从1994年开始，在计划、财税、金融、外汇、外贸、投资等方面推出了一系列重大改革措施，使社会主义市场经济体制的框架得以初步建立。

1997年2月19日，邓小平逝世，国内外普遍关注中国举什么旗、走什么路。在这种情况下，中共十五大召开。1997年9月召开的中共十五大紧紧把握社会主义初级阶段的基本特征，明确回答了关系改革开放和现代化建设继续发展的一系列重大问题，就社会主义初级阶段的所有制结构和公有制实现形式等问题提出了新的论断，同时提出了党在社会主义初级阶段的基本纲领，第一次比较系统地阐述了中国特色社会主义的经济、政治、文化的基本目标和基本政策。基本纲领从经济、政治、文化三个维度构筑中国特色社会主义道路，从而初步形成了中国特色社会主义建设“三位一体”的总体布局。

（二）确立了政治体制改革目标，建设社会主义民主政治

在经济体制改革顺利进行的同时，政治体制改革也稳步推进。在探索政治体制改革的进程中，我们确立了建设社会主义民主政治的目标。中共十三大报告对政治体制改革的重要性、地位、作用和意义有了新的系统认识，从实行党政分开、进一步下放权力、改革政府工作机构、改革干部人事制度、建立社会协商对话制度、完善社会主义民主政治的若干制度、加强社会主义法制建设等七个方面描绘了政治体制改革的蓝图，政治体制改革呈现出良好的发展势头。1992年中共十四大根据邓小平南方谈话精神，把建立和完善社会主义市场经济体制作为我国经济体制改革的目标，同时提出要“积极推进政治体制改革”。十四大报告提出，政治体制改革的目标是以完善人民代表大会制、共产党领导的多党合作和政治协商制度为主要内容，发展社会主义民主政治。

1997年中共十五大，以江泽民为核心的党中央第三代领导集体确定了“高举邓小平理论伟大旗帜，把建设有中国特色社会主义事业全面推向二十一世纪”的会议主题，做出了继续推进政治体制改革的决策并对一系列基本问题做出明确阐述，尤其是提出了政治体制改革的新要求、新目标：进一步扩大社会主义民

① 靳辉明，谷源洋：《当代资本主义与世界社会主义》，海南出版社2004年版，第637-638页。

主，健全社会主义法制，依法治国，建设社会主义法治国家。

中共十六大报告对政治体制改革的方针、原则、目的和内容作了进一步的阐述，引入“社会主义政治文明”概念。江泽民在十六大报告的第五部分专门阐述了政治体制改革，他说：发展社会主义民主政治，建设社会主义政治文明，是全面建设小康社会的重要目标。必须在坚持四项基本原则的前提下，继续积极稳妥地推进政治体制改革，扩大社会主义民主，健全社会主义法制，建设社会主义法治国家，巩固和发展民主团结、生动活泼、安定和谐的政治局面。政治建设和政治体制改革的主要任务：坚持和完善社会主义民主制度；加强社会主义法制建设；改革和完善党的领导方式。

2004 年中共十六届四中全会作了《中共中央关于加强党的执政能力建设的决定》的决议，这是当时新一届中央领导集体推进政治体制改革的一个重大战略部署，表明我们党对民主政治建设的重要性的认识提升到了新的水平。

（三）确立了文化体制改革目标，建设社会主义先进文化

1992 年邓小平视察南方的重要谈话发表和中共十四大的召开，标志着我国改革开放和现代化建设进入了一个新阶段。深化改革、扩大开放，发展社会主义市场经济，既为文化发展奠定了基础、注入了活力，同时也促进了文化自身的体制改革。

在探索文化体制改革过程中，江泽民多次强调要发展文化事业，要尊重知识、尊重人才，全党对文化体制改革的重要性和必要性的认识需要进一步提高，将“坚持走改革开放之路，积极推进文化事业改革”作为文化发展的基本方针。1996 年中共十四届六中全会通过的《中共中央关于加强社会主义精神文明建设若干重要问题的决议》（以下简称《决议》）提出了文化体制改革的任务和一系列方针。《决议》认为改革文化体制是文化事业繁荣和发展的根本出路，改革的目的在于增强文化事业的活力，充分调动文化工作者的积极性，多出优秀作品，多出优秀人才。《决议》强调改革要符合精神文明建设的要求，遵循文化发展的内在规律，发挥市场机制的积极作用；改革要区别情况，分类指导，理顺国家、单位、个人之间的关系，逐步形成国家保证重点、鼓励社会兴办文化事业的发展格局。

从文化体制改革看，有两个标志性的文件：一是 2000 年 10 月，中国共产党第十五届五中全会通过的《中共中央关于制定国民经济和社会发展第十个五年计划的建议》，首次在中央正式文件里提出了“文化产业”这一概念，要求完善文化产业政策，加强文化市场建设和管理，推动有关文化产业发展。二是 2001 年

中共中央批转了中宣部、广电总局、新闻出版总署《关于深化新闻出版广播影视业改革的若干意见》(以下简称《意见》)。《意见》提出文化体制改革要以发展为主题，以结构调整为主线，以集团化建设为重点和突破口，着重在宏观管理体制、微观运行机制、政策法律体系、市场环境、开放格局等五个方面积极进行探索创新，以进一步壮大实力，增强活力，提高竞争力。强调要加强党对新闻出版、广播影视业改革的领导，始终掌握对重大事项的决策权、对资产配置的控制权、对宣传业务的审核权、对主要领导干部的任免权。

从实践看，主要围绕以下四个重点对文化体制改革进行了探索：一是深化文化单位的内部改革，根据不同特点，建立健全激励竞争机制，努力增强生机和活力；二是培育社会主义文化市场，规范市场行为，完善运行机制，促进文化市场繁荣健康、活跃有序地发展；三是文化管理部门加大自身改革的力度，转变职能，提高效率，加强和改进对文化事业的宏观管理；四是进一步完善文化经济政策，逐步建立了有利于文化单位把社会效益放在首位的保障机制。由于改革措施得力，文化事业在改革中迅速发展，实力不断增强，焕发出了蓬勃活力。中共十六大提出要继续深化文化体制改革，建设社会主义先进文化。即发展面向现代化、面向世界、面向未来的民族的、科学的、大众的文化。十六大以后，我国文化体制改革的步伐明显加快，文化体制改革的目的、意义、主要任务和实施重点更加明确；文化体制改革试点工作在党中央直接领导下积极探索，大胆试验，顺利推进。

(四) 全面推进党的建设新的伟大工程，切实加强党的建设

从中共十三届四中全会到中共十六大的十三年间，国际国内形势发生深刻变化。世界社会主义事业的受挫和国际竞争的日趋激烈，给我们党带来严峻挑战；经济全球化的发展趋势和市场经济的深入发展，给我们党带来新的考验；党的历史方位和党员队伍构成的变化，也给我们党带来了新的课题。以江泽民为主要代表的中国共产党人带领全党聚精会神、坚持不懈抓党建，围绕在长期执政、改革开放和社会主义市场经济条件下建设一个什么样的党和怎样建设党这些根本问题，进行深入思考和积极探索，提出一系列新观点、新论断、新思路，采取了一系列新举措，为全面推进党的建设新的伟大工程做出了重大贡献。

一是确立新时期党的建设总目标。江泽民高度重视“建设一个什么样的党”这个根本问题，科学确立了新时期党的建设总目标。刚担任党的总书记不久，他就非常重视这一问题并作了阐述。1993 年6 月，他根据社会主义市场经济发展的

新情况，用三句话概括了党的建设总目标："一是我们的党建工作，要紧紧抓住一个主题，就是把党建设成领导社会主义现代化建设的更加坚强的领导核心；二是要努力提高党的执政水平和领导水平；三是要进一步增强党组织自身的凝聚力、对广大群众的吸引力、在改革和建设中的战斗力。"① 在此基础上，中共十四届四中全会提出："把党建设成为用建设有中国特色社会主义理论武装起来、全心全意为人民服务、思想上政治上组织上完全巩固、能够经受住各种风险、始终走在时代前列的马克思主义政党。"② 中共十五大报告以最新的语言，把党的建设的总目标科学表述为：要把我们党建设成为用邓小平理论武装起来、全心全意为人民服务、思想上政治上组织上完全巩固、能够经受住各种风险、始终站在时代前列、领导全国人民建设有中国特色社会主义的马克思主义政党。在中共十六大报告中，江泽民进一步提出："通过锲而不舍的努力，保证我们党始终是中国工人阶级的先锋队，同时是中国人民和中华民族的先锋队，始终是中国特色社会主义事业的领导核心，始终代表中国先进生产力的发展要求，代表中国先进文化的前进方向，代表中国最广大人民的根本利益。"③ 这"两个先锋队""一个领导核心""三个代表"，是对党的建设总目标的新概括，为新世纪、新阶段推进党的建设新的伟大工程指明了前进方向。

二是加强党的执政能力建设和保持党的先进性。主要是紧紧围绕提高领导水平和执政水平、提高拒腐防变和抵御风险的能力的两大历史性课题，不懈探索加强和改进党的执政能力建设。在中共十六大报告中，江泽民向全党明确提出了加强党的执政能力建设的新要求，阐述了"加强执政能力建设"的科学内涵，强调面对执政条件和社会环境的深刻变化，各级党委和领导干部必须不断提高"五个方面"的能力。这些为此后中共十六届四中全会做出《关于加强党的执政能力建设的决定》和中共十七大把加强执政能力建设确定为全面推进党的建设新的伟大工程的主线，奠定了理论基础。同时，江泽民对如何保持党的先进性的问题关注、思考和论述，也为新世纪、新阶段保持党的先进性提供了科学指南，是中共十六大、十七大相继做出在全党开展以实践"三个代表"重要思想为主要内容的保持共产党员先进性教育活动和把先进性建设作为全面推进党的建设新的伟大工程的主线等重大决策的理论基础。

---

① 《十四大以来重要文献选编》（上），人民出版社1996年版，第329页。

② 《中共中央关于加强党的建设几个重大问题的决定》，《人民日报》1994年10月7日。

③ 《江泽民文选》第3卷，人民出版社2006年版，第569页。

三是创立“三个代表”重要思想。十三届四中全会以来，以江泽民为主要代表的中国共产党人，高举邓小平理论的伟大旗帜，把马克思主义基本原理同中国具体实际相结合，在继续推进建设中国特色社会主义伟大事业的历史进程中，积累了治党治国治军新的宝贵经验，创立了“三个代表”重要思想，开辟了马克思主义发展的新境界。“三个代表”重要思想用一系列紧密联系、相互贯通的新思想、新观点、新论断，进一步回答了什么是社会主义、怎样建设社会主义的问题，创造性地回答了在长期执政的历史条件下建设什么样的党、怎样建设党的问题，深化了我们对建设中国特色社会主义和党的建设的规律的认识。“三个代表”重要思想把党的建设新的伟大工程同中国特色社会主义伟大事业紧密联系起来，赋予党的性质、宗旨以丰富的时代内容，为推进党的建设新的伟大工程提供了理论武器和科学方法。2002 年 11 月召开的中共十六大，把“三个代表”重要思想确立为我们党的指导思想。“三个代表”重要思想是对中国特色社会主义道路认识的伟大理论创新。

四是探索全面加强党的建设的新方法。这些新方法主要是：坚持用发展的马克思主义理论武装全党，开创党的思想理论建设的新局面；坚持抓基层，强基础，在扩大党的工作覆盖面的同时，构建党的基层组织建设的新格局；开展“讲学习、讲政治、讲正气”教育，寻找以整风精神进行党性、党风教育的新途径；围绕民主集中制加强各项制度建设，推动党的建设向科学化、制度化、规范化方向迈出新步伐；建立健全反腐倡廉领导体制、工作格局，加大从源头上预防和惩治腐败的力度，初步探索出一条有效开展反腐倡廉的新路子。①

总之，在波澜壮阔的十三年中国特色社会主义伟大实践中，以江泽民为主要代表的中国共产党人，把执政党的建设与社会主义建设问题紧密结合起来，进一步明确了中国共产党的历史使命与中国特色社会主义道路的前进方向。而“三个代表”重要思想的提出，是对中国特色社会主义道路认识的伟大理论创新。胡锦涛指出：“三个代表”重要思想这一科学理论在建设中国特色社会主义的思想路线、发展道路、根本任务、发展动力、依靠力量、国际战略、领导力量和根本目的等重大问题上取得了丰硕成果，用一系列紧密联系、相互贯通的新思想、新观点、新论断，进一步回答了什么是社会主义、怎样建设社会主义的问题，创造性地回答了建设什么样的党、怎样建设党的重大问题。“三个代表”重要思想进一步丰富和发展了邓小平理论，进一步深化了我们党对中国特色社会主义道路的认

① 徐永军：《江泽民与党的建设新的伟大工程》，《党的文献》2012 年第 5 期。

识，进一步推进了中国特色社会伟大事业。

二、中国特色社会主义道路的拓展

2002年至2012年中共十八大召开之前，是中国特色社会主义道路的拓展时期。中共十六大以来，以胡锦涛为总书记的中央领导集体，坚持以邓小平理论和“三个代表”重要思想为指导，深入分析我国进入21世纪以来经济社会发展呈现出来的阶段性特征，认真总结我国发展实践中的经验和存在问题，顺应历史发展潮流，借鉴国外发展经验，在关于中国特色社会主义的发展道路、发展阶段、发展动力、战略部署、外部条件等方面，进一步深化了对中国特色社会主义道路的认识，使中国特色社会主义道路日臻完善。中共十七大对中国特色社会主义道路与中国特色社会主义伟大旗帜的关系，中国特色社会主义道路与中国特色社会主义理论体系的关系，作了深刻论述；第一次对中国特色社会主义道路的本质特征和科学内涵作了深刻论述，尤其是提出了“四位一体”的现代化建设的新布局和富强民主文明和谐的新目标，在理论上回答了什么是中国特色社会主义道路、怎么样坚持中国特色社会主义道路这一关系到中国长远发展的重大战略问题。[①]这些都标志着这条道路初步完善。十七大以后，我们沿着中国特色社会主义道路继续前进并在探索过程中进一步拓展了这条道路。

（一）提出并贯彻落实科学发展观，走全面、协调、可持续发展的道路

以胡锦涛为主要代表的中国共产党人，抓住“实现什么样的发展，怎样发展”这一重大理论问题，坚持以邓小平理论和“三个代表”重要思想为指导，创造性地回答了这一重大历史课题，提出了以人为本、全面协调可持续的科学发展观，科学回答了新世纪新阶段中国“为什么发展”“为谁发展”“靠谁发展”和“怎样发展”等一系列重大问题，深刻揭示了中国现代化建设的发展道路、发展模式、发展战略、发展目标和发展手段等问题，中共十七大把科学发展观写进了党章并作为我们党的指导思想。与此同时，我们不再单纯追求GDP的增长，把推动经济社会发展作为深入贯彻落实科学发展观的第一要义，把以人为本作为深入贯彻落实科学发展观的核心立场，把全面协调可持续作为深入贯彻落实科学发展观的基本要求，把统筹兼顾作为深入贯彻落实科学发展观的根本方法，全面深入贯彻落实科学发展观，全面推进经济建设、政治建设、文化建设、社会建设、生态文明建设，促进现代化建设各个环节、各个方面相协调，促进生产力与

① 李君如：《中国特色社会主义道路的开辟、坚持和发展》，《党的文献》2012年第6期。

生产关系、经济基础与上层建筑相协调，促进经济发展与人口资源环境相协调，走全面、协调、可持续发展的道路。

（二）深化经济、政治、文化体制改革，社会主义经济、政治和文化建设取得新成效

在经济建设与经济体制改革方面，2003 年 10 月召开的中共十六届三中全会通过了今后一个时期指导我们深化经济体制改革的纲领性文件——《中共中央关于完善社会主义市场经济体制若干问题的决定》。中共十七大又提出要加快转变经济发展方式、完善社会主义市场经济体制。与此同时，我国社会主义市场经济建设取得明显成效：公有制为主体、多种所有制经济共同发展的基本经济制度进一步完善；促进区域经济协调发展的机制逐步形成；统一开放竞争有序的现代市场体系建设效果明显；宏观调控体系、行政管理体制和经济法律制度进一步完善；就业、收入分配和社会保障制度更加健全。在政治建设与政治体制改革方面，我国的根本政治制度、基本制度不断完善，基层民主活力不断增强；中国特色社会主义法律体系基本形成，依法治国基本方略全面落实。行政管理体制、司法体制和干部人事制度改革不断深化。在文化建设与文化体制改革方面，中共十七大提出要推动社会主义文化大发展大繁荣。2011 年 10 月召开的中共十七届六中全会通过了《中共中央关于深化文化体制改革推动社会主义文化大发展大繁荣若干重大问题的决定》，对文化建设做出了全面部署。这一时期，我们坚持和弘扬民族精神，确立并践行社会主义荣辱观，加强思想道德建设；建设社会主义核心价值体系，用其引领社会思潮、整合各种社会力量；建设和谐文化与廉政文化，推进文化创新，大力发展教育事业和科学事业，大力发展文化事业与文化产业，进一步兴起社会主义文化建设新高潮。①

（三）确立“四位一体”的总体布局，社会建设全面展开

中共十六大以来，以胡锦涛为总书记的党中央对总体布局进行了新的思考和探索。十六大报告将经济建设、政治建设、文化建设与物质文明、政治文明、精神文明结合起来，使“三位一体”的总体布局更加明晰。2004 年 9 月召开的中共十六届四中全会提出构建“和谐社会”，首次提出了社会建设这一崭新概念。在构建社会主义和谐社会的进程中，随着社会建设地位的日益凸显，党和政府着力推进社会建设，花大力气解决民生问题。2006 年 10 月召开的中共十六届六中全会正式把社会主义和谐社会建设作为中国特色社会主义事业总体布局的一项重

① 刘辉：《中国特色社会主义道路的开拓进程及其基本经验》，《中国特色社会主义》2012 年第 4 期。

要内容，使总体布局扩展为包括经济建设、政治建设、文化建设、社会建设在内的“四位一体”。中共十七大报告对经济建设、政治建设、文化建设、社会建设提出了新任务、新要求，第一次按照“四位一体”的总体布局论述中国特色社会主义道路和基本纲领，不仅用单独章节对社会建设做了全面阐述，强调要更加注重社会建设，努力使全体人民学有所教、老有所得、病有所医、老有所养、住有所居，而且对经济建设、政治建设、文化建设、社会建设做出了新部署，将其正式确立为“四位一体”的总体布局。社会建设的提出，表明我们党对中国特色社会主义道路的认识更加全面。中共十七大以来，我国不同程度地解决了教育、就业、医疗、社保等民生问题，社会管理更加完善，人民安居乐业，社会建设取得了明显成效。

（四）推进农村综合改革，社会主义新农村建设扎实稳步推进

2005 年 10 月，中共十六届五中全会审议通过的《中共中央关于制定国民经济和社会发展第十一个五年规划的建议》，提出建设社会主义新农村是我国现代化进程中的重大历史任务，要按照“生产发展、生活宽裕、乡风文明、村容整洁、管理民主”的要求，扎实稳步地加以推进。2006 年 9 月，全国农村综合改革工作会议提出要在试点的基础上全面推进以乡镇机构、农村义务教育、县乡财政管理体制等三项改革为主要内容的农村综合改革，全面推动社会主义新农村建设。2008 年 10 月召开的中共十七届三中全会通过《中共中央关于推进农村改革发展若干重大问题的决定》，确定了推进农村改革发展的指导思想、目标任务、重大原则。2010 年 10 月召开的中共十七届五中全会审议通过了《中共中央关于制定国民经济和社会发展第十二个五年规划的建议》，提出“十二五”时期的一项重大任务是，必须坚持把解决好农业、农村、农民问题作为全党工作重中之重，统筹城乡发展，坚持工业反哺农业、城市支持农村和多予少取放活方针，在工业化、城镇化深入发展中同步推进农业现代化，提高农业现代化水平和农民生活水平，按照生产发展、生活宽裕、乡风文明、村容整洁、管理民主的要求，建设好社会主义新农村。十六大以来，新农村建设如火如荼地开展，农村综合改革风起云涌，农村税费改革和各项支农惠农政策的不断实施，有力地促进了农民增收、农业增效和农村繁荣。

（五）加强党的执政能力建设和先进性建设，党的建设得到切实加强

加强党的执政能力建设和先进性建设，是中共十六大以来我们党为推进党的建设新的伟大工程而提出的重要战略思想。胡锦涛要求以党的先进性建设和执政能力建设为主线，全面推进党的建设新的伟大工程，切实加强和改进党的思想、

组织、作风、制度和反腐倡廉建设，使党的工作和党的建设更加符合科学发展观的要求，为科学发展提供可靠的政治和组织保障。2004 年 9 月中共十六届四中全会通过了《中共中央关于加强党的执政能力的决定》，明确了加强党的执政能力建设的指导思想、总体目标和主要任务，强调“执政能力建设是党执政后的一项根本建设”，要求我们党不断提高“五种能力”。自此之后，我们党更加注重科学执政、民主执政、依法执政，不断完善党的领导方式与执政方式。在重视并推进执政能力建设的同时，我们党提出加强党的先进性建设这个新的时代课题。胡锦涛指出，加强党的先进性建设，始终是我们党生存、发展、壮大的根本性建设。2005 年 1 月，他在中央政治局集体学习时强调，党要始终保持先进性，就必须顺应时代的发展和人民的要求，自觉、主动、持续地推进先进性建设，努力使党的全部理论和工作体现时代性、把握规律性、富于创造性，使我们党始终与时代发展同步伐、与人民群众共命运。为此，我们党在全党范围内先后开展了保持共产党员先进性教育活动和创先争优活动，党的建设进一步加强，为新的历史条件下坚持和拓展中国特色社会主义道路提供了坚强政治保证。

第四节　中国特色社会主义道路的完善

2012 年至今，是中国特色社会主义道路的完善时期。2012 年中共十八大以来，以习近平为核心的党中央接过历史的接力棒，高举中国特色社会主义伟大旗帜，坚持以马克思列宁主义、毛泽东思想、邓小平理论、“三个代表”重要思想和科学发展观为指导，继续解答着中国特色社会主义的重大理论问题，解放思想，锐意改革，在治国理政实践中提出一系列新理念新思想新战略，进一步深化了对中国特色社会主义道路的认识。同时，在治国理政、推进中国特色社会主义的实践中，坚持中国道路，弘扬中国精神，凝聚中国力量，在建设中国特色社会主义这一前无古人的伟大实践中继续创造着新的辉煌，将中国特色社会主义继续推向前进，为完善中国特色社会主义道路做出新的贡献。

一、中共十八大对中国特色社会主义道路的新阐释

2012 年 10 月，中共第十八次全国代表大会召开。这是在我国进入全面建成小康社会决定性阶段召开的一次十分重要的大会。大会高举中国特色社会主义的

伟大旗帜；确立了科学发展观在全党的指导地位并写入党章；在十七大基础上对中国特色社会主义道路的内涵进行了新的诠释；提出了建设中国特色社会主义总依据、总布局、总任务，特别是明确了中国特色社会主义事业“五位一体”的总体布局；提出了全面建成小康社会的战略部署以及全面深化改革开放的目标和具体要求；提出了在新的历史条件下夺取中国特色社会主义新胜利“八个必须坚持”的基本要求，强调“全党要坚定道路自信、理论自信、制度自信”①；提出全面提高党的建设科学化水平，建设学习型、服务型、创新型的马克思主义执政党。从总体看，十八大对中国特色社会主义的新阐释主要体现在以下四个方面：

一是对科学发展观做出了新的定位，并将其确立为党的指导思想。中共十八大对科学发展观的内涵和精神实质进行了深刻的阐述。第一，把科教兴国、人才强国、可持续发展三大发展战略，以及科学发展、和谐发展、和平发展三种发展模式，同科学发展观第一要义紧密结合并将其纳入它的深刻内涵之中；第二，把“五位一体”的总体布局纳入科学发展观的根本要求；第三，把统筹改革发展稳定、内政外交国防、治党治国治军各方面工作纳入科学发展观的根本方法；第四，首次深刻揭示了科学发展观的精神实质。

中共十八大高举中国特色社会主义的伟大旗帜，对科学发展观进行了新的历史定位。十八大报告将科学发展观列入中国特色社会主义理论体系之内，丰富了中国特色社会主义理论体系的内容，使中国特色社会主义理论体系发展到一个新的境界和新的阶段，这是把科学发展观放在马克思主义中国化的历史发展和中国特色社会主义规律的高度进行的新定位。十八大报告还把科学发展同马列主义、毛泽东思想、邓小平理论、“三个代表”重要思想一道，作为我们党必须长期坚持的指导思想，表明科学发展观成为指导党和国家全部工作的强大思想武器，这是从党的指导思想的高度进行的新定位。实践表明，指导思想的与时俱进是中国共产党成熟的重要标志。十八大对科学发展观所做的新的历史定位，对于保持党的先进性，不断提高党的领导水平和执政能力具有重大意义，为推进中国特色社会主义历史进程，实现社会主义现代化目标指明了方向。

二是把中国特色社会主义建设总体布局由“四位一体”拓展为“五位一体”。早在中共十七大报告中就已经提出了生态文明的概念，明确了生态文明建设的任务和目标，并将其列为全面建设小康社会的重要内容和目标之一。如果说

---

① 《中国共产党第十八次全国代表大会文件汇编》，人民出版社2012版，第15页。

十七大把生态建设提高到文明的高度，那么十八大就把生态文明建设提到了“五位一体”总体布局的高度，并把它纳入“努力建设美丽中国，实现中华民族永续发展”的范畴。不仅如此，报告还深化和拓展了生态文明建设的内涵，构建了生态文明建设的理论体系，形成了生态文明建设的工作格局。在党的历史上，历次党的全国代表大会从未把生态文明建设作为一种执政理念提到如此的战略高度，这表明我们党对于共产党执政规律、社会主义建设规律以及人类社会发展规律的认识达到了新水平，治国理政理念达到了新境界。

三是科学界定了中国特色社会主义道路的内涵、地位和作用。十八大报告指出，中国特色社会主义道路，就是在中国共产党领导下，立足基本国情，以经济建设为中心，坚持四项基本原则，坚持改革开放，解放和发展社会生产力，建设社会主义市场经济、社会主义民主政治、社会主义先进文化、社会主义和谐社会、社会主义生态文明，促进人的全面发展，逐步实现全体人民共同富裕，建设富强民主文明和谐的社会主义现代化国家。这就在中国特色社会主义道路的阐述中，加入了“社会主义生态文明，促进人的全面发展，逐步实现全体人民共同富裕”，从而对中国特色社会主义道路的路径有了新的拓展，对中国特色社会主义道路的目的有了新的明确。

报告还从中国特色社会主义道路、中国特色社会主义理论体系、中国特色社会主义制度三者关系角度对道路的地位和作用作了深刻阐述，指出中国特色社会主义道路是实现途径，中国特色社会主义理论体系是行动指南，中国特色社会主义制度是根本保障，三者统一于中国特色社会主义伟大实践，而中国特色社会主义道路在中国特色社会主义现代化建设进程中，始终发挥着指引方向、提供标准、不断校正的特殊作用，对实践起着直接而关键的作用。这样，道路的功能作用、理论体系的功能作用，就与制度的功能作用相匹配，“三位一体”的关系就更为紧密和完整。在这里，值得指出的是，“中国特色社会主义制度”首次写入党的报告，这就使“中国特色社会主义制度”这一概念及其内涵由领袖讲话上升到党的报告的层面，表明中国特色社会主义制度具有了更高的效力，标志着中国特色社会主义进一步走向成熟。

四是提出了确保实现全面建成小康社会宏伟目标的新要求并进行了全面的部署。十八大报告在确定的大会主题中提出“为全面建成小康社会而奋斗”，这与十七大主题中“为夺取全面建设小康社会新胜利而奋斗”的表述不同。从“建设”到“建成”，一字之变，体现了我国发展阶段的重大变化。在上述新阐释的基础上，十八大报告提出了要坚定不移沿着中国特色社会主义道路前进，为全面建成小康社会而奋斗的宏伟目标。根据我国经济社会发展实际，要在十六大、十七大确立的全面建设小康社会目标的基础上努力实现新的要求，即经济持续健康发展、人民民主不断扩大、文化软实力显著增强、人民生活水平全面提高、资源节约、环境友好型社会建设取得重大进展。这既是对十二大以来道路选择的充分肯定，同时也为中国的未来发展指明了具体途径和前进方向。

二、中共十八大以来以习近平为核心的党中央对中国特色社会主义道路的新贡献

中共十八大以来，以习近平为核心的党中央，坚持以马克思列宁主义、毛泽东思想、邓小平理论、“三个代表”重要思想和科学发展观为指导，毫不动摇地坚持和发展中国特色社会主义，在治国理政实践中，围绕改革发展稳定、内政外交国防、治党治国治军各个方面，涵盖经济、政治、文化、社会、生态、党的建设等领域，发表系列重要讲话，深刻回答了新形势下党和国家事业发展的一系列重大理论和现实问题，形成一系列治国理政新理念新思想新战略，这既是对马克思主义理论的新发展，也是中国特色社会主义伟大实践的最新成果。十八大以来的五年实践表明，以习近平为核心的党中央坚持中国道路，弘扬中国精神，凝聚中国力量，在建设中国特色社会主义这一前无古人的伟大实践中继续创造着新的辉煌。

在选择何种道路上，以习近平为核心的党中央高举中国特色社会主义伟大旗帜，坚定不移地带领全国各族人民沿着中国特色社会主义道路继续前进，“既不走封闭僵化的老路、也不走改旗易帜的邪路”①。在党的历史上首次提出“道路问题是关系党的事业兴衰成败第一位的问题”“道路就是党的生命”的新论断。

在坚定道路自信上，以习近平为核心的党中央首次提出中国特色社会主义道路自信的新理念。中国特色社会主义道路承载着几代中国共产党人的理想和探索，寄托着无数仁人志士的夙愿和期盼，凝聚着亿万人民的奋斗和牺牲，它来源于实践、来源于人民、来源于真理，是中国社会发展的必然选择，是发展中国、稳定中国的必由之路。这条“具有深厚的历史渊源和广泛的现实基础的”道路来之不易，它是在改革开放 30 多年的伟大实践中走出来的，是在中华人民共和国成立 60 多年的持续探索中走出来的，是在对近代以来 170 多年中华民族发展

① 胡锦涛：《坚定不移沿着中国特色社会主义道路前进，为全面建成小康社会而奋斗》，《人民日报》2012 年 11 月 18 日。

历程的深刻总结中走出来的，是在对中华民族5000多年悠久文明的传承中走出来的。坚定道路自信，不仅要坚定不移走中国道路，而且要与时俱进地拓展中国道路，清醒认识世情、国情、党情的“变”与“不变”，做好进行许多具有新的历史特点的伟大斗争的准备。

在经济体制改革上，以习近平为核心的党中央提出，使市场在资源配置中起决定性作用的是我们党对中国特色社会主义建设规律认识的一个新突破，是马克思主义中国化的一个新的成果，标志着社会主义市场经济发展进入了一个新阶段。

在全面深化改革上，以习近平为核心的党中央要求“学会正确运用‘看不见的手’和‘看得见的手’，成为善于驾驭政府和市场关系的行家里手”①，使市场在资源配置中起决定性作用和更好发挥政府作用紧密结合起来，以更大的政治勇气和智慧，不失时机深化重要领域改革，理清了进一步深化改革开放的思路，明确了进一步深化改革开放的指导思想、目标任务、原则要求等，并精心研究制定了《中共中央关于全面深化改革若干重大问题的决定》，进一步深化了改革开放的总体方案，为在新的历史起点上全面深化改革确定时间表和路线图，形成了改革理论和政策的一系列重大突破。十八大以来五年的实践发展表明，全面深化改革在各个领域不断提速，改革举措出台数量之多，力度之大前所未有。

在战略目标上，以习近平为核心的党中央以全面建成小康社会，继而推进现代化建设，以实现中华民族伟大复兴中国梦为战略目标，将中国特色社会主义伟大事业继续推向前进。实现中华民族伟大复兴中国梦必须走中国特色社会主义道路。中国梦回应了不断探索中国道路的实践需求，中国梦的内涵深化了党对社会主义本质的认识，中国梦鼓舞中国人民走中国特色社会主义道路的信心。中国梦的实践过程，是坚持中国特色社会主义道路的过程，是为中国特色社会主义道路开辟新境界的过程，是不断增强党和人民道路自信的过程，也是向世界讲述中国故事、展示中国魅力的过程。中共十八大以来党中央治国理政新理念新思想新战略都是围绕实现中国梦这个目标展开的。如习近平先后提出“13+1+1+2”的国家和军队建设系列奋斗目标，就是要把我国建成经济强国、制造强国、贸易强国、海洋强国、人才强国、文化强国、网络强国、宽带中国、数字中国、法治中

① 《习近平在中共中央政治局第十五次集体学习时强调：正确发挥市场作用和府作用，推动经济社会持续健康发展》，《人民日报》2014年5月28日。

国、平安中国、美丽中国、健康中国；确保到 2020 年我国现行标准下农村贫困人口实现脱贫、贫困县全部摘帽、解决区域性整体贫困的精准脱贫攻坚目标；建设一支听党指挥、能打胜仗、作风优良的人民军队的强军目标；确立了全面深化改革、全面依法治国的两个总目标。

在战略布局上，协调推进“四个全面”战略布局，是以习近平为核心的党中央从实现“两个一百年”奋斗目标、实现中华民族伟大复兴的中国梦的战略高度，统筹国内国际两个大局，把握我国发展新特征确定的治国理政新方略，是新的时代条件下推进改革开放和社会主义现代化建设、坚持和发展中国特色社会主义的战略抉择。这个战略布局，既有战略目标，也有战略举措，每一个“全面”都具有重大战略意义。全面建成小康社会是我们阶段性的战略目标，到 2020 年实现这个目标，我们国家的发展水平就会迈上一个大台阶，我们所有奋斗都要聚焦于这个目标。全面深化改革、全面依法治国、全面从严治党是三大战略举措，对实现全面建成小康社会战略目标一个都不能缺。在新的历史条件下，要协调推进“四个全面”战略布局，全面建成小康社会，奋力实现“第一个一百年”奋斗目标；要把握全面深化改革总要求，处理好全面深化改革的重大关系，推进国家治理体系和治理能力现代化；要坚定不移走中国特色社会主义法治道路，建设中国特色社会主义法治体系，全力推进法治中国建设；打铁还需自身硬，作风建设永远在路上，要坚持全面从严治党，反腐倡廉一刻都不能放松。五年来，中共十八届三中、四中、五中全会相继就全面深化改革、全面依法治国、全面建成小康社会进行了专题研究，六中全会再以制定修订《关于新形势下党内政治生活的若干准则》和《中国共产党党内监督条例》为重点专题研究全面从严治党，“四个全面”战略布局就都分别通过一次中央全会进行了研究和部署。

在发展理念上，以习近平为核心的党中央明确提出和确立了创新、协调、绿色、开放、共享的“五大发展理念”。“五大发展理念”集中体现了“十三五”乃至更长时期我国的发展思路、发展方向、发展着力点，是管全局、管根本、管长远的导向，具有战略性、纲领性、引领性。创新发展注重的是解决发展动力问题；协调发展注重的是解决发展不平衡问题；绿色发展注重的是解决人与自然和谐问题；开放发展注重的是解决发展内外联动问题；共享发展注重的是解决社会公平正义问题。在五大发展理念中，创新发展居于首要和引领地位，是引领发展的第一动力；协调发展是持续健康发展的内在要求；绿色发展是永续发展的必要条件和人民对美好生活向往的重要体现；开放发展是繁荣和发展的必由之路；共享发展是把以人民为中心的发展思想落到实处，体现了中国特色社会主义的本质要求。这些标志着我们党对经济社会发展规律认识的进一步深化，我们要牢固树立和自觉践行新发展理念，以“五大理念”引领“五大建设”。

在总体布局上，以习近平为核心的党中央将生态文明建设与经济建设、政治建设、文化建设、社会建设紧密结合起来，构建了中国特色社会主义“五位一体”的总体布局，使我们对中国特色社会主义战略布局的认识更加完善。正如习近平所说：中国特色社会主义道路，既坚持以经济建设为中心，又全面推进经济建设、政治建设、文化建设、社会建设、生态文明建设以及其他各方面建设；既坚持四项基本原则，又坚持改革开放；既不断解放和发展社会生产力，又逐步实现全体人民共同富裕、促进人的全面发展……只有这条道路而没有别的道路，能够引领中国进步、实现人民福祉。为此，要主动适应、把握、引领经济发展新常态，准确把握我国经济发展的大逻辑，使市场在资源配置中起决定性作用和更好发挥政府作用，实施创新驱动发展战略，推进供给侧结构性改革，促进经济持续健康发展；要充分发挥我国社会主义政治制度优越性，坚持走中国特色社会主义政治发展道路，巩固和发展最广泛的爱国统一战线，丰富“一国两制”实践；要推动物质文明与精神文明协调发展，培育和践行社会主义核心价值观，传承和弘扬中华优秀传统文化，建设社会主义文化强国；要创新社会治理，完善治理体制，保障民生，建设平安中国，维护社会稳定和国家安全；要正确处理经济发展同生态环境保护的关系，确立保护生态环境就是保护生产力的理念，实行最严格的生态环境保护制度，建设社会主义生态文明。

在保障条件上，以习近平为核心的党中央提出走中国特色社会主义道路、实现中华民族伟大复兴中国梦，离不开强大的军队和国防。十八大以来，坚持统筹经济建设和国防建设，推动二者融合发展。全面推进国防和军队建设，全面实施改革强军战略，明确建设一支听党指挥能打胜仗作风优良的人民军队的强军目标；铸牢听党指挥这个强军之魂，扭住能打仗、打胜仗这个强军之要，夯实依法治军、从严治军这个强军之基；发挥政治工作对强军兴军的生命线作用，坚持始终把工作重心放在基层；加强军委自身建设、提高军委工作水平；深化改革，走强军兴军的必由之路，为走好中国特色社会主义道路、实现中华民族伟大复兴提供坚强保障。

在外部环境上，以习近平为核心的党中央提出中国梦与世界梦相通相连，实现中国梦离不开和平的国际环境。坚持统筹国内国际两个大局，在坚决维护国家主权、安全、发展等核心利益的基础上，推动构建以合作共赢为核心的新型国际关系；致力于打造人类命运共同体，积极推进“一带一路”建设、推动全球治理体制向着更加公正合理的方向发展、实行更高水平的对外开放；坚定不移走和平发展道路，深入开展大国外交，努力推动亲、诚、惠、容的周边外交，自觉承担更多的国际责任和义务，为世界和平和中国发展营造更加有利的国际环境。

在依靠力量上，以习近平为核心的党中央提出中国特色社会主义道路来源于人民。“一个国家的发展道路合不合适，只有这个国家的人民才最有发言权。”[①]中共十八大以来，习近平对此有很多重要论述，贯彻其中的就是坚持人民主体地位，坚持发展为了人民、发展依靠人民、发展成果由人民共享的以人民为中心的理念和思想。不仅如此，他还要求坚持以人民为中心的工作导向，深刻揭示了治国理政的客体是属于人民的，治国理政的权力是由人民赋予的，治国理政的目的是为人民谋利益的，治国理政的使命要靠人民来实现，治国理政的成效要由人民来评价的重要思想。正因为中国特色社会主义道路来源于人民，凝聚了全国各族人民的积极性、主动性和创造性，它才是一条根植于中国大地、反映中国人民意愿、适应中国和时代发展进步要求的科学社会主义道路，是一条全面建成小康社会、加快推进社会主义现代化、实现中华民族伟大复兴的必由之路。

在党的建设上，全面从严治党是以习近平为核心的党中央抓党的建设的鲜明主题。十八大以来，我们党坚持以马克思主义党建理论为指导，结合新时期执政党建设的特点，坚持思想建党和制度治党紧密结合，创新全面从严治党的多种实践形式。如通过贯彻落实中央八项规定，开展党的群众路线教育实践活动，对县处级以上的领导干部开展“三严三实”专题教育，开展反腐败斗争，在全体党员中开展“两学一做”学习教育等，使全面从严治党取得了明显成效，突出表现在“六个从严”上：抓思想从严、抓管党从严、抓执纪从严、抓治吏从严、抓作风从严、抓反腐从严，并取得了明显成效，开创了党的建设的新局面。不仅如此，中共十八届六中全会还专题研究全面从严治党问题，全会审议通过了《关于新形势下党内政治生活的若干准则》和《中国共产党党内监督条例》，在新的历史条件下对全面推进从严治党做出了顶层设计和全面部署。

总之，中国特色社会主义道路是以中共十一届三中全会为起点，由邓小平首先在中共十二大上提出，在中共十三大、十四大、十五大、十六大相继提出党在社会主义初级阶段的基本理论、基本路线、基本纲领、基本经验的基础上，由中共十七大首次提出了中国特色社会主义道路的科学内涵和完整表述，中共十八大

---

① 李伟红，杨迅：《习近平会见出席“2017 从都国际论坛”外方嘉宾》，《人民日报》2017 年 12 月 1 日。

再次强调旗帜、道路、理论和制度的统一，清晰地表明了我们党对中国特色社会主义道路的艰辛开拓和理论升华。习近平在庆祝中国共产党成立95周年大会上的讲话中强调，中国特色社会主义道路是实现社会主义现代化的必由之路，是创造人民美好生活的必由之路。展望未来，“在理论方面还有很多工作需要做……只有清晰的理论分析才能在错综复杂的事实中指明正确的道路”①。

① 《马克思恩格斯全集》第37卷，人民出版社1971年版，第283页。

第二章
中国特色社会主义道路的基本内涵

中国特色社会主义道路，是在改革开放新时期开创的，是建立在我们党长期奋斗基础上的，也是由我们党的几代中央领导集体团结带领全党全国各族人民历经千辛万苦、付出各种代价、接力探索取得的。事实证明，中国改革开放以来所取得的伟大成就，都是在坚持和发展这一道路的前提下取得的，同时我们在实践中对这一道路基本内涵的认识也越来越深刻、具体。中共十八大对中国特色社会主义道路作了新的概括，并提出了“实现中华民族伟大复兴，必须坚定不移走中国特色社会主义道路”的重要论断，这不仅表明了中国共产党领导人民坚持走中国特色社会主义道路的坚强意志和坚定信念，而且也显示了在新的历史起点上准确把握中国特色社会主义道路科学内涵的极端重要性。道路问题关乎国家前途、民族命运、人民幸福。因此，准确把握中国特色社会主义道路的基本内涵，是我们高举中国特色社会主义伟大旗帜，推进中国特色社会主义伟大事业的必要前提，对于夺取全面建成小康社会新胜利，开创中国特色社会主义事业新局面具有重要意义。

第一节　中国特色社会主义道路的概念内涵

中国特色社会主义道路是马克思主义基本原理与中国具体国情以及时代特征相结合的产物，它是辩证唯物主义和历史唯物主义一般原理的科学应用，这一道路既不同于马克思、恩格斯所阐述的共产主义第一阶段，也不同于以苏联为代表的传统社会主义，更有别于资本主义。习近平在全国宣传思想工作会议上指出：“独特的文化传统，独特的历史命运，独特的基本国情，注定了我们必然要走适合自己特点的发展道路。"[①] 这个特定的道路就是中国特色社会主义道路。从"中国特色社会主义"这一科学命题的提出，到中国特色社会主义道路的确立和发展，我们党在改革开放和社会主义现代化建设过程中，对中国特色社会主义道路概念的界定经历了一个逐步深化的过程。这一过程可以划分为三个时段。

一、中共十一届六中全会至中共十二大

改革开放特别是从邓小平提出"走自己的道路，建设有中国特色的社会主义"这一科学命题以来，关于"中国特色社会主义道路"的科学内涵，一直是我们需要研究的一个重大课题。早在1981年6月中共十一届六中全会通过的《关于建国以来党的若干历史问题的决议》中，虽然还没有形成"中国特色社会主义道路"这一科学概念，但对"适合我国情况的社会主义现代化建设的正确道路"的"要点"做了概括，这就是：（1）在社会主义改造基本完成以后，我国所要解决的主要矛盾，是人民日益增长的物质文化需要同落后的社会生产之间的矛盾。党和国家工作的重点必须转移到以经济建设为中心的社会主义现代化建设上来，大大发展社会生产力，并在这个基础上逐步改善人民的物质文化生活。（2）社会主义经济建设必须从我国国情出发，量力而行，艰苦奋斗，有步骤、分阶段地实现现代化的目标。（3）社会主义生产关系的变革和完善必须适应于生产力的状况，有利于生产的发展。（4）在剥削阶级作为阶级消灭以后，阶级斗争已经不是主要矛盾。由于国内的因素和国际的影响，阶级斗争还将在一定范围内长期存在，在某种条件下还有可能激化。（5）逐步建设高度民主的社会主义政治制度，是社会主义革命的根本任务之一。（6）社会主义必须有高度的精神文明。（7）改善和发展社会主义的民族关系，加强民族团结，这对于我们这个多民族国家具有重大意义。（8）在战争危险依然存在的国际条件下，必须加强现代化的国防建设。国防建设要同国家的经济建设相适应。（9）在对外关系上，必须继续坚持反对帝国主义、霸权主义、殖民主义和种族主义，维护世界和平。（10）根据"文化大革命"的教训和党的现状，必须把我们党建设成为具有健全的民主集中制的党。这是在党的十二大提出"走自己的道路，建设有中国特色的社会主义"之前，我们党对中国社会主义发展道路的最初概括。

二、中共十二大至十六大

1982年9月，邓小平在中共十二大开幕式上向全党、全国人民明确提出：

---

① 习近平：《胸怀大局把握大势着眼大事，努力把宣传思想工作做得更好》，《人民日报》2013年8月21日。

“把马克思主义的普遍真理同我国的具体实际结合起来，走自己的道路，建设有中国特色的社会主义。”① 自此以后，“中国特色社会主义道路”这一科学概念也随之而出，并写进了中共中央文件。之后，在中共十三大、十四大报告以及这一时期一些党的重要文件中，开始使用“中国特色社会主义道路”这一科学概念。对于这一概念的内涵，从总体看有三个层次的概括和表述：第一，主要是在哲学层面上进行概括和表述。如十四大报告说：在社会主义的发展道路上，强调走自己的路，不把书本当教条，不照搬外国模式，以马克思主义为指导，以实践为检验真理的唯一标准，解放思想，实事求是，尊重群众的首创精神，建设有中国特色的社会主义。第二，主要是从基本路线的实质上进行概括和表述。如十三届七中全会公报说：在邓小平同志倡导下，我们党从十一届三中全会开始，经过十二大和十三大，根据马克思主义普遍真理同中国具体实际相结合的原则，在深刻总结历史经验和当前实践经验的基础上，做出了我国处于社会主义初级阶段的科学论断，形成了以经济建设为中心、坚持四项基本原则、坚持改革开放的基本路线，以及一系列行之有效的方针政策。实践证明，有中国特色的社会主义道路，是符合中国实际的强国富民之路。又如，十四大后中共中央宣传部组织编写的《邓小平同志建设有中国特色社会主义理论学习纲要》，在论述“一个中心、两个基本点”的基本路线科学内涵的基础上，提出这条基本路线，体现了社会主义本质的要求，反映了中国社会主义发展的根本规律，指明了有中国特色社会主义的发展道路。第三，主要是从理论具体内容上进行概括和表述。如十三大报告在阐述十一届三中全会以来，我们党在对社会主义再认识的过程中，在哲学、政治经济学和科学社会主义等方面，发挥和发展了一系列科学理论观点后，指出这些观点，构成了建设有中国特色的社会主义理论的轮廓，初步回答了我国社会主义建设的阶段、任务、动力、布局和国际环境等基本问题，规划了我们前进的科学轨道。

2003 年 12 月，胡锦涛在纪念毛泽东诞辰 110 周年座谈会上的讲话中指出：“我们要坚持的道路，就是邓小平同志开辟的、以江泽民同志为核心的党的第三代中央领导集体坚持并发展了的中国特色社会主义道路。坚持这条道路，就要坚持中国共产党的领导和社会主义制度，坚持并在实践中不断完善有利于推动中国特色社会主义事业蓬勃发展的各方面的体制制度和方针政策，更好地实现社会主义现代化和中华民族的伟大复兴。坚持这条道路，就要坚持走和平崛起的发展道

① 邓小平：《邓小平文选》第 3 卷，人民出版社 1993 年版，第 3 页。

路，坚持在和平共处五项原则的基础上同各国友好相处，在平等互利的基础上积极开展同各国的交流和合作，为人类和平与发展的崇高事业做出贡献。”① 这是对这一道路之内涵的最初较为系统的表述。

三、中共十七大至十八大

2007 年，在即将迎来改革开放 30 周年之际，胡锦涛在中共十七大报告中更为系统、明确地论述了这一道路的内涵：“中国特色社会主义道路，就是在中国共产党领导下，立足基本国情，以经济建设为中心，坚持四项基本原则，坚持改革开放，解放和发展社会生产力，巩固和完善社会主义制度，建设社会主义市场经济、社会主义民主政治、社会主义先进文化、社会主义和谐社会，建设富强民主文明和谐的社会主义现代化国家。”② 通俗地说，这条道路，就是在中国共产党领导下，从社会主义初级阶段的实际出发，沿着“一个中心、两个基本点”的基本路线行进，从经济、政治、文化、社会等方面全面推进，最终走向具有“富强、民主、文明、和谐”的社会主义现代化。由此可见，中国特色社会主义道路内涵十分丰富，具体包括五个方面内容：一是坚持共产党的领导；二是坚持从中国现在处于并将长期处于社会主义初级阶段的实际出发；三是坚持“一个中心、两个基本点”的基本路线；四是坚持“四位一体”的总体布局；五是坚持富强、民主、文明、和谐的四大发展目标。③

2012 年，胡锦涛在中共十八大报告中进一步阐述了中国特色社会主义道路的科学内涵，十八大报告在十七大报告的基础上，做了新的概括，增加了新的内容，深刻反映了我们党对中国特色社会主义道路认识的深化。长期以来，在学术界的理论研究中，对于“中国特色社会主义道路”的内涵究竟怎么提炼和概括，学者们提出过各种表述，各类方案林林总总、莫衷一是。可以说，中共十八大报告对中国特色社会主义道路内涵的表述，是党在新时期最基本、最重大的理论创新，反映了我们党对中国特色社会主义本质认识的升华。④

---

① 胡锦涛：《在纪念毛泽东同志诞辰 110 周年座谈会上的讲话》，《人民日报》2003 年 12 月 27 日。

② 胡锦涛：《高举中国特色社会主义伟大旗帜为夺取全面建设小康社会新胜利而奋斗》，《人民日报》2007 年 10 月 25 日。

③ 李君如：《中国特色社会主义道路：十八大的新境界》，《科学社会主义》2013 年第 1 期。

④ 张建：《“中国特色社会主义道路”内涵的表述》，《清江论坛》2015 年第 2 期。

第二节　中国特色社会主义道路的主要内容

进入21世纪，在中国特色社会主义道路经过30多年探索取得巨大成就的基础上，中共十八大报告指出："中国特色社会主义道路，就是在中国共产党领导下，立足基本国情，以经济建设为中心，坚持四项基本原则，坚持改革开放，解放和发展社会生产力，建设社会主义市场经济、社会主义民主政治、社会主义先进文化、社会主义和谐社会、社会主义生态文明，促进人的全面发展，逐步实现全体人民共同富裕，建设富强民主文明和谐的社会主义现代化国家。"[①] 这就指出了社会主义道路的本质要求、总体布局和价值目标。这一论述从领导力量、历史方位、基本路线、历史任务、总体布局和奋斗目标等方面揭示和概括了中国特色社会主义道路的科学内涵，是对改革开放30多年来我们党领导的中国特色社会主义建设实践和认识的深刻总结。

一、中共十八大报告对中国特色社会主义道路的新概括

在中共十八大报告中，对中国特色社会主义道路的内涵，与十七大报告相比有了新的表述，总的概括为"二增一减"：一是在建设中国特色社会主义总体布局上增加了"社会主义生态文明"，这是十八大的重大贡献；二是在建设富强民主文明和谐的社会主义现代化国家的目标上增加了"促进人的全面发展"和"逐步实现全体人民共同富裕"的要求，这更为突出了中国特色社会主义道路的以人为本的价值取向，体现了社会主义的本质要求，使得富强民主文明和谐的社会主义现代化目标更加充实；三是减去了巩固和完善社会主义制度，当然这不是说它不重要，而是与"中国特色社会主义制度"有重合。十八大报告对中国特色社会主义道路的新概括，不仅说明党和国家对道路的认识更加深刻，更加注重道路的内涵和质量，更加尊重和提升人的尊严和价值，而且表明我国的社会主义制度已经比较完善。

中共十八大报告对于中国特色社会主义道路的认识达到的新境界，既体现在

---

① 胡锦涛：《坚定不移沿着中国特色社会主义道路前进　为全面建成小康社会而奋斗》，《人民日报》2012年11月18日。

对这条道路内涵的认识上，也体现在十八大第一次提出了夺取中国特色社会主义新胜利的八项基本要求上。十八大报告指出，为夺取中国特色社会主义新胜利，必须坚持人民主体地位，必须坚持解放和发展社会生产力，必须坚持推进改革开放，必须坚持维护社会公平正义，必须坚持走共同富裕道路，必须坚持促进社会和谐，必须坚持和平发展，必须坚持党的领导。这八项基本要求，是对整个中国特色社会主义的要求，自然也可以理解为是对坚持中国特色社会主义道路的新要求。① 这八项基本要求，引人注目地强调要坚持人民主体地位。社会主义本来就是亿万人民自己的事业，中国特色社会主义更是人民的创造，是造福于最广大人民的事业。可以说，建设中国特色社会主义的伟大实践，是亿万人民亲自参与的；开辟中国特色社会主义道路，是亿万人民亲身经历的；中国特色社会主义的辉煌成就，是亿万人民用自己的勤劳双手和辛勤劳动创造的。实践已经证明，中国特色社会主义不仅是展示改革开放以来中国共产党形象的旗帜，而且是能够给中国人民带来美好的幸福生活的旗帜。因此，这八项基本要求，可以看作是对中国特色社会主义道路认识的深化。②

二、中国特色社会主义道路的主要内容

当前，深刻认识中国特色社会主义道路的丰富内涵，最重要的就是把握好“七个一”：一个领导核心、一个基本国情、一条基本路线、一个总体布局、一个价值取向和一个发展目标。“一个领导核心”——中国特色社会主义道路是在中国共产党领导下发展的道路；“一个基本国情”——我国仍处于并将长期处于社会主义初级阶段这个基本国情；“一条基本路线”——坚持以经济建设为中心，坚持四项基本原则，坚持改革开放的基本路线；“一个根本任务”——解放和发展社会生产力；“一个总体布局”——中国特色社会主义经济建设、政治建设、文化建设、社会建设、生态文明建设“五位一体”的总体布局；“一个价值取向”——促进人的全面发展，逐步实现全体人民共同富裕；“一个发展目标”——把我们国家建设成为富强民主文明和谐的社会主义现代化国家。

总之，“七个一”是相互联系、相辅相成的，是一个有机统一的整体。所以，我们要从整体上把握“中国特色社会主义道路”的深刻内涵。

---

① 胡锦涛：《坚定不移沿着中国特色社会主义道路前进　为全面建成小康社会而奋斗》，《人民日报》2012年11月18日。

② 李君如：《中国特色社会主义道路：十八大的新境界》，《科学社会主义》2013年第1期。

（一）一个领导核心

一个领导核心就是中国共产党。党章总纲阐述党的各项纲领时，都以“中国共产党在……”或“中国共产党领导……”开头，突出了党的领导。2016 年 7 月，习近平在庆祝中国共产党成立 95 周年大会上的讲话中，用“深刻改变了近代以后中华民族发展的方向和进程，深刻改变了中华民族和中国人民的前途和命运，深刻改变了世界发展的趋势和格局”等三个“深刻改变”、三个“伟大历史贡献和三个伟大飞跃”、三个“新的蓬勃生机”、三个“历史告诉我们”、四个“时刻准备”，进一步强调了“中国共产党的领导”是中国特色社会主义最本质的特色，是中国特色社会主义制度的最大优势。①

自人类进入现代社会以来，随着民族国家的确立，逐渐形成了“政党政治”的社会格局。我国现当代史的演进过程充分证明：在中国，“没有共产党，就没有新中国；没有共产党，就没有新中国成立以来的发展进步；没有共产党，中国就不可能有一个更加光明的未来”②。中国共产党的领导是选择、开创和发展中国特色社会主义道路并夺取新的伟大胜利的前提和关键。毛泽东早在 1957 年 5 月就说过：“中国共产党是全中国人民的领导核心。没有这样一个核心，社会主义事业就不能胜利。”③ 改革开放之初，邓小平又强调：“中国由共产党领导，中国的社会主义现代化建设事业由共产党领导，这个原则是不能动摇的；动摇了中国就要倒退到分裂和混乱，就不可能实现现代化。”④ 江泽民在中共十五大报告中指出，“高举邓小平理论伟大旗帜，……把我们的事业全面推向二十一世纪，关键在于坚持、加强和改善党的领导”⑤。胡锦涛也多次指出，要确保党始终成为中国特色社会主义事业的坚强领导核心。习近平更进一步强调：“中国特色社会主义最本质的特征就是坚持中国共产党的领导，中国的事情要办好首先中国共产党的事情要办好。”⑥

众所周知，中国共产党的领导地位是在领导人民为争取国家独立、民族解放的革命斗争中确立的，是在领导人民为国家富强、民族振兴和人民幸福的建设改

① 习近平：《在庆祝中国共产党成立 95 周年大会上的讲话》，《人民日报》2016 年 7 月 2 日。

② 许志功：《巩固共同思想基础的关键是坚持党的领导——学习习近平总书记系列重要讲话体会》，《前线》2013 年第 12 期。

③ 《毛泽东文集》第 7 卷，人民出版社 1999 年版，第 303 页。

④ 《邓小平文选》第 2 卷，人民出版社 1994 年版，第 269、251 页。

⑤ 《江泽民文选》第 2 卷，人民出版社 2006 年版，第 42 页。

⑥ 《习近平在中共中央政治局第十六次集体学习时的讲话》，新华网，2014 年 6 月 30 日。

革中牢固起来的。在革命时期，按照马克思列宁主义的革命理论武装起来的中国共产党，领导工人阶级和广大人民群众战胜帝国主义和反动统治阶级，夺取中国革命的胜利；在建设和改革时期，在社会主义现代化建设过程中，中国共产党仍然是带领广大人民群众进行社会主义现代化建设的领导核心。首先，中国特色社会主义道路的成功开辟，表明中国共产党是一个先进的成熟政党，是一个具有卓越超凡的执政能力的政党；是一个历经考验、有高度智慧和战略思维的党；是一个善于驾驭复杂局面、解决重大历史课题的党；是一个善于组织和领导亿万人民万众一心、实现现代化的历史任务的党。其次，中国的国情决定了只有中国共产党才能领导中国的现代化建设。中国人口多、底子薄、发展很不平衡；中国属于后发国家，发展过程中的问题集中化、复杂化；中国是一个社会主义大国，面临国外反对势力的渗透，等等。这些基本国情决定了我国的现代化建设必须有一个强大的领导核心，这个领导核心将13多亿中国人的思想和力量凝聚团结起来，面对错综复杂的国内外形势，克服困难，走出一条中国特色的社会主义道路。在中国，这个强大的领导核心只能是中国共产党。

总之，历史选择了中国共产党，人民选择了中国共产党，只有中国共产党而没有别的任何政治力量能够承担起历史的重托，实现人民的希望。走中国特色社会主义道路，必须坚持中国共产党在实现社会主义现代化、推进中华民族伟大复兴中的领导地位。

（二）一个基本国情

《中国共产党章程》指出："我国正处于并将长期处于社会主义初级阶段"，"我国的社会主义建设，必须从我国的国情出发，走中国特色社会主义道路"。认清国情、正确研判社会历史方位，是党领导人民进行社会主义建设和党做出正确决策的根本依据，它决定了我国的现代化发展模式和发展战略。中国正处于并将长期处于社会主义初级阶段，这是我们党总结正反两方面历史经验，经过长期探索得出的基本结论。

中共十一届三中全会以后，经过近10年的探索，1987年中共十三大报告明确提出"我国正处在社会主义的初级阶段"的重大论断，第一次对社会主义初级阶段进行了系统而精辟的论证，从五个方面论述了社会主义初级阶段的基本特征，并以此为依据制定了党在社会主义初级阶段的基本路线。中共十三大之后每隔一段时间，我们党都要就中国社会发展阶段问题做出新的补充和概括。

1997年，中共十五大报告指出：我们讲一切从实际出发，最大的实际就是中国现在处于并将长时期处于社会主义初级阶段。十五大报告从九个方面对社会主义初级阶段的特征作了更细致的描述，并以此为依据制定了党在社会主义初级阶段的基本纲领。2007 年召开的中共十七大明确指出：经过中华人民共和国成立以来、特别是改革开放以来的不懈努力，我国取得了举世瞩目的发展成就，但我国仍处于并将长期处于社会主义初级阶段的基本国情没有变。十七大报告还详细描述了我国发展呈现的一系列新的阶段性特征，并以此为依据阐述了科学发展观的现实基础、科学内涵、历史地位和指导意义。

2012 年，中共十八大突出强调建设中国特色社会主义，总依据是社会主义初级阶段。党的十八大结束不久，习近平在主持中共十八届中央政治局第一次集体学习时就明确指出："社会主义初级阶段是当代中国的最大国情、最大实际。我们在任何情况下都要牢牢把握这个最大国情，推进任何方面的改革发展都要牢牢立足这个最大实际。"① 在 2015 年 1 月中央政治局第二十次集体学习时，他进一步指出：当代中国最大的客观实际，就是我国仍处于并将长期处于社会主义初级阶段，这是我们认识当下、规划未来、制定政策、推进事业的客观基点，不能脱离这个基点。

2017 年 7 月 26 日，习近平在省部级主要领导干部专题研讨班开班式上发表重要讲话，并再次强调："全党要牢牢把握社会主义初级阶段这个最大国情，牢牢立足社会主义初级阶段这个最大实际，更准确地把握我国社会主义初级阶段不断变化的特点，坚持党的基本路线，在继续推动经济发展的同时，更好解决我国社会出现的各种问题，更好实现各项事业全面发展，更好发展中国特色社会主义事业，更好推动人的全面发展、社会全面进步。"②

综上所述，中国共产党人正是通过对国内外社会主义建设经验教训的比较、总结，经过艰辛探索，才深刻认识到并明确提出了社会主义初级阶段理论，科学判断当代中国基本国情是正处于并将长期处于社会主义初级阶段。社会主义初级阶段包括三层含义：首先，我国社会已经是社会主义社会。我们必须坚持而不能离开社会主义。这决定了我国的现代化道路必定是社会主义的，而不是资本主义的，中国道路不能采用西方资本主义的发展模式和发展目标。其次，我国的社会主义社会还处在初级阶段。这决定了我国是在经济文化落后的历史条件下建设社会主义的，不能脱离实际搞超阶段的发展；我国是后发国家，必须采取适合于后

---

① 《习近平在十八届中共中央政治局第一次集体学习时的讲话》，《人民日报》2012 年 11 月 19 日。

② 《习近平在省部级主要领导干部"学习习近平总书记重要讲话精神，迎接党的十九大专题研讨班"开班式上发表重要讲话》，《人民日报》2017 年 7 月 28 日。

发国家实际的现代化模式。经过30多年改革开放，我国综合国力已大大提升，经济发展水平不断增强，人民生活水平也大幅度提高，但仍然改变不了我国仍处于社会主义初级阶段的基本国情。再次，我国的社会主义初级阶段从20世纪50年代中期即社会主义改造基本完成开始到21世纪中叶社会主义现代化基本实现，大致要持续一百年时间。在社会主义初级阶段这样一个大的历史跨度之内，要准确我国社会主义初级阶段不断变化的特点，深入认识中国特色社会主义发展进程的阶段性特征，在此基础上解决新问题、开创新局面。

以上三层含义既相互区别、又互相联系，社会主义初级阶段是整个中国特色社会主义建设历史过程中的初始阶段；深刻理解和把握我国的基本国情，必须把社会主义社会的性质同它的发展程度有机地统一起来。虽然经过30多年的发展，我国经济社会发展取得了全面进步，但中国特色社会主义的理论、路线、纲领、政策和各项措施，总的依据仍然是社会主义初级阶段，离开初级阶段的国情看待问题就会出现失误。因此，只有牢牢把握社会主义初级阶段具有长期性的这一最大实际，才能把它作为推进改革、谋划发展的根本依据，才能不重犯头脑发热、脱离实际、超越阶段的“冒进”错误，才能深刻理解和全面掌握党在社会主义初级阶段的基本理论、基本路线、基本纲领、基本经验和基本要求，也才能更加坚定中国特色社会主义道路自信、理论自信、制度自信、文化自信。

同时，我们还应看到，中共十八大以来，我国发展站到了新的历史起点上，这表明我国社会主义初级阶段站到了新的历史起点上；中国特色社会主义进入了新的发展阶段，这表明我国社会主义初级阶段进入了新的发展阶段。因此，我们不能把社会主义初级阶段当成一成不变的过程，而是要认真考察我们党带领人民推动经济社会发展带来的新变化、形成的新内涵、推进的新实践。只有这样，才能因势利导、与时俱进，使党的思想更符合变化了的实际、党的战略更适应新阶段的要求，在准确把握我国社会主义初级阶段不断变化特点的基础上更好地丰富和拓展中国特色社会主义道路。

（三）一条基本路线

一条基本路线，就是党在社会主义初级阶段的基本路线。其内容为：领导和团结全国各族人民，以经济建设为中心，坚持四项基本原则，坚持改革开放，自力更生，艰苦创业，为把我国建设成为富强、民主、文明、和谐的社会主义现代化国家而奋斗。这条基本路线是我们党在深刻认识我国社会主义初级阶段基本国情、准确把握我国社会主义建设根本任务的基础上制定的，集中体现了我国各族人民的根本利益和共同意志，反映了我国社会主义现代化建设的本质规律，是党和国家的生命线。这条基本路线“要管一百年，动摇不得”①。习近平说：党的基本路线是国家的生命线、人民的幸福线。

“一个中心，两个基本点”的基本路线高度概括了党在社会主义初级阶段的奋斗目标、基本途径和根本保证、领导力量和依靠力量以及实现这一目标的基本方针，既紧紧抓住了中国现阶段的主要矛盾，又体现了运用社会主义社会基本矛盾运动的规律，全面推动历史进步，实现民富国强、民族振兴的要求。其中，以经济建设为中心是兴国之要，是我们党和国家兴旺发达和长治久安的根本要求。党和国家的各项工作都要服务和服从于经济建设这个中心，而不能离开这个中心，更不能干扰这个中心。四项基本原则是立国之本，是我们党和国家生存发展的政治基石和根本保障。四项基本原则是一个有机整体，放弃其中任何一项或者任何一项坚持不好，我们就会在政治上迷失方向，坚持和发展中国特色社会主义就无从谈起。改革开放是强国之路，是我们党和国家发展进步的活力源泉，是发展中国特色社会主义的强大动力。只有改革开放才能发展中国、发展社会主义、发展马克思主义。经济建设、四项基本原则和改革开放，三者相互依存、相互促进，统一于中国特色社会主义的伟大实践，任何时候都不能动摇。2012 年 11 月，刚刚就任总书记的习近平就在中共十八届中央政治局第一次集体学习时指出，我们在实践中要始终坚持“一个中心、两个基本点”不动摇，既不偏离“一个中心”，也不偏废“两个基本点”。

坚持党的基本路线一百年不动摇，就是坚持走中国特色社会主义道路不动摇。中共十八届六中全会强调，党在社会主义初级阶段的基本路线是党和国家的生命线、人民的幸福线，必须全面贯彻执行党的基本路线，把以经济建设为中心同坚持四项基本原则、坚持改革开放这两个基本点统一于中国特色社会主义伟大实践，任何时候都不能有丝毫偏离和动摇。实践证明，这是我们事业经受风险考验、不断胜利前进的最可靠的保证。正如十八大报告中所指出：“我们必须清醒认识到，我国仍处于并将长期处于社会主义初级阶段的基本国情没有变，人民日益增长的物质文化需要同落后的社会生产之间的矛盾这一社会主要矛盾没有变，我国是世界最大发展中国家的国际地位没有变。在任何情况下都要牢牢把握社会主义初级阶段这个最大国情，推进任何方面的改革发展都要牢牢立足社会主义初级阶段这个最大实际。党的基本路线是党和国家的生命线，必须坚持把以经济建设为中心同四项基本原则、改革开放这两个基本点统一于中国特色社会主义伟大

---

① 《邓小平文选》第 3 卷，人民出版社 1993 年版，第 370－371 页。

实践，既不妄自菲薄，也不妄自尊大，扎扎实实夺取中国特色社会主义新胜利。”①

（四）一个根本任务

中共十八大报告指出：解放和发展社会生产力是中国特色社会主义的根本任务。确立这一根本任务的主要依据是马克思主义经典作家设想的社会主义社会，是建立在社会生产力水平比较高的基础上的，并强调无产阶级在夺取政权以后，还要大力发展生产力，尽可能增加社会生产力的总量。邓小平多次指出，“社会主义的优越性，归根到底是要大幅度发展社会生产力，逐步改善、提高人民的物质生活和精神生活”②。中国特色社会主义之所以要特别重视解放和发展生产力，首先，解放和发展生产力是社会主义本质的内在要求。只有不断地解放和发展生产力，社会主义社会才能全面进步和发展，社会主义社会才能获得强大的推动力，并为最终实现共产主义创造物质基础。其次，解放和发展生产力是社会主义优越性的根本体现。中国特色社会主义要赢得与资本主义相比较的优势，充分显示优越性，始终保持旺盛生机和蓬勃活力，归根到底也要靠生产力的持续健康发展。只有不断地解放和发展生产力，社会主义才能创造出比资本主义更高的劳动生产率，社会主义制度才能得到巩固和完善，并最终战胜和超越资本主义。再次，解放和发展生产力是解决我国社会主义初级阶段社会主要矛盾的根本手段。目前，我国仍处于社会主义初级阶段，我国还是发展中国家，同世界上的发达国家相比存在着巨大的发展差距，人民日益增长的物质文化需要同落后的社会生产之间的矛盾表现得尤为突出。在这一社会矛盾中，矛盾的主要方面是我国社会生产的相对落后，还不能充分满足广大人民日益增长的物质文化需要，还不能实现全体人民的共同富裕。只有不断地解放和发展生产力，才能逐步改变我国社会生产相对落后的状况，满足广大人民日益增长的物质文化需要，实现共同富裕。③所以，邓小平一再强调：“社会主义阶段的最根本的任务就是发展生产力”④，“社会主义的首要任务是发展生产力，逐步提高人民的物质和文化生活水平”⑤，要把“努力发展社会生产力，作为压倒一切的中心任务”⑥。江泽民提出了中国

---

① 胡锦涛：《坚定不移沿着中国特色的社会主义道路前进，为全面建成小康社会而奋斗》，《人民日报》2012年11月18日。

② 《邓小平文选》第2卷，人民出版社1994年版，第269、251页。

③ 张森林：《中国特色社会主义道路的科学内涵及世界意义》，《思想政治教育研究》2010年第4期。

④ 《邓小平文选》第3卷，人民出版社1993年版，第63页。

⑤ 《邓小平文选》第3卷，人民出版社1993年版，第116页。

⑥ 《邓小平文选》第3卷，人民出版社1993年版，第237页。

共产党要代表先进生产力的发展要求。

改革开放以来，中国共产党把能否始终代表先进生产力的发展要求作为衡量党先进性的试金石，始终不渝地坚持解放和发展社会生产力，把发展作为党执政兴国的第一要务，不断满足人民群众日益增长的物质文化需要，为实现人民幸福、人的全面自由发展奠定了坚实的基础。同时，中国特色社会主义制度的建立和完善、改革开放的伟大创造和实践，为我国社会生产力发展提供了根本前提，开辟了广阔道路。在整个社会主义初级阶段，发展都是解决我国所有问题的关键。在当代中国，坚持发展是硬道理的本质要求就是坚持科学发展。要适应国内外经济形势新变化，坚持以科学发展为主题，加快改变过去那种主要依靠高投入、高消耗、高排放带动的经济发展方式，加快形成新的经济发展方式，把推动发展的立足点转到提高质量和效益上来，着力激发各类市场主体发展新活力，着力增强创新驱动发展新动力，着力构建现代产业发展新体系，着力培育开放型经济发展新优势。通过更多依靠内需特别是消费需求拉动，更多依靠现代服务业和战略性新兴产业带动，更多依靠科技进步、劳动者素质提高、管理创新驱动，更多依靠节约资源和循环经济推动，更多依靠城乡区域发展协调互动，不断增强我国经济社会长期发展后劲。

当前和今后一个时期，解放和发展社会生产力，推动科学发展，必须牢固树立和践行集中体现中国特色社会主义事业发展思路、发展方向、发展着力点的科学发展理念。这就是中共十八大以来，以习近平为核心的新一届中央领导集体明确提出的“创新、协调、绿色、开放、共享”的五大发展理念。“创新、协调、绿色、开放、共享”的新发展理念，是管全局、管根本、管长远的导向，具有战略性、纲领性、引领性。五大发展理念的提出，是关系我国发展全局的一场深刻革命，标志着我们党对经济社会发展规律认识的进一步深化，我们要牢固树立和自觉践行新发展理念，以“五大理念”引领“五大建设”，全面推进经济建设、政治建设、文化建设、社会建设、生态文明建设，始终把满足人民需要、改善人民生活、激发人的潜能、实现人的价值作为发展的根本目的，把改革发展取得的各方面成果，体现在不断提高人民的生活质量和健康水平上，体现在不断提高人民思想道德素质和科学文化素质上，体现在增强人民幸福、促进人的全面发展上。

（五）一个总体布局

一个总体布局，就是中国特色社会主义经济建设、政治建设、文化建设、社会建设和生态文明建设“五位一体”的总体布局。中国特色社会主义道路的总体布局是中国共产党在继承、发扬马克思列宁主义关于社会主义建设发展的基本原理，借鉴西方资本主义国家建设的经验教训的基础上总结出来的，是在中国特色社会主义事业不断发展中逐步形成的，是中国共产党解放思想、实事求是、与时俱进、求真务实，不断深化对社会主义建设规律、现代化发展规律，党的执政规律认识的结果。

我们党对中国特色社会主义的总布局的认识是在发展中不断深化、不断丰富的。改革开放之初，邓小平提出要“两手抓，两手都要硬”的思想；中共十三大报告提出了富强、民主、文明的社会主义现代化国家的要求；中共十五大报告把它表述为经济、政治、文化三大建设，并加入了“政治文明”；中共十六届六中全会更明确提出了经济建设、政治建设、文化建设和社会建设的四大建设目标，正式提出构建社会主义和谐社会的重大战略；中共十七大增加了“社会建设”，全面论述了“四位一体”的总体布局；中共十八大站在新的历史起点上，对建设中国特色社会主义经济、政治、文化、社会和生态文明作了全面部署，从而明确了中国特色社会主义事业的“五位一体”总体布局。

在经济建设方面，坚持走中国特色社会主义经济发展道路，坚持社会主义市场经济体制，坚持和完善公有制为主体、多种所有制经济共同发展的基本经济制度和按劳分配为主体、多种分配方式并存的分配制度；抓住重要战略机遇期，赢得主动，确保到2020年实现全面建成小康社会目标；以提高发展质量和效益为中心，以供给侧结构性改革为主线，加快形成引领经济发展新常态的体制机制和发展方式，深入实施创新驱动发展战略，推动科技与经济深度融合，“坚持走中国特色新型工业化、信息化、城镇化、农业现代化道路，推动信息化和工业化深度融合、工业化和城镇化良性互动、城镇化和农业现代化相互协调，促进工业化、信息化、城镇化、农业现代化同步发展”①。形成区域协调发展新格局，发展更高层次的开放型经济。

在政治建设方面，坚持走中国特色社会主义政治发展道路，以社会主义民主政治为核心，坚持党的领导、人民当家作主、依法治国有机统一；坚持和完善人民代表大会制度、中国共产党领导的多党合作和政治协商制度、民族区域自治制度以及基层群众自治制度；推进政治体制改革，注重健全民主制度、丰富民主形式，从各层次各领域扩大公民有序政治参与，不断调动人民政治参与的积极性；

① 胡锦涛：《坚定不移沿着中国特色社会主义道路前进，为全面建成小康社会而奋斗》，《人民日报》2012年11月18日。

加快建设社会主义法治国家，推进国家治理能力和治理体系现代化。

在文化建设方面，发展中国特色社会主义文化，也就是发展面向现代化、面向世界、面向未来的，民族的、科学的、大众的社会主义文化，推进文化体制机制创新，培养高度的文化自觉和文化自信，提高全民族的文明素质，增强国家文化软实力，弘扬中华文化，努力建设社会主义文化强国。以社会主义核心价值观为引领，加强思想道德建设和社会诚信建设，丰富文化产品和服务，发挥文化引领风尚、教育人民、服务社会、推动发展的作用。

在社会建设方面，在加强和创新社会治理与保障和改善民生中加强社会建设，促进社会公平正义，努力使全体人民学有所教、劳有所得、病有所医、老有所养、住有所居，推进社会事业改革创新，解决好人民最关心、最直接、最现实的利益问题，实现发展成果更多更公平惠及全体人民。正确处理人民内部矛盾，建立健全党和政府主导的维护群众权益机制。建设平安中国，维护社会稳定和国家安全。

在生态文明建设方面，树立尊重自然、顺应自然、保护自然的生态文明理念，坚持节约资源和保护环境的基本国策，正确处理经济发展同生态环境保护的关系，建立系统完整的生态文明制度体系，为人民创造良好生产生活环境，建设美丽中国，为全球生态安全做出贡献。

在这个总布局中，不论是经济建设、政治建设、文化建设、社会建设，还是生态文明建设，都是为了实现建设富强民主文明和谐的社会主义现代化国家的宏伟目标。其中，经济建设是物质基础，政治建设是政治保障，文化建设是精神动力和智力支持，社会建设是不可或缺的社会环境，生态文明建设是前提条件。五大建设相互联系，相互促进，构成一个总体，组成了中国特色社会主义道路的“五位一体”的总体布局。

（六）一个价值取向

一个价值取向，就是促进人的全面发展，逐步实现全体人民共同富裕。

中共十八大报告增加了“促进人的全面发展”“逐步实现全体人民共同富裕”两个层次的价值目标，使中国特色社会主义目标由“富强民主文明和谐的社会主义现代化国家”这一国家层面的目标，丰富为个人、集体、国家三个层次的目标。这极大地丰富了中国特色社会主义道路的目标内涵，体现了“中国道路”的鲜明特色。

从促进人的全面发展看，一是促进人的全面发展是马克思主义的一个重要观点。马克思、恩格斯在《共产党宣言》中就指出：“代替那个存在着阶级和阶级对立资产阶级旧社会的，将是这样一个联合体，在那里，每个人的自由发展是一切人的自由发展的条件。”① 在这里，未来共产主义社会在本质上是“自由人的联合体”，是“以每个人的全面而自由的发展为基本原则的社会形式”。“每个人都能得到全面而自由的发展”是指：一方面，每个人既能获得和其他人一样的，合乎社会各方面要求的人的全面发展；另一方面，每一个人又能获得个人自身全面发展的条件。“人的全面而自由发展”与“自由人联合体”成为人类社会发展的终极目标。二是促进人的全面发展是中国共产党始终坚持的根本原则。邓小平提出的“三个有利于”标准兼顾了社会、国家、人民三方面的利益，其中，“提高人民的生活水平”的标准，实际上就是共同富裕标准。江泽民提出的“三个代表”重要思想，其中的核心就是“我们党要始终代表中国最广大人民的根本利益”。在中共十七大报告中，关于科学发展观部分，胡锦涛在讲到“必须坚持以人为本”时指出：“走共同富裕道路，促进人的全面发展，做到发展为了人民、发展依靠人民、发展成果由人民共享。”② 尽管中共十七大报告并没有将“走共同富裕道路，促进人的全面发展”写进中国特色社会主义价值目标的表述之中，但“以人为本”却成为后来中共十八大报告关于中国特色社会主义道路的价值取向。中共十八大以来，以习近平为核心的党中央始终强调并坚持“以人民为中心”的发展思想，把增进人民福祉、促进人的全面发展作为发展的出发点和落脚点，向全党全国各族人民宣告——中国道路是为了人民的道路，是依靠人民的道路，是服务人民的道路。要坚持好“以人民为中心”的发展思想，就要处理好“为了谁”与“依靠谁”的辩证关系。中共十八大报告所讲的共同富裕是“全体人民”的共同富裕，它意味着无论是城镇居民还是农村居民，无论是生活在东部沿海地区还是生活在西部内陆省份的人民，无论是工人还是农民，都能过上相对富裕的生活，都能公平分享改革发展的成果。三是促进人的全面发展必须坚持走中国特色社会主义人的全面发展道路。中国有自己的特殊国情，还处于社会主义初级阶段，经济、政治、文化等还比较落后，我们要把马克思主义关于促进人的全面发展的思想与我国实际相结合，坚持走中国特色社会主义人的全面发展道路。要打牢促进人的全面发展的物质基础，坚持把发展作为党执政兴国的第一要务，聚精会神搞建设，一心一意谋发展。要坚定促进人的全面发展的核

---

① 《马克思恩格斯全集》第1卷，人民出版社1995年，第294页。

② 胡锦涛：《高举中国特色社会主义伟大旗帜　为夺取全面建设小康社会新胜利而奋斗》，《人民日报》2007年10月25日。

心立场，坚持以人为本，把实现好、维护好、发展好最广大人民根本利益作为党和国家一切工作的出发点和落脚点，坚持发展为了人民，发展依靠人民，发展成果由人民共享。要以“创新、协调、绿色、开放、共享”五大发展理念为引领促进人的全面发展，全面推进经济建设、政治建设、文化建设、社会建设以及生态文明建设，不断提高人民生活水平、政治素质、文化素质以及健康素质。要以统筹兼顾的方法促进人的全面发展，正确处理建设和发展中国特色社会主义过程中的重大关系和利益问题。①

从逐步实现全体人民共同富裕看，一是实现共同富裕是中国共产党几代领导人孜孜以求的梦想。毛泽东首倡农村的“共同富裕”。邓小平强调“社会主义的本质是解放生产力，发展生产力，消灭剥削，消除两极分化，最终达到共同富裕。”② 江泽民在中共十四大对十一届三中全会以来十四年实践的基本总结中说：“贫穷不是社会主义，同步富裕又是不可能的，必须允许和鼓励一部分地区一部分人先富起来，以带动越来越多的地区和人们逐步达到共同富裕。”③ 可见，共同富裕是最终目标和实现过程的统一。从实际情况看，自中共十六大开始，我国先后实施了西部大开发战略、振兴东北地区等老工业基地战略和中部崛起战略，开始建设社会主义新农村和构建社会主义和谐社会等，这说明党中央已经开启了逐步实现共同富裕的征程。中共十八大报告提出“逐步实现全体人民共同富裕”表明，现阶段我们党已经更加清醒地认识到，共同富裕的实现并不是一个遥不可及的目标，它是一个动态发展的过程，可以逐步通过一个个由低层次到高层次、程度不同的共同富裕目标实现。这就将共同富裕这个社会主义的本质要求和根本原则，落实到可以操作的、逐步实现的阶段性目标，从理想目标变为现实目标。④ 在中共十八届五中全会上，我们党又提出了以“共享发展”为主要内容的“五大发展理念”，表明我们党在重视不断丰富改革发展成果的同时，还要让改革发展的成果能够为全体人民共同享有。二是必须坚持共同富裕这一中国特色社会主义的根本原则。中共十八大报告指出：“要坚持社会主义基本经济制度和分配制度，调整国民收入分配格局，加大再分配调节力度，着力解决收入分配差距

---

① 邹谨，郑中华：《对中国特色社会主义道路内涵的新思考》，《天津市社会主义学院学报》2014 年第 4 期。

② 《邓小平文选》第 3 卷，人民出版社 1994 年版，第 373 页。

③ 《江泽民文选》，人民出版社 2006 年 1 月版，第 219-220 页。

④ 王春玺，高骊：《“逐步实现全体人民共同富裕”的目标内涵及实现途径》，《中国特色社会主义研究》2013 年第 1 期。

较大问题，使发展成果更多更公平惠及全体人民，朝着共同富裕方向稳步前进。”① 为了逐步实现全体人民共同富裕，首先，要不断巩固和增强公有制的主体地位，为共同富裕提供保障。马克思主义创始人从来都反对离开建立生产资料公有制抽象地谈论未来社会的“公平分配”（也就是共同富裕）问题。因此，在社会主义初级阶段，我们应该“毫不动摇巩固和发展公有制经济”。其次，要改革分配制度，采取切实有力措施解决地区之间和部分社会成员收入差距过大的问题。中共十八大报告指出：实现发展成果由人民共享，必须深化收入分配制度改革，“努力实现居民收入增长和经济发展同步、劳动报酬增长和劳动生产率提高同步，提高居民收入在国民收入分配中的比重，提高劳动报酬在初次分配中的比重。初次分配和再分配都要兼顾效率和公平，再分配更加注重公平”。再次，要坚持共享发展，坚持发展为了人民、发展依靠人民、发展成果由人民共享，为共享发展做出更有效的制度安排，使全体人民在共建、共享发展中有更多获得感，增强发展动力，增进人民团结，朝着共同富裕方向稳步前进。

（七）一个发展目标

一个发展目标，就是把我们国家建设成为富强民主文明和谐的社会主义现代化国家。

早在20世纪50年代，毛泽东就提出，要调动一切积极因素，把我国建设成强大的社会主义国家。改革开放初期，邓小平从我国基本国情出发，设计了分三步走基本实现现代化的战略目标。即第一步，从1981年到1990年，国民生产总值翻一番，实现温饱；第二步，从1991年到20世纪末，再翻一番，达到小康；第三步，到21世纪中叶，再翻两番，达到中等发达国家水平。中共十五大对第三步战略目标提出了“分三步走”的发展规划，即21世纪第一个10年，实现国民生产总值比2000年翻一番，使人民的小康生活更加富裕，形成比较完善的社会主义市场经济体制；再经过10年的努力，到建党100周年时，使国民经济更加发展，各项制度更加完善；到21世纪中叶建国100周年时，基本实现现代化，建成富强、民主、文明的社会主义国家。中共十八大提出了到2020年实现全面建成小康社会的新要求，同时把生态文明建设作为现代化建设的重要内容，再次明确提出要建设富强民主文明和谐的社会主义现代化国家。中共十八大通过的新党章为我们指明了近期、中期奋斗目标。我们的近期目标是第一个“一百年”

① 胡锦涛：《坚定不移沿着中国特色社会主义道路前进　为全面建成小康社会而奋斗》，《人民日报》2012年11月18日。

的目标——全面建成小康社会。中期目标是第二个“一百年”目标——建设富强、民主、文明、和谐的社会主义现代化国家。

中共十八大之后，习近平在参观《复兴之路》展览时指出，“每个人都有理想和追求，都有自己的梦想”，“实现中华民族伟大复兴，就是中华民族近代以来最伟大的梦想”。[①] 从此，树立了中国特色社会主义道路的长期目标——实现中华民族伟大复兴的中国梦，使我们党的奋斗目标成为由“近期目标、中期目标、长期目标”三者组成的系统完善体系。[②] 这里，实现中华民族伟大复兴中国梦，是近代以来中华民族最伟大的梦想，凝聚了几代中国人的夙愿。中国梦的核心内涵是中华民族伟大复兴，基本内涵是实现国家富强、民族振兴、人民幸福，归根结底是人民的梦，必须坚持走中国道路、弘扬中国精神、凝聚中国力量，需要靠实干才能梦想成真。中国梦的本质是要实现几代中国共产党人孜孜以求的社会主义现代化目标。正因为如此，它与世界各国人民追求现代化的美好梦想相通相连。党的十八大以来党中央治国理政新理念新思想新战略都是围绕实现中国梦这个目标展开的。

把我们国家建设成为富强、民主、文明、和谐的社会主义现代化国家，是一个由“富强、民主、文明、和谐”构成的内容丰富的中国现代化目标体系。其中，富强是经济现代化的目标；民主是政治现代化的目标；文明是文化现代化的目标；和谐是社会现代化的目标。这些目标体现了现代化文明的普遍性，但更为重要的是体现了中国的特殊性。富强不是资本主义文明所追求的个人富裕，而是社会主义的共同富裕，体现了社会主义现代化目标的基本性质；民主不是资产阶级的民主，而是社会主义的全体人民的真正当家作主；文明不是资本主义的“普世价值”，而是社会主义的先进文化特别是社会主义核心价值观；和谐更是体现了中国传统文化的精髓，强调人与自然、人与社会以及人与自身的和谐关系。总之，中国特色社会主义道路的目标体系，具有强大的吸引力、凝聚力和号召力，它将引领中华民族走向新的伟大复兴。

---

① 《习近平总书记系列重要讲话读本》，学习出版社、人民出版社 2016 年版，第 5 页。

② 李关勤：《浅谈“中国特色社会主义道路”的基本内涵》，《发展》2016 年第 11 期。

第三节　中国特色社会主义道路的基本类型

中国特色社会主义道路有总道路与具体道路之分。中共十七大在论述我国各项工作时，提出一系列具体道路，需要我们在新的实践中继续探索，以便不断发展中国特色社会主义的总道路。[①] 中共十八大在十七大确立的中国特色社会主义道路基本内涵的具体要求的基础上又提出了新的要求，深化了对总道路和具体道路及其相互关系的认识。

迄今为止，党的文献已经明确指出并且阐述了中国特色社会主义 13 条具体道路，并以完整充实的内容构建了中国特色社会主义道路系统。这个系统是由体现社会主义性质和方向的根本道路与体现我国新时期新阶段基本国情的治国理政基本方略的具体道路两个层面的全面行动路线构成。科学发展道路、共同富裕道路、文明发展道路、和平发展道路构成体现社会主义性质和方向的根本道路体系，而中国特色自主创新道路、中国特色新型工业化道路、中国特色信息化道路、中国特色农业现代化道路、中国特色城镇化道路、中国特色社会主义政治发展道路、中国特色社会主义法治道路、中国特色的反腐倡廉之路、中国特色军民融合式发展路子构成体现我国新时期新阶段基本国情的治国理政基本方略的具体道路体系。

一、体现社会主义性质和方向的根本道路

（一）中国特色的科学发展道路

要以人为本，尊重人民的主体地位，发挥人民的首创精神，保障人民的各项权益，不断实现发展成果由人民共享，促进人的全面发展。要全面协调可持续，推进经济建设、政治建设、文化建设、社会建设、生态文明建设的共同发展，促进生产关系与生产力、上层建筑与经济基础相协调，不断开拓生产发展、生活富裕、生态良好的文明发展道路。要统筹兼顾改革发展稳定、内政外交国防、治党治国治军各方面工作，妥善处理城乡发展、区域发展、经济社会发展、人与自然和谐发展、国内发展和对外开放，以及中央和地方、个人利益和集体利益、局部

① 《十七大以来重要文献选编》（上），中央文献出版社 2009 年版，第 99 页。

利益和整体利益、当前利益和长远利益等一系列重大关系，努力形成全体人民各尽其能、各得其所而又和谐相处的局面。

（二）中国特色的共同富裕道路

共同富裕是社会主义的本质要求，也是全面建设小康社会的根本要求。要坚持社会主义基本经济制度和分配制度，调整国民收入分配格局，加大再分配调节力度，着力解决收入分配差距较大问题，到2020年，覆盖城乡居民的社会保障体系基本建立，人人享有基本生活保障；合理有序的收入分配格局基本形成，中等收入者占多数，绝对贫困现象基本消除；人人享有基本医疗卫生服务。坚持发展为了人民、发展依靠人民、发展成果由人民共享的共享发展新理念，让人民群众共同建设社会主义，使发展成果更多更公平惠及全体人民，朝着共同富裕方向稳步前进。

（三）中国特色的文明进步道路

通过生产发展、生活富裕、生态良好的良性循环，建设资源节约型、环境友好型的社会，实现速度和结构质量效益相统一、经济发展与人口资源环境相协调。主体功能区布局基本形成，资源循环利用体系初步建立。单位国内生产总值能源消耗和二氧化碳排放大幅下降，主要污染物排放总量显著减少。森林覆盖率提高，生态系统稳定性增强，人居环境明显改善。[①] 紧紧围绕建设美丽中国深化生态文明体制改革，加快建立生态文明制度，健全国土空间开发、资源节约利用、生态环境保护的体制机制，实行最严格的生态环境保护制度，推动形成人与自然和谐发展现代化建设新格局。正确处理经济发展同生态环境保护的关系，确立保护生态环境就是保护生产力的理念，建设社会主义生态文明。

（四）中国特色的和平发展道路

和平发展道路是在和平与发展成为世界格局的时代条件下，社会主义中国根据时代发展潮流和自身根本利益做出的战略抉择，体现了社会主义的国际主义的价值追求。和平发展道路的精髓就是，争取和平的国际环境来发展自己，又以自己的发展促进世界的和平。我们坚定奉行独立自主的和平外交政策。统筹国内、国际两个大局，在坚决维护国家主权、安全、发展等核心利益的基础上，推动构建以合作共赢为核心的新型国际关系；致力于打造人类命运共同体，积极推进“一带一路”建设、推动全球治理体制向着更加公正合理的方向发展、实行更高

① 胡锦涛：《坚定不移沿着中国特色社会主义道路前进 为全面建成小康社会而奋斗》，《人民日报》2012年11月18日。

水平的对外开放；坚定不移走和平发展道路，深入开展大国外交，努力推动亲、诚、惠、容的周边外交，自觉承担更多的国际责任和义务，为世界和平和中国发展营造更加有利的国际环境。

二、体现我国新时期新阶段基本国情的治国理政基本方略的具体道路

（一）中国特色的自主创新道路

这是我国制定的以提高自主创新能力、建设创新型国家为战略目标的新型发展道路。以全球视野谋划和推动创新，提高原始创新、集成创新和引进消化吸收再创新能力，更加注重协同创新。把增强自主创新能力作为发展科学技术的战略基点，推动科学技术跨越式发展；把增强自主创新能力作为转变发展方式的中心环节，加快形成以创新为主要引领和支撑的经济体系和发展模式，推动国民经济又好又快发展；把增强自主创新能力作为国家战略，贯穿到现代化建设各个方面，激发全民族创新精神，培养高水平创新人才，形成有利于自主创新的体制机制。促进创新资源高效配置和综合集成，把全社会智慧和力量凝聚到创新发展上来。

（二）中国特色新型工业化道路

这是中共十六大确定的区别于传统工业化道路的新的工业化道路。与西方发达国家的工业化从传统工业到现代工业，再到服务业不同，中国的工业化是传统工业、现代工业、传统服务业、现代服务业在同一个时空段内并行发展的复合型工业化。要走中国特色新型工业化道路，必须以工业化带动信息化，以信息化促进工业化，走出一条科技含量高，经济效益好，资源消耗低，环境污染少，人力和物力资源优势得到充分发挥的工业化道路。其实质，就是要使我国从工业大国向工业强国转变。

（三）中国特色的信息化道路

中共十八大报告明确提出，2020 年我国要基本实现工业化，大幅度提升信息化水平；坚持走中国特色新兴工业化、信息化、城镇化、农业现代化的道路，推动信息化和工业化深度融合，及工业化、信息化、城镇化、农业现代化同步发展的战略。2016 年 7 月中共中央办公厅、国务院办公厅印发的《国家信息化发展战略纲要》在信息化发展能力、信息化应用水平和信息化发展环境方面，提出了明确的目标和保障措施。我们要根本改变核心技术受制于人的局面，形成安全可控的信息技术产业体系，大幅提高电子政务与信息惠民水平，全面支持社会主义现代化国家建设。到 2020 年，“核心关键技术部分领域达到国际先进水平”；到 2025 年，“根本改变核心关键技术受制于人的局面，形成安全可控的信息技术

产业体系”，尽快走出一条核心技术突破的新路子。要培育信息经济，促进转型发展，围绕推进供给侧结构性改革，发挥信息化对全要素生产率的提升作用，培育发展新动力，塑造更多发挥先发优势的引领型发展，支撑我国经济向形态更高级、分工更优化、结构更合理的阶段演进。①

（四）中国特色的农业现代化道路

坚持把解决好农业、农村、农民问题作为全党工作重中之重，推进现代农业建设。健全城乡发展一体化体制机制，形成以工促农、以城带乡、工农互惠、城乡一体的新型工农城乡关系。加快农业科技进步，加强农业设施建设，积极推进农业结构调整，加快转变农业增长方式，发展农业产业化经营，健全农业社会化服务体系，发展高产、优质、高效、生态、安全农业。加大统筹城乡发展力度，坚持工业反哺农业、城市支持农村和多予少取放活方针，让广大农民平等参与现代化进程、共同分享现代化成果。着力构建现代农业产业体系、生产体系、经营体系，提高农业质量效益和竞争力，推动粮经饲统筹、农林牧渔结合、种养加一体、一二三产业融合发展，走产出高效、产品安全、资源节约、环境友好的农业现代化道路。②

（五）中国特色的城镇化道路

中共中央、国务院颁布的《国家新型城镇化规划（2014—2020 年）》，是今后一个时期指导全国城镇化健康发展的宏观性、战略性、基础性规划。按照这一规划的要求，我国城镇化是在人口多、资源相对短缺、生态环境比较脆弱、城乡区域发展不平衡的背景下推进的，我们必须从社会主义初级阶段这个最大实际出发，遵循城镇化发展规律，走出一条以人为本、四化同步、优化布局、生态文明、文化传承的中国特色新型城镇化道路。按照统筹城乡、布局合理、节约土地、功能完善、以大带小的原则，推进以人为核心的城镇化，推动大中小城市和小城镇协调发展、产业和城镇融合发展，促进城镇化和新农村建设协调推进。优化城市空间结构和管理格局，增强城市综合承载能力③。

（六）中国特色的政治发展道路

中共十八大报告第五部分以“坚持中国特色社会主义政治发展道路和推进政治体制改革”为标题作了全面的阐述，其精髓主要包括：坚持以保证人民当家作

① 中央政府门户网站 www. gov. cn，2016 年 7 月 27 日。

② 《中共中央关于制定国民经济和社会发展第十三个五年规划的建议》，《人民日报》2015 年 11 月 4 日。

③ 《中共中央关于全面深化改革若干重大问题的决定》，新华网，2013 年 11 月 15 日。

主为根本。这是社会主义国家性质的要求，也是中国特色社会主义政治发展道路的本质体现。坚持共产党的领导、人民当家作主、依法治国的有机统一，这是中国特色社会主义政治发展道路的精髓。坚持和完善人民代表大会制度、中国共产党领导的多党合作和政治协商制度、民族区域自治制度及基层群众自治制度，不断推进社会主义政治制度的自我完善，这是中国特色社会主义政治发展道路的制度保障。坚持社会主义民主的根本性质，实现选举民主与协商民主的结合，把民主建设植根于中国优秀的历史文化传统之中，这是中国特色社会主义政治发展道路的特色和优势。中国特色社会主义政治发展道路以保证和发展人民民主为己任，积极稳妥推进政治体制改革，不停滞、不封闭、不僵化，这是中国特色社会主义政治发展道路的动力机制。[①] 由此，不断开拓民主政治发展新局面，为实现最广泛的人民民主奠定坚实基础，确立正确方向，开辟广阔空间和光明前途。

（七）中国特色社会主义法治道路

中共十八届四中全会通过的《中共中央关于全面推进依法治国若干重大问题的决定》强调，中国特色社会主义法治道路，是建设社会主义法治国家的唯一正确道路。其核心要义包括坚持党的领导、坚持中国特色社会主义制度、贯彻中国特色社会主义法治理论三个方面。党的领导是中国特色社会主义最本质的特征，是社会主义法治最根本的保证；中国特色社会主义制度是中国特色社会主义法治体系的根本制度基础，是全面推进依法治国的根本制度保障；中国特色社会主义法治理论是中国特色社会主义法治体系的理论指导和学理支撑，是全面推进依法治国的行动指南。坚持走中国特色社会主义法治道路，就是要在中国共产党领导下，紧紧围绕坚持和完善中国特色社会主义制度，深入贯彻中国特色社会主义法治理论，建设中国特色社会主义法治体系，坚持人民主体地位，坚持法律面前人人平等，坚持依法治国和以德治国相结合，坚持从中国实际出发，建设科学立法、严格执法、公正司法、全民守法的社会主义法治国家。[②] 中共十八届五中全会通过的《中共中央关于制定国民经济和社会发展第十三个五年规划的建议》进一步强调：必须坚定不移走中国特色社会主义法治道路，加快建设中国特色社会主义法治体系，建设社会主义法治国家，推进科学立法、严格执法、公正司

---

① 胡锦涛：《坚定不移沿着中国特色社会主义道路前进 为全面建成小康社会而奋斗》，《人民日报》2012 年 11 月 18 日。

② 《中共中央关于全面推进依法治国若干重大问题的决定》，《人民日报》2014 年 10 月 29 日。

法、全民守法，加快建设法治经济和法治社会，把经济社会发展纳入法治轨道。[1]

（八）中国特色的反腐倡廉道路

坚定不移地贯彻标本兼治、综合治理、惩防并举、注重预防的战略方针，全面推进惩治和预防腐败体系建设，做到干部清正、政府清廉、政治清明。加强反腐倡廉教育和廉政文化建设。严格规范权力行使，加强对领导干部特别是主要领导干部行使权力的监督。健全反腐败法律制度，加强反腐败国际合作。严格执行党风廉政建设责任制，健全纪检监察体制，始终保持惩治腐败高压态势。把反腐倡廉工作融入经济建设、政治建设、文化建设、社会建设和党的建设之中，拓展从源头上防治腐败的工作领域，把党风廉政建设和反腐败斗争不断推向深入。

（九）中国特色军民融合式发展道路

在中共十八大报告中，将这条道路称为“中国特色军民融合式发展路子”，就是将国防和军队建设放在中国特色社会主义事业总体布局中的重要地位上，站在国家安全和发展战略全局的高度，统筹经济建设和国防建设，推动二者融合发展，在全面建设小康社会进程中实现富国和强军的统一。要全面推进国防和军队建设，实施改革强军战略，明确建设一支听党指挥能打胜仗、作风优良的人民军队的强军目标。加强军民融合式发展战略规划、体制机制建设、法规建设。加快建设现代化武装警察力量。增强全民国防观念，提高国防动员和后备力量建设质量。巩固和发展军政军民团结。[2] 在中共十八三中全会通过的《中共中央关于全面深化改革若干重大问题的决定》中提出了“推动军民融合深度发展”的一系列重大举措。中共十八届五中全会通过的《中共中央关于制定国民经济和社会发展第十三个五年规划的建议》又进一步强调：推动经济建设和国防建设融合发展。坚持发展和安全兼顾、富国和强军统一，实施军民融合发展战略，形成全要素、多领域、高效益的军民深度融合发展格局。

---

① 《中共中央关于制定国民经济和社会发展第十三个五年规划的建议》，《人民日报》2015 年 11 月 4 日。

② 胡锦涛：《坚定不移沿着中国特色社会主义道路前进　为全面建成小康社会而奋斗》，《人民日报》2012 年 11 月 18 日。

第三章

中国特色社会主义道路的基本特征

从上一章对中国特色社会主义道路内涵的论述中，我们看到中国特色社会主义道路，既不是对科学社会主义原理和原则的照搬，也不是对传统社会主义道路的简单复归，更不是对别国发展道路和模式的模仿，而是中国共产党领导全国各族人民，在科学社会主义基本原则同中国具体实际相结合过程中所进行的独立自主的创造，是既适合中国国情又体现时代特色、既体现社会主义共性又凸显“中国特色”个性的创新型道路。实践证明，中国特色社会主义道路，是使中国走上国家繁荣富强、人民共同富裕的唯一正确的道路。当前，准确把握中国特色社会主义道路的基本特征，对于深入学习和领会中共十八大、十八届三中、四中、五中、六中全会精神，进一步明确中国特色社会主义道路的特点和优势，有效回应各种错误思想挑战，增强四个自信，始终坚持和不断拓展中国特色社会主义道路，具有重要的理论意义和实践意义。概括而言，中国特色社会主义道路具有以下几方面的特征。

第一节　继承性

建设社会主义是前无古人的崭新事业，没有任何现成的方案可资借鉴。我国自从确立社会主义基本制度以来，一直在科学社会主义基本原则指导下探索自己的社会主义发展模式和发展道路。从思想渊源上说，中国特色社会主义道路是对马克思主义，特别是对科学社会主义的继承和创新，是科学社会主义基本原则在中国的创造性运用和发展。不仅如此，为了找到一条既适合国情又符合时代要求的中国特色社会主义道路，中国共产党人还继承和弘扬了人类文明成果特别是中华民族的优秀文化传统，在实践上突破和扬弃了苏联传统社会主义模式。正如中共十八大报告所指出的："中国特色社会主义，既坚持了科学社会主义基本原则，又根据时代条件赋予其鲜明的中国特色，以全新的视野深化了对共产党执政规律、社会主义建设规律、人类社会发展规律的认识，从理论和实践结合上系统回答了在中国这样人口多、底子薄的东方大国建设什么样的社会主义、怎样建设社会主义这个根本问题。"①

一、中国特色社会主义道路继承和发展了科学社会主义基本原则

科学社会主义是马克思、恩格斯在分析资本主义矛盾基础上创立的关于人类社会发展规律、发展趋势的学说，是中国特色社会主义的思想基础。科学社会主义是发展的理论，它提供的不是现成的教条，而是进一步研究的出发点和供这种研究使用的方法。

关于科学社会主义基本原则，根据马克思主义经典作家著作的论述，可以概括为：一是不断发展生产力；二是实行生产资料公有制和按劳分配制，促进人的全面发展和共同富裕；三是实行无产阶级专政；四是坚持共产党领导；五是坚持马克思主义指导地位。中国特色社会主义道路的内涵，无不体现和遵循了科学社会主义基本原则，体现了科学社会主义的共性要求。但是，我们也应该看到，科学社会主义是发展的理论，它提供的不是现成的教条，而是进一步研究的出发点和供这种研究使用的方法。马克思、恩格斯在预测未来社会的发展时，从未规定过任何一成不变的固定模式，更没有规定未来任何国家发展的时间表、具体路径、方式样式。因此，只有将科学社会主义的一般原理同各国的具体实际相结合，才能真正发挥科学社会主义理论的指导作用。

中国共产党始终坚持科学社会主义的基本原则，紧紧立足我国现阶段的基本国情，对以上五条科学社会主义基本原则实现了创造性的继承发展。如关于发展生产力，基于我国处于并将长期处于生产力不发达的社会主义初级阶段这一基本国情，提出"一个中心，两个基本点"基本路线；社会主义的根本任务是发展生产力，必须以改革为动力，破除一切阻碍生产力发展的藩篱；把对外开放作为一项基本国策，吸收包括资本主义在内的人类先进文明成果，利用两个市场，两个资源，实现"请进来"和"走出去"相结合。关于公有制和按劳分配分配原则。提出以公有制为主体，多种经济形式并存，坚持两个毫不动摇；实行以按劳

① 胡锦涛：《坚定不移沿着中国特色社会主义道路前进　为全面建成小康社会而奋斗》，《人民日报》2012 年 11 月 18 日。

分配为主，多种分配形式并存，激活社会生产力，发展社会主义市场经济，先富带动后富，最终达到共同富裕。关于无产阶级专政，提出加强党的领导、人民当家作主和依法治国有机统一的社会主义民主政治建设；实行人民民主专政和人民代表大会制度。关于共产党的领导，实行共产党领导下的多党合作和政治协商制度。关于马克思主义指导，坚持马克思主义一元化指导地位，引领和整合多样化社会思潮，建设民族的、科学的、大众的社会主义先进文化。进入21世纪之后，随着经济社会的迅速发展，面对新问题新挑战，我们党将加强和创新社会治理与保障和改善民生为重点的社会建设，将生态文明建设提升至“五位一体”总体布局的战略高度。这些无不遵循着中国实际，具有鲜明的“中国特色”。

二、中国特色社会主义道路继承和弘扬了人类文明成果特别是中华民族的优秀文化传统

中国特色社会主义道路既体现了科学社会主义的基本原理，又继承和弘扬了人类文明成果，具有中华优秀文化传统的基因。马克思指出：“人们自己创造自己的历史，但是他们并不是随心所欲地创造，……而是在直接碰到的、既定的、从过去承继下来的条件下创造。”[①] 中国坚持和发展中国特色社会主义道路如何继承和弘扬人类文明成果特别是中华民族的优秀文化传统？习近平对此作了深刻阐释，充分说明了中国特色社会主义道路具有深厚的历史文化底蕴。

从中华文明五千年的历史传承看，我们开辟中国特色社会主义道路不是偶然的，是我国历史传承和文化传统决定的。中华文化源远流长博大精深，其悠久绵长的文化传统对中国发展道路的选择产生了深远影响。众所周知，中华民族的“仁义”“和合”文化及文明具有道义性和当代性。中华优秀传统文化的“民唯邦本”“政得其民”等民本思想，“礼法合治”等治国观念，“苟利国家生死以”等家国观，“礼义廉耻”等荣辱义利观，具有永不褪色的精神价值。而中国特色社会主义道路所蕴含的世界观和价值观，既尊重个人平等发展，又注重社会和谐，也强调国家主权，还注重世界和谐；它强调协和万邦、世界大同、休戚与共，认为独善其身并不可取，兼济天下才是合理的自然秩序。[②] 这些都表明，中国特色社会主义道路根植于中华优秀传统文化之中，是从中华优秀传统文化的传承中走出来的。同时，我们还应看到，革命是中国近代历史发展的主线，孕育和

---

① 《马克思恩格斯选集》第1卷，人民出版社1995年版，第603页。

② 韩庆祥：《中国以什么贡献给世界》，《解放日报》2017年10月24日。

成长于中国共产党战斗岁月中的革命文化，是涵育中国价值的深厚土壤。此外，生机勃勃的社会主义先进文化，是以马克思主义为指导，面向现代化、面向世界、面向未来的，民族的、科学的、大众的社会主义文化，是凝聚中国力量的重要来源。这些优秀文化使中国人看待世界、社会、人生，拥有自己独特的价值体系，表明中国特色社会主义道路的选择既是政治选择，同时也是文化选择。正因为如此，习近平指出，中国特色社会主义“这条道路来之不易，它是在改革开放30多年的伟大实践中走出来的，是在中华人民共和国成立60多年的持续探索中走出来的，是在对近代以来170多年中华民族发展历程的深刻总结中走出来的，是在对中华民族5000多年悠久文明传承中走出来的”①。“四个走出来”连起来说，表明绝不能把中国特色社会主义道路仅仅看作是近30多年来探索的成果，而要把30多年与60多年、170多年、5000多年紧密相连，表明中国社会主义道路植根于悠久的中华文明，有着深厚的历史渊源和广泛的现实基础。

从世界社会主义五百年的发展脉络看，中国特色社会主义道路是世界社会主义运动的新突破，社会主义在中国得以浴火重生，中国特色社会主义以其自身的发展推动着世界社会主义的发展，并以其独特的理论与实践充实着世界社会主义的内容，成为当代世界社会主义一道亮丽的风景线。中国特色社会主义道路宛如一盏明灯，点亮了中国，也将照耀整个世界。正因为如此，习近平把世界社会主义500年从空想到科学、从理论到实践、从一国实践到多国发展的历史过程划分为六个阶段，将党的十一届三中全会之后我们党做出进行改革开放的历史决策、开创中国特色社会主义，确定为继空想社会主义产生和发展、马克思恩格斯创立科学社会主义理论体系、列宁领导十月革命胜利并实践社会主义、苏联模式逐步形成、中华人民共和国成立后我们党对社会主义的探索和实践五个时段之后的第六个阶段，从而表明中国特色社会主义是世界社会主义的坚持和发展、继承和创新，世界社会主义运动的历史及其实践的经验教训是中国特色社会主义不可或缺的思想来源。

从吸收借鉴人类文明成果看，在改革开放的进程中，中国特色社会主义吸收借鉴当代人类文明成果，形成了人类文明新成果。中国特色社会主义吸收和借鉴以市场经济及其管理规律为主要内容的人类文明成果，创立了新的马克思主义政治经济学，形成了中国特色社会主义经济建设理论；吸收和借鉴以平等、公平、正义、法治为主要内容的人类文明成果，形成了中国特色社会主义政治建设理

---

① 《习近平谈坚持和发展中国特色社会主义》，人民网-中国共产党新闻网，2014年8月6日。

论；吸收和借鉴以科技、教育、价值观为主要内容的人类文明成果，形成了社会主义精神文明建设理论；吸收和借鉴以促进人与社会、人与自然和谐相处为主要内容的人类文明成果，形成了和谐世界、和谐社会建设理论；吸收和借鉴以节约资源、保护环境、爱护地球为主要内容的人类文明成果，形成了社会主义生态文明建设理论；吸收和借鉴以国家治理体系和治理能力现代化为主要内容的人类文明成果，形成了以新发展理念为引领的“四个全面”战略布局思想。[①] 当然，我们也应看到，中国特色社会主义道路虽然借鉴了人类文明中的一些合理要素和有效手段等，但与西方以资本原始积累和对工人血腥压榨为条件的现代化道路有本质区别。在中国进行的伟大改革不仅没有改掉社会主义制度、没有放弃社会主义原则，而且让科学社会主义在21世纪的中国焕发出强大生机与活力。

三、中国特色社会主义道路突破和扬弃了苏联传统社会主义模式

中国社会主义曾与苏联社会主义有着十分密切的关系。苏联作为世界上第一个社会主义国家，按照经典社会主义框架构建了社会主义的基本模式。今天我们所说的“中国特色”，首先是以“苏联模式”为参照的。由列宁开创，在斯大林时期形成的苏联社会主义模式，本质上是属于社会主义的，并一度被各国视为建设社会主义的样板模式。中华人民共和国建立伊始，作为社会主义阵营中的一员，中国也选择建立苏联式的计划经济体制，这一体制曾有力地推进了经济社会迅速发展。随着社会主义建设实践的深入，苏联模式的弊端也逐渐显现，阻碍了生产力的发展。尽管当时毛泽东看到苏联模式的弊端并力图改变，但是由于国内外、党内外种种复杂因素的相互作用，社会主义建设仍未能摆脱僵化的苏联模式的影响，单纯追求“一大二公”，极大地束缚了生产力的发展。正是在这样的历史背景下，邓小平提出要重新思考什么是社会主义、怎样建设社会主义的问题，做出了改革开放的伟大决策。改革开放之后，我们党的几代领导集体对什么是社会主义、怎样建设社会主义进行深刻反思，总结社会主义建设历史经验教训，开辟发展道路、创新建设模式，实现了对苏联模式的突破和扬弃。具体体现在：在经济建设上，扬弃了苏联模式高度集中的计划经济体制，突破了姓资姓社的束缚，建立社会主义市场经济体制；在政治建设上，扬弃高度集权政治体制，走出了一条由党的领导、人民当家作主、依法治国有机统一的社会主义民主政治道路；在文化建设上，扬弃了苏联模式高度统一的文化管理体制，提出以马克思主

① 亓利，宋佳玉：《中国特色社会主义对人类文明的吸收借鉴》，《科学社会主义》2016 年第 6 期。

义的一元化思想引领和整合多样化社会思潮，创造了不同于苏联的中国特色社会主义文化发展模式；在社会建设上，扬弃了苏联模式高度集中的社会管理体制和忽视民生的发展方式，中国特色社会主义大力推进以改善民生为重点的社会建设，构建有利于促进社会和谐的社会管理与运行机制。[①]

第二节　实践性

实践性是中国特色社会主义道路基本特征之一。中国特色社会主义道路始终由实践来开拓，由实践来推进，由实践来检验，由实践来完善。它既没有照抄书本，也没有照搬他国模式，而是植根于亿万人民群众的伟大实践，来源于亿万人民群众的伟大创造，是我们党带领全国人民艰辛探索和艰苦奋斗的结果。事实上，中国特色社会主义道路、理论、制度，无一不是在中国特色社会主义的生动实践中逐渐形成、丰富和发展起来的。

一、中国特色社会主义道路是适应实践发展的需要而产生的

争取民族独立、人民解放，实现国家富强、人民富裕、社会和谐，是近代以来中国历史发展的一条主线。只有把中国共产党领导人民探寻中国特色社会主义道路的实践放到这一艰辛历程中，以更宽广的视野来认识和理解，才能正确理解其实践特征，从而坚定对这条发展道路的自觉自信，始终做到坚定不移。

回顾近代历史，考察世界变化，可以看到西方资本主义强国的发展大多是以对内剥削、对外掠夺来实现的。少数发展中国家走资本主义道路虽然在某个时期实现了经济快速增长，但出现了严重的两极分化，以及社会矛盾加剧、生态环境恶化等严重问题。当时，对于中国这样一个经济文化落后的东方大国来说，这两条发展道路都走不通。要改变旧中国积贫积弱、内忧外患的悲惨命运，实现民族振兴、国家富强，增进人民福祉，没有现成的模式可以参照，只能探索新路。从太平天国运动、洋务运动、戊戌变法到辛亥革命，农民、封建地主阶级开明派、资产阶级改良派和民族资产阶级纷纷登上历史舞台。但由于历史和阶级的局限性，这些运动、变法和革命都没有能使中国走上富强之路。历史的教训表明，在

① 郑凯旋：《论中国特色社会主义道路基本特征的内涵与实质》，《东北师大学报》（哲学社会科学版）2015 年第 4 期。

半殖民地半封建的状态下，现代化之路是走不通的，照搬西方资本主义的道路也是不可取的。20 世纪初，俄国十月革命向中国人民展示了一条实现民族独立和人民解放，通过社会主义独立自主地建设现代化的全新道路，这使中国的先进分子在黑暗中看到了光明和希望。中国共产党的诞生开启了中国道路。中国从此有了核心的领导力量，有了明确的奋斗方向，中国历史的发展，从此发生了新的转折，开辟了新的纪元。

以毛泽东为主要代表的中国共产党人创造性地运用马克思主义解决中国的问题，深入研究中国国情和中国革命的特点，开创了一条由新民主主义通向社会主义的革命道路，实现了民族独立和人民解放，为中国的现代化扫除了政治制度和社会结构上的障碍。中华人民共和国成立后，在社会主义建设道路方面进行了艰辛探索，为后来开辟中国特色社会主义新道路奠定了重要基础。

历史和实践都充分证明，中国特色社会主义道路是适应实践发展的需要而产生的，符合中国社会发展的客观规律，符合中国人民的愿望，是中国人民的历史性选择。

二、中国特色社会主义道路是在实践的基础上形成和发展的

社会主义制度建立后，以毛泽东为核心的党的第一代中央领导集体率领下的中国共产党人，对社会主义社会究竟如何建设、巩固和发展，开始了艰辛的探索。在这一过程中，提出了要“以苏为鉴”，走自己的社会主义建设道路；要发展生产力并建设社会主义民主政治，调动国内外一切积极因素，正确处理人民内部矛盾；社会主义划分为“不发达的”和“比较发达的”两个阶段等一系列关于社会主义革命和建设的重要思想，涉及政治、经济、文化等各个方面。这些为中国特色社会主义理论的产生提供了理论和实践基础。

中共十一届三中全会以后，以邓小平为代表的中国共产党人，深刻总结和吸取我国社会主义建设的经验教训，借鉴其他社会主义国家兴衰成败的历史经验，特别是针对“文化大革命”造成的全局性、长时间的严重错误和苏联模式的严重弊端，重新确立马克思主义的思想路线，把党和国家的工作中心从“以阶级斗争为纲”转移到经济建设上来，果断做出改革开放的战略决策，确立了党的“一个中心、两个基本点”的基本路线，回答了当时中国这样的经济文化比较落后的国家如何建设社会主义、如何巩固和发展社会主义的一系列基本问题，创立了中国特色社会主义理论，开拓了中国特色社会主义道路。中国特色社会主义不仅突破了苏联模式，而且大胆借鉴和利用了人类文明的优秀成果，形成了以社会主义本质论、社会主义初级阶段论为核心内容的“建设有中国特色社会主义理论”的科学体系，确立了社会主义现代化建设的总体布局，明确了全面建设小康社会、实现社会主义现代化的战略目标，从而实现了马克思主义与中国实际的第二次结合，实现了马克思主义中国化的理论飞跃，使中国特色社会主义道路无论是在理论上还是在实践上得以初步形成。

中共十三届四中全会以来，以江泽民为主要代表的中国共产党人，高举邓小平理论伟大旗帜，开拓进取，不懈探索，结合新的实践深入研究，发展和创新了中国特色社会主义，形成了“三个代表”重要思想。“三个代表”重要思想，用一系列紧密联系、相互贯通的新思想、新观点、新论断，进一步回答了什么是社会主义、怎样建设社会主义的问题，创造性地回答了建设什么样的党、怎样建设党的问题，从而正确界定了我们党的历史地位，并从代表中国先进生产力的发展要求、中国先进文化的前进方向、中国最广大人民的根本利益的高度，提出了坚持和发展党的先进性、提高党的执政能力的时代课题。这对于深入拓展中国特色社会主义道路、不断推进我们党领导的中国特色社会主义伟大事业，具有重大而深远的指导意义。

中共十六大以来，我国经济持续快速健康发展，人民生活水平大幅度提高，综合国力大幅度跃升，顺利实现了现代化建设“三步走”战略的第一步和第二步战略目标，进入全面建设小康社会、加快推进社会主义现代化的新的发展阶段。面对新形势、新任务、新课题，以胡锦涛为主要代表的中国共产党人，对中国特色社会主义进行了深化与拓展，提出了建设社会主义新农村、构建社会主义和谐社会、建设社会主义核心价值体系等一系列重大战略思想，高度概括总结了中国特色社会主义道路的具体内涵，确立了经济建设、政治建设、文化建设、社会建设四位一体的新的战略布局，形成了科学发展观的理论体系，进一步回答了实现什么样的发展、怎样发展等重大问题。科学发展观深刻反映了当今国内外形势的发展变化，反映了我们党对中国特色社会主义发展规律的新认识，是马克思主义关于发展的世界观和方法论的集中体现，是推进我国经济社会更好更快发展、开创中国特色社会主义事业新局面必须长期坚持的指导方针。①

中共十八大以来，中国的改革开放和现代化建设进入整体转型升级的关键历史时期。这一时期是全面建成小康社会的关键期，同时经济发展全面进入“新常态”，各项改革进入深水区和攻坚期，涉及各种利益关系的深度调整，其复杂性、敏感性和艰巨性前所未有。以习近平为核心的党中央领导集体，从坚持和发展中国特色社

① 李传兵：《关于坚定走中国特色社会主义道路的理论思考》，《学校党建与思想教育》2011 年第 12 期。

会主义全局出发，提出一系列治国理政的新理念新思想新战略，在进一步解决“什么是社会主义、怎样建设社会主义”“建设什么样的党、怎样建设党”和“实现什么样的发展、怎样发展”问题的基础上，着力解决了“什么是中华民族伟大复兴、怎样实现中华民族伟大复兴”的问题，是对马克思列宁主义、毛泽东思想、邓小平理论、“三个代表”重要思想和科学发展观的继承、创新和发展。

这样，从毛泽东开始，到邓小平和江泽民、胡锦涛，再到习近平，中国共产党人从中国实际出发探索社会主义的发展道路，终于突破了苏联社会主义模式，形成了中国特色社会主义这一当代中国的马克思主义。可见，中国特色社会主义道路是建立在实践基础上的，是我党带领全国各族人民在长期社会主义建设实践中，历经艰辛探索而逐步开辟出来的符合中国实际的发展道路。

三、中国特色社会主义道路将在实践中得到不断检验和证明

中国特色社会主义道路已经成为一种新的发展思路与方式，得到了实践的充分证明和有效检验。中国特色社会主义道路又将在实践中不断丰富和发展并不断得到实践的进一步检验和证明。继续推进中国特色社会主义道路，必须不断丰富中国特色社会主义道路的实践特色。中国特色社会主义熔铸了几代中国共产党人不懈探索实践的智慧和心血，它在实践中产生，在不断总结实践经验基础上丰富和发展，并且在指导实践中显示出蓬勃的生机与活力。正是中国特色社会主义的伟大实践，使中国人民的面貌、社会主义中国的面貌、中国共产党的面貌发生了历史性变化，给我国人民带来更多福祉，使中华民族大踏步赶上时代前进潮流、迎来伟大复兴的光明前景。

实践永无止境，探索和创新也永无止境。当前，在中华人民共和国成立特别是改革开放以来我国发展取得的重大成就基础上，党和国家事业发生历史性变革，我国发展站到了新的历史起点上，中国特色社会主义进入了新的发展阶段。① 在新的历史起点上，我们要进行伟大斗争、建设伟大工程、推进伟大事业、实现伟大梦想，必须重视实践经验的总结、倾听实践创新的呼唤、坚持实践标准的检验，不断丰富和发展中国特色社会主义道路的实践特色；必须更加注重展开实践探索，使中国特色社会主义道路在实践层面愈益向广度和深度拓展，从而形成更加合理完善、更加管用有效的现实路径和政策制度；必须把全面深化改革作为丰富中国特色社会主义道路实践特色的着力点和突破口，切实将改革创新

---

① 《习近平在省部级主要领导干部“学习习近平总书记重要讲话精神，迎接党的十九大专题研讨班”开班式上发表重要讲话》，《人民日报》2017 年 7 月 28 日。

精神贯彻到治国理政各个环节，深入推进经济、政治、文化、社会、生态文明和党的建设等各个领域的改革，把实践创新、理论创新、制度创新有机地统一起来，使之相互促进、相互支撑，努力在促进生产力与生产关系、经济基础与上层建筑协调一致上丰富中国特色社会主义道路的实践特色。

第三节 时代性

在新时期开辟中国特色社会主义道路，不是偶然的，而是有着深刻的时代背景。我们党以宽广的眼界观察世界，以科学的思维审视时代，敏锐地把握时代的主题和人民的愿望，在总结正反两方面经验教训的基础上实行改革开放的重大决策，开辟了中国特色社会主义道路。邓小平明确指出："我们要赶上时代，这是改革要达到的目的。"① 30 多年来，随着经济全球化和世界多极化的加速发展，世界范围内兴起了一场以增强综合国力为目标的变革浪潮。这期间，东欧剧变，苏联解体，社会主义运动遭受严重挫折。而我们党昂首阔步走在了时代的前列，在国际竞争中吸收国外的先进文明成果，带领人民在改革开放中实现了经济社会的快速发展，综合国力和国际地位显著提升，社会主义中国巍然屹立在世界的东方。可以说，中国特色社会主义道路与世界的和平发展紧密地联系在一起，与人类文明进步紧密地联系在一起，顺应了世界大势，体现了时代要求并引领时代发展，具有鲜明的时代特征。②

一、顺应了当今时代和平与发展的时代潮流

正确判断时代主题，是马克思主义一个重要的理论问题，也是社会主义在实践中面临的一个重大现实问题，更是马克思主义政党制定基本路线、基本方针的重要出发点与重要依据。

中国特色社会主义道路的探索是在和平与发展成为时代主题这样的时代条件下发生的。20 世纪 80 年代中期，以邓小平为代表的中国共产党人敏锐地发现了国际局势的新变化，及时地对时代主题的变化做出了准确的判断，认为"现在世

① 《邓小平文选》第 3 卷，人民出版社 1993 年版，第 242 页。

② 罗文东：《中国特色社会主义道路的探索历程和本质特征》，《中共云南省委党校学报》2010 年第 2 期。

界上真正大的问题，带全球性的战略问题，一个是和平问题，一个是经济问题或者说发展问题”①。中共十一届三中全会以来，我们党逐渐形成了关于“和平与发展是当代世界的主题”的重大论断，中共十三大报告将其作为构成建设有中国特色的社会主义理论轮廓的基本观点之一。中共十四大提出，和平与发展仍然是当今世界两大主题。中共十五大把“当今世界”改为“当今时代”，提出和平与发展已成为当今时代的主题。中共十六大沿用了“当今时代”的提法，指出和平与发展仍是当今时代的主题。中共十七大继续采用“时代”这个历史概念，提出和平与发展仍然是时代主题，求和平、谋发展、促合作已经成为不可阻挡的时代潮流②。中共十八大提出：“当今世界正在发生深刻复杂变化，和平与发展仍然是时代主题。”和平、发展、合作、共赢成为时代潮流，要“推动建设持久和平、共同繁荣的和谐世界”。正是基于对时代主题的正确判断，我们党迅速地调整了国家战略的重心和国家建设的重点，将以经济建设为中心和集中精力搞四个现代化确立为中国特色社会主义建设的战略目标。党中央陆续提出中国特色社会主义建设以经济建设为中心、以发展生产力为根本任务；强调发展就是硬道理、抓住机遇加快发展、一心一意搞建设、全力以赴谋发展；宣告我国坚定不移地走和平发展道路，利用和平与稳定的国际环境发展自己，反过来利用自己的发展维护世界的和平与稳定。

改革开放30多年来，我国经济社会发展所取得的辉煌业绩表明，没有和平与发展的时代主题及其国际条件，就没有中国特色社会主义道路的选择，也不会有中国特色社会主义建设的伟大成就。应该说，我们党关于中国特色社会主义道路的选择，是与时代主题密切相关的，具有强烈的时代精神和时代特色。

二、融入了经济全球化的发展趋势

20世纪80年代，随着东西方冷战的缓解和新科技革命的深化，经济全球化趋势开始突显。中国共产党敏锐地洞察到了世界经济全球化及其加速发展的客观趋势，深刻地认识到现在的世界是开放的世界，关起门来搞建设是不能成功的，必须融入经济全球化的世界潮流，充分利用有利的国际经济环境和条件，才能建设好中国特色社会主义，走好中国特色社会主义道路。“社会主义要赢得与资本主义相比较的优势，就必须大胆吸收和借鉴人类社会创造的一切文明成果，吸收和借鉴当今世界各国包括资本主义发达国家的一切反映现代化生产规律的先进经

① 《邓小平文选》第3卷，人民出版社1993年版，第105页。

② 张兆刚：《略论中国特色社会主义道路的基本特征》，《黑龙江社会科学》2009年第1期。

营方式、管理方法。"① 正是基于这样的认识，我们党制定了我国全面对外开放的政策和加入经济全球化的发展战略，将全面对外开放确立为基本国策。我们党高度关注经济全球化的发展趋势，紧紧抓住经济全球化给中国特色社会主义建设提供的机遇，积极迎接经济全球化给中国特色社会主义建设带来的挑战，推动我国逐步深化对外开放、逐渐融入经济全球化，充分利用有利于我国发展的国际经济条件，大量吸引外资、引进国外先进技术、借鉴国外经济发展的先进经验、推进社会主义市场经济体制的不断完善。②

2008 年国际金融危机以来，世界经济进入深度调整期，分化调整特征更趋明显。随着美欧经济持续低迷，特朗普当选，英国脱欧公投成功，西方世界逆全球化深入扩展，经济全球化运动第一次走到了十字路口，何去何从考验着中国的智慧。这是前所未有之大变局。正如习近平所指出："面对全球性挑战，没有哪个国家可以置身事外、独善其身，世界各国需要以负责人的精神同舟共济、协调行动。"③ 时代的变迁决定了中国应当心系天下、关怀世界，直面人类的共同难题，更加自信地拿出大智慧、敢于大担当、有所大作为，为世界前途与人类命运提出历史性、开创性的中国方案。

从国际上看，关键时刻，中国扛起了经济全球化的大旗，从跟随、融入转向引领、塑造，从输入型现代化转向辐射型现代化，全球共同发展与世界秩序重建第一次寄希望于中国。2013 年 3 月，习近平在莫斯科国际关系学院的演讲首次向世界传递：这个世界，各国相互联系、相互依存的程度空前加深，人类生活在同一个地球村里，生活在历史和现实交汇的同一个时空里，越来越成为你中有我、我中有你的命运共同体。2016 年 11 月，第 71 届联合国大会通过决议，以共商、共建、共享为原则，以和平合作、开放包容、互学互鉴、互利共赢的丝绸之路精神为指引，以打造命运共同体和利益共同体为合作目标的"一带一路"倡议被首次写入，得到 193 个会员国一致赞同。2017 年 2 月，在联合国社会发展委员会第 55 届会议上，"构建人类命运共同体"理念首次被写入联合国决议。这一不断丰富完善的中国方略及其主张的共商、共建、共享的全球治理观，强调构建以平等公正、合作共赢为核心的新秩序，为国际秩序的革新完善提供了新的话语体系和路径选择，为全球治理贡献中国智慧和中国方案。

---

① 《邓小平文选》第 3 卷，人民出版社 1993 年版，第 373 页。

② 张森林，马程程，石晓琴：《试论中国特色社会主义道路选择的时代依据》，《吉林师范大学学报》（人文社会科学版）2011 年第 4 期。

③ 《习近平总书记系列重要讲话读本》，学习出版社、人民出版社 2016 年版，第 265 页。

从国内看，中共十八大以来，针对世界面临的大发展、大变革、大调整，以习近平为核心的党中央采取了一系列有力举措应对经济全球化的挑战。中共十八届五中全会通过的《中共中央关于制定国民经济和社会发展第十三个五年规划的建议》，着眼于我国适应经济全球化新形势，加快培育国际经济合作和竞争新优势，提出了形成对外开放新体制的新要求和新任务，这是顺应我国经济深度融入世界经济的趋势，有效应对国内外环境变化的根本途径，对于我国深化全方位对外开放、发展更高层次的开放型经济具有重要指导意义。

改革开放30多年来我国的发展表明，离开经济全球化的发展环境，就没有中国特色社会主义道路，不实行对外开放，就不会有中国特色社会主义建设的成功奇迹。经济全球化为中国特色社会主义道路选择提供了发展环境，中国特色社会主义道路的选择顺应了经济全球化的发展趋势。

三、抓住了新科技革命的有利时机

综观世界各国之间的竞争，归根结底是综合国力的竞争，其实质是科学技术的竞争。第二次世界大战以后，世界发生了第三次科学技术革命，以原子能、电子计算机、微电子技术、航天技术、分子生物学和遗传工程等领域陆续出现重大新突破为主要标志，人类社会进入了“电子时代”“信息时代”“太空时代”和“知识经济时代”。新科技革命到20世纪70、80年代达到了高潮，它不仅给人类生活各个领域带来了巨大新变化，而且也给世界所有国家尤其是广大发展中国家带来了发展机遇和挑战。如何抓住机遇，充分利用新技术革命的成果加快发展，就成为所有国家尤其是广大发展中国家面临的重大课题。中国特色社会主义道路的开拓，正是在第三次科学技术革命高潮这样的世界科技背景下发生的。

20世纪70年代末80年代初，中国面临着拨乱反正、实现全党工作重心转移等极其繁重的历史任务。从国内看，我国结束了“十年文革”，纠正了“左”倾错误，完成了党在指导思想上拨乱反正任务，抛弃了盲目排外和闭关锁国的政策与关起门来搞建设的错误发展战略；从国际看，东西方冷战开始缓解，西方资本主义发达国家对我国敌视、封锁、包围的遏制政策也难以为继。鉴于这样的国际国内环境和客观历史条件，我国开始实行全面对外开放，努力抓住新技术革命的有利机遇，积极引进、学习和借鉴国外的先进科学技术，从而使国家经济社会发展出现了前所未有的新面貌。可见，20世纪80年代以来，我们党高度关注世界技术革命的发展动向，重视引进和发展现代科学技术，尤其注重利用现代科学技术为中国特色社会主义建设提供科学技术支撑。

中国特色社会主义建设的战略目标，就是把我国建设成为工业、农业、科技、国防“四个现代化”的社会主义强国。“四个现代化，关键是科学技术的现代化。没有现代科学技术，就不可能建设现代农业、现代工业、现代国防。没有科学技术的高速度发展，也就不可能有国民经济的高速度发展。”① 社会主义是人类文明发展的必然结果，社会主义道路离不开人类文明发展的大道。在经济文化相对落后条件下建设现代化的社会主义强国，尤其必须充分吸收和利用世界技术革命的现代新成果。为此，在中华人民共和国成立之后，中共历代领导人进行了艰辛的探索，成功地解决了我国科学技术现代化的地位、立足点、动力、路径和支撑力量等一系列重大战略问题，有力地促进了中国特色社会主义事业的迅速崛起和发展。尤其是改革开放30多年来，我国取得的发展成就更进一步说明离开世界新科技革命的潮流，就没有中国特色社会主义道路的选择；不利用科技革命的新成果，就不会有当代我国社会生产力的迅猛发展。

总之，中国特色社会主义道路是在正确分析时代的特征和主题，准确把握时代的发展趋势和发展要求，不断回答时代提出的各种重大理论和现实问题的过程中发展和成熟起来的，具有鲜明的时代特色。中国特色社会主义道路是与时俱进的社会主义道路，它时刻关注着时代的发展变化，紧盯着人类社会的各项进步，不断根据时代的发展变化和要求调整自己的发展战略和发展思路，努力走在时代的前面。在新的历史条件下，不断丰富和发展中国特色社会主义道路的时代特色，我们就是要肩负起伟大的时代赋予中国共产党人的伟大责任，在迅速变化的时代中赢得主动，紧紧而准确地把握好时代的脉搏、敢于回答时代提出的新问题、与时代发展同步永不停滞僵化，用改革的办法破解发展中的新课题，用创新的思路化解前进道路上的新矛盾，推动中国特色社会主义不断吐故纳新、丰富完善，使中国特色社会主义道路、理论体系和制度具有更加强大的生命力。

第四节 人民性

中国特色社会主义道路是一条人民的发展道路。“以人为本”的人民性是中

① 《邓小平文选》第2卷，人民出版社1994年版，第86页。

国特色社会主义道路的突出特征和根本的价值取向，它贯穿于开创和发展中国特色社会主义道路的全过程。

一、开辟中国特色社会主义道路离不开广大人民群众的伟大创造

中国特色社会主义道路为中国特色社会主义建设汇聚了力量之源。人民是历史的创造者和传承者，中国特色社会主义建设的根本力量来自于人民群众。

社会主义本身就是人民群众的事业，是由人民群众进行创造和发展的事业。列宁在十月革命后多次强调这一点。他说："社会主义不是按上面的命令创立的。它和官场中的官僚机械主义根本不能相容；生气勃勃的创造性的社会主义是由人民群众自己创立的。"① 他还指出："社会主义不是少数人，不是一个党所能实施的。只有千百万人学会亲自做这件事的时候，他们才能实施社会主义。"② 中国特色社会主义是千千万万人民群众在党的领导下进行伟大创造的事业，这就注定了在今后的发展中，无论我们遇到多大的困难与风险，依靠人民群众的力量都可以战胜。

中国特色社会主义道路的开辟离不开广大人民群众的伟大创造。1986 年 6 月 7 日，邓小平在一次讲话中说，搞好改革关键是两条。第一条就是要同人民一起商量着办事。这是说改革要走群众路线，倾听群众的呼声，尊重群众的意见。邓小平坚持群众路线的工作方法，突出表现在对待农村家庭联产承包责任制的态度与处理上面。农村家庭承包经营的成效举世瞩目，它对我国农业、农村的发展已经起到了并且继续在起着极为重要的促进作用。但是，它之所以能在全国广大农村迅速推广，并且坚持和巩固下来，逐步完善，正是得益于邓小平等中央领导人在改革中实行"从群众中来，到群众中去"这一科学的工作方法。对此，邓小平曾多次明确指出："农村搞家庭联产承包，这个发明权是农民的。农村改革中的好多东西，都是基层创造出来，我们把它拿来加工提高作为全国的指导。"正因为如此，这样一条道路为解决当前和今后的难题提供了勃勃生机。

二、坚持中国特色社会主义道路必须充分尊重广大人民群众的实践活动

中国特色社会主义道路是改革之路，推进改革和建设需要我们解决的问题不少，好办法从哪里来呢？不是从天上掉下来的，也不是我们头脑里固有的，

---

① 《列宁全集》第 26 卷，人民出版社 1959 年版，第 269 页。

② 《列宁选集》第 3 卷，人民出版社 2012 年版，第 464 页。

归根到底是来自于人民群众的实践。谁深深扎根于人民之中，同广大群众结合在一起，谁就有力量、有智慧、有办法，就能够经受住考验，战胜困难，做出突出的成绩。正如江泽民所言：人民，只有人民，才是我们工作价值的最高裁决者。人民群众不仅是先进生产力和先进文化的创造主体，也是推动科学发展的主体。中国特色社会主义道路是科学发展之路，科学发展取得了多大成效、是否真正实现了，人民群众感受最真切、判断最准确。胡锦涛指出："推动科学发展，必须紧紧依靠人民群众，做到谋划发展思路向人民群众问计，查找发展中的问题听人民群众意见，改进发展措施向人民群众请教，落实发展任务靠人民群众努力，衡量发展成效由人民群众评判。"① 中国特色社会主义道路是实现中国梦的道路，中国梦归根到底是人民的梦，必须紧紧依靠人民来实现，必须不断为人民造福。中国梦是每个中国人的梦。习近平指出："只要我们紧密团结，万众一心，为实现共同梦想而奋斗，实现梦想的力量就无比强大，我们每个人为实现自己梦想的努力就拥有广阔的空间。生活在我们伟大祖国和伟大时代的中国人民，共同享有人生出彩的机会，共同享有梦想成真的机会，共同享有同祖国和时代一起成长与进步的机会。"② 有梦想，有机会，有奋斗，有追求，一切美好的东西都能够创造出来。全国各族人民只要心往一处想，劲往一处使，力往一处拧，用 13 亿人的智慧和力量就会汇集起不可战胜的磅礴力量，任何艰难险阻都是可以跨越的。

三、沿着中国特色社会主义道路奋勇前进需要始终维护最广大人民的根本利益

中国特色社会主义道路是近代以来中国人民为寻找国家富强、人民幸福经过艰辛探索最终选择的现代化道路，是中国共产党和中国人民在长期实践中逐步开辟出来的道路。这条道路始终代表了中国最广大人民的根本利益，是中华民族复兴之路，富强之路，更是人民幸福之路。

在探索、开创和拓展中国特色社会主义道路过程中，以毛泽东为主要代表的中国共产党人确立了"一切为了群众，一切依靠群众，从群众中来到群众中去"的群众路线。改革开放以后，邓小平把人民利益标准作为判断改革开放和各方面工作是非得失的根本标准。世纪之交，江泽民指出，中国共产党要始终代表最广

① 《十七大以来重要文献选编》（上），中央文献出版社 2009 年版，第 579 页。

② 习近平：《在第十二届全国人民代表大会第一次会议上的讲话》，《人民日报》2013 年 3 月 18 日。

大人民的根本利益，努力促进人的全面发展。以胡锦涛为总书记的新一届中央领导集体，继承和发展了人民主体思想，提出科学发展观的核心是以人为本，要求广大党员干部做到“权为民所用、情为民所系、利为民所谋”，要始终把实现好、维护好、发展好最广大人民的根本利益作为党和国家一切工作的出发点和落脚点，尊重人民主体地位，发挥人民首创精神，保障人民各项权利，走共同富裕道路，促进人的全面发展，做到发展为了人民、发展依靠人民、发展成果由人民共享。

中共十八大以来，坚持以人民为中心的发展思想是以习近平为核心的党中央治国理政新理念新思想新战略的主旨。早在 2012 年 11 月 15 日，十八届中央政治局常委同中外记者见面之时，习近平就明确指出：人民对美好生活的向往，就是我们的奋斗目标。2013 年 3 月 17 日，习近平在第十二届全国人民代表大会第一次会议上的讲话中又明确指出：必须不断为人民造福。2015 年 2 月 27 日，在中央全面深化改革领导小组第十次会议上，习近平提出：把改革方案的含金量充分展示出来，让人民群众有更多获得感。正因为如此，中共十八大报告第一次把“坚持以人民为主体”作为“夺取中国特色社会主义新胜利的基本要求”中第一条要求提出来；在中共十八届五中全会通过的《中共中央关于制定国民经济和社会发展第十三个五年规划的建议》中，“坚持人民主体地位”也是必须遵循的第一条原则。

事实表明，以习近平为核心的党中央坚持以人民为中心的发展思想，统筹推进“五位一体”总体布局和协调推进“四个全面”战略布局，认真落实五大发展理念，创造性地开展工作，治国理政各项事业取得了骄人的成绩，广大人民群众有了更多获得感，真正做到了既最大限度地激发人民的创造活力，又最大限度地实现好、维护好、发展好人民的根本利益；既保障人民依法治国、依法管理的主体地位，又保障人民社会监督、权力监督的主体地位；既保障人民改革开放的实践主体地位，又保障人民制度创新的主体地位，为中国特色社会主义提供了最广泛、最可靠、最牢固的群众基础和力量源泉。

总之，改革开放 30 多年来，中国特色社会主义道路一个突出特点，就是我们党始终把保障人民权利、维护人民利益放在第一位；我们党在领导人民走中国特色社会主义道路过程中所取得的每一个胜利，都与人民群众的实践创造密不可分的。中国特色社会主义进入了新的发展阶段，我们党要带领人民开创中国特色社会主义事业新局面，谱写人民美好生活新篇章，必须牢牢记取和坚持运用这一宝贵经验。

第五节　民族性

中国特色社会主义道路是当代中国共产党人把马克思主义基本原理同当代中国改革开放和社会主义现代化建设的具体实际相结合的产物。民族性是这种结合的必然要求。正如中共十七大报告所指出：中国特色社会主义道路之所以完全正确，之所以能引领中国发展进步，关键在于既坚持了科学社会主义的基本原则，又根据我国实际和时代特征赋予其鲜明的中国特色。

一、中国特色社会主义道路是一条崭新的实现中华民族复兴的道路

“中华民族的复兴”是一个不断丰富和发展的概念。它是中华民族在新的时代背景和历史条件下发展起来，重新走在世界各国前列的过程，是中国的经济、政治、文化、外交和国防在整体上的全面繁荣和进步的过程，是中华民族不断对全人类做出贡献的过程。

在实现中华民族复兴的过程中，由于中国经济、政治、思想文化的特殊性和差异性，生产力发展的水平，无产阶级政党成熟的程度，阶级基础与群众基础的构成状况，历史传统，以及国内和国际各种因素的交互作用等原因，社会主义发展道路必然呈现出中华民族的特点。正如列宁所指出的：“一切民族都将走向社会主义，这是不可避免的，但是一切民族的走法却不会完全一样，在民主的这种或那种形式上，在无产阶级专政的这种或那种形态上，在社会生活各方面的社会主义改造的速度上，每个民族都有自己的特点。”①

近代以来，在一百多年的艰难探索中，如何实现民族独立和人民解放以及国家繁荣富强和人民共同富裕，各个时期的先进分子都曾经提出过各式各样救亡图存的思想，并在这些思想的指导下采取了相应的希图改变现状的行动，这些思想及其行动在一定程度上都促进了中国社会的进步尤其是中华民族民族意识的觉醒。然而，这些先进分子并没有寻找到解救中国于水火的灵丹妙药。

自中国共产党成立之日起，就肩负起实现中华民族伟大复兴的重任，从此把

① 《列宁全集》第28卷，人民出版社1990年版，第163页。

马克思主义基本原理同中国的具体实际紧密结合起来，开拓了新民主主义革命的道路；60多年前中华人民共和国的成立，实现了民族独立和人民解放；社会主义制度的建立，为当代中国一切进步和发展奠定了根本的政治前提和制度基础，为实现中华民族的伟大复兴创造了基本的条件；30多年前的改革开放，我们党开启了中国特色社会主义道路的航程，从而把中华民族的伟大复兴推向一个新的征程。在这条道路上，我们党带领全国各族人民经历和战胜了前所未有的严峻考验和挑战，从容应对一系列关系我国主权和安全的国际突发事件，战胜在政治、经济领域和自然界出现的一系列的困难和风险，取得了举世瞩目的辉煌成就，充分展现了中国特色社会主义道路的无穷魅力，初步显示出了中华民族伟大复兴的光明前景。①

二、中国特色社会主义道路是一条深深地打上了中华民族烙印的道路

改革开放30多年来，在发展中国特色社会主义的伟大征程上，中国的经济、政治、文化、外交、国防和党的建设等方面都取得了巨大成就，走出了一条具有中华民族特点的中国特色社会主义道路。中共十八大报告对中国特色社会主义道路的界定，充分体现了中国特色社会主义道路的丰富内涵及其鲜明的民族特色。

一是中国共产党的领导是坚持中国特色社会主义道路的根本前提。中国特色社会主义道路是中国共产党领导人民开创的，这也是中国特色社会主义道路的组织保证，只有坚持党的领导才能真正地走中国特色社会主义道路。二是社会主义初级阶段的基本国情是坚持中国特色社会主义道路的基本立足。坚持走中国特色社会主义道路要立足我国社会主义初级阶段的基本国情。只有从我国社会主义初级阶段的实际出发，才能真正走出符合中国国情的社会主义道路。三是“一个中心、两个基本点”的基本路线是坚持中国特色社会主义道路核心内容。坚持以经济建设为中心是中国特色社会主义建设的主要任务，坚持四项基本原则是中国特色社会主义的制度安排，坚持改革开放是中国特色社会主义的直接动力。三者相互依存，统一于建设中国特色社会主义的伟大实践过程中，任何时候都不能动摇。这条基本路线集中体现了我国各族人民的根本利益和共同意志，反映了中国社会主义现代化建设的本质规律，是中国特色社会主义道路的重要内容。四是解放和发展社会生产力是坚持中国特色社会主义道路的根本任务。这是社会主义本质的内在要求，是解决我国社会主义初级阶段社会主要矛盾的根本手段，是社会

① 张远新，庞超：《起点机制方位——论三维视野下的中国特色社会主义道路》，《思想教育研究》2009年第9期。

主义优越性的根本体现。五是经济建设、政治建设、文化建设、社会建设和生态文明建设“五位一体”是坚持中国特色社会主义道路的总体布局。它要求建设社会主义市场经济、社会主义民主政治、社会主义先进文化、社会主义和谐社会、社会主义生态文明，促进中国特色社会主义全面协调可持续发展。六是促进人的全面发展、逐步实现全体人民共同富裕是坚持中国特色社会主义道路的价值取向。它是马克思主义的一个重要观点，是中国共产党建党以来一直坚持的根本原则和孜孜以求的梦想，也是中国特色社会主义的根本原则。七是建设富强、民主、文明、和谐的社会主义现代化国家是坚持中国特色社会主义道路的发展目标。它是建设中国特色社会主义的基本要求，也是全党全国各族人民共同的心愿。①

这七个方面相互联系、有机结合，构成了一个完整的统一体。其中一个重要前提是中国特色社会主义道路根本保证；一个基本立足点是中国特色社会主义道路出发点；一条基本路线是总纲，是中国特色社会主义道路核心内容；一个根本任务是手段，是中国特色社会主义道路的根本动力；一个总体布局是支柱，是中国特色社会主义道路实现形式；一个价值取向和一个发展目标是根本任务，是中国特色社会主义道路的最终目的。可以说，这七点是中华人民共和国成立以来特别是改革开放以来中国共产党领导中国人民实践探索和创新成果的科学总结，集中体现了中国特色社会主义发展规律和本质要求，从而使中国特色社会主义道路既本质上区别于资本主义，也迥异于民主社会主义，又不同于苏联式的“社会主义”，是独树一帜的中国特色社会主义，是扎根于中国大地的科学社会主义，充分反映了中华民族的固有特点，集中展现了中国模式的独特优势。

三、中国特色社会主义道路是一条体现了鲜明的民族风格的道路

中国特色社会主义道路深深地扎根于中华民族文化之中。中华文化源远流长博大精深，绵延几千年没有中断且越来越受世人所推崇，究其原因在于其具有海纳百川、兼收并蓄之气度以及“天行健，君子以自强不息，地势坤，君子以厚德载物”之民族精神。正是因为中华文化海纳百川的气度以及厚德载物的精神，才使得中华民族在历史的风风雨雨中能够一直屹立于世界民族之林，无论是内部的冲突动荡，还是外来的侵略、影响，都无法从根本上动摇中国人内在的文化传统。恰恰相反，正是内部的冲突纷争，促进了各民族的进一步融

① 陈少康：《中国特色社会主义道路的实践探索及基本经验》，《延安大学学报》（社会科学版）2010 年第 6 期。

合，使中华文化的内涵更加丰富；外来的侵略与影响，进一步增强了中华民族的凝聚力，并以海纳百川的气度吸收外来文化的优秀成果，并把它与中国的具体实际相结合，赋予它中国特色、中国风格、中国气派，从而把外来文化内化为中华文化的一部分。产生于西方的马克思主义能够与中国革命、建设和改革的具体实际相结合并产生马克思主义中国化的两大理论成果，无不与中华文化的特点和精神有关。[①]

中国特色社会主义道路是中国共产党把马克思主义同中国实际相结合探索中国发展道路的必然结果。历史告诉我们，要使马克思主义在中国发挥作用，指导好中国的革命、建设和改革，就必须赋予它一定的民族文化内涵和民族文化形式，只有这样马克思主义在中国才有生命力。对此，毛泽东指出："马克思主义必须和我国的具体特点相结合并通过一定的民族形式才能实现。……洋八股必须废止，空洞抽象的调头必须少唱，教条主义必须休息，而代之以新鲜活泼的，为中国老百姓所喜闻乐见的中国作风和中国气派。"[②] 因此，在中国化的马克思主义理论指导下的中国特色社会主义道路也必然扎根于中国的民族文化之中，体现出民族特点。

中国共产党在改革开放以来正是这样做的。我们党用以爱国主义为核心的民族精神鼓舞斗志，用"八荣八耻"荣辱观引领风尚，大力弘扬中华民族历史优秀传统并把它与社会主义现实要求结合起来；在不断推进马克思主义中国化过程中，突出强调实现马克思主义大众化，即通俗化、形象化、普及化，用体现中国作风和中国气派的、为老百姓所喜闻乐见的、新鲜活泼的形式宣传马克思主义，使之扎根于广大群众，入耳入脑入心。

在社会主义建设方面，搞联产承包、发展乡镇企业、建立经济特区、实行"一国两制"，以及在构建体现社会主义性质和方向的根本道路（中国特色的科学发展道路、中国特色的共同富裕道路、中国特色的文明进步道路、中国特色的和平发展道路）与体现我国新时期、新阶段基本国情的治国理政基本方略的具体道路（中国特色新型工业化道路、中国特色信息化道路、中国特色农业现代化道路、中国特色城镇化道路、中国特色自主创新道路，等等），都凝聚了中华民族的思想情感和政治智慧，带有显著的中国风格和中国气派。

在对外交流方面，也竭力用体现中国民族风格的观点、概念、范畴等构建自

---

① 刘小燕：《中国特色社会主义道路的民族性及其方法论意义》，《社会主义研究》2011 年第 2 期。

② 《毛泽东著作选读》（上册），人民出版社 1986 版，第 288 页。

己的独特话语体系，向世界宣传中国，让世界了解中国，进一步树立中国在世界上的良好形象，扩大中国特色社会主义道路的国际影响。[①] 正因为中国特色社会主义道路深深扎根于中国大地，符合中国实际，它才会得到中国最广大人民群众的支持和拥护，才具有广阔的发展前景。

第六节　开放性

我国现代化建设新时期的显著特点是改革开放，既改革又开放。改革与开放相辅相成，使我国实现了从计划经济体制向社会主义市场经济体制、从封闭半封闭向全方位开放的伟大历史转折。中国特色社会主义道路是在改革开放中发展起来的，既有鲜明的中国特色，又有明显的开放性特征。

一、中国特色社会主义道路是在改革开放进程中形成的

中国特色社会主义道路是依靠改革开放开辟的，改革开放是国家和社会发展进步的源泉，也是中国特色社会主义道路的显著特征。改革主要是进行体制创新，破除国内僵化的计划经济体制和其他方面的体制，建立以社会主义市场经济体制为核心的新体制；开放主要是加强对外合作，学习外国先进经验和文明成果，发展外向型经济。改革与开放互为前提、互相促进、缺一不可。所以，邓小平多次说，改革是对内搞活，也是开放；我们搞了两个开放，一个对内开放，一个对外开放。他指出："一个对外经济开放，一个对内经济搞活。改革就是搞活，对内搞活也就是对内开放，实际上都叫开放政策。"[②] 对外开放是建设中国特色社会主义的重要条件。30 多年来，开放和改革相伴而行、相互推进，共同构成中国特色社会主义的强大动力。

1978 年，中共十一届三中全会将党和国家的工作中心转向经济建设，同时做出了实行改革开放的重大决策。邓小平和党中央认识到，搞经济建设就要从中国实际出发，改革旧体制，解放和发展生产力；还要对外开放，利用国际条件加快发展。1980 年前后，一方面在农村试行家庭联产承包责任制，进行管理体制

① 雷云：《试论中国特色社会主义的“四大特色”——对实践特色、理论特色、民族特色、时代特色的理解》，《浙江日报》2012 年 10 月 23 日。

② 《邓小平文选》第 3 卷，人民出版社 1994 年版，第 98 页。

改革；另一方面在深圳、珠海、汕头、厦门设立经济特区，试行灵活特殊的经济管理政策，吸引外资，运用市场机制。这是最早的改革开放创举，是探索中国式现代化道路的两个起点。这时的开放主要是“引进”，引进外国资本、先进的技术、人才和管理经验。农村改革和对外开放取得的巨大成就，充分证明了商品市场是发展生产力的有效手段。有鉴于此，1984 年中共十二届三中全会确定发展有计划的商品经济，指导城市经济改革全面推开。改革开放解放了思想，开阔了眼界，建立了国际、国内市场的联系，推进了中国发展。1984 年开放从大连到北海的 14 个沿海城市，1985 年批准将珠江三角洲、长江三角洲、闽南三角洲开辟为沿海经济开放区，1990 年开发和开放上海浦东新区，后来又开放沿边地区和内地，形成了全方位、宽领域、多层次的开放格局。在这个过程中，邓小平把对外开放确定为基本国策，逐步突破了将市场经济与社会主义对立起来的传统观点，提出社会主义要发展市场经济。

1992 年，中共十四大将我国经济体制改革目标确定为建立社会主义市场经济体制，我国进入建立和完善市场经济体制、深化改革、扩大开放、加快发展的阶段，中国特色社会主义道路在参与全球化进程中开拓前进。这一阶段世界各领域的全球化发展趋势日益增强，和平、发展、合作、开放的潮流愈益明显，国际环境与各国的相互影响逐步加深。中国的改革开放既面临大好机遇，又存在严峻挑战。1999 年前后，江泽民和党中央深入分析冷战后经济全球化、政治多极化、科技革命加速发展带来的利弊，特别是经济全球化的原因、性质和影响，总结国内外发展经验，决定我国既要积极加入全球化，又要趋利避害。

中共十五大坚定长期开放的国策，提出了努力提高对外开放水平的指导思想和战略部署。2001 年，我国成功加入世界贸易组织，融入了全球经济体。党中央适时提出实施“引进来”和“走出去”相结合的开放战略，全面提高对外开放水平。为适应经济全球化和加入世界贸易组织的新形势，中共十六大对全面提高对外开放水平提出了新要求。这一阶段在扩大开放的同时，我国改革发展也有了新的突破。通过深化改革和扩大开放，中国和世界的联系越来越密切，中国特色社会主义道路也越走越宽广。

2002 年中共十六大以来，我国开始全面建设小康社会。党中央以科学发展观为指导，坚持科学发展、和谐发展与和平发展的理念，提升和拓展了中国特色社会主义道路的内涵。科学发展观是统领经济社会发展的总的指导思想，是我国内政外交的根本指针。按照科学发展与和平发展的要求，我国完善对外开放体制，转变发展方式，抓紧民生建设，促进社会和谐，加强党的执政能力建设，使中国特色社会主义道路又有了新内涵。①

中共十八大以来，我国经济与世界经济关系已经发生了深刻的变化，呈现出深度融入世界经济的新趋势。习近平提出要发展更高水平的开放型经济，实际上就是顺应了这种新的发展趋势对对外开放提出的更高要求。为此，要“推进双向开放”。过去的开放重点是“引进来”，着重强调吸引外资，鼓励产品出口，更多是一种单向的开放；新常态下的开放不仅强调“引进来”，更加注重“走出去”，全面参与全球经济合作和竞争，表现为一种更高水平的双向开放。他强调：我们将实行更加积极主动的开放战略，完善互利共赢、多元平衡、安全高效的开放型经济体系，促进沿海内陆沿边开放优势互补，形成引领国际经济合作和竞争的开放区域，培育带动区域发展的开放高地。

综上所述，中国特色社会主义道路是一条在与全球化紧密联系中独立建设社会主义的道路，它把中国的发展与世界的发展联系在一起，使中国以积极的姿态走向了世界，融入了世界发展的大潮之中，全面参与了经济全球化的进程，是立足中国，面向时代、面向世界、面向未来的开放性道路。没有对外开放，就不会有中国特色社会主义道路。

二、中国特色社会主义道路是一条开放的发展道路

中国特色社会主义道路是开放的，中共十八大报告指出：“中国特色社会主义道路，就是在中国共产党领导下，立足基本国情，以经济建设为中心，坚持四项基本原则，坚持改革开放，解放和发展社会生产力，建设社会主义市场经济、社会主义民主政治、社会主义先进文化、社会主义和谐社会、社会主义生态文明，促进人的全面发展，逐步实现全体人民共同富裕，建设富强民主文明和谐的社会主义现代化国家。”②

从中共十八大报告的论述中可以看出，首先，中国特色社会主义道路的开放性体现在它的建设目标上，中国特色社会主义道路由原来的“富强民主文明”变为“富强民主文明和谐”，这是建设目标开放性的重要体现。其次，中国特色社会主义道路的开放性体现在它将随着“我国实际和时代特征的发展而发展”，“中国特色社会主义道路之所以完全正确、之所以能够引领中国发展进步，关键在于我们既坚持了科学社会主义的基本原则，又根据我国实际和时代特征赋予其

① 高继文：《论中国特色社会主义的开放性特征》，《当代世界与社会主义》2011年第4期。

② 胡锦涛：《坚定不移沿着中国特色社会主义道路前进　为全面建成小康社会而奋斗》，《人民日报》2012年11月9日。

鲜明的中国特色”[①]。再次，中国特色社会主义道路的开放性体现在它既突破了科学社会主义关于社会主义发展道路的个别结论即坚持纯粹的公有制等，也突破了原苏联社会主义建设道路的发展模式即纯粹的计划经济模式，是在中国社会主义现代化建设实践中不断“试错纠错”过程中形成的，是一种动态发展的道路，而不是静态的、凝固不化的现代化建设道路。复次，中国特色社会主义道路的开放性体现在对资本主义先进文明成果的吸收和借鉴。众所周知，合理利用人类包括资本主义先进文明成果是马克思主义的基本观点，也是经济落后的社会主义国家尽快摆脱贫困实现现代化的重要途径。改革开放以来，中国吸收和借鉴当今世界各国包括资本主义发达国家的一些先进文明成果，从经济领域看，大胆引进并合理利用资本主义发达国家先进的科学技术、经营方式和管理方法，有力地促进经济社会的发展。从政治领域看，批判地借鉴资本主义国家一些治国理政的合理因素，创造出比资本主义国家更高更切实的民主。从思想文化领域看，突破了以往把资本主义国家的思想文化一概视为腐朽、没落和反动的东西的传统观念，逐渐形成与资本主义国家相互学习、相互借鉴的思维方式。从外交领域看，打破西方资本主义扩张的强权逻辑和将中国道路置于人类文明系统之外的偏见，从邓小平关于和平与发展是当今世界时代主题的判断，到习近平关于人类命运共同体的思想及其“一带一路”大手笔式的实践，中国道路秉承和平主义传统，倡导多极化及多样性，倡导和而不同与合作共赢，均体现了中国道路对于人类未来发展的自觉担当。

三、中国特色社会主义道路将在开放的实践中不断拓展

任何发展路径的开辟都是继承与创新的集合体。中国特色社会主义道路正是立足于争取民族独立、人民解放，实现国家富强、人民幸福、社会和谐这一中国近代历史发展的主旋律，经过一次次地自我否定、一次次地选择比较，从而走出的一条中国式的社会主义现代化道路。从太平天国运动到洋务运动，从戊戌变法到辛亥革命，只有在以毛泽东为核心的中国共产党第一代中央领导集体的带领下，中国人民才开创了一条由新民主主义通向社会主义的革命道路，实现了民族独立与人民的解放，为中国走向现代化提供了可靠的制度保证，并在实践中努力探索适合中国国情的社会主义建设道路。

以邓小平为核心的党中央第二代领导集体，汲取社会主义革命与建设的经验

---

① 胡锦涛:《高举中国特色社会主义伟大旗帜，为夺取全面建设小康社会新胜利而奋斗》，《人民日报》2007 年 10 月 25 日。

教训，带领全党全国人民开启了改革开放的新征程，开辟了中国特色社会主义新道路；以江泽民为核心的党中央第三代领导集体，把中国特色社会主义伟大事业成功推向21世纪；以胡锦涛为总书记的党中央，团结带领全党全国人民在全面建设小康社会实践中，把中国特色社会主义伟大事业推向一个崭新的阶段。以习近平为核心的党中央实施更加积极主动的开放战略，开创了治国理政新境界和中国特色社会主义事业新局面，中国特色社会主义进入新的发展阶段。

时代不断进步，实践没有停滞，创新永无止境。新情况、新形势、新任务为中国特色社会主义道路的坚持与拓展提供了广阔的空间，要求我们在保持其质的规定性的前提下，对构成中国特色社会主义道路的诸多具体道路继续探索和发展，从而不断丰富和发展中国特色社会主义道路这条我国发展的总道路。随着实践的不断发展，中国特色社会主义道路必将不断得到拓展，达到新的更高境界，并越走越宽广。而这正是中国特色社会主义道路的生命力之所在。①

① 孟凡强：《中国特色社会主义道路的价值特征》，人民网-理论频道，2012年8月13日。

第四章

中国特色社会主义道路的重大意义

中国特色社会主义道路的开辟历程、科学内涵和基本特征表明，这条道路具有深厚的历史渊源和广泛的现实基础，既不是“传统的”，也不是“外来的”，更不是“西化的”，而是我们既坚持科学社会主义基本原则，又根据我国实际和时代特征赋予其鲜明中国特色的“独创的”一条人间正道，因而是中国实现社会主义现代化、创造中国人民美好生活的必由之路，是实现中华民族伟大复兴中国梦的唯一正确道路。这条道路事关党的建设、党的执政、党的命脉，事关国家富强、民族复兴、人民幸福，事关经济发展、政治文明、文化繁荣、社会和谐、生态优良，具有无可替代的非凡意义。我们必须充分认识和深刻理解坚持中国特色社会主义道路的重大意义，坚定道路自信，沿着这条道路继续前进，这是当代中国共产党人的历史使命与责任担当。

第一节　中国特色社会主义道路的理论意义

中国特色社会主义道路是马克思主义中国化的道路，我们党在开辟道路的进程中，实现了马克思主义中国化的第二次飞跃——形成了中国特色社会主义理论体系。中国特色社会主义道路是我们党坚持科学社会主义基本原则，立足中国的基本国情，经过长期探索和创新的重要成果，是我们党对科学社会主义的一个重大理论贡献与实践创新。沿着中国特色社会主义道路继续前进，就要把坚持马克思主义基本原理与推进马克思主义中国化结合起来，既坚持马克思主义基本原理、又根据当代中国实践和时代发展不断推进马克思主义中国化，让马克思主义更好地发挥对中国特色社会主义实践的指导作用，从而使中国特色社会主义道路越走越宽广。

一、中国特色社会主义道路验证了马克思主义的真理性

马克思主义是被实践反复验证了的科学真理，它的基本原则和立场、观点、方法，一旦同人民群众改造旧世界、建设新世界的实践相结合，就会转化为巨大的物质力量。在我国，这个科学理论由精神武器转化为物质力量的过程，是在党坚持解放思想、实事求是、与时俱进，运用科学理论不断寻找破解时代主题的答案、理论思路和办法克服前进道路上的各种困难和风险，正确应对反马克思主义思潮的挑战中实现的。实践表明，中国特色社会主义道路立足于当今时代和中国国情，创造性地在马克思主义理论和中国实际之间架起了桥梁，实现了马克思主义当代化、中国化和具体化，中国特色社会主义道路的成功，就是马克思主义的胜利。

（一）中国特色社会主义道路体现了马克思主义的基本立场

马克思主义的基本立场就是始终站在人民大众的立场上，一切为了人民，一切相信人民，一切依靠人民，诚心诚意为人民谋利益。中国特色社会主义道路就体现了马克思主义这一基本立场。从马克思、恩格斯在《共产党宣言》中明确提出共产党人始终坚持为无产阶级、为绝大多数劳动人民谋利益，到列宁强调党是无产阶级的先进部队，要为人民群众服务、代表他们的利益；从毛泽东关于共产党人必须全心全意为人民服务的重要思想，到邓小平关于必须把人民拥护不拥护、赞成不赞成、高兴不高兴、答应不答应作为衡量改革和一切事业根本标准的重要思想，到江泽民关于中国共产党必须始终代表最广大人民根本利益的重要思想，到胡锦涛关于必须把最广大人民的根本利益作为贯彻落实科学发展观的根本出发点和落脚点的重要思想，到习近平坚持以人民为中心的发展思想，从中我们可以清楚地看到一条一脉相承又与时俱进的贯穿着马克思主义的基本立场。这是马克思列宁主义的根本出发点和落脚点，是毛泽东思想、邓小平理论、“三个代表”重要思想、科学发展观，以及习近平治国理政新理念新思想新战略的根本出发点和落脚点，也是中国特色社会主义道路所坚持的马克思主义的基本立场。这一立场就是：在政治上，最广大的人民群众在中国共产党的领导下是建设中国特色社会主义的主人翁；在所有制上，坚持公有制的主体地位；在分配制度上，实现按劳分配为主体、多种分配方式并存；在发展道路上，实现全体人民的共同富裕。这些都充分体现了中国特色社会主义道路始终代表了人民大众的根本立场。

（二）中国特色社会主义道路坚持了马克思主义的基本观点

中国特色社会主义道路摈弃了许多我们过去对马克思主义的教条式的或错误的理解，如阶级斗争为纲、彻底消灭私有制、将社会主义计划经济等同于命令计划等。同时，中国特色社会主义道路坚持了马克思主义的基本观点，中国选择社会主义道路，是中国历史发展的必然，是生产力和生产关系矛盾运动的结果，是中国人民的选择，社会主义符合最广大人民的根本利益，优越于资本主义，社会主义是资本主义的掘墓人。从这个角度上说，中国选择社会主义道路顺应了历史发展的方向，符合马克思主义的社会形态和社会基本矛盾运动规律的基本观点；中国特色社会主义道路，实现了人民当家作主的愿望，体现了人民的根本利益，它强调以人为本，强调人民的利益高于一切，这一特征符合马克思主义关于人民群众的历史主体作用和人的全面发展的基本观点。此外，中国特色社会主义道路还提出了许多经典作家从来没有提出过的理论观点，回答和解决了许多在改革开放的实践过程中新出现的问题，如中国特色社会主义道路包含坚持社会主义市场经济制度，社会主义也可以搞市场经济，市场在资源配置中起决定性作用和更好发挥政府作用，这符合马克思主义商品经济和社会化大生产的观点；中国共产党执政之后，在领导全国各族人民探索和发展中国特色社会主义道路过程中，怎样提高自己的执政能力，怎样提高自己拒腐防变和抵御风险的能力，怎样加强中国共产党自身建设，不仅关系党的生死存亡，也关系中华民族的前途和命运，这符合马克思主义关于无产阶级政党建设的观点；贫穷不是社会主义，发展太慢也不是社会主义，两极分化也不是社会主义，这符合马克思主义关于社会主义本质和建设规律的观点，等等，从而丰富和发展了马克思主义基本原理。

（三）中国特色社会主义道路继承了马克思主义的基本方法

马克思主义的基本立场、基本观点和基本方法不是分割的，而是互相联系的一个有机整体。马克思主义的整体性体现在马克思主义既是科学的世界观和方法论，具有鲜明的政治立场与重要的理论品质，还体现在它具有崇高的社会理想。中国特色的社会主义理论体系是对马克思主义理论的继承和发展，是中国化的马克思主义，它不仅继承了马克思主义的基本立场、基本观点和基本方法，还与时俱进，发展了马克思主义。当前，坚持中国特色社会主义理论体系，坚持中国特色社会主义基本制度，就是要坚持中国特色社会主义道路。之所以如此，是因为：一要坚持中国特色社会主义道路对中国特色社会主义理论体系具有重要意义。中国特色社会主义理论体系，是中国特色社会主义的行动指南，与作为中国特色社会主义实现途径的中国特色社会主义道路是相互统一的。一方面，中国特色社会主义道路对中国特色社会主义理论体系的产生和形成具有重要意义。中共十一届三中全会以来中国共产党领导人民开辟了中国特色社会主义道路，并在这个实践过程中逐步产生和形成了中国特色社会主义理论体系。中国特色社会主义理论体系可以看成是走中国特色社会主义道路的理论成果，其中中国特色社会主义道路的科学内涵本身，就是中国特色社会主义理论体系的重要内容。另一方面，中国特色社会主义道路对中国特色社会主义理论体系的坚持、丰富和发展具有重要意义。实践产生理论，实践还会丰富和发展理论，在继续走中国特色社会主义道路的过程中，还会产生许多成功的经验和失败的教训，这些经验教训有的能够为坚持中国特色社会主义理论体系提供实践条件，有的能够上升为理论成为中国特色社会主义理论体系进一步丰富发展的内容。二要坚持中国特色的社会主义道路对中国特色社会主义制度具有重要意义。中国特色社会主义制度符合我国国情，集中体现了中国特色社会主义的特点和优势，是中国特色社会主义的根本保障，与作为中国特色社会主义实现途径的中国特色社会主义道路是相互统一的。一方面，中国特色社会主义道路对中国特色社会主义制度的坚持具有重要意义。开辟中国特色社会主义道路的一个前提条件，就是将中国的社会主义制度区分为根本制度、基本制度以及建立在这些制度基础上的各项具体制度。走中国特色社会主义道路，是在中国特色社会主义现有制度基础上走的，走中国特色社会主义道路的过程就是对中国特色社会主义现有制度肯定和坚持的过程。另一方面，中国特色社会主义道路对中国特色社会主义制度的完善具有重要意义。走中国特色社会主义道路的一个前提条件，就是在坚持中国特色社会主义根本制度、基本制度的过程中能够改革和完善中国特色社会主义的具体制度。

二、中国特色社会主义道路赋予科学社会主义鲜明的中国特色

中国特色社会主义道路既坚持了科学社会主义基本原理、基本原则，继承了科学社会主义的立场、观点、方法，又根据时代条件和历史任务赋予其鲜明的中国特色，以全新的视野深化了对共产党执政规律、社会主义建设规律、人类社会发展规律的认识，从理论和实践结合上根本解决了在中国这样一个曾经经济文化十分落后的东方大国建设社会主义、探索民族复兴的道路选择问题。

（一）中国特色社会主义道路坚持了科学社会主义基本原则

这些基本原则以唯物史观为理论基石，以建成社会主义和实现共产主义为最高理想，以无产阶级政党为领导核心，以解放和发展生产力为根本任务，以公有制和按劳分配为社会经济制度的基础，以人民当家作主为民主政治的本质特征，以坚持代表最广大人民的根本利益为根本目的，以通过改革推动社会主义制度自

我完善为动力。正如习近平2013年1月5日在新进中央委员会的委员、候补委员学习贯彻党的十八大精神研讨班开班式上发表重要讲话时所指出，中国特色社会主义是社会主义而不是其他什么主义，科学社会主义基本原则不能丢，丢了就不是社会主义。历史和现实都告诉我们，只有社会主义才能救中国，只有中国特色社会主义才能发展中国，这是历史的结论、人民的选择。

（二）中国特色社会主义道路立足于当代中国的基本国情

改革开放以来，我们党总结以往的经验教训，逐步确立了我国还处在社会主义初级阶段的基本结论。中共十八大报告把它称为建设中国特色社会主义的总依据，指出我国仍处于并将长期处于社会主义初级阶段的基本国情没有变，人民日益增长的物质文化需要同落后的社会生产之间的矛盾这一社会主要矛盾没有变，我国是世界上最大的发展中国家的国际地位没有变。这“三个没有变”仍然是对我国社会主义初级阶段这个最大国情、最大实际的科学判断，是我们把握中国特色社会主义道路的总依据。习近平在中共十八大之后强调了这个总依据，认为我们在任何情况下都要牢牢把握这个最大国情，推进任何方面的改革与发展都要牢牢立足于这个最大实际。他指出：“不仅在经济建设中要始终立足初级阶段，而且在政治建设、文化建设、社会建设、生态文明建设中也要始终牢记初级阶段；不仅在经济总量低时要立足初级阶段，而且在经济总量提高后仍然要牢记初级阶段；不仅在谋划长远发展时要立足初级阶段，而且在日常工作中也要牢记初级阶段。”①

（三）中国特色社会主义道路实现了科学社会主义基本原则与中国国情的有机统一

坚持科学社会主义基本原则，以保证中国特色社会主义道路的社会主义性质和方向；把握中国国情，使中国特色社会主义道路具有中国特色。走中国特色社会主义道路必须把两者紧密结合起来，在结合中不断探索和创新。改革开放以来，我们党在坚持科学社会主义基本原则的前提下，结合当代中国国情，对中国特色社会主义道路不断探索和创新，形成了一系列新的重要成果，使其与科学社会主义理论及马克思主义经典作家主张的社会主义道路相比，中国特色社会主义道路在历史起点、现实基点、目标任务、实现途径上都颇具“中国特色”，是建基于中国国情和历史使命之上的一条社会主义道路，是马克思主义中国化的重要成果；与苏联高度集权的社会主义建设道路相比，中国特色社会主义道路在经

① 习近平：《紧紧围绕坚持和发展中国特色社会主义 学习宣传党的十八大精神》，《人民日报》2012年11月19日。

济、政治、文化、社会、生态等方面都体现“中国特色”，是中国共产党和中国人民基于中国国情与时代主题自主探索的融合了现代化因素、社会主义因素、民族文化因素的富民强国之路；与北欧等国家推行的民主社会主义道路相比，中国特色社会主义道路是以科学社会主义为指导的建设社会主义长期实践的道路，是中国共产党和中国人民为了实现自己的崇高理想和推进中国发展进步、实现中华民族伟大复兴这一现实目标的制度的实践；与中国社会主义革命成功后探索建立的传统社会主义建设道路相比，中国特色社会主义道路是一种更顺应人类社会发展潮流、更符合时代发展要求、更吻合人民发展期待的新的社会主义改革与发展道路，是中国共产党根据中国发展的阶段性特征和现代化事业布局的新要求，不断完善社会主义发展道路的实践成果。① 正因为如此，走中国特色社会主义道路避免了中国走封闭僵化的老路和改旗易帜的邪路，从而走出了一条强国、富民、振兴的中国现代化和民族复兴道路。

三、中国特色社会主义道路深化了对“三大规律”的认识

中国特色社会主义道路深化了对人类社会发展规律的认识。列宁把建设社会主义比作攀登一座没有勘察过的、非常险峻的高山。我们党始终坚持马克思主义基本原理，认为科学社会主义仍然是迄今为止人类社会最先进的社会制度，社会主义取代资本主义仍然是人类社会发展的基本规律。在攀登高山、推进中国特色社会主义道路的进程中，我们党又得出了一系列新的科学结论，深刻体现了我们党对人类社会发展趋势的正确认识和把握。“中国特色社会主义的价值，主要体现在它拓宽了民族国家走向现代化的途径，丰富了人类对社会发展规律和道路的认识。”② 尤其是中共十八大以来，以习近平为核心的党中央毫不动摇地坚持和发展中国特色社会主义道路，提出了一系列治国理政新理念新思想新战略，阐明人类社会历史发展的必然趋势，提出科学认识两大社会制度关系的新思想；坚持中国发展和人类社会发展的有机统一，提出促进人类社会繁荣发展的新理念；推动形成人类命运共同体和利益共同体，提出国际秩序新原则和人类社会关系新愿景；促进不同文明交流互鉴，提出多彩、平等、包容的新文明观。这些都为人类对更好社会制度的探索提供了“中国方案”，从而深化了对人类社会发展规律的认识。

中国特色社会主义道路深化了对社会主义建设规律的认识。主要体现在：深化了对社会主义本质的认识；指明了中国特色社会主义的发展战略；完善了对中

---

① 程浩：《中国特色社会主义道路再认知》，《晋阳学刊》2014 年第 3 期。

② 俞可平：《中国特色社会主义的世界历史意义》，《人民论坛》2008 年第 12 期。

国特色社会主义建设总体布局的认识；规划了中国特色社会主义发展的蓝图；丰富了马克思主义关于社会主义发展目标的思想。尤其是中共十八大以来，以习近平为核心的党中央坚持科学社会主义基本原则与中国实际和时代特征相结合，不断推进实践创新、理论创新、制度创新，不断丰富中国特色社会主义道路的实践特色、理论特色、民族特色、时代特色，坚持以人民为中心的发展思想，深化了社会主义本质理论；准确把握基本国情和经济发展新常态，丰富了社会主义发展阶段理论；推进新的历史起点上的全面深化改革，提升了社会主义发展动力理论；推进“五位一体”总体布局和“四个全面”战略布局，完善了社会主义全面发展理论；践行新发展理念，拓展了社会主义发展途径和发展目标理论。这些都深化了对社会主义建设规律的认识。

中国特色社会主义道路深化了对共产党执政规律的认识。从改革党和国家领导制度着手，提出“坚持党的领导和改善党的领导”；第一次鲜明地提出了党的历史方位的判断，深刻阐明了共产党执政的本质特征；深化了共产党的执政使命、执政方式、执政宗旨、执政能力、执政基础和执政目的认识；强调党内民主是党的生命，提出了党的建设科学的命题……这些都为加强和改进执政党建设提供了新的理论武器。① 尤其是中共十八大以来，以习近平为总书记的党中央创造性地坚持治国理政与治党建党有机统一，坚定不移推进全面从严治党，强调坚定理想信念，深化对共产党执政使命和奋斗目标的认识；推进党风廉政建设和反腐败斗争，深化对共产党性质和执政宗旨的认识；加强纪律建设和制度建设，深化对共产党执政方式和执政途径的认识；加强和改善党的领导，深化对党的领导核心地位的认识。这些都深化了对共产党执政规律的认识。②

第二节　中国特色社会主义道路的历史意义

发展道路对一个国家至关重要，它关乎国家的前途和命运。但道路的选择往往十分艰难，要经历千辛万苦，甚至要付出沉重的代价。近代以来，为实现

① 黄宇：《论邓小平与中国特色社会主义道路的艰辛开拓》，《观察与思考》2014 年第 8 期。

② 中国社会科学院中国特色社会主义理论体系研究中心：《对“三大规律”认识的深化》，《求是》2016 年第 16 期。

中华民族的伟大复兴，中国人民经历了艰难的道路选择与探索，其艰辛的历程表明，道路选择与探索是个历史过程；照抄照搬别国经验、模式，从来不能取得成功。

一、中国特色社会主义道路蕴含了深厚的历史渊源

当1840年西方列强的炮声彻底击碎了“大清帝国”的安宁和“天朝上国”的美梦后，中国向何处去、中国走什么道路、中国怎样救亡自强，就成为中国人不得不面对的现实课题和严峻考验。由此肇始，一代又一代仁人志士抛头颅洒热血、奔走呼号，中国人开始了“寻路”的艰难历程。其间历经鸦片战争、太平天国运动、中法战争、中日战争、戊戌变法、义和团运动、辛亥革命、五四运动，中国终于找到了马克思列宁主义，成立了中国共产党，开创了新民主主义革命道路，建立了社会主义制度体系，亿万人民“走上社会主义道路”。中华人民共和国成立后，我们完成了社会主义改造，积极探索社会主义建设规律，在总结由于照抄照搬和指导思想失误而经历曲折坎坷的教训中，我们懂得了社会主义建设必须“走自己的道路”。

中共十一届三中全会以来，我们党实现工作重点转移，全面实行改革开放，大力推进经济社会建设和各项事业发展，不断探索并丰富发展“自己的道路”的内涵与外延，取得了举世公认的巨大发展与进步，我们成功地走上了中国特色社会主义道路。这条从历史深处走来的道路，凝结着近代以来170多年中华民族的艰辛与悲壮，凝结着中国共产党诞生90多年的顽强与奋斗，凝结着中华人民共和国成立60年的探求与成就，凝结着改革开放30多年的创造与辉煌。

中国特色社会主义道路既是近代以来中国社会本质和内在规律的必然产物，也是中国共产党领导全国人民不懈探索、艰难进取的伟大创造。这条道路，是从我们自己的历史和民族土壤中生长出来的，是合乎中国国情和人民意愿要求的唯一正确道路。[①] 正如习近平所说：中国特色社会主义，承载着几代中国共产党人的理想和探索，寄托着无数仁人志士的夙愿和期盼，凝聚着亿万人民的奋斗和牺牲，是近代以来中国社会发展的必然选择，是发展中国、稳定中国的必由之路。

二、中国特色社会主义道路打破了社会主义的传统模式

苏联模式，是世界上第一个社会主义模式，它曾一度使社会主义彰显活力，

---

① 商志晓：《中国特色社会主义道路的历史必然、非凡意义与广阔前景——写在庆祝中华人民共和国成立六十五周年之际》，《光明日报》2014年10月1日。

最终却走向了僵化和死亡。在最初的社会主义实践中，各社会主义国家几乎都不同程度地仿效了苏联的做法，照搬了以高度集中为基本特征的苏联模式，但其成效不佳，给世界社会主义运动造成了极大的影响。苏联模式给我国社会主义建设以深刻启示，这就是解决中国的一切问题，都必须从中国的实际出发。所以，当发现照搬苏联模式带来的诸多问题后，毛泽东就明确提出了“以苏为鉴”，要探索适合中国国情的社会主义建设道路。此后，毛泽东的一系列著作中的有关论述，都反映了我们党对中国社会主义建设的初步认识和思考，这对后来中国特色社会主义道路的开创产生了深远的影响。

中共十一届三中全会之后，邓小平指出社会主义“不改革开放，不发展经济，不改善人民生活，只能是死路一条”①。中国特色社会主义脱胎于苏联模式，但在深刻反思日益僵化的苏联模式弊端的基础上大胆创新、在改革开放中锐意进取的中国特色社会主义，既不同于改革开放前传统的社会主义模式即苏联模式，也不同于西方发达国家的社会发展模式。在所有制方面，中国不实行全面私有化，而实行以公有经济为主导的混合所有制，公有经济仍然控制着国家的经济命脉，而且土地和森林、矿山等资源也不实行私有化；在资源配置上，虽然我们采用了市场经济，但政府调节和干预的程度比西方国家要强大得多；在政治上，中国不搞多党制和议会政治，不搞立法、行政、司法的“三权分立”；在意识形态上，中国已经允许不同思想流派的存在，但仍然坚持马克思主义在意识形态领域中的主导地位。这些并不意味着在社会发展战略方面，中国与其他国家没有任何共同之处。中国特色社会主义的成功之处，恰恰就在于它是立足于中国的具体国情，充分学习和借鉴人类文明优秀成分，② 恢复了社会主义在中国的生机和活力。

中国特色社会主义道路的成功，其意义不仅在于打破了社会主义的传统模式，使社会主义在中国的发展更符合中国实际，而且还在于它提供了一些重要的经验和启示，即建设社会主义没有固定模式和道路，不能照抄照搬别国发展模式，必须从本国的国情出发，走自己的路。“正如一棵大树上没有完全一样的两片树叶一样，天下没有放之四海而皆准的经验，也没有一成不变的发展模式。”③社会主义在各国的发展将展现出不同的特色，各种不同特色的社会主义将在相互比较、相互借鉴中共同发展。

---

① 《邓小平文选》第 3 卷，人民出版社 1993 年版，第 370 页。

② 俞可平：《中国特色社会主义的世界历史意义》，《人民论坛》2008 年第 12 期。

③ 《习近平接受金砖国家媒体联合采访》，《人民日报》2013 年 3 月 20 日。

三、中国特色社会主义道路开辟了中华民族历史发展的新纪元

改革开放 30 多年中国发展进步的历史是中国人民在中国特色社会主义道路上阔步前进的历史。正如习近平在中共中央政治局第七次集体学习时所指出："30 多年来，我们能够创造出人类历史上前无古人的发展成就，走出了正确道路是根本原因。"①

改革开放 30 多年来，我国在经济、政治、文化、社会、生态各个领域都取得了举世瞩目的巨大成就。1978 年我国国内生产总值为 3645.2 亿元，人均国内生产总值 381 元，人均国内生产总值排名世界倒数第二；2016 年，国内生产总值达到 74 万亿元，人均国内生产总值 53980 元，比 2012 年增长 29%，年均实际增长 6.6%，目前我国的经济总量居世界第二。坚持走中国特色社会主义政治发展道路，开辟了中国特色社会主义政治发展新境界。中国特色社会主义事业领导核心更加坚强有力，人民民主更加广泛、更加充分、更加健全，开启了中国法治新时代。坚定文化自信，巩固拓展了中国特色社会主义文化发展道路。牢牢掌握意识形态工作领导权和话语权，大力培育和践行社会主义核心价值观，文化产业势头强劲，公共文化服务体系建设成效显著。保障和改善民生，增强了人民群众在共建共享中的获得感。脱贫攻坚战呈现新局面，民生保障网织密织牢，推进共建共享发展。大力推进绿色发展，走向生态文明新时代。生态文明建设制度体系更加完善，绿色低碳循环发展取得显著进展。30 多年来，我国从容应对了国际国内各种风险、考验和挑战，成功地战胜了一个又一个突如其来的重特大自然灾害和传染病疫情。"一国两制"在香港、澳门的成功实践，对台湾和平统一起到了良好的示范作用，使海峡两岸关系不断出现新的重大进展。统筹国际国内两个大局，实行更高水平的对外开放，为世界和平和中国发展营造更加有利的国际环境。

事实雄辩的证明，中国特色社会主义道路是实现国家繁荣富强、人民幸福安康的唯一正确道路，它改变了中国历史的发展进程。

第三节　中国特色社会主义道路的现实意义

30 年多年前，中国共产党人以巨大的政治勇气和智慧，选择、开辟了中国

① 习近平：《无论搞革命搞建设搞改革，道路问题都是最根本问题》，《中国青年报》2013 年 6 月 27 日。

特色社会主义道路，并在改革开放的伟大探索中取得了巨大成就。历史和现实的实践都表明，这条道路卓有成效地解决了在中国这样一个经济文化相对落后的国家实现民族复兴的历史性课题。坚定不移走中国特色社会主义道路，我们才能全面建成小康社会，加快推进中国的社会主义现代化，完成中华民族伟大复兴的历史重任。

一、走中国特色社会主义道路是全面建成小康社会的根本保证

中国特色社会主义道路的选择与开辟不是一帆风顺的。前事不忘，后事之师。僵化保守的老路会阻碍社会主义的发展，改弦易辙的邪路会葬送社会主义的前程。从改革之初的“摸着石头过河”到新时期破冰前行，我们在前进的道路上经历了各种风险与考验。从纵向看，改革开放30多年来我们取得了全面建设小康社会的阶段性胜利，经济建设、政治建设、文化建设、社会建设、生态文明建设取得了巨大成就，经济总量、综合国力、人民生活水平得到了显著提高。从横向看，我们创造了比资本主义还要快得多的发展速度、发展质量。这些都充分说明全面建成小康社会的奋斗目标，是符合中国特色社会主义道路的内在要求和实践需要的，走中国特色社会主义道路是能够实现全面建成小康社会的各项奋斗目标的。从未来发展看，中国特色社会主义道路要实现的目标有很多，其中最重要的目标之一，就是到2020年要全面建成小康社会，为到中华人民共和国成立100周年之时实现社会主义现代化奠定坚实的基础，也就是说，全面建成小康社会是走中国特色社会主义道路要实现的一个重要的阶段性目标。当前，全面建成小康社会已经进入决胜阶段，我们更需要咬定青山不放松的信念，坚定不移走中国特色社会主义道路，这是全面建成小康社会的根本保证。

二、走中国特色社会主义道路是实现现代化的必然选择

中国特色社会主义道路作为一种独创的现代化发展道路，我们党的历代领导集体都进行了艰辛探索。毛泽东为核心的第一代领导集体在第三届全国人大一次会议上就提出了四个现代化的奋斗目标。以邓小平为核心的第二代领导集体把实现四个现代化提高到关系我们国家的兴旺发达、关系到我们国家在国际上的地位这样的高度来认识。他指出：能否实现四个现代化，决定着我们国家的命运、民族的命运。“社会主义现代化建设是我们当前最大的政治”，因为它代表着人民最大的利益、最根本的利益。[①] 以江泽民为核心的第三代领导集体强调在推进社

---

① 《邓小平文选》第3卷，人民出版社1993年版，第166页。

会主义现代化建设的过程中，必须处理好各种关系，特别是若干带有全局性的重大关系，并做出了建设社会主义市场经济这样的伟大选择，使中国特色社会主义道路有了更加广阔的前景。以胡锦涛为总书记的党中央围绕现代化建设在中国特色社会主义道路上奋勇前进，并提出了科学发展观等重大战略思想。中共十八大以来，在中华人民共和国成立特别是改革开放以来我国发展取得的重大成就的基础上，党和国家事业发生历史性变革，我国发展站到了新的历史起点上，中国特色社会主义进入了新的发展阶段。在新的历史条件下，随着时代的变化和我国社会主义现代化建设的继续进行，新情况、新问题的不断涌现，我们党将继续坚持和不断拓展中国特色社会主义道路。唯有如此，才能克服我们前进道路上所遇到的一切艰难险阻，最终实现中华民族的伟大复兴。这是历史经验的总结，更是中国共产党道路自信、理论自信、制度自信、文化自信的充分体现。当然，现代化发展不可能一帆风顺，中国特色社会主义道路依然需要在实践中不断拓展。我们相信，在以习近平为核心的党中央的坚强领导下，只要我们做到了“不忘初心、继续前进”，就一定能够全面实现中国的现代化，实现中华民族伟大复兴的“中国梦”。

三、走中国特色社会主义道路是实现中华民族伟大复兴的必由之路

中华民族曾经苦难，无数仁人志士为救国图强而艰辛探索。中国共产党人励精图治，完成了国家独立、民族解放，并在探索社会主义道路上苦苦寻觅。中华民族的今天，正如习近平指出的，正可谓“人间正道是沧桑”。改革开放以来，我们总结历史经验，不断艰辛探索，终于找到了实现中华民族伟大复兴的正确道路，取得了举世瞩目的成果。这条道路就是中国特色社会主义。中国特色社会主义为实现民族复兴指明了途径，提供了行动指南和制度保障。胡锦涛在十八大报告中高度概括了中国特色社会主义道路、中国特色社会主义理论体系、中国特色社会主义制度与中华民族伟大复兴之间的紧密关系，指明要实现中华民族的伟大复兴，一是在实现途径上要走中国特色社会主义道路，二是在行动指南上要有中国特色社会主义理论体系来指导，三是在根本保障上要有中国特色社会主义制度做保障。三者统一于中国特色社会主义伟大实践，这既是党领导人民在建设社会主义和实现中华民族伟大复兴的长期实践中形成的最鲜明特色和根本成就，也是必须倍加珍惜、始终坚持、不断发展的宝贵经验。历史还将证明，中国特色社会主义道路是我国进一步实现民族振兴、国家富强、人民幸福、社会和谐的必由之路、成功之路、胜利之路。因为这是历史的选择、人民的选择、时代的选择。我们一定要从党和国家兴旺发达和长治久安的高度，从中华民族伟大复兴的高度，

进一步增强坚持走中国特色社会主义道路的自觉性和坚定性，奋力开拓中国特色社会主义更为广阔的发展前景。

第四节　中国特色社会主义道路的世界意义

中国特色社会主义道路不仅是中国的，而且也是世界的。它对世界历史的发展进程产生了重大影响，促进了人类文明的多样性发展，拓展了发展中国家走向现代化的路径，开创了世界社会主义发展的新局面。正确认识中国特色社会主义道路的世界意义，有利于我们继续坚持和发展中国特色社会主义。

一、中国特色社会主义道路提供了人类实现和平发展的新模式

与数百年来传统大国通过建立殖民体系、对外武力扩张实现强大截然不同，中国通过走中国特色社会主义道路实现发展壮大，完全是通过和平方式实现的，这在人类发展史上开创了新纪元，具有划时代的意义。

和平发展是中华文化的基因，是中国特色社会主义道路的内在属性和本质特征。一直以来，我国坚持独立自主的和平外交政策，坚持走和平发展道路，坚持互利共赢的开放战略，实现了我国自身健康有序的发展。同时，我国还坚持正确的义利观，践行不争霸、不称霸、不结盟、不扩张、不谋求势力范围的庄严承诺，倡导构建以合作共赢为核心的新型国际关系，积极参与建设全球治理体系，维护和平稳定的国际环境；尊重其他国家自主选择的发展模式，与其他发展中国家分享改革发展的成功经验，促进各国的普遍发展繁荣。[①] 这些都从根本有别于一些西方国家通过建立殖民体系、争夺势力范围、对外武力扩张，从而实现发展的老路子。

当前，在我国日益走向繁荣富强之际，国际上一些人认为中国发展起来了就会成为其他国家的一种威胁。对此，习近平做出了明确回应：中国繁荣昌盛是趋势所在，但国强必霸不是历史定律。中华民族的血液中没有侵略他人、称霸世界的基因，中国人民不接受“国强必霸”的逻辑，愿意同世界各国人民和睦相处、和谐发展，共谋和平、共护和平、共享和平。中国走和平发展道路，既是通过维

① 王明生：《中国道路的世界历史意义》，《人民日报》2016 年 12 月 28 日。

护世界和平发展自身，又是通过自身发展维护世界和平、促进共同发展，反对霸权主义和强权政治。这意味着，中国特色社会主义道路既为中国实现自己的发展目标营造了有利国际环境，符合中国的利益；又为世界和平发展做出了贡献，为其他国家提供了走和平发展道路的成功范例。

当然，让世界正确认识并认同中国特色社会主义道路，并非一朝一夕之功，对此我们不必急于求成。随着“中国梦”“一带一路”“人类命运共同体”等一系列既闪耀着中国智慧又反映世界人民共同关切的概念被深入解读和广泛传播，中国发展对世界发展的贡献、中国特色社会主义道路对人类探索更好文明发展道路的意义必将被世界上越来越多的人所理解和认同。

今后，中国将继续以负责任大国身份，与世界各国人民携手共同应对挑战，共同分享发展机遇，致力于推动建设持久和平、共同发展的和谐世界。中国大市场蕴藏的规模经济力量来自于世界，又能反哺世界。事实证明，秉持“合作共赢、和平发展”理念的中国，不仅增加了国际政治经济中的和平与发展因素，日益成为促进人类文明繁荣发展的重要力量，而且还将继续为促进人类和平与发展的崇高事业做出更大的贡献。

二、中国特色社会主义道路丰富了世界现代化道路的多样性

各国生产力发展状况和社会发展阶段不同、历史文化传统的差异以及时代和实践的不断发展，是世界各国选择发展道路多样性的深层原因。中国特色社会主义道路的成功再次表明：要维护世界现代化发展道路的多样性，尊重不同民族、不同宗教、不同文明的多样性，消除和克服因为意识形态、社会制度、发展模式的差异而进行对抗、战争的误解和偏见，进而推动不同民族、不同文明之间的对话、交流和交融。

中国特色社会主义道路的价值，主要体现在它为人类文明应对挑战、解决矛盾做出了自己的贡献。它拓宽了民族国家走向现代化的途径，丰富了人类对社会发展规律和道路的认识，促进了全球化时代人类文明的多样性发展。第二次世界大战结束后，尤其是随着苏联解体和东欧剧变，世界格局出现新变化，西方国家似乎不战而胜，他们将自己的强势地位和西方话语霸权推至顶峰，有人甚至将西方自由民主制度和现代化发展道路预言为“人类意识形态发展的终点”和“人类最后一种统治形式”。但是，随着20世纪末期，拉美的经济危机、东亚的金融危机和俄罗斯休克疗法的失败，中国特色社会主义道路的成功，不仅显示了建立在“华盛顿共识”基础上的“拉美模式”“东亚模式”的局限，而且意味着西方“中国崩溃论”的崩溃和“历史终结论”的终结，说明现代化并不一定意味着西方化。

当今世界不存在唯一的发展模式，也没有一成不变的发展道路。一个国家要走什么样的发展道路，要靠事实说话，要由这个国家的人民做出选择。推进世界多极化与国际关系民主化，必然要求尊重各国根据自己的国情选择社会制度和发展道路的权利，尊重各国自主推动经济社会发展和改善人民生活的探索与实践。中国道路既不是“传统的”，也不是“外来的”，更不是“西化的”，而是我们“独创的”，是一条既坚持科学社会主义基本原则，又根据时代特征赋予其鲜明中国特色的发展道路。中国道路的成功，彰显了世界文明与发展道路的多样性，为人类对更好社会制度的探索提供了中国方案。

在经济领域，中国开辟的新型现代化之路，提供的新型经济全球化方案，提出的“一带一路”倡议，制定的世界经济复苏方案，为强化全球经济治理、加快世界经济复苏做出了突出贡献。尤其是，中国推动经济全球化向开放、包容、普惠、平衡、共赢方向发展，为世界经济发展指明正确方向。在文化领域，中国提出的“人类命运共同体”理念，中国倡导的共同价值观，为人类社会的未来发展提供了价值引领。[①] 在外交领域，中国高举“和平、发展、合作、共赢”的大旗，提出“亲、诚、惠、容”周边外交理念和“真、实、亲、诚”对非工作方针，在国际舞台上唱响了中国倡导的新安全观、新发展观、新全球治理观。此外，在改革全球治理体系方面，中国倡导并积极参与的亚投行等多边金融架构，中国推动构建的以合作共赢为核心的新型国际关系，中国主导的“一带一路”国际合作机制，为改革和完善全球治理体系发挥了重要作用，中国以更加开阔的视野和积极有为的姿态投身于世界事务，为全球治理贡献了中国方案。

实践表明，中国特色社会主义道路的成功，揭示了世界现代化道路的多样性。中国也始终尊重和鼓励各国根据自己的国情选择各自发展道路，尊重和维护各国人民自主选择社会制度和发展道路的权利，相互借鉴，取长补短，这是人类文明进步的历史潮流和内在规律。

三、中国特色社会主义道路提供了发展中国家探索发展道路的有益借鉴

世界各国发展的历史表明，发展理念、发展道路和发展模式的选择，对于一个国家的政治经济和社会发展与进步具有极其重要的作用。中国和其他一些发展中国家虽然曾经站在大致相同的发展起点上，但由于选择了不同的发展道路，得到的结果却是天壤之别：中国特色社会主义道路使中国发展成就辉煌，而西方道

① 陈曙光：《讲好中国共产党的故事是庄严使命》，《光明日报》2017 年 8 月 30 日。

路则使很多发展中国家陷入困境。中国特色社会主义道路的成功不仅打破了普世现代化即西方化的神话，破除了“西方中心论”的迷信，开创了社会主义现代化的独特模式，而且使中国从地域性存在走向世界历史性存在，拓展了发展中国家走向现代化的途径，为世界上那些既希望加快发展又希望保持自身独立性的国家和民族提供了全新借鉴，也为解决人类问题贡献了中国智慧和中国方案。

中国在发展生产力、调整生产关系和完善上层建筑方面的经验能够为广大发展中国家提供有益参考和借鉴。从发展生产力看，中国特色社会主义把实施中国现代化发展战略与当代世界经济、科技发展联系起来，敏锐洞察了经济全球化对世界经济格局变动的推动作用，深刻揭示了科技革命对经济发展的重大影响，走出了一条中国式现代化建设之路。从调整生产关系看，我国适应经济市场化这一当今世界经济发展的普遍趋势，不断融入世界经济市场化的进程，不断深化以市场为取向的改革。在坚持社会主义基本制度的基础上，创造性地建立和发展社会主义市场经济，不断改革不适应生产力发展的经济、政治、文化、科技和行政管理体制，开了社会主义与市场经济有机结合的先河。从完善上层建筑看，主动适应世界政治文明发展的走向，不断推进社会主义民主政治建设。我们党始终高扬人民民主的光辉旗帜，坚持人民主体地位，强化“人民民主是社会主义的生命”的理念，[①]“坚持党的领导、人民当家作主、依法治国有机统一，以保证人民当家作主为根本，以增强党和国家活力、调动人民积极性为目标，扩大社会主义民主，加快建设社会主义法治国家，发展社会主义政治文明”[②]。

中国在发展经济、摆脱贫困方面的经验能够为广大发展中国家提供有益参考和借鉴。改革开放以来，中国特色社会主义道路使中国的现代化建设取得了伟大成就，这条道路还使中国在消除贫困方面取得了举世瞩目的成就。世界银行的帕迪克·巴塔萨利把中国改革开放以来帮助2亿多人摆脱贫困，看作是现代中国的巨大胜利，是人类历史上一个前所未有的成就。尤其是中共十八大以来，2013年至2016年，农村贫困人口年均减少1391万人，累计脱贫5564万人；贫困发生率从2012年底的10.2%下降至2016年底的4.5%，下降5.7个百分点。可以预计，到2020年我国现行标准下的农村贫困人口将全部脱贫，意味着我国绝对贫困问题得到历史性解决，我国将提前10年实现联合国2030年可持续发展议程

① 刘芳：《论中国特色社会主义道路的世界历史意义》，《中国浦东干部学院学报》2014年第2期。

② 胡锦涛：《坚定不移沿着中国特色社会主义道路前进　为全面建成小康社会而奋斗》，《人民日报》2012年11月18日。

确定的减贫目标，继续走在全球减贫事业的前列。当前，世界上许多发展中国家都面临比较严重的贫困落后的局面。中国共产党领导下的中国特色社会主义道路所取得的成就和经验可以为他们提供一个借鉴和参考的样本，为他们解贫脱困，推动经济社会快速发展指出正确的方向。

中国特色社会主义道路形成的基本经验能够为广大发展中国家提供有益参考和借鉴。这些经验就是始终坚持“解放思想，实事求是”的思想路线，既要坚持马克思列宁主义的基本原理，坚持毛泽东思想、邓小平理论、“三个代表”重要思想、科学发展观的指导地位，又要坚持实践是检验真理的唯一标准，反对简单照搬经典著作的任何个别论断、个别提法；坚持马克思主义基本原理与中国实际和时代要求相结合，开拓符合本国国情的社会主义建设与改革道路；始终坚持改革开放，坚持大胆探索、勇于创新，不走封闭僵化的老路；始终坚持以经济建设为中心，大力促进生产力的发展，不断改善民生；始终坚持社会主义的理想信念和奋斗目标，不走改旗易帜的邪路。①

当前，在全球治理变革破立拉锯，世界站在十字路口之际，中国特色社会主义不但要走出一条后发国家通往现代化的新道路，走出一条大国和平崛起的新道路，更要与世界各国一道走出一条和衷共济、合作共赢的新道路。

四、中国特色社会主义道路指明了世界社会主义运动复兴的正确方向

20 世纪 80 年代末、90 年代初，随着东欧剧变与苏联解体，世界社会主义力量遭受严重挫折，世界社会主义运动陷入了低谷。东欧剧变让一些西方人士欣喜若狂，“历史终结论”甚嚣尘上。西方人普遍认为，“冷战胜利 = 资本主义的胜利 = 发达资本主义国家的胜利”，当时英国前首相撒切尔夫人甚至说：“当今人类除了接受资本主义之外别无选择！”一些社会主义国家也一度充满困惑、焦虑和压力。社会主义能不能走出低谷并走向新的发展，成为各国共产党人和社会主义国家的人民思考的重要问题。

在世界社会主义面临严峻考验之际，中国共产党领导中国人民经受住了考验，坚定不移地走社会主义道路，坚持马克思主义基本原理与中国实际相结合，开创了一条中国特色社会主义道路并获得了巨大的成功。它推进了人民当家作主、促进了社会和谐、推动了科学发展；它大大促进了中国社会生产力的发展，改变了社会面貌，改善了十几亿人民的生活水平；它集中全国的人力、

---

① 李景治：《中国特色社会主义道路在世界社会主义发展中的历史地位》，《科学社会主义》2013 年第 2 期。

物力、财力，充分调动一切积极因素办大事，在抗击自然灾害、进行大规模工程建设、举办重大国际事务、战胜世界经济危机中显示了强大的威力和高效率；它集中智慧谋划了国家发展战略，为国家加快实现现代化、进入中等发达国家行列制定了长远的发展计划。这一切充分展示了社会主义的勃勃生机和强大活力，向世界人民初步展示了社会主义制度所具有的巨大优越性，彰显了中国特色社会主义的影响力，预示着社会主义发展的光明未来，让人们看到了世界社会主义事业振兴的璀璨曙光。从一定的意义上说，中国共产党带领中国人民进行中国特色社会主义建设，不断地进行中国特色社会主义的实践，不断地深化中国特色社会主义理论，毫无疑问，就是推进科学社会主义在当代发展的伟大试验。在中国这个巨大的试验平台上，中国共产党和中国人民百折不挠地创新着社会主义的实践，孜孜不倦地探索着社会主义的真理，[①] 不断创造着社会主义的奇迹。

中国坚持走中国特色社会主义道路不仅以十分迅速的发展和令人惊叹的成就，为世界社会主义的继续发展奠定了基础，成为世界社会主义运动的主要推动力量，而且更重要的是从精神上给人们以极大的安慰和极大的鼓舞，让自东欧剧变以来一直心灰意冷的世界社会主义者感到振奋，看到了世界社会主义的未来和希望。尽管中国仍然是一个发展中国家，但中国坚持走中国特色社会主义道路及其取得的巨大成就，毫无疑问，为实现世界社会主义的复兴开辟了正确的方向，为世界社会主义走出低谷奠定了坚实的基础。事实表明，当代社会主义国家正在发展，社会主义运动也正在世界范围内蓬勃兴起。

---

① 陈宝：《中国特色社会主义道路在世界社会主义运动中的地位论析》，《学习与实践》2011 年第 4 期。

中　篇
中国特色社会主义理论体系

中国特色社会主义是中国共产党和人民历尽千辛万苦、付出巨大代价取得的根本成就。它是以道路、理论和制度的形态存在的，“是由道路、理论体系、制度三位一体构成的”。其理论形态，也就是中国特色社会主义理论体系。

中国共产党是一贯重视理论指导和勇于进行理论创新的党，在把马克思主义基本原理同中国具体实践相结合的过程中，不断进行理论探索，推进理论创新，产生新的理论成果，坚持用发展着的马克思主义指导新的实践。

在新民主主义革命时期，以毛泽东为主要代表的中国共产党人，把马克思列宁主义的基本原理同中国革命的具体实践结合起来，实现了马克思主义中国化进程中的第一次历史性飞跃，创立了毛泽东思想。在毛泽东思想指引下，中国共产党领导全国各族人民，取得了新民主主义革命的胜利，建立了中华人民共和国，确立了社会主义基本制度，发展了社会主义的经济、政治和文化。

在改革开放历史新时期，以邓小平、江泽民、胡锦涛为主要代表的中国共产党人，把马克思列宁主义的基本原理同中国改革开放和现代化建设的具体实践结合起来，实现了马克思主义中国化进程中的第二次历史性飞跃，相继创立了邓小平理论、“三个代表”重要思想和科学发展观，形成了中国特色社会主义理论体系。在中国特色社会主义理论体系指引下，中国共产党领导全国各族人民，开辟了中国特色社会主义道路，创设了中国特色社会主义制度，发展了中国特色社会主义事业。

中共十八大以来，以习近平为核心的党中央，高举中国特色社会主义伟大旗帜，科学把握当今世界和当代中国发展大势，科学运筹、谋篇布局、攻坚克难、强基固本，开创了治国理政新境界和中国特色社会主义事业新局面。特别是习近平总书记，从坚持和发展中国特色社会主义全局出发，发表了一系列重要讲话，提出了一系列治国理政新理念新思想新战略，既为中国特色社会主义理论体系增添了新内容，也为在新的历史起点上坚持和发展中国特色社会主义提供了科学理论指导和行动指南。

中国特色社会主义理论体系以坚持和发展中国特色社会主义为主题，在改革发展稳定、内政外交国防、治党治国治军各个方面，提出了一系列紧密联系、相互贯通的新思想、新观点、新论断，构成了一个系统的科学理论，从根本上解决了“什么是社会主义、怎样建设社会主义”“建设什么样的党、怎样建设党”“实现什么样的发展、怎样发展”“什么是中华民族伟大复兴、怎样实现中华民族伟大复兴”这几大基本问题，是贯通哲学、政治经济学、科学社会主义等领域，涵盖经济、政治、科技、教育、文化、民族、军事、外交、统一战线、祖国统一、党的建设等方面比较完备的科学体系。

中国特色社会主义理论体系，坚持和发展了马克思列宁主义、毛泽东思想，凝结了几代中国共产党人带领人民不懈探索实践的智慧和心血，是马克思主义中国化最新成果，是党最可宝贵的政治和精神财富，是全国各族人民团结奋斗的共同思想基础。在当代中国，坚持中国特色社会主义理论体系，就是真正坚持马克思主义。

第一章

中国特色社会主义理论体系的形成发展

2007年10月15日，胡锦涛在中国共产党第十七次全国代表大会上的报告中，简要回顾了改革开放的伟大历史进程，科学总结了改革开放的根本历史经验，明确指出："改革开放以来我们取得一切成绩和进步的根本原因，归结起来就是：开辟了中国特色社会主义道路，形成了中国特色社会主义理论体系。""中国特色社会主义理论体系，就是包括邓小平理论、'三个代表'重要思想以及科学发展观等重大战略思想在内的科学理论体系。""在当代中国，坚持中国特色社会主义理论体系，就是真正坚持马克思主义。"① 正式提出"中国特色社会主义理论体系"这一科学概念，并将我们党在改革开放历史新时期形成的邓小平理论、"三个代表"重要思想以及科学发展观等重大战略思想纳入中国特色社会主义理论体系，确立为我们党的指导思想，对全面推进党的建设新的伟大工程和中国特色社会主义伟大事业，具有十分重要的现实意义和深远的历史影响。这是中共十七大报告的一个最突出亮点，也是中共十七大的一个重大历史性贡献。

"中国特色社会主义理论体系"这一科学概念是中共十七大首次正式提出的，但作为科学理论体系的中国特色社会主义理论体系却是历史地形成的。概括地说，这一科学理论体系是在和平与发展成为时代主题的历史条件下，在我国改革开放和社会主义现代化建设的实践过程中，在总结我国社会主义胜利和挫折的历史经验并借鉴其他国家社会主义兴衰成败历史经验的基础上，逐步形成和发展起来的，是中国共产党把马克思主义基本原理同中国的具体实际和时代特征相结合即马克思主义中国化第二次历史性飞跃的理论成果，是在新的历史条件下坚持和发展中国特色社会主义的科学理论指导和行动指南。正确认识和了解中国特色

① 《十七大以来重要文献选编》（上），中央文献出版社2009年版，第8-9页。

社会主义理论体系的形成与发展，对于深入理解和把握中国特色社会主义理论体系的基本内容和精神实质，进一步坚定中国特色社会主义理论自信，更加自觉地坚持以中国特色社会主义理论体系为指导，将具有重要意义。

第一节　中国特色社会主义理论体系形成的背景和依据

任何科学理论都不会是凭空产生的，而必然是在特定的时代背景下，在吸收前人提供的思想材料和总结新的实践经验的基础上形成和发展起来的。中国特色社会主义理论体系作为马克思主义基本原理同中国的具体实际和时代特征相结合的产物当然也是如此。从时代背景来看，它是在和平与发展成为时代主题的历史条件下逐步形成和发展起来的；从思想渊源看，它是以马克思列宁主义、毛泽东思想为理论基础而形成和发展起来的；从历史依据看，它是在总结我国社会主义胜利和挫折的历史经验并借鉴其他国家社会主义兴衰成败历史经验的基础上形成和发展起来的；从现实依据来看，它则是对我国改革开放和社会主义现代化建设新的实践经验的科学总结和理论概括。

一、中国特色社会主义理论体系形成的时代背景

从总体上讲，中国特色社会主义理论体系，是在和平与发展成为时代主题的历史条件下逐步形成和发展起来的。和平与发展时代主题下的国际局势的深刻变化，是中国特色社会主义理论体系形成和发展的时代背景。

中国特色社会主义理论体系开始形成于20世纪70年代末、80年代初，基本形成于20世纪90年代，发展于21世纪。这前后30多年的时间，是整个世界发生大变动大调整的时期，最显著的变化就是和平与发展已经成为时代的主题。同时，政治多极化、经济全球化、科技信息化的趋势加速发展，引起全球经济格局、利益格局和安全格局发生了前所未有的重大变化。以增强经济实力、国防实力、民族凝聚力为主要内容的综合国力的竞争日趋激烈。特别是新科技革命在各个领域的发展和深化，推动着在世界范围内生产力、生产方式、生活方式，以及经济、政治、文化、社会发生了前所未有的深刻变化。

与时代主题和时代变革相联系，20世纪70年代后期以来，在世界范围内兴起了以增强综合国力为中心目标的改革浪潮，其遍布国家之广泛、涉及领域之全面、改革程度之深刻、持续时间之长久，都具有标志性的时代意义。在这一改革

浪潮中，西方资本主义出现了种种新情况、新变化，社会主义则发生了严重的挫折，其中最突出的表现就是东欧剧变、苏联解体。面对如此深刻巨大的变化与挑战，中国共产党要解决好时代提出的新课题，迎接时代提出的新挑战，开创社会主义事业发展的新局面，思想上必须有新的解放，实践上必须有新的创造，理论上必须有新的发展。中国特色社会主义理论体系，正是我们党为不断解决时代提出的新课题，坚持解放思想、实事求是、与时俱进、求真务实，在迎接世界改革新浪潮、推进中国改革开放新实践基础上形成的理论创新成果。

中共十一届三中全会以后，邓小平洞察变化了的国际形势及其发展趋势，对当今时代的主题提出了新的判断。"现在世界上真正大的问题，带全球性的战略问题，一个是和平问题，一个是经济问题或者说发展问题。"① 和平与发展是当代世界的两大问题。同时，随着滚滚而来的科技革命浪潮，生产力在全球范围内得到了突飞猛进的发展，当今世界的主要大国之间，正在展开一场日趋激烈的以经济、科技为主的综合国力的角逐。作为中国特色社会主义理论体系之开创性、基础性成果的邓小平理论，正是在时代主题转换、世界科技革命迅猛发展的时代背景下形成发展起来的。

冷战结束后，国际局势发生了深刻变化。世界多极化和经济全球化的趋势在曲折中发展，和平与发展仍是时代的主题。但霸权主义和强权政治有新的表现，恐怖主义危害上升，一些地区的冲突和争端时起时伏，世界还很不安宁。科技进步日新月异，以信息技术为核心的高新技术的发展，极大地改变了人们的生产、生活方式和国际经济、政治关系，以经济为基础、科技为先导的综合国力竞争更为激烈。这就是作为中国特色社会主义理论体系之重要发展成果的"三个代表"重要思想形成的时代背景。

进入21世纪，和平、发展、合作已成为时代的潮流。世界多极化和经济全球化的趋势继续深入发展，各国相互依存逐步加深，大国关系深刻变动，世界力量对比继续变化。科技进步日新月异，科技创新和技术扩散日益加快，国际产业重组和生产要素转移加快，区域经济一体化蓬勃发展，世界经济正处于新一轮恢复和增长期。同时，霸权主义和强权政治依然存在，影响世界和平与发展的不稳定、不确定因素增多，世界经济发展不平衡加剧，围绕资源、市场、技术、人才的国际竞争日趋激烈，贸易壁垒和贸易摩擦明显增多，发达国家在经济上、科技上占优势的压力将长期存在。作为中国特色社会主义理论体系之重要完善成果的

① 《邓小平文选》第3卷，人民出版社1993年版，第105页。

科学发展观，就是在这样的时代背景下形成的。

总之，中国特色社会主义理论体系，从邓小平理论到‘三个代表’重要思想，再到科学发展观等重大战略思想，充分体现了中国共产党人以宽广的眼界观察世界，以时代的要求审视自己，以战略的思维谋划发展，是科学认识和正确应对世界发展变化、时代深刻变革，不断进行理论思考和创造的产物。

二、中国特色社会主义理论体系形成的理论基础

中共十七大报告中明确指出：中国特色社会主义理论体系，“坚持和发展了马克思列宁主义、毛泽东思想”，“是马克思主义中国化最新成果”。① 中共十八大报告进一步指出：“中国特色社会主义理论体系，就是包括邓小平理论、‘三个代表’重要思想、科学发展观在内的科学理论体系，是对马克思列宁主义、毛泽东思想的坚持和发展。”② 这就明确地告诉了我们：中国特色社会主义理论体系形成的理论基础就是马克思列宁主义、毛泽东思想。

马克思主义是马克思、恩格斯在19世纪工人运动实践基础上，批判地继承了前人的优秀思想成果而创立的科学理论体系。列宁把马克思主义与帝国主义时代特征和俄国实际相结合，取得俄国十月社会主义革命的胜利，并开始进行苏联社会主义建设的实践，从而创造性地丰富和发展马克思主义，把马克思主义推进到新的阶段——列宁主义阶段。马克思列宁主义揭示了人类社会历史发展的规律，它的基本原理是正确的，具有强大的生命力。中国共产党从诞生之日起就把马克思列宁主义确立为自己的指导思想。

以毛泽东为主要代表的中国共产党人，把马克思列宁主义的基本原理同中国革命的具体实践结合起来，创立了毛泽东思想。毛泽东思想是马克思列宁主义在中国的运用和发展，是被实践证明了的关于中国革命和建设的正确的理论原则和经验总结，是中国共产党集体智慧的结晶，也是我们党的指导思想。

中共十一届三中全会以来，以邓小平为核心的中共第二代中央领导集体、以江泽民为核心的中共第三代中央领导集体和以胡锦涛为总书记的党中央，集中全党智慧，相继创立了邓小平理论、“三个代表”重要思想和科学发展观，形成了中国特色社会主义理论体系，并没有丢“老祖宗”，没有离开马克思列宁主义、毛泽东思想，而是以马克思列宁主义、毛泽东思想为理论基础的，是对马克思列宁主义、毛泽东思想的继承和发展。

---

① 《十七大以来重要文献选编》（上），中央文献出版社2009年版，第9页。

② 《十八大以来重要文献选编》（上），中央文献出版社2014年版，第10页。

中国特色社会主义理论体系是对马克思列宁主义、毛泽东思想继承和发展的成果。正如邓小平所说："我们搞改革开放，把工作重心放在经济建设上，没有丢马克思，没有丢列宁，也没有丢毛泽东。'老祖宗'不能丢啊！问题是要把什么叫社会主义搞清楚，把怎么样建设和发展社会主义搞清楚。"① "老祖宗不能丢"，最重要的是要坚持马克思列宁主义、毛泽东思想的基本原理，坚持辩证唯物主义和历史唯物主义的立场、观点、方法；"搞清楚"，最重要的是要澄清被搞乱的理论是非，要结合社会主义建设新的实践经验和新的时代要求，用新的思想观点发展马克思主义。中国特色社会主义理论体系正是在新的历史条件下把继承、坚持同发展、创新辩证地统一起来，使马克思主义在当代中国进入了新境界，达到了新高度。

在当代中国，马克思列宁主义、毛泽东思想、中国特色社会主义理论体系，是一脉相承的统一的科学体系。说它们是一脉相承的统一的科学体系，从根本上说，就在于它们有着共同的世界观和方法论——辩证唯物主义和历史唯物主义；有着共同的价值目标——维护和实现最广大人民的根本利益；有着共同的理论品格——与时俱进。中国特色社会主义理论体系是马克思主义与当代中国实际和时代特征相结合的产物，是马克思主义中国化的最新成果。在当代中国，坚持中国特色社会主义理论体系，就是真正坚持马克思列宁主义、毛泽东思想。

三、中国特色社会主义理论体系形成的历史根据

中国特色社会主义理论体系形成是有其历史根据的。其历史根据应该包括国际共产主义运动的全部历史经验，其中主要是我国社会主义建设的全部历史经验，以及其他社会主义国家兴衰成败的历史经验。

从根本上说，中国特色社会主义理论体系是对中国共产党的全部历史经验、特别是我国社会主义建设的历史经验进行科学总结的成果。我国社会主义建设历史经验既包括改革开放以前社会主义建设的历史经验，也包括改革开放以来社会主义建设的历史经验；既包括正面的、成功的经验，也包括遭遇的挫折和失误的教训。我国社会主义建设的全部历史经验，都是中国特色社会主义理论体系形成的历史根据。

具体而言，由于中国特色社会主义理论体系的几大理论成果形成于不同的阶

① 《邓小平文选》第3卷，人民出版社1993年版，第369页。

段，探索和回答的主要问题也有所不同，因而各个具体理论成果形成的历史根据也会有所不同。

首先，邓小平理论主要是以1978年中共十一届三中全会为起点逐步形成的。其形成的历史根据，主要是改革开放之前中国共产党全部历史经验、特别是我国社会主义建设的历史经验。在此前50多年的奋斗历程中，以毛泽东为核心的中共第一代领导集体，领导全党和全国各族人民，经过28年浴血奋战，取得了新民主主义革命的胜利、建立了中华人民共和国，并进而完成了社会主义改造、建立起社会主义基本制度。从1956年到1966年，我国进行了全面的、大规模的社会主义建设，并取得了很大的成就。进入新的历史时期，以邓小平为核心的中共第二代中央领导集体，深刻总结了以往历史经验，进行了全面的拨乱反正，并在推进改革开放和社会主义现代化建设事业发展的进程中不断进行新的探索，开创了中国特色社会主义，创立了邓小平理论。改革开放之前我国社会主义建设正反两方面历史经验，是邓小平理论形成的主要历史根据。

其次，“三个代表”重要思想是以1989年中共十三届四中全会为起点、特别是在1992年中共十四大以后逐步形成的。其形成的历史根据，主要是中共十三届四中全会之前中国共产党全部历史经验、特别是我国社会主义建设的历史经验与我国改革开放和社会主义现代化建设的历史经验。在此前近70年的奋斗历程中，中国共产党不仅拥有了领导新民主主义革命、进行社会主义革命和社会主义建设的历史经验，而且拥有了领导改革开放和社会主义现代化建设、开创中国特色社会主义的历史经验。中共十三届四中全会以来，以江泽民为主要代表的中国共产党人，在总结历史经验的基础上，继续推进中国特色社会主义，积累了治党治国治军新的宝贵经验，创立了“三个代表”重要思想。中共十三届四中全会之前党的全部历史经验、特别是我国社会主义建设的历史经验与改革开放和社会主义现代化建设的历史经验，是“三个代表”重要思想形成的主要历史根据。

再次，科学发展观是在2002年中共十六大以后逐步形成的。其形成的历史根据，主要是中共十六大之前中国共产党全部历史经验、特别是我国社会主义建设的历史经验与改革开放和社会主义现代化建设的历史经验。在此前80多年的奋斗历程中，中国共产党团结和带领人民进行革命、建设和改革，既取得了伟大的历史成就，也积累了丰富的历史经验。特别是中共十一届三中全会以来，我们不仅开创了中国特色社会主义道路，而且紧紧围绕中国特色社会主义这一当代中国发展进步的主题，进行了坚持不懈的探索，从总体上搞清楚了如何建设和发展社会主义的问题。中共十六大以来，以胡锦涛为总书记的党中央，在借鉴世界各国发展经验、汲取国外发展理论有益成果的基础上，特别是在总结长期以来我国社会主义发展经验的基础上，明确提出了坚持以人为本、全面协调可持续发展的科学发展观，推动我国经济社会发展取得了新的成就。中共十六大之前党全部历史经验、特别是我国社会主义建设的历史经验与改革开放和社会主义现代化建设的历史经验，是科学发展观形成的主要历史根据。

此外，中国特色社会主义理论体系也是在借鉴其他社会主义国家兴衰成败历史经验的基础上形成和发展起来的。这就是说，其他社会主义国家兴衰成败历史经验，也是中国特色社会主义理论体系形成和发展的历史根据。

四、中国特色社会主义理论体系形成的现实依据

中国特色社会主义理论体系形成的现实依据，是相对于这个理论体系形成的历史根据而言的。前已述及，中国特色社会主义理论体系形成的历史根据应该包括国际共产主义运动的全部历史经验，其中主要是我国社会主义建设的全部历史经验，以及其他社会主义国家兴衰成败的历史经验，而它形成的现实依据则主要是我国改革开放历史新时期社会主义建设新的实践经验，即改革开放和社会主义现代化建设的实践经验，亦即开创中国特色社会主义道路、建设和发展中国特色社会主义的实践经验。

中国特色社会主义理论体系是在改革开放和社会主义现代化建设新时期形成和发展起来的，从一定意义上说，它是对改革开放以来社会主义建设新的实践经验的总结。就改革开放以来社会主义建设新的实践经验而言，中共十七大报告总结和概括了十条，这就是：“把坚持马克思主义基本原理同推进马克思主义中国化结合起来，把坚持四项基本原则同坚持改革开放结合起来，把尊重人民首创精神同加强和改善党的领导结合起来，把坚持社会主义基本制度同发展市场经济结合起来，把推动经济基础变革同推动上层建筑改革结合起来，把发展社会生产力同提高全民族文明素质结合起来，把提高效率同促进社会公平结合起来，把坚持独立自主同参与经济全球化结合起来，把促进改革发展同保持社会稳定结合起来，把推进中国特色社会主义伟大事业同推进党的建设新的伟大工程结合起来”①。从一定意义上说，这十条宝贵经验也就是中国特色社会主义理论体系形成和发展的现实依据。

---

①《十七大以来重要文献选编》（上），中央文献出版社2009年版，第8页。

具体而言，由于中国特色社会主义理论体系的三大理论成果形成于不同的阶段，因而每一理论成果形成具体的现实依据也会有所不同。

中共十一届三中全会至十四大之前，中国共产党领导人民，坚持以经济建设为中心，坚持四项基本原则，大力推进改革开放，使生产力获得新的解放和巨大发展。这一崭新的实践，是人民群众生气勃勃的伟大创造，是理论发展的源泉。邓小平始终站在时代潮流的前面，热情地支持、鼓励、保护、引导群众的这种创造。他领导我们党从总结群众成功实践的经验中，也从总结工作中某些失误的教训中，揭示了我国社会主义现代化建设的规律，把经验上升为理论。我国这十多年改革开放和现代化建设的实践，是邓小平理论形成的现实依据。

中共十三届四中全会以来，国际局势风云变幻，我国改革开放和现代化建设的进程波澜壮阔。中国共产党领导人民，从容应对一系列关系我国主权和安全的国际突发事件，战胜在政治、经济领域和自然界出现的困难和风险，经受住一次又一次考验，排除各种干扰，保证了改革开放和现代化建设的航船始终沿着正确的方向破浪前进。到20世纪末，我国已经胜利实现了现代化建设“三步走”战略中的前两步目标；开始进入了全面建设小康社会、加快推进社会主义现代化新的发展阶段。随着改革开放和社会主义市场经济的发展，社会经济成分、组织形式、就业方式、利益关系和分配方式日益多样化。加入世贸组织，给我国经济社会带来深刻影响。推进现代化建设、完成祖国统一、维护世界和平与促进共同发展，是我们党在新世纪的三大历史任务。同时，随着党和国家事业的发展，党的建设也面临着新形势、新任务。改革开放以来特别是中共十三届四中全会以来党和人民建设中国特色社会主义的伟大探索及党的建设面临的新形势、新任务，是“三个代表”重要思想形成的现实依据。

从21世纪开始，我国进入了全面建设小康社会、加快推进社会主义现代化新的发展阶段。在这个新的阶段，我国经济社会发展呈现出一系列重要特征，这是社会主义初级阶段基本国情在新世纪、新阶段的具体表现。我国发展的阶段性特征，要求我们始终保持清醒头脑，立足社会主义初级阶段这个最大的实际，科学分析我国全面参与经济全球化的新机遇、新挑战，全面认识工业化、信息化、城镇化、市场化、国际化深入发展的新形势、新任务，深刻把握我国发展面临的新课题、新矛盾，更加自觉地走科学发展道路，奋力开拓中国特色社会主义更为广阔的发展前景。科学发展观就是在深刻分析和把握我国发展阶段性特征的基础上提出来的。我国这一阶段的经济社会发展状况和发展要求是科学发展观形成的现实依据。

第二节　中国特色社会主义理论体系形成和发展的进程

前已述及，“中国特色社会主义理论体系”这一科学概念是2007年中共十七大首次正式提出的，而中国特色社会主义理论体系则是在改革开放和社会主义现代化建设实践中逐步形成和发展起来的。就其形成和发展的历史进程看，中共十一届三中全会是这一理论体系形成的历史起点，从中共十一届三中全会到十八大，又非常清晰地呈现为三个发展阶段：第一个阶段是从中共十一届三中全会到十四大，标志性的成果是邓小平理论；第二个阶段是从中共十三届四中全会大到十六大（这一阶段与上一阶段在时间上有一定交叉，实际情况就是如此），标志性的成果是“三个代表”重要思想；第三个阶段是从中共十六大到十八大，标志性的成果是科学发展观。相对来说，中共十八大之后，中国特色社会主义理论体系则进入了一个新的发展阶段。

一、中国特色社会主义理论体系形成的历史起点

1978年12月召开的中共十一届三中全会，既是中华人民共和国成立以来中共历史上具有深远意义的伟大转折，是重新探索中国社会主义建设道路的伟大起点，也是反映并指导这一伟大探索过程的理论——中国特色是社会主义理论体系及其基础形态——邓小平理论形成的历史起点。其所以如此，从根本上讲，就是因为这次全会形成了以邓小平为核心的中共第二代中央领导集体，坚持把马克思主义的普遍原理同中国的具体实际相结合，初步总结了中华人民共和国成立以来社会主义实践的历史经验，重新确立了马克思主义的路线，做出了实行改革开放的决策，坚持和重申了四项基本原则，作为邓小平理论同时也是中国特色社会主义理论体系核心内容的“一个中心、两个基本点”的思想开始形成。

（一）重新确立了马克思主义的路线

中共十一届三中全会的伟大历史功绩，首先在于从根本上冲破了长期以来“左”倾错误的严重束缚，开始了全面的拨乱反正，端正了党的指导思想，重新确立了马克思主义的思想路线、政治路线和组织路线，从而结束了1976年10月粉碎“四人帮”以来“党的工作在徘徊中前进的局面”，将中国的社会主义事业引向健康发展的正确轨道。

马克思、恩格斯创立了辩证唯物主义和历史唯物主义的思想路线，毛泽东用

中国语言概括为“实事求是”四个大字。“实事求是”就是我们党的马克思主义的思想路线。但在进入社会主义建设时期以后，“这条思想路线，有一段时间被抛开了，给党的事业带来很大的危害，使国家遭到很大的灾难，使党和国家的形象受到很大的损害”①。重新确立解放思想、实事求是的思想路线，是中共十一届三中全会的重要议题。邓小平在为这次全会做准备的中央工作会议上的讲话，通篇讲的都是解放思想、实事求是。他强调指出：“实事求是，是无产阶级世界观的基础，是马克思主义的思想基础。过去我们搞革命所取得的一切胜利，是靠实事求是；现在我们要实现四个现代化，同样要靠实事求是。”② 全会批判了“两个凡是”的错误方针，高度评价了关于实践是检验真理的唯一标准问题的讨论，重新确立了解放思想、实事求是的思想路线。解放思想、实事求是思想路线的重新确立，是邓小平理论及中国特色社会主义理论体系形成的思想基础和逻辑起点。

党的政治路线是党的纲领在一定历史时期的具体体现，政治路线正确与否，关系到党的生死存亡和事业的兴衰成败。中共十一届三中全会决定，从 1979 年起，将“全党工作的着重点”“转移到社会主义现代化建设上来”③。全会要求全党、全军和全国各族人民同心同德，进一步发展安定团结的政治局面，并且立即动员起来，鼓足干劲，群策群力，为在 20 世纪内把我国建设成为社会主义的现代化强国而进行新的长征。这标志着中国共产党彻底抛弃了“以阶级斗争为纲”的错误方针，解决了从 1957 年以来长期未能解决的工作重点转移的问题，重新确立了马克思主义的政治路线。

组织路线与思想路线、政治路线是密切相关的。正确的思想路线、政治路线的实现，要靠正确的组织路线来保证。中共十一届三中全会根据党的历史的经验教训和历史转折的新要求，讨论了党的组织建设问题，决定健全党的民主集中制，健全党规党法，严肃党纪；同时还进一步解决了中央领导班子的建设问题——建立了以邓小平为核心的中共第二代中央领导集体。正如邓小平后来所指出的那样：“党的十一届三中全会建立了一个新的领导集体，这就是第二代的领导集体。在这个集体中，实际上可以说我处在一个关键地位。”“我是核心。”④ 这

① 《邓小平文选》第 2 卷，人民出版社 1994 年版，第 278 页。

② 《邓小平文选》第 2 卷，人民出版社 1994 年版，第 143 页。

③ 《三中全会以来重要文献选编》（上），人民出版社 1982 年版，第 1 页。

④ 《邓小平文选》第 3 卷，人民出版社 1993 年版，第 309、310 页。

就为实现伟大的历史转折提供了组织保证。

（二）做出了实行改革开放的伟大决策

中共十一届三中全会之前，中央就已经认识到，实现四个现代化，是一场伟大革命。在全会前夕召开的中央工作会议上，邓小平明确指出，要通过解放思想，正确地改革同生产力迅速发展不相适应的生产关系和上层建筑，根据我国的实际情况，确定实现四个现代化的具体道路、方针、方法和措施。他严肃地告诫全党："如果现在再不实行改革，我们的现代化事业和社会主义事业就会被葬送。"[①] 因此，这次全会讨论了改革开放问题，明确指出："实现四个现代化，要求大幅度地提高生产力，也就必然要求多方面地改变同生产力发展不适应的生产关系和上层建筑，改变一切不适应的管理方式、活动方式和思想方式，因而是一场广泛、深刻的革命。"[②]

中共十一届三中全会提出了全面改革的任务，并集中讨论经济改革。作为全会的主题报告，邓小平在中央工作会议上的重要讲话的第四部分专门讲了"研究新情况，解决新问题"，其实质内容就是经济改革问题。他认为，各方面的新情况都要研究，各方面的新问题都要解决，尤其要注意研究和解决管理方法、管理制度、经济政策这三方面的问题。在管理方法上，强调要特别注意克服官僚主义，学会用经济方法管理经济，包括向外国学习先进的管理方法。在管理制度上，全党要特别注意加强责任制。在经济政策上，提出要允许一部分地区、一部分企业、一部分工人农民，由于辛勤努力成绩大而收入先多一些，生活先好起来。同时，还明确提出了对外开放的一些措施和方法。邓小平的这篇讲话，实际上是中国改革开放的宣言书。

随后召开的中共十一届三中全会总结了我国经济体制形成后曾几度试行改革的探索经验，也借鉴了某些社会主义国家经济改革的经验，在此基础制定了推进改革开放的方针和措施，并把实现改革开放作为实现新时期总任务的根本方针和根本政策正式确定下来。

（三）在纠"左"中坚持了四项基本原则

"四项基本原则"，即坚持社会主义道路；坚持人民民主专政；坚持共产党的领导；坚持马列主义、毛泽东思想。这四项基本原则是中国共产党长期以来所一贯坚持的。中共十一届三中全会虽然没有明确提出和使用"四项基本原则"

---

① 《邓小平文选》第2卷，人民出版社1994年版，第150页。

② 《三中全会以来重要文献选编》（上），人民出版社1982年版，第3页。

的概念，但在全会精神中却贯彻和体现了这四项基本原则。

中共十一届三中全会（包括全会前夕召开的中央工作会议）针对“两个凡是”，提出“解放思想”“实事求是”，重点是纠正“左”的错误。但在纠“左”的过程中，并没有离开中国共产党所一贯坚持的四项基本原则。全会批判了林彪、“四人帮”主张和宣扬的一些错误观点及其罪行，重申了社会主义的根本原则，恢复了社会主义民主和法制，强调了党的思想政治领导必须以组织领导为保证，提出要完整准确地掌握马列主义、毛泽东思想的科学体系，从而坚持了社会主义道路、人民民主专政、共产党的领导和马列主义毛泽东思想。

中共十一届三中全会把实现四个现代化确定为新时期的总任务，并为实现总任务确立了实行改革开放的方针。这其中也贯彻了四项基本原则的精神。全会《公报》指出，我们要实现的四个现代化，是“社会主义的现代化”，是要“把我国建设成为社会主义的现代化强国”；“我们国内现在还存在着极少数敌视和破坏我国社会主义现代化建设的反革命分子和刑事犯罪分子，我们决不能放松同他们的阶级斗争，决不能削弱无产阶级专政”，而全党工作重点的转移，对于“巩固无产阶级专政，具有重大的意义”；为了实现社会主义现代化，必须坚持和改善党的领导；与此同时，还要坚持“把马列主义、毛泽东思想的普遍原理同社会主义现代化建设的具体实践结合起来，并在新的历史条件下加以发展”。这就不仅体现了四项基本原则，而且也赋予了四项基本原则以新的时代内容。

众所周知，“四项基本原则”的概念是邓小平在 1979 年初党的理论工作务虚会上首次正式提出的。而这次党的理论工作务虚会则又是中央有关部门根据中共十一届三中全会决定召开的。针对当时出现的一些值得引起注意，甚至应当警惕的现象，特别是后来被称为“资产阶级自由化”的思潮，邓小平受中共中央的委托在党的理论工作务虚会上作了题为《坚持四项基本原则》的重要讲话，旗帜鲜明地指出：“我们要在中国实现四个现代化，必须在思想政治上坚持四项基本原则。这是实现四个现代化的根本前提。”“这四项基本原则并不是新的东西，是我们党长期以来所一贯坚持的。粉碎‘四人帮’以至三中全会以来，党中央实行的一系列方针政策，一直是坚持这四项基本原则的。”① 邓小平着重对从右的方面来怀疑和反对四项基本原则的思潮进行了批判，并阐明了坚持四项基本原则的根据。

此外，中共十一届三中全会还对社会主义民主和法制问题进行了认真的讨

① 《邓小平文选》第 2 卷，人民出版社 1994 年版，第 164–165 页。

论，在总结社会主义民主和法制建设经验教训的基础上，明确地把发展社会主义民主、健全社会主义法制确定为坚定不移的基本方针，重启了社会主义民主和法制建设的进程。

总之，中共十一届三中全会重新确立了马克思主义的路线，做出了实行改革开放的决策，坚持和重申了四项基本原则，作为邓小平理论同时也是中国特色社会主义理论体系核心内容的“一个中心、两个基本点”的思想开始形成。它标志着新时期伟大历史转折的开始，标志着全面拨乱反正的开始，标志着改革开放和集中力量进行社会主义现代化建设的开始，因而也是反映并指导这个历史过程的理论——邓小平理论及整个中国特色社会主义理论体系形成的历史起点。

二、中国特色社会主义理论体系的基本形成阶段

从1978年中共十一届三中全会到1992年中共十四大，是中国特色社会主义理论体系的基本形成阶段。其标志性的成果——邓小平理论，是中国特色社会主义理论体系的开创性成果。在这一阶段，又可分为三个小的阶段，即邓小平理论形成主题阶段、形成轮廓阶段和形成体系阶段。

（一）邓小平理论形成主题

从1978年中共十一届三中全会到1982年中共十二大，是邓小平理论开始形成阶段，也是形成主题的阶段。这一阶段，邓小平除了确立“一个中心、两个基本点”的大思路外，还于1979年3月30日在《坚持四项基本原则》的重要讲话中，第一次明确提出了走“中国式的现代化道路”① 的命题。走“中国式的现代化道路”，实际上是我们如何搞社会主义现代化建设的总的指导思想，是建设中国特色社会主义的最初表述。此后一段时间，围绕着“中国式的现代化道路”问题，邓小平进行了多方面的探索，提出了一系列极为重要的思想理论观点和政策主张，包括“社会主义也可以搞市场经济”的思想。

在邓小平理论开始形成阶段，中共十一届四中全会讨论通过的叶剑英在庆祝中华人民共和国成立30周年大会上的讲话，是一个非常重要的历史文献。讲话在初步总结了30年来社会主义革命和社会主义建设的基本经验的基础上，明确提出了“向着四个现代化的宏伟目标前进”的号召，全面阐述了“向着四个现代化的宏伟目标前进”的有关重要问题。这实际上也就是中国共产党关于建设中国特色社会主义的初步构想。

---

① 《邓小平文选》第2卷，人民出版社1994年版，第163页。

1981 年 6 月，中共十一届六中全会审议通过的《中国共产党中央委员会关于建国以来党的若干历史问题的决议》，是一篇极其重要的历史文献，在邓小平理论及整个中国特色社会主义理论体系的形成发展史上都具有非常重要的地位和意义。其主要贡献，不仅在于实事求是地总结了中华人民共和国成立三十几年社会主义实践的基本经验，科学地评价了毛泽东思想的历史地位，精辟地阐述了毛泽东思想的科学体系，而且更在于它科学地概括了中国社会主义现代化建设的新道路，深刻地阐明了这条新道路的十个主要点，实际上也就是对如何建设中国特色社会主义的第一次系统阐述。

1982 年 9 月，中共十二大胜利召开。邓小平在十二大开幕词中正式提出了“建设有中国特色的社会主义”的历史性命题。他明确指出：“把马克思主义的普遍真理同我国的具体实际结合起来，走自己的道路，建设有中国特色的社会主义，这就是我们总结长期历史经验得出的基本结论。”① 中共十二大报告根据邓小平提出的“建设有中国特色的社会主义”的总的指导思想，提出了中国共产党在新的历史时期的总任务，并围绕总任务规定了各方面的具体任务。这既是全面开创社会主义现代化建设新局面的宏伟纲领，也是对建设中国特色社会主义的一次全面阐述。中共十二大是邓小平理论形成主题的标志，而邓小平理论的主题同时也是整个中国特色社会主义理论体系的主题。

（二）邓小平理论形成轮廓

从 1982 年中共十二大到 1987 年中共十三大，是邓小平理论在全面改革开放中逐步展开、形成轮廓的阶段。中共十二大以后，我国的改革开放全面展开，形成了不可阻挡的历史潮流，推动了社会主义现代化建设的迅速发展。以邓小平为主要代表的当代中国共产党人，站在改革开放的潮头，领导和推动着改革开放和社会主义现代化建设，并及时总结经验，逐步形成了一系列切合“建设有中国特色的社会主义”这一主题的科学认识，使邓小平理论得到进一步充实和发展，到 1987 年中共十三大，邓小平理论已正式形成轮廓。

邓小平在中共十二大以后的著作，最初结集出版的一本小册子（包括后来出版的增订本），即以《建设有中国特色的社会主义》为书名，并不是偶然的，它正好反映了邓小平理论（也称“邓小平建设有中国特色社会主义理论”）在全面改革开放和社会主义现代化建设实践中逐步形成这样一个历史事实。邓小平这时的著作中反复阐述的中心论题是：什么是社会主义、怎样建设社会主义。围绕这

① 《邓小平文选》第 3 卷，人民出版社 1993 年版，第 3 页。

个中心论题，邓小平从各个方面论述了建设有中国特色社会主义的一系列基本问题。

1984 年 10 月，中共十二届三中全会讨论通过的《中共中央关于经济体制改革的决定》，阐明了经济体制改革的方向、性质、任务和各项方针政策，回答了社会主义实践中提出的一系列重大理论问题和实践问题，以其创造性的思想内容丰富和发展了马克思主义政治经济学和科学社会主义，是社会主义理论和实践一次重大突破。邓小平对这个决定给予了高度评价，称其“是马克思主义基本原理和中国社会主义实践相结合的政治经济学”①，“解释了什么是社会主义，有些是我们老祖宗没有说过的话，有些新话”，“用自己的实践回答了新形势下出现的一些新问题”，“是真正坚持社会主义”②。

从中共十二大到十二届六中全会，是社会主义精神文明建设理论发展的重要阶段。在这一阶段，邓小平及中共中央对社会主义精神文明建设问题有多次论述，为社会主义精神文明建设理论增添了一些新的内容。特别是 1986 年 9 月中共十二届六中全会通过的《中共中央关于社会主义精神文明建设指导方针的决议》，继承和发展了中国共产党关于社会主义精神文明建设的一系列基本理论观点，阐明了社会主义精神文明建设的战略地位、根本任务、基本内容、马克思主义的指导作用等问题，是社会主义精神文明建设理论的系统化。

1987 年 10 月召开的中共十三大，在邓小平理论发展史上具有重要的地位。中共十三大报告“以社会主义初级阶段作为立论的根据”得到了邓小平的充分肯定。中共十三大的重要历史功绩不仅在于较为系统地阐述了社会主义初级阶段的理论（这既是邓小平理论的基石，也是整个中国特色社会主义理论体系的基石），确立了中国共产党在社会主义初级阶段建设中国特色社会主义的基本路线（这既是邓小平理论的核心内容，也是整个中国特色社会主义理论体系的核心内容），而且还在于它较为系统地概括了建设有中国特色社会主义理论（即邓小平理论）的主要观点（即十二个观点），展现了这个理论的轮廓。

（三）邓小平理论形成体系

从 1987 年中共十三大到 1992 年中共十四大，是邓小平理论形成体系的阶段。中共十三大以后，在国际国内的复杂艰难情况下，邓小平继续坚持“一个中心、两个基本点”的基本路线和中共十一届三中全会以来形成的一

① 《邓小平文选》第 3 卷，人民出版社 1993 年版，第 83 页。

② 《邓小平文选》第 3 卷，人民出版社 1993 年版，第 91 页。

整套方针政策，并对建设中国特色社会主义的问题进行了一些新的探索，提出了一些新的思想观点，进一步发展和完善了建设中国特色社会主义理论。1992 年邓小平南方谈话和中共十四大，标志着邓小平理论已形成较为完整的科学体系。

1990 年 12 月，中共十三届七中全会审议并通过的《中共中央关于制定国民经济和社会发展十年规划和“八五”计划的建议》把中共十一届三中全会以来全党对建设中国特色社会主义的基本理论和基本实践取得的共识概括为十二条主要原则。这十二条原则的提出，反映了中国共产党对建设中国特色社会主义在认识上的进一步深化，也是邓小平理论的进一步发展和完善。

1991 年 7 月 1 日，江泽民在庆祝中国共产党成立 70 周年大会上的讲话，是中国共产党系统阐述建设中国特色社会主义基本问题的又一重要文献，特别是它关于建设有中国特色社会主义的经济、政治、文化的论述，集中地反映了党的基本路线与建设中国特色社会主义十二条原则的要求，是对建设中国特色社会主义理论主要内容的一次新概括。

1992 年初，邓小平视察南方并发表重要谈话。这篇重要谈话是在国际国内政治风波严峻考验的重大历史关头，坚持十一届三中全会以来的理论和路线，深刻回答长期束缚人们思想的许多重大认识问题，把改革开放和现代化建设推进到新阶段的又一个解放思想、实事求是的宣言书。谈话所提出的一系列新思想、新观点，极大地丰富和完善了邓小平理论。它既是解放思想、理论创新的重大成果，又是解放思想、理论创新的光辉典范。南方谈话作为邓小平理论走向成熟的集大成之作，不仅标志着我国的改革开放和社会主义现代化建设将进入一个新的阶段，而且标志着邓小平理论已经形成较为完整的科学体系。

邓小平理论形成体系的另一个重要标志是 1992 年 10 月召开的中共十四大。江泽民在中共十四大报告中从社会主义的发展道路、发展阶段、根本任务、发展动力、外部条件、政治保证、战略步骤、领导力量和依靠力量、祖国统一等九个方面概括了“建设有中国特色社会主义理论”（即邓小平理论）的主要内容，并且明确指出：“这个理论，第一次比较系统地初步回答了如何建设社会主义、如何巩固和发展社会主义的一系列基本问题，用新的思想、观点，继承和发展了马克思主义。”[①] 由于邓小平理论是中国特色社会主义理论体系的开创性、基础性成果，它的形成也就标志着中国特色社会主义理论体系的基本形成。

① 《十四大以来重要文献选编》（上），人民出版社 1996 年版，第 10 页。

三、中国特色社会主义理论体系的丰富发展阶段

从1989年中共十三届三中全会到2002年中共十六大，是中国特色社会主义理论体系的丰富发展阶段。其标志性的成果——“三个代表”重要思想，是中国特色社会主义理论体系的重要成果之一。

（一）中共十三届四中全会至十四大

1989年6月，中共十三届四中全会调整了中共中央领导机构的部分成员，形成了以江泽民为核心的中共第三代中央领导集体。自此至1992年邓小平发表南方谈话和中共十四大召开，我国改革开放和社会主义现代化建设事业进入新的阶段，邓小平理论形成科学体系。在这段时间，以江泽民为核心的中共第三代中央领导集体既参与了邓小平理论（即“建设有中国特色社会主义理论”）的创立（主要是对这一理论进行系统总结和科学概括），同时也开始了丰富和发展邓小平理论、创立“三个代表”重要思想的理论创新历程。江泽民的科学著作和中国共产党在这一时期的其他重要文献，记录了邓小平理论在新的实践中丰富的发展与“三个代表”重要思想形成的历史过程。

1992年10月召开的中共十四大，在邓小平理论形成和发展的历史上具有承前启后的地位和作用。中共十四大在邓小平理论形成和发展方面的重大贡献主要有三个方面：第一，中共十四大报告第一次对邓小平理论即建设有中国特色社会主义理论进行了全面系统地概括和阐述，不仅着重从理论角度系统地概括了这一理论的基本内容，而且深刻地阐明了这一理论的形成条件、形成过程、历史地位和重要作用，并确立了这一理论在全党的指导地位。第二，中共十四大报告对中共十一届三中全会以来14年的伟大实践进行了历史回顾和科学总结，明确指出：“14年伟大实践的经验，集中到一点，就是要毫不动摇地坚持以建设有中国特色社会主义理论为指导的党的基本路线。这是我们事业能够经受风险考验，顺利达到目标的最可靠的保证。”① 并且强调，坚持党的基本路线不动摇，必须把改革开放同四项基本原则统一起来；必须巩固和发展团结稳定的政治局面。第三，中共十四大报告确立和阐释了社会主义市场经济体制的目标模式，这是对邓小平理论最重要的丰富和发展。同时，中共十四大报告还对20世纪90年代的改革和建设做出了战略部署，其间阐发了许多重要的新思想、新观点。

（二）中共十四大至十五大

从中共十四大到十五大的5年，是中国共产党领导全国各族人民继续沿着中

---

① 《十四大以来重要文献选编》（上），人民出版社1996年版，第14页。

国特色社会主义道路阔步前进的5年；是进一步解放思想，开拓进取，改革开放和社会主义现代化建设事业进入新阶段的5年；是在建立社会主义市场经济体制的深刻变革进程中，妥善处理改革、发展、稳定的关系，在各个领域取得巨大成就的5年；同时也是邓小平理论在新的实践中，不断丰富和发展的5年。

1993年11月召开的中共十四届三中全会，讨论了关于建立社会主义市场经济体制的问题，做出了《中共中央关于建立社会主义市场经济体制若干问题的决定》。决定以邓小平建设有中国特色社会主义理论为指导，把中共十四大所确定的建立社会主义市场经济体制的改革目标和基本原则具体化和系统化，勾画了社会主义市场经济体制的基本框架，制定了继续深化改革的总体蓝图，丰富和发展了邓小平社会主义市场经济理论。

1994年9月，中共十四届四中全会全面分析了国内外形势和党的状况，专门研究了党的建设问题，讨论并通过了《中共中央关于加强党的建设几个重大问题的决定》。决定贯穿了邓小平新时期党的建设理论和中共十四大精神，体现了党的建设必须为党的基本路线服务的要求；既有对我们党多年来行之有效的成功经验的概括和总结，又提出了一些新思路、新观点；既有思想理论高度，又明确提出了党的建设特别是组织建设的主要任务、指导思想、工作方针和重大措施，丰富和发展了邓小平新时期党的建设理论。

1995年9月，中共十四届五中全会讨论并通过了《中共中央关于制定国民经济和社会发展"九五"计划和2010年远景目标的建议》，为我国改革开放和社会主义现代化建设事业的跨世纪发展提供了行动纲领。江泽民在这次全会闭幕会上的重要讲话，以邓小平理论和党的基本路线为指导，在总结多年、特别是改革开放17年历史经验的基础上，针对我国在社会主义市场经济条件下搞现代化建设所遇到的涉及全局的新矛盾和新问题，集中论述了社会主义现代化建设中的十二个重大关系，提出了我们在处理这些重大关系时应当坚持的原则。这个讲话是对邓小平理论的坚持、运用和丰富、发展，标志着我们党对社会主义现代化建设规律的认识的新飞跃。

1996年10月召开的中共十四届六中全会，是在我国改革开放和社会主义现代化建设的关键时期召开的又一次十分重要的会议。全会审议通过的《中共中央关于加强社会主义精神文明建设若干重要问题的决议》，根据全面实现我国国民经济和社会发展"九五"计划和2010年远景目标的要求，分析了社会主义精神文明建设面临的形势，总结了经验和教训，进一步明确了社会主义精神文明建设的战略地位、指导思想、目标任务、基本方针和重要措施，是指导我国社会主义精神文明建设的纲领性文件，丰富和发展了邓小平社会主义精神文明建设理论。

1997 年 2 月 19 日，邓小平逝世。世纪之交的社会主义中国向何处去？中国的前途命运将如何？一时间，国内外、党内外议论纷纷。在这样的关键时刻，以江泽民为核心的党中央更深切地认识到旗帜问题的极端重要性，坚决果断地表明态度，决心继续高举邓小平建设有中国特色社会主义理论的伟大旗帜，把邓小平开创的建设有中国特色社会主义伟大事业全面推向新世纪。当时，中央相继发表了 3 篇悼念邓小平的重要文献（即中共中央、全国人大常委会、国务院、全国政协、中央军委《告全党全军全国各族人民书》、江泽民《在邓小平同志追悼大会上的悼词》，以及《邓小平伟大光辉的一生》），充分肯定和高度评价了邓小平的历史功绩和建设有中国特色社会主义理论的历史地位，并第一次明确提出邓小平建设有中国特色社会主义理论是“中国共产党的指导思想和中华民族的精神支柱”①。

1997 年 9 月召开的中共十五大，是在我国改革开放和社会主义现代化建设事业承前启后、继往开来的重要时期召开的一次历史性会议。江泽民在大会上的报告，坚持用马克思主义的立场、观点、方法来研究和解决我国改革开放及社会主义现代化建设的实际问题，既对我国改革开放和社会主义现代化建设事业的跨世纪发展作了全面部署，也多方面地丰富和发展了邓小平理论。特别是郑重地提出了“邓小平理论”的科学概念，精辟地概括了邓小平理论的科学体系，科学地评价了邓小平理论的历史地位，并在党章中把邓小平理论确立为党的指导思想。

（三）中共十五大至十六大

从中共十五大到十六大，以江泽民为核心的中共第三代中央领导集体，继续高举中国特色社会主义伟大旗帜，团结带领全党和全国人民，把我国改革开放和社会主义现代化建设事业成功地推进到 21 世纪，并进一步丰富和发展了邓小平理论，创立了中国特色社会主义理论体系的新成果——“三个代表”重要思想。

1998 年 12 月 18 日，江泽民在纪念中共十一届三中全会召开 20 周年大会上发表重要讲话。讲话以邓小平理论为指导，对我国改革开放 20 年来的主要经验进行了全面总结和科学概括，并且明确指出：“建设有中国特色社会主义事业伟大而艰巨，我们没有未来的全部答案。无论是深化改革还是加快发展，都面临着一些从未遇到的新课题。必须在马克思主义指导下，进一步把理论与实践、继承

① 《十四大以来重要文献选编》（下），人民出版社 1999 年版，第 2311 页。

与发展结合起来，大胆探索，勇于创新，不断开拓我们事业发展的新局面。”①

在世纪之交的几年，江泽民发表了一系列重要讲话，多方面地阐述了建设中国特色社会主义的基本问题，其内容涵盖经济、政治、科技、教育、文化、民族、军事、外交、统一战线、党的建设等方面。特别是2000年2月和5月，江泽民在广东考察工作时的讲话和在江苏、浙江、上海党建工作座谈会上的讲话中，明确提出了“三个代表”重要思想，这是对邓小平理论的重大发展。

2001年7月1日，江泽民在庆祝中国共产党成立80周年大会上发表了重要讲话。这个讲话系统地总结了中国共产党80年的光辉历程和基本经验，全面阐述了“三个代表”重要思想的科学内涵，深刻回答了新的历史条件下加强和改进党的建设需要解决的重大问题，进一步指明了中国共产党在新世纪的历史任务和奋斗目标，是一篇马克思主义的纲领性文献。它既是中国共产党面向新世纪的政治宣言，也是关于“三个代表”重要思想的最重要、最典型、最系统、最具代表性的理论著作。它的发表，标志着中国特色理论体系的第二大理论成果——“三个代表”重要思想正式形成。

同年9月召开的中共十五届六中全会高度评价了江泽民在庆祝中国共产党成立80周年大会上的讲话，全会全面分析了进入新世纪党面临的新形势、新任务，审议通过了《中共中央关于加强和改进党的作风建设的决定》。全会指出：“我国已进入全面建设小康社会、加快推进社会主义现代化的新的发展阶段”，“面对复杂的国内外环境，党要团结和带领全国各族人民，继续推进现代化建设，完成祖国统一，维护世界和平与促进共同发展，就必须始终代表中国先进生产力的发展要求，代表中国先进文化的前进方向，代表中国最广大人民的根本利益，围绕提高党的领导水平和执政水平、提高拒腐防变和抵御风险能力这两大历史性课题，全面推进党的建设新的伟大工程”②。

2002年11月召开的中共十六大，是中国共产党在21世纪召开的第一次代表大会，也是中国共产党在开始实施社会主义现代化建设第三步战略部署的新形势下召开的一次十分重要的代表大会。中共十六大报告，总结了中共十五大以来5年的工作和中共十三届四中全会以来13年的基本经验，对关系党和国家长远发展的一系列重大问题做出了战略部署，特别是系统地阐述了“三个代表”重要思想的历史地位、指导作用及贯彻“三个代表”重要思想的根本要求，明确指

① 《十五大以来重要文献选编》(上)，人民出版社2000年版，第695-696页。

② 《十五大以来重要文献选编》(下)，人民出版社2003年版，第1994、1995页。

出：“‘三个代表’重要思想是对马克思列宁主义、毛泽东思想和邓小平理论的继承和发展，反映了当代世界和中国的发展变化对党和国家工作的新要求，是加强和改进党的建设、推进我国社会主义自我完善和发展的强大理论武器，是全党集体智慧的结晶，是党必须长期坚持的指导思想。”① “三个代表”重要思想既是邓小平理论的丰富发展，同时也是中国特色社会主义理论体系的第二大重要成果。

四、中国特色社会主义理论体系的发展完善阶段

从2002年中共十六大到2012年中共十八大，是中国特色社会主义理论体系的发展完善阶段。其标志性的成果——科学发展观，是中国特色社会主义理论体系的第三大重要成果。

（一）科学发展观的提出及初步形成

科学发展观是以胡锦涛为总书记的党中央立足我国社会主义初级阶段的基本国情、准确把握世界发展新趋势、紧密结合我国改革开放和社会主义现代化建设实际提出的，特别是适应我国进入全面建设小康社会新的发展阶段、建设一个“经济更加发展、民主更加健全、科教更加进步、文化更加繁荣、社会更加和谐、人民生活更加殷实的小康社会”这一重大战略任务而提出来的。

中共十六大之后，面对新世纪新阶段的新形势，以胡锦涛为总书记的党中央深深感到，中共十一届三中全会以来，虽然我国的发展已经取得举世瞩目的成就，但要完成中共十六大提出的奋斗目标，可能遇到的困难和挑战还会很多。在全面建设小康社会的实践中，必须积极探索新的发展思路，进一步回答“实现什么样的发展、怎样发展”这一重大理论和实践问题。但就在这一探索进程刚刚开局，一场前所未有的重大非典疫情突然袭来并在全国蔓延。非典疫情的迅速蔓延，集中暴露出我国经济社会发展中存在的薄弱环节和突出问题，从而加速了以胡锦涛为总书记的党中央对发展新思路的探索进程。

2003年4月15日，在抗击非典斗争最紧张时刻，胡锦涛亲赴疫情严重的广东考察工作。针对发展中存在的问题，他从全局和战略高度，明确提出了“发展观”的问题，要求广东“坚持全面的发展观”，通过促进三个文明协调发展不断增创新优势。理论界普遍认为这是胡锦涛第一次明确提出“发展观”的问题。其实并非如此。事实上，早在1999年，胡锦涛就明确提出了“发展观”的问题，

① 《十六大以来重要文献选编》（上），中央文献出版社2005年版，第8-9页。

而且还使用了“科学的发展观”概念。是年3月9日，时任中共中央政治局常委、国家副主席的胡锦涛在参加九届全国人大二次会议福建代表团审议时就曾明确指出：“我们必须牢固树立发展是硬道理的思想，树立科学的发展观。”① 这说明胡锦涛对“发展观”问题的思考由来已久，是经过深思熟虑的。

2003年7月28日，胡锦涛在全国防治非典工作会议上的讲话中，不仅明确提出了从长远发展看要进一步研究的“九个问题”（也是九项工作），其中包括促进经济社会协调发展、统筹城乡经济社会发展、加强公共卫生建设工作、推进社会管理体制的建设和创新等，而且第一次用“全面发展、协调发展、可持续发展”的表述来概括正在探索中的“发展观”，强调指出：我们所讲的发展“绝不只是指经济增长，而是要坚持以经济建设为中心，在经济发展的基础上实现社会全面发展。我们要更好地坚持全面发展、协调发展、可持续发展的发展观，更加自觉地坚持推动社会主义物质文明、政治文明和精神文明协调发展，坚持在经济社会发展的基础上促进人的全面发展，坚持促进人与自然的和谐”②。

“建成完善的社会主义市场经济体制”是中共十六大提出的全面建设小康社会奋斗目标的重要内容之一。中共十六届三中全会将对此进行专题研究并作出部署。为此，胡锦涛于2003年8月28日至9月1日在江西进行考察调研。在此期间，他明确提出“要牢固树立协调发展、全面发展、可持续发展的科学发展观，积极探索符合实际的发展新路子，进一步完善社会主义市场经济体制，把加大结构调整力度同培育新的经济增长点结合起来，把推进城市发展和推进农村发展结合起来，把发挥科学技术的作用和发挥人力资源的优势结合起来，把发展经济和保护资源环境结合起来，把对外开放和对内开放结合起来，努力走出一条生产发展、生活富裕、生态良好的文明发展道路”③。

同年10月，中共十六届三中全会审议通过的《中共中央关于完善社会主义市场经济体制若干问题的决定》，以中共中央的名义第一次正式提出“坚持以人为本，树立全面协调可持续的发展观，促进经济社会和人的全面发展”④。胡锦涛在中共十六届三中全会上的讲话中也明确指出：“树立和落实全面发展、协调

---

① 《胡锦涛参加福建代表团审议时强调　树立科学的发展观　保持良好精神状态》，《人民日报》1999年3月10日。

② 《十六大以来重要文献选编》（上），中央文献出版社2005年版，第396-397页。

③ 《胡锦涛在江西考察工作时强调　继承发扬党的优良革命传统　加快全面建设小康社会步伐》，《人民日报》2003年9月3日。

④ 《十六大以来重要文献选编》（上），中央文献出版社2005年版，第465页。

发展和可持续发展的科学发展观，对于我们更好地坚持发展才是硬道理的战略思想具有重大意义。”① 同时要求全党“不断探索促进全面发展、协调发展和可持续发展的新思路新途径”。至此，科学发展观初步形成。

（二）科学发展观的系统阐发及确立

从中共十六届三中全会至中共十七大，是科学发展观系统阐发和形成体系阶段。在这一阶段，以胡锦涛为总书记的党中央不仅对科学发展观重要地位和作用的认识进一步提升，而且对科学发展观的基本内涵也作了系统阐发。

中共十六届三中全会后，为推动全党树立和落实科学发展观，中共中央于2004年2月16日至21日在中央党校举办了省部级主要领导干部树立和落实科学发展观专题研究班。21日，中共中央政治局常委、国务院总理温家宝在专题研究班结业式上的讲话中明确指出：“完整地提出科学发展观，是我们党对社会主义现代化建设指导思想的新发展。”“科学发展观为我们解决前进道路上面临的矛盾和问题，顺利推进全面建设小康社会和整个现代化事业，提供了正确的指导思想和根本指针。”②

同年3月10日，胡锦涛在《中央人口资源环境工作座谈会上的讲话》中，第一次对科学发展观的深刻内涵和基本要求以及树立和落实科学发展观需要注意把握的问题作了较为系统的阐发。他明确指出：“坚持以人为本，全面、协调、可持续的发展观，是我们以邓小平理论和‘三个代表’重要思想为指导，从新世纪新阶段党和国家事业发展全局出发提出的重大战略思想。”“坚持以人为本，就是要以实现人的全面发展为目标，从人民群众的根本利益出发谋发展、促发展，不断满足人民群众日益增长的物质文化需要，切实保障人民群众的经济、政治和文化权益，让发展的成果惠及全体人民。全面发展，就是要以经济建设为中心，全面推进经济、政治、文化建设，实现经济发展和社会全面进步。协调发展，就是要统筹城乡发展、统筹区域发展、统筹经济社会发展、统筹人与自然和谐发展、统筹国内发展和对外开放，推进生产力和生产关系、经济基础和上层建筑相协调，推进经济、政治、文化建设的各个环节、各个方面相协调。可持续发展，就是要促进人与自然的和谐，实现经济发展和人口、资源、环境相协调，坚持走生产发展、生活富裕、生态良好的文明发展道路，保证一代接一代地永续发

① 《十六大以来重要文献选编》（上），中央文献出版社2005年版，第483页。

② 《十六大以来重要文献选编》（上），中央文献出版社2005年版，第755、760页。

展。树立和落实科学发展观，要注意把握好以下几个问题。”① 同时强调，树立和落实科学发展观，必须始终坚持以经济建设为中心，聚精会神搞建设，一心一意谋发展；必须在经济发展的基础上，推动社会全面进步和人的全面发展，促进社会主义物质文明、政治文明、精神文明协调发展；必须着力提高经济增长的质量和效益，努力实现速度和结构、质量、效益相统一，经济发展和人口、资源、环境相协调，不断保护和增强发展的可持续性；必须坚持理论和实际相结合，因地制宜、因时制宜地把科学发展观的要求贯穿于各方面的工作。

2004 年 9 月，中共十六届四中全会通过的《中共中央关于加强党的执政能力建设的决定》，强调要“坚持以人为本、全面协调可持续的科学发展观，更好地推动经济社会发展”②。2005 年 10 月，中共十六届五中全会通过的《中共中央关于制定国民经济和社会发展第十一个五年规划的建议》，全面贯彻和体现了科学发展观，并进一步阐发了科学发展观的思想。2006 年 10 月，中共十六届六中全会通过的《中共中央关于构建社会主义和谐社会若干重大问题的决定》，也全面贯彻和体现了科学发展观的要求。

2007 年 10 月，中共十七大不仅在中央委员会的报告中列专章全面而系统地阐述了“深入贯彻落实科学发展观”的问题，明确指出：“科学发展观，第一要义是发展，核心是以人为本，基本要求是全面协调可持续，根本方法是统筹兼顾。”③ 同时提出了深入贯彻落实科学发展观的“四个要求”，即要求我们始终坚持“一个中心、两个基本点”的基本路线，要求我们积极构建社会主义和谐社会，要求我们继续深化改革开放，要求我们切实加强和改进党的建设。与此同时，中共十七大还明确提出了“中国特色社会主义理论体系”的科学概念，把科学发展观同邓小平理论和“三个代表”重要思想一起纳入中国特色社会主义理论体系，并把科学发展观写进了党章，郑重规定：科学发展观“是我国经济社会发展的重要指导方针，是发展中国特色社会主义必须坚持和贯彻的重大战略思想”。

（三）科学发展观的充实完善及提升

中共十七大之后，以胡锦涛为总书记的党中央又对科学发展观作了一系列新的论述。这些新论述进一步丰富和完善了科学发展观的基本内涵和理论体系。

根据中共十七大的战略决策，中共中央决定，从 2008 年 9 月开始，用一年

---

① 《十六大以来重要文献选编》（上），中央文献出版社 2005 年版，第 849-850 页。

② 《十六大以来重要文献选编》（中），中央文献出版社 2006 年版，第 277 页。

③ 《十七大以来重要文献选编》（上），中央文献出版社 2009 年版，第 11-12 页。

半左右时间，在全党分批开展深入学习实践科学发展观活动。9 月 19 日，胡锦涛在全党深入学习实践科学发展观活动动员大会暨省部级主要领导干部专题研讨班开班式的讲话中，明确提出了“六个进一步”的要求，即进一步深刻理解贯彻落实科学发展观的重大意义，进一步抓好发展这个党执政兴国的第一要务，进一步实现好、维护好、发展好最广大人民的根本利益，进一步坚持解放思想、改革创新，进一步提高党员干部队伍素质，进一步动员广大人民群众投身科学发展的伟大实践。

2010 年 10 月，中共十七届五中全会审议通过的《中共中央关于制定国民经济和社会发展第十二个五年规划的建议》，进一步对科学发展观的基本内涵作了深刻阐释。同年 12 月 28 日，胡锦涛在中共中央政治局第 25 次集体学习时的讲话中指出：“要深刻认识坚持发展是硬道理的本质要求就是坚持科学发展，用科学发展的眼光、思路、办法解决前进中的问题，创新发展理念、发展模式，更加注重以人为本，更加注重全面协调可持续发展，更加注重统筹兼顾，更加注重保障和改善民生，切实推动经济社会又好又快发展。要把转变经济发展方式的基本要求切实落实到经济社会发展全过程，着力提高发展的全面性、协调性、可持续性，在实践中不断开拓科学发展之路。”①

2011 年 7 月 1 日，胡锦涛在庆祝中国共产党成立 90 周年大会上的重要讲话中再次强调指出：“我们要以科学发展为主题，以加快转变经济发展方式为主线，更加注重以人为本，更加注重全面协调可持续发展，更加注重统筹兼顾，更加注重改革开放，更加注重保障和改善民生，加快经济结构战略性调整，加快科技进步和创新，加快建设资源节约型、环境友好型社会，促进社会公平正义，促进经济长期平稳较快发展和社会和谐稳定，不断在生产发展、生活富裕、生态良好的文明发展道路上取得新的更大的成绩，不断为全面建成小康社会、实现中华民族伟大复兴打下更为坚实的基础。”② 这些重要论述，进一步深刻阐明了科学发展的时代本质和基本要求，是对科学发展观基本内涵、基本要求和科学理论体系的新阐释、新拓展。

在此基础上，2012 年 11 月，中共十八大进一步强调指出：“总结十年奋斗历程，最重要的就是我们坚持以马克思列宁主义、毛泽东思想、邓小平理论、

---

① 《胡锦涛在中共中央政治局第二十五次集体学习时强调　抓住主题把握主线统筹兼顾改革创新　把党的十七届五中全会精神贯彻落实好》，《人民日报》2010 年 12 月 30 日。

② 《十七大以来重要文献选编》（下），中央文献出版社 2013 年版，第 445 页。

'三个代表'重要思想为指导，勇于推进实践基础上的理论创新，围绕坚持和发展中国特色社会主义提出一系列紧密相连、相互贯通的新思想、新观点、新论断，形成和贯彻了科学发展观。科学发展观是马克思主义同当代中国实际和时代特征相结合的产物，是马克思主义关于发展的世界观和方法论的集中体现，对新形势下实现什么样的发展、怎样发展等重大问题做出了新的科学回答，把我们对中国特色社会主义规律的认识提高到新的水平，开辟了当代中国马克思主义发展新境界。科学发展观是中国特色社会主义理论体系最新成果，是中国共产党集体智慧的结晶，是指导党和国家全部工作的强大思想武器。"① 与此同时，中共十八大党章还把科学发展观与马克思列宁主义、毛泽东思想、邓小平理论、"三个代表"重要思想一起确立为中国共产党的行动指南，从而实现了中国共产党指导思想的再一次与时俱进。

第三节　中国特色社会主义理论体系的新发展和新成果

中国共产党第十八次全国代表大会，是在我国进入全面建成小康社会决定性阶段召开的一次十分重要的大会。中共十八大开启了中国改革和发展的新时期，也使中国特色社会主义理论体系进入一个新的发展阶段。一方面，中共十八大报告进一步深化了对中国特色社会主义的认识，丰富和发展了中国特色社会主义理论体系；另一方面，中共十八大以来，以习近平为核心的党中央在治国理政、推进中国特色社会主义的实践中，提出了一系列新理念新思想新战略，形成了中国特色社会主义理论体系的新成果。

一、中共十八大报告对中国特色社会主义理论体系的新发展

中共十八大报告是一篇马克思主义的光辉文献。报告站在历史和时代的高度，全面审视当今世界和当代中国发展大势，全面把握我国发展新要求和人民群众新期待，深刻总结了中共十六大以来十年的实践经验，科学回答了中国共产党在改革发展关键阶段举什么旗、走什么路、以什么样的精神状态、朝着什么样的目标继续前进等重大理论和实践问题，是新的历史条件下夺取中国特色社会主义

① 《十八大以来重要文献选编》（上），中央文献出版社 2014 年版，第 6 页。

新胜利的政治纲领，是全面建成小康社会的行动指南。特别是报告提出的一系列新思想、新观点、新论断、新概括、新表述，表明中国共产党对中国特色社会主义的认识达到了一个新的境界。

（一）中国特色社会主义认识的新境界

中共十八大报告紧紧围绕坚持和发展中国特色社会主义提出了一些新思想、新概括、新表述，表明中国共产党对中国特色社会主义认识提升到了一个新的境界。

一是明确提出中国特色社会主义是90多年奋斗、创造、积累的根本成就。道路关乎党的命脉，关乎国家前途、民族命运、人民幸福。在中国这样一个经济文化十分落后的国家探索民族复兴道路，是极为艰巨的任务。90多年来，中国共产党紧紧依靠人民，把马克思主义基本原理同中国实际和时代特征结合起来，独立自主走自己的路，历经千辛万苦，付出各种代价，取得革命建设改革伟大胜利，开创和发展了中国特色社会主义，从根本上改变了中国人民和中华民族的前途命运。中共十八大报告对党的几代中央领导集体在探索、开创、坚持和发展中国特色社会主义的历程中所作出的历史性贡献，一一作了阐述和概括，并在此基础上进一步强调指出："中国特色社会主义道路，中国特色社会主义理论体系，中国特色社会主义制度，是党和人民90多年奋斗、创造、积累的根本成就，必须倍加珍惜、始终坚持、不断发展。"[①] 这虽然只是对客观历史事实的阐述和概括，但却具有非常重要的政治意义。

二是深刻阐明中国特色社会主义是道路、理论、制度三者的内在统一。中国特色社会主义是以道路、理论、制度三种形态存在的，是这三种形态的统一体。中国特色社会主义道路、中国特色社会主义理论体系和中国特色社会主义制度，共同构成了中国特色社会主义的科学内涵。中共十八大报告在以往概括的基础上分别阐明了中国特色社会主义道路、中国特色社会主义理论体系和中国特色社会主义制度的基本内涵，并在此基础上进一步明确指出："中国特色社会主义道路是实现途径，中国特色社会主义理论体系是行动指南，中国特色社会主义制度是根本保障，三者统一于中国特色社会主义伟大实践，这是党领导人民在建设社会主义长期实践中形成的最鲜明特色。"[②] 这就深刻揭示了中国特色社会主义道路、理论体系和制度三者的辩证统一的关系。

---

① 《十八大以来重要文献选编》（上），中央文献出版社2014年版，第9页。
② 《十八大以来重要文献选编》（上），中央文献出版社2014年版，第10页。

三是深刻阐明建设中国特色社会主义的总依据、总布局、总任务。中共十八大报告明确指出："建设中国特色社会主义，总依据是社会主义初级阶段，总布局是五位一体，总任务是实现社会主义现代化和中华民族伟大复兴。"① 这"三个总"的概括，可以说是对中国特色社会主义总部署的新谋划。简单地说，就是立足于社会主义初级阶段这个最基本国情和最大实际，通过全面推进经济建设、政治建设、文化建设、社会建设和生态文明建设，努力实现社会主义现代化和中华民族伟大复兴。

四是明确提出夺取中国特色社会主义新胜利必须牢牢把握的"八项基本要求"。中共十八大报告中指出：发展中国特色社会主义是一项长期的、艰巨的历史任务。"在新的历史条件下夺取中国特色社会主义新胜利，必须牢牢把握以下基本要求，并使之成为全党全国各族人民的共同信念。"② "八项基本要求"是：坚持人民主体地位，坚持解放和发展社会生产力，坚持推进改革开放，坚持维护社会公平正义，坚持走共同富裕道路，坚持促进社会和谐，坚持和平发展，坚持党的领导。报告不仅明确提出了这八项基本要求，而且也阐明了提出每一项基本要求的主要根据和理由。"八项基本要求"是在新的历史条件下夺取中国特色社会主义新胜利的基本条件，是发展中国特色社会主义必须坚持的基本原则，实际上也就是中国特色社会主义的基本要求。

此外，中共十八大报告还明确提出毫不动摇坚持、与时俱进地发展中国特色社会主义，不断丰富中国特色社会主义的实践特色、理论特色、民族特色、时代特色；强调要坚定中国特色社会主义的道路自信、理论自信、制度自信。所有这些，都标志着中国共产党对中国特色社会主义的认识，对共产党执政规律、社会主义建设规律、人类社会发展规律的认识，对中国特色社会主义规律的认识，达到了新高度。

（二）全面建设小康社会认识的新境界

中共十八大报告紧紧围绕全面建成小康社会提出了一些新思想、新观点、新要求，表明中国共产党对全面建设小康社会的认识提升到了一个新的高度。

一是明确提出了全面建成小康社会的奋斗目标。中共十八大对中共十六大正式提出和确立、中共十七大加以提高和升级了的全面建设小康社会目标进行了充实和完善，进一步明确提出了"全面建成小康社会"的奋斗目标。从"全面建

① 《十八大以来重要文献选编》（上），中央文献出版社2014年版，第10页。

② 《十八大以来重要文献选编》（上），中央文献出版社2014年版，第11页。

设小康社会”到“全面建成小康社会”，虽只有一字之改，但却反映了我国发展阶段的新飞跃，它把全面小康社会的美好图景、更具体更生动地呈现在全国人民面前，也把中国共产党对发展中国特色社会主义的坚定决心和信心展现出来。不仅如此，报告还从中国特色社会主义经济建设、政治建设、文化建设、社会建设、生态文明建设“五位一体”总体布局出发，根据我国经济社会发展实际，从“经济持续健康发展”“人民民主不断扩大”“文化软实力显著增强”“人民生活水平全面提高”和“资源节约型、环境友好型社会建设取得重大进展”等五个方面提出了全面建成小康社会的新的目标要求，特别是提出了“实现国内生产总值和城乡居民人均收入比2010年翻一番”[①] 的“两个翻番”，使小康社会目标更加明确、更加切近，同时标准更严、要求更高。

二是根据全面建成小康社会目标新要求明确提出了全面深化改革开放的目标。中共十八大报告强调指出：“全面建成小康社会，必须以更大的政治勇气和智慧，不失时机深化重要领域改革，坚决破除一切妨碍科学发展的思想观念和体制机制弊端，构建系统完备、科学规范、运行有效的制度体系，使各方面制度更加成熟更加定型。”[②] 同时还提出了全面深化经济、政治、文化、社会和生态文明等建设领域体制改革的目标要求，明确了各个领域深化改革的重点。

三是根据实现全面建成小康社会目标的客观需要，分别就中国特色社会主义经济建设、政治建设、文化建设、社会建设和生态文明建设做出全面部署，提出了一系列新要求。在经济建设方面，强调要以科学发展为主题，以加快转变经济发展方式为主线，全面深化经济体制改革，实施创新驱动发展战略，推进经济结构战略性调整，推动城乡发展一体化，全面提高开放型经济水平；在政治建设方面，强调要坚持走中国特色社会主义政治发展道路和推进政治体制改革，支持和保证人民通过人民代表大会行使国家权力，健全社会主义协商民主制度，完善基层民主制度，全面推进依法治国，健全权力运行制约和监督体系；在文化建设方面，强调必须走中国特色社会主义文化发展道路，加强社会主义核心价值体系建设，全面提高公民道德素质，丰富人民精神文化生活，增强文化整体实力和竞争力，扎实建设社会主义文化强国；在社会建设方面，强调必须以保障和改善民生为重点，努力办好人民满意的教育，推动实现更高质量的就业，千方百计增加居民收入，统筹推进城乡社会保障体系建设，提高人民健康水平，加强和创新社会

---

① 《十八大以来重要文献选编》（上），中央文献出版社2014年版，第13页。

② 《十八大以来重要文献选编》（上），中央文献出版社2014年版，第14页。

管理；在生态文明建设方面，强调必须树立尊重自然、顺应自然、保护自然的生态文明理念，把生态文明建设放在突出地位，融入经济建设、政治建设、文化建设、社会建设各方面和全过程，努力建设美丽中国，实现中华民族永续发展。

此外，中共十八大报告还对国防和军队建设、“一国两制”和祖国统一、对外工作等做出了重大部署，明确了这些领域的发展方向和基本政策，提出了一系列新要求。所有这些，都标志着中国共产党对全面建设小康社会的认识，提升到了新水平。

（三）党的建设科学化认识的新高度

中共十八大报告对全面提高党的建设科学化水平做出了新部署，提出了一系列新思想、新观点、新要求，既为我们在新的历史起点上全面推进党的建设新的伟大工程指明了目标和方向，同时也表明我们党对执政党建设规律的认识提升到了一个新的高度。

一是以科学发展观为指导明确提出了“全面提高党的建设科学化水平”的总体要求。中共十八大报告强调要“全面提高党的建设科学化水平”，并将其作为在新的历史条件下全面推进党的建设新的伟大工程的总体要求。一方面，这是坚持以科学发展观为指导的必然要求。另一方面，这也是党完成其肩负历史重任的必然选择。在新的历史条件下全面提高党的建设科学化水平，最根本的是要以科学的理论来指导、以科学的方法来推进、以科学的制度来保障。

二是明确提出了“建设学习型、服务型、创新型的马克思主义执政党”的总体目标。中共十八大报告着眼于以改革创新精神全面推进党的建设新的伟大工程，全面提高党的建设科学化水平，明确提出“建设学习型、服务型、创新型的马克思主义执政党，确保党始终成为中国特色社会主义事业的坚强领导核心”①。这是对党的建设总体目标的新定位。建设“三型政党”是党始终走在时代前列、引领中国发展进步的重要基础。明确提出这一总体目标，表明我们对执政党建设规律的把握更自觉、更全面、更深刻。

三是对党的建设主线进行了新概括，把“纯洁性建设”纳入到了党的建设主线之中。中共十八大报告提出要“牢牢把握加强党的执政能力建设、先进性和纯洁性建设这条主线”。纯洁性是马克思主义政党的本质属性，保持党的纯洁性是马克思主义政党的本质要求和优良传统，是由党的性质和宗旨决定的。中共十八大把党的纯洁性建设纳入党的建设的主线，是我们党审时度势、巩固党的执政

① 《十八大以来重要文献选编》（上），中央文献出版社2014年版，第39页。

基础的一项重要措施，对加强党的自身建设，提高党员队伍素质，充分发挥广大党员的先锋模范作用具有重要意义，不仅使党的执政能力建设和先进性建设有了更坚实的保证，也更能为实现十八大提出的“全面建成小康社会”宏伟目标提供坚强的组织保证。

四是强调“坚持解放思想、改革创新”并将其上升为全面加强党的建设的基本方针。解放思想是发展中国特色社会主义事业的一大法宝，也是加强和改进党的自身建设的一大法宝；改革创新是中国特色社会主义发展完善的重要途径和根本动力，也是加强和改进党的自身建设的重要途径和根本动力。中共十八大把“坚持解放思想、改革创新”确立为党的建设的基本方针，对于在新的历史条件下全面提高党的建设科学化水平具有重要意义。

此外，中共十八大报告还围绕党的先进性和纯洁性突出强调“坚定理想信念，坚守共产党人精神追求”；强调坚持党管人才原则、集聚各方面优秀人才作为党的建设的一项重大任务：强调反对腐败，明确提出了“干部清正、政府清廉、政治清明”的新要求等。所有这些，都标志着中国共产党对全面提高党的建设科学化水平的认识，达到了新高度。

二、中共十八大以来形成中国特色社会主义理论体系新成果

中共十八大以来，以习近平为核心的新一届中央领导集体，高举中国特色社会主义伟大旗帜，坚持以马克思列宁主义、毛泽东思想、邓小平理论、“三个代表”重要思想和科学发展观为指导，科学把握当今世界和当代中国发展大势，自觉坚持以我国改革开放和社会主义现代化建设的实际问题、以我们正在做的事情为中心，着眼于马克思主义理论的运用，着眼于对实际问题的理论思考，着眼于新的实践和新的发展，科学运筹、谋篇布局、攻坚克难、强基固本，开创了治国理政新境界和中国特色社会主义事业新局面。特别是作为领导核心的习近平，从坚持和发展中国特色社会主义全局出发，在治国理政实践中发表了一系列重要讲话，提出了一系列治国理政新理念新思想新战略，进一步深化了对人类社会发展规律、社会主义建设规律、共产党执政规律的认识，形成了系统的治国理政思想，为我们在新的历史条件下深化改革开放、加快推进社会主义现代化提供了科学理论指导和行动指南，续写了并且还正在续写着中国特色社会主义理论体系的新篇章。

从 2012 年 11 月中共十八大召开到现在只有 4 年多的时间，这 4 年多，是以习近平为核心的党中央治国理政思想形成的重要阶段，也可以说是一整个历史阶段。但从习近平治国理政思想形成的脉络来看，又可将这一整个历史阶段划分为

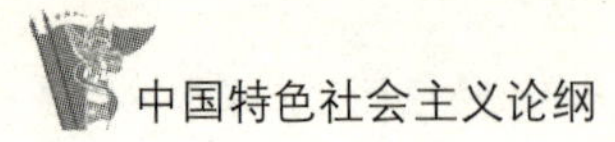

五个小的时段。

（一）中共十八大至十八届三中全会

从中共十八大到十八届三中全会，是习近平治国理政思想开始形成阶段。在这一阶段，以习近平为核心的党中央紧紧围绕贯彻落实中共十八大精神进行实践探索和理论创新，提出了一些重要的新思想新观点新举措。

一是比较集中地阐述了中共十八大精神。众所周知，以习近平为核心的党中央是通过中共十八大建立和形成的，贯彻落实中共十八大精神是其肩负的首要任务。因此，中共十八大以后，以习近平为核心的党中央所进行的实践探索和理论创新，首先都是紧紧围绕贯彻落实中共十八大精神展开的。2012 年 11 月 15 日，习近平在中共十八届一中全会上讲话中明确指出："当前和今后一个时期，新一届中央领导集体的首要政治任务，就是全面贯彻落实党的十八大精神，为实现党的十八大确定的目标任务而努力奋斗。"① 为此，他明确提出要高举中国特色社会主义伟大旗帜、加强中国特色社会主义理论体系学习实践、全面推进建设小康社会各项事业、着力保障和改善民生、全面推进党的建设新的伟大工程、深化改革开放。11 月 17 日，习近平在十八届中共中央政治局第一次集体学习时的讲话，对中共十八大精神进行了深刻阐释，明确指出"坚持和发展中国特色社会主义是贯穿党的十八大报告的一条主线"；强调要"紧紧围绕坚持和发展中国特色社会主义学习宣传贯彻党的十八大精神"②。2013 年 1 月 5 日，习近平在"新进中央委员会的委员候补委员学习贯彻党的十八大精神研讨班"开班式上的讲话中又进一步指出："党的十八大精神，说一千道一万，归结为一点，就是坚持和发展中国特色社会主义。"③ 贯彻落实党的十八大精神，就要毫不动摇坚持和发展中国特色社会主义，在实践中不断有所发现、有所创造、有所前进。此后，习近平又多次紧紧围绕坚持和发展中国特色社会主义，深刻阐发中共十八大精神。

二是提出实现中华民族伟大复兴中国梦。2012 年 11 月 29 日，习近平在参观《复兴之路》展览时的讲话中，首次把实现中华民族伟大复兴称之为"中国梦"。此后，他又在多个重要场合发表重要讲话，对中国梦的本质内涵、实现道路、精神动力、依靠力量等作了系统阐释，提出了一系列重要思想理论观点。明确指

① 习近平：《全面贯彻落实党的十八大精神要突出抓好六个方面工作》，《求是》2013 年第 1 期。

② 《十八大以来重要文献选编》（上），中央文献出版社 2014 年版，第 72、73 页。

③ 《习近平谈治国理政》，外文出版社 2014 年版，第 22 页。

出："实现中华民族伟大复兴，是中华民族近代以来最伟大的梦想。"① "在新的历史时期，中国梦的本质是国家富强、民族振兴、人民幸福。"② 同时强调实现中国梦"必须坚持中国道路"，"必须弘扬中国精神"，"必须凝聚中国力量"，"必须坚持和平发展"，"必须坚持实干兴邦"。习近平关于实现中华民族伟大复兴"中国梦"的思想，深刻阐明了什么是中华民族伟大复兴"中国梦"、在新的历史条件下如何实现中华民族伟大复兴"中国梦"，为在新的历史条件下坚持和发展中国特色社会主义确立了明确的奋斗目标。

三是对全面深化改革开放做出总体部署。中共十八大在提出全面建成小康社会奋斗目标的同时，也明确提出了全面深化改革开放的战略任务。中共十八大以来，以习近平为核心的中央反复强调，改革开放是决定当代中国命运的关键一招，也是决定实现"两个一百年"奋斗目标、实现中华民族伟大复兴的关键一招，实践发展永无止境，解放思想永无止境，改革开放也永无止境，停顿和倒退没有出路，改革开放只有进行时、没有完成时。面对新形势新任务，我们必须通过全面深化改革，着力解决我国发展面临的一系列突出矛盾和问题，不断推进中国特色社会主义制度自我完善和发展。习近平深刻总结了 30 多年来改革的基本经验，围绕进一步深化改革开放进行深入调查研究，理清了进一步深化改革开放的思路，明确了进一步深化改革开放的指导思想、目标任务、原则要求等，并精心研究制定了进一步深化改革开放的总体方案，即主持制定了《中共中央关于全面深化改革若干重大问题的决定》。2013 年 11 月，中共十八届三中全会以全面深化改革为主要议题，审议并通过了这个决定，为在新的历史起点上全面深化改革确定时间表和路线图。

从中共十八大到十八届三中全会的一年间，习近平围绕贯彻落实中共十八大精神发表了一系列重要讲话，提出了一系列新思想、新观点、新要求，内容涉及坚持和发展中国特色社会主义的各个方面。上述三个方面，即明确地把坚持和发展中国特色社会主义作为治国理政、推进事业发展的主题，把实现中华民族伟大复兴的中国梦作为治国理政、推进事业发展的目标，把全面深化改革开放作为推进事业发展、实现奋斗目标的动力，标志着习近平治国理政思想开始形成。

（二）中共十八届三中全会至五中全会

从中共十八届四中全会到五中全会，是习近平治国理政思想基本形成阶段。

---

① 《十八大以来重要文献选编》（上），中央文献出版社 2014 年版，第 84 页。

② 《习近平谈治国理政》，外文出版社 2014 年版，第 56 页。

在这一阶段，以习近平为核心的党中央紧紧围绕坚持和发展中国特色社会主义、实现中华民族伟大复兴中国梦进行实践探索和理论创新，提出了一些重要的新理念新思想新战略。

一是对全面推进依法治国做出顶层设计。中共十八大即明确提出“全面推进依法治国”[①]，加快建设社会主义法治国家。中共十八大之后，以习近平为核心的党中央高度重视法治国家建设，强调建设法治中国，必须“坚持依法治国、依法执政、依法行政共同推进，坚持法治国家、法治政府、法治社会一体建设”[②]。中共十八届三中全会后，以习近平为核心的党中央清楚地认识到，中共十八大提出了全面建成小康社会的奋斗目标，中共十八届三中全会对全面深化改革做出了顶层设计，实现这个奋斗目标，落实这个顶层设计，需要从法治上提供可靠保障。2014 年 10 月，中共十八届四中全会审议并通过的《中共中央关于全面推进依法治国若干重大问题的决定》，不仅深刻阐明了全面推进依法治国的重要意义，而且确定了全面推进依法治国的指导思想、总体目标、根本原则、重大任务和具体部署，为全面推进依法治国指明了目标方向，提供了基本遵循。这也是以习近平为核心的党中央着眼于中国特色社会主义事业的长远发展所作出的战略谋划和顶层设计。

二是提出和确立了“四个全面”战略布局。从中共十八大明确提出和确立全面建成小康社会的奋斗目标，到中共十八届三中全会和四中全会分别对全面深化改革和全面依法治国做出顶层设计和系统部署，一个以实现全面建成小康社会为战略目标的战略布局已经初步形成。在此基础上，2014 年 10 月，习近平在党的群众路线教育实践活动总结大会上又明确提出“全面推进从严治党”。同年 12 月，他在江苏考察调研时进一步明确使用了“全面从严治党”的表述，并将其与先前提出的其他“三个全面”相提并论。此后，习近平又在多个场合反复强调要协调推进全面建成小康社会、全面深化改革、全面依法治国、全面从严治党，并于 2015 年 1 月 23 日在中共十八届中央政治局第二十次集体学习时的讲话中首次明确使用了“四个全面”[③] 概念。2015 年 2 月 2 日，习近平在省部级主要领导干部学习贯彻十八届四中全会精神全面推进依法治国专题研讨班开班式上的讲话中进一步明确指出：“党的十八大以来，党中央从坚持和发展中国特色社会

① 《十八大以来重要文献选编》（上），中央文献出版社 2014 年版，第 21 页。

② 《十八大以来重要文献选编》（上），中央文献出版社 2014 年版，第 92 页。

③ 《十八大以来重要文献选编》（中），中央文献出版社 2016 年版，第 247 页。

主义全局出发，提出并形成了全面建成小康社会、全面深化改革、全面依法治国、全面从严治党的战略布局。这个战略布局，既有战略目标，也有战略举措，每一个‘全面’都具有重大战略意义。全面建成小康社会是我们的战略目标，……全面深化改革、全面依法治国、全面从严治党是三大战略举措，对实现全面建成小康社会战略目标一个都不能缺。”要“努力做到‘四个全面’相辅相成、相互促进、相得益彰。”① 这标志着“四个全面”战略布局的正式形成和确立。

三是明确提出和确立了“五大发展理念”。“理念是行动的先导，一定的发展实践都是由一定的发展理念来引领的。发展理念是否对头，从根本上决定着发展成效乃至成败。”② 在新的历史条件下治国理政，奋力推进中国特色社会主义伟大事业，实现全面建成小康社会奋斗目标并进而实现第二个百年目标和中华民族伟大复兴“中国梦”，不仅需要科学的战略布局，而且还必须牢固树立和践行科学的发展理念。习近平明确指出：“发展理念是战略性、纲领性、引领性的东西，是发展思路、发展方向、发展着力点的集中体现。”③ 经济社会发展是一个不断变化的进程，发展环境不会一成不变，发展条件不会一成不变，必须根据发展环境、发展条件的变化树立和践行新的发展理念。研究制定经济社会发展规划，首先要把应该树立什么样的发展理念搞清楚。发展理念搞对了，目标任务就好定了，政策举措跟着也就好定了。正因为如此，中共十八届五中全会根据全面建成小康社会决胜阶段面临的新形势、新任务，着眼于破解发展难题、增强发展动力、厚植发展优势，明确提出必须牢固树立和践行创新、协调、绿色、开放、共享的发展理念。“五大发展理念”集中体现了“十三五”乃至更长时期我国的发展思路、发展方向、发展着力点，是管全局、管根本、管长远的导向。牢固树立和贯彻落实“五大发展理念”，对实现全面建成小康社会战略目标并进而实现第二个百年奋斗目标和中华民族伟大复兴中国梦，具有重要引领作用。“五大发展理念”是中国共产党关于发展理论的一次重大升华，也是习近平治国理政思想的重要内容。

四是对全面建成小康社会做出了总体部署。中共十八届五中全会不仅明确提出和确立了创新、协调、绿色、开放、共享的发展理念，而且以“五大发展理念”为引领和指导，审议通过了《中共中央关于制定国民经济和社会发展第十

① 《十八大以来重要文献选编》（中），中央文献出版社2016年版，第248、249页。

② 《十八大以来重要文献选编》（中），中央文献出版社2016年版，第824页。

③ 《十八大以来重要文献选编》（中），中央文献出版社2016年版，第825页。

三个五年规划的建议》，确立了“十三五”时期我国发展的指导思想；明确了如期实现全面建成小康社会奋斗目标、推动经济社会持续健康发展必须遵循的原则；提出了全面建成小康社会新的目标要求，并对如何“五大发展理念”、实现创新发展、协调发展、绿色发展、开放发展、共享发展做出了全面部署，为我们夺取全面建成小康社会决胜阶段伟大胜利提供了科学的行动指南。

（三）中共十八届五中全会以后

从中共十八届五中全会以后，是习近平治国理政思想发展完善阶段。在这一阶段，以习近平为核心的党中央继续紧紧围绕坚持和发展中国特色社会主义、实现中华民族伟大复兴“中国梦”进行实践探索和理论创新，提出了一些重要的新理念新思想新战略。

其中最重要的就是中共十八届六中全会对全面从严治党做出了顶层设计和全面部署。治国必先治党，治党务必从严，全面从严治党是协调推进“四个全面”战略布局、实现全面建成小康社会战略目标并进而实现中华民族伟大复兴中国梦的根本政治保证。中共十八大以来，习近平围绕全面从严治党发表了一系列重要讲话，提出了一系列重要的新思想、新观点、新要求。2016 年 2 月，中共中央政治局决定，中共十八届六中全会专题研究全面从严治党问题，制定新形势下党内政治生活的若干准则，修订《中国共产党党内监督条例（试行）》。2016 年 10 月，中共十八届六中全会胜利召开。全会审议通过了《关于新形势下党内政治生活的若干准则》和《中国共产党党内监督条例》，对在新历史条件下，全面推进从严治党做出了顶层设计和全面部署。

中共十八以来，中共十八届三中、四中、五中全会相继就全面深化改革、全面依法治国、全面建成小康社会进行了专题研究，这次六中全会再以制定修订两个文件稿为重点专题研究全面从严治党，“四个全面”战略布局都分别通过一次中央全会进行了研究和部署。这既是中共中央根据“四个全面”战略布局对全会议题的一个整体设计，同时也标志着以“四个全面”战略布局为核心内容的习近平治国理政思想进一步趋于完善。

当然，习近平治国理政思想也是一个开放的、发展着的科学体系，随着以习近平为核心的党中央治国理政实践的不断发展，随着伟大事业、伟大工程、伟大斗争的不断推进，习近平治国理政思想也将进一步丰富和发展。

第二章
中国特色社会主义理论体系的基本内容

中国特色社会主义理论体系是一个内涵丰富、博大精深的科学理论体系。中共十八大报告中指出："中国特色社会主义理论体系，就是包括邓小平理论、'三个代表'重要思想、科学发展观在内的科学理论体系。"① 这就明确告诉我们，我们党在改革开放历史新时期形成的三大理论成果，是中国特色社会主义理论体系的基本内容。此外，中共十八大以来形成的习近平治国理政思想，作为中国特色社会主义理论体系的最新成果，当然也是中国特色社会主义理论体系的重要内容。这样，中国特色社会主义理论体系的基本内容，实际上就是四大理论成果了。由于在四大理论成果形成的改革开放历史新时期，我国仍处于并将长期处于社会主义初级阶段的基本国情没有变，人民日益增长的物质文化需要同落后的社会生产之间的矛盾这一社会主要矛盾没有变，它们具有一个共同的主题，即中国特色社会主义。但是，又由于这四大理论成果是在改革开放的不同发展阶段形成的，而每一个阶段必然具有不同的阶段性特征，所要解决的突出问题也会有所不同，因而在各个阶段所形成理论成果的具体内容肯定会有所侧重。这是客观必然的，也是合乎逻辑的。

邓小平理论、"三个代表"重要思想、科学发展观以及习近平治国理政思想，作为中国特色社会主义理论体系的基本内容，必然有其内在的逻辑联系，包括各个基本方面存在着坚持、继承与创新、发展的关系。因此，我们完全可以按照其内在逻辑联系进行梳理，比如可以将中国特色社会主义理论体系的基本内容大体归纳为中国特色社会主义的思想路线、本质属性、根本目的、发展道路、发展阶段、根本任务、发展战略、发展动力、外部条件、经济建设、政治建设、文

① 《十八大以来重要文献选编》（上），中央文献出版社2014年版，第10页。

化建设、社会建设、生态建设、国防和军队建设、政治保证、祖国统一、外交和国际战略、依靠力量、领导核心等方面，然后具体梳理四大理论成果在每一个方面所提出的基本观点、所作出的重要贡献。但是，这样梳理的优点是四大理论成果一脉相承、与时俱进的内在逻辑关系比较清晰，在各个方面的继承与发展的脉络一目了然；但这样梳理也存在一些问题，那就难以突出和集中每一成果自身的重点、逻辑和特点。考虑到这一因素，在此还是按照中国特色社会主义理论体系的四大成果内容的自身逻辑加以分别梳理和阐述。

第一节　邓小平理论

邓小平理论形成于拨乱反正和开始实行改革开放的阶段，即中国特色社会主义道路的开创阶段。当时，我们面对的是十年“文化大革命”造成的危难局面，当务之急是要拨乱反正，总结历史经验，重启对中国社会主义发展道路的探索。时代和实践给当时的中国共产党人提出的迫切需要解决的重大课题就是：什么是社会主义、怎样建设社会主义。通过探索，邓小平深刻地揭示了社会主义的本质，并在社会主义的发展道路、发展阶段、根本任务、发展动力、外部条件、政治保证、战略步骤、党的领导和依靠力量以及祖国统一等重大问题上形成了一系列相互联系的基本理论观点，创立了邓小平理论，初步回答了“什么是社会主义、怎样建设社会主义”这个首要的基本的理论问题。它是贯通哲学、政治经济学、科学社会主义等领域，涵盖经济、政治、科技、教育、文化、民族、军事、外交、统一战线、党的建设等方面比较完备的科学体系。

一、解放思想、实事求是的理论

解放思想、实事求是，是中国共产党的思想路线。中共十一届三中全会以来，中国共产党“走自己的道路，建设有中国特色的社会主义”这一基本结论的得出，邓小平建设有中国特色社会主义理论的形成和发展，以及建设有中国特色社会主义实践的推进及巨大成就的取得，从根本上讲，无不是以解放思想、实事求是为前提的，无不是解放思想、实事求是的产物和结果。在新的历史时期，邓小平对马克思列宁主义、毛泽东思想的杰出贡献之一，就是重新确立和发展了解放思想、实事求是的思想路线。

（一）解放思想、实事求是的重要性

中共十一届三中全会前后，针对不少人在过去历史条件下形成的思想僵化、迷信盛行，从“本本”出发，遇事“随风倒”的状态，邓小平率先喊出了“解放思想”的口号，号召全党“打破思想僵化”。他强调指出：“不打破思想僵化，不大大解放干部和群众的思想，四个现代化就没有希望。”① 进而言之，“一党，一个国家，一个民族，如果一切从本本出发，思想僵化，迷信盛行，那它就不能前进，它的生机就停止了，就要亡党亡国”②。“只有思想解放了，我们才能正确地以马列主义、毛泽东思想为指导，解决过去遗留的问题，解决新出现的一系列问题，正确地改革同生产力迅速发展不相适应的生产关系和上层建筑，根据我国的实际情况，确定实现四个现代化的具体道路、方针、方法和措施。”③ 与此同时，邓小平又从世界观和方法论的高度突出强调和精辟论述了“实事求是”。他明确指出：“实事求是，是无产阶级世界观的基础，是马克思主义的思想基础。”④ 实事求是是毛泽东哲学思想的精髓，也是毛泽东思想的精髓，马克思主义的精髓。实事求是、一切从实际出发、理论与实践相结合，是一个马克思主义的根本观点，根本方法。“按照实际情况决定工作方针，这是一切共产党员所必须牢牢记住的最基本的思想方法、工作方法。”⑤

（二）解放思想与实事求是的辩证统一

邓小平坚持解放思想与实事求是的辩证统一，把解放思想与实事求是结合起来，不仅揭示了解放思想的实质，规定了解放思想的原则，而且深化了实事求是的内涵，使之成为研究新情况、解决新问题，不断创新、不断前进的彻底唯物主义的活的灵魂。一方面，邓小平认为，只有解放思想，才能真正做到实事求是；也只有坚持实事求是，才是真正的解放思想。“解放思想，开动脑筋，实事求是，团结一致向前看，首先是解放思想。”⑥ “解放思想，就是使思想和实际相符合，使主观和客观相符合，就是实事求是。”⑦ 另一方面，邓小平认为，解放思想也离不开实事求是。解放思想如果离开了实事求是，就必然成为思想和实际相脱

---

① 《邓小平文选》第2卷，人民出版社1994年版，第143页。
② 《邓小平文选》第2卷，人民出版社1994年版，第143页。
③ 《邓小平文选》第2卷，人民出版社1994年版，第141页。
④ 《邓小平文选》第2卷，人民出版社1994年版，第143页。
⑤ 《邓小平文选》第2卷，人民出版社1994年版，第114页。
⑥ 《邓小平文选》第2卷，人民出版社1994年版，第141页。
⑦ 《邓小平文选》第2卷，人民出版社1994年版，第364页。

离、主观和客观相分裂的胡思乱想，其结果不是“左”就是右。所以，“解放思想，也是既要反‘左’，又要反右。”[1] 要坚持实事求是，有“左”就反“左”，有右就反右。总之，要坚持解放思想与实事求是的统一。

（三）实事求是是一个完整有序的系统

1980年2月，邓小平在中共十一届五中全会上的讲话中明确指出：“实事求是，一切从实际出发，理论联系实际，坚持实践是检验真理的标准，这就是我们党的思想路线。”[2] 据此，中共十二大在党章中郑重规定：“党的思想路线是一切从实际出发，理论联系实际，实事求是，在实践中检验真理和发展真理。”[3] 在中国共产党的历史上，实事求是的思想路线第一次被表述为由出发点、原则、目的、运动过程所构成的统一体。

二、社会主义本质的理论

走社会主义道路，是中国人民的历史性选择。社会主义具有其自身内在的本质规定，能否科学地揭示社会主义的本质，关系到社会主义理论能否得到新的发展，关系到社会主义实践能否顺利推进。什么是社会主义、怎样建设社会主义？是邓小平在领导我国改革开放和社会主义现代化建设的过程中，不断提出和反复思考的首要的基本的理论问题。他曾多次说过，“什么叫社会主义，什么叫马克思主义？我们过去对这个问题的认识不是完全清醒的”[4]。什么叫社会主义，怎样建设社会主义，还在摸索之中。“我们的经验教训有许多条，最重要的一条，就是要搞清楚这个问题。”[5] 在新的历史条件下，邓小平坚持解放思想、实事求是的原则，深刻总结了历史的经验教训，排除了一系列错误观点，科学地揭示了社会主义的本质，形成了社会主义本质理论，从而正确地回答了“什么是社会主义”的问题。社会主义本质的理论，是对马克思主义的重大创新和重大发展，不仅是邓小平理论的重要组成部分，而且是邓小平理论的一块基石。

邓小平对社会主义本质的探索和揭示，是不断发展、不断深化的。在1980年5月的一次谈话中，他首次提出了“社会主义的本质”这一概念。他说：“社会主义是一个很好的名词，但是如果搞不好，不能正确理解，不能采取正确的政

---

① 《邓小平文选》第2卷，人民出版社1994年版，第379页。
② 《邓小平文选》第2卷，人民出版社1994年版，第278页。
③ 《十二大以来重要文献选编》（上），人民出版社1986年版，第67页。
④ 《邓小平文选》第3卷，人民出版社1993年版，第63页。
⑤ 《邓小平文选》第3卷，人民出版社1993年版，第116页。

策，那就体现不出社会主义的本质。”① 1985 年 8 月，邓小平在一次谈话中又说，改革“就是要选择好的政策”。“我们的经济改革，概括一点说，就是对内搞活，对外开放。”“对内搞活经济，是活了社会主义，没有伤害社会主义的本质。”②在此基础上，邓小平于 1986 年 12 月初步概括了社会主义本质的基本内容，对“什么是社会主义”做出了初步回答。他指出：“我们要发展社会生产力，发展社会主义公有制，增加全民所得。我们允许一些地区、一些人先富起来，是为了最终达到共同富裕，所以要防止两极分化。这就叫社会主义。”③ 1990 年 12 月，邓小平更明确地指出：“社会主义最大的优越性就是共同富裕，这是体现社会主义本质的一个东西。”④ 此后，又经过一年多的思考，邓小平在 1992 年初的南方谈话中进一步科学地揭示出了社会主义本质的基本内涵。他明确指出：“社会主义的本质，是解放生产力，发展生产力，消灭剥削，消除两极分化，最终达到共同富裕。”⑤ 这一重要论断的提出，标志着邓小平关于社会主义本质的理论正式形成。

邓小平关于社会主义本质的理论作为新时期对社会主义再认识取得的最重大的理论成果，是对“什么社会主义”的科学回答，解决了社会主义建设时期最重大的理论问题，成为科学社会主义由传统理论形态向当代理论形态飞跃的重要标志。这一理论，为科学社会主义在当代的发展增添了新的内容，做出了多方面的贡献。第一，它把对社会主义的认识从特征层面深入到了本质层面，标志着我们党对社会主义的认识达到了一个新的高度；第二，它把解放生产力和发展生产力置于最高位置，从而把对社会主义的认识真正建立在彻底的历史唯物主义的基础之上；第三，它把共同富裕提高到社会主义本质的高度，鲜明地体现了社会主义的价值目标；第四，它把社会主义本质的实现看作是一个过程，从而揭示了社会主义动态发展的性质。更为重要的是，邓小平关于社会主义本质的理论由于科学地回答了“什么是社会主义”的问题，从而为我们进一步搞清楚“怎样建设社会主义”准备了前提条件，奠定了理论基础。

三、社会主义初级阶段理论

无论是搞革命，还是搞建设，都要坚持以马克思主义为指导，这是毫无疑义

① 《邓小平文选》第 2 卷，人民出版社 1994 年版，第 313 页。
② 《邓小平文选》第 3 卷，人民出版社 1993 年版，第 135 页。
③ 《邓小平文选》第 3 卷，人民出版社 1993 年版，第 195 页。
④ 《邓小平文选》第 3 卷，人民出版社 1993 年版，第 364 页。
⑤ 《邓小平文选》第 3 卷，人民出版社 1993 年版，第 373 页。

的。但是，必须把马克思主义与本国实际结合起来，走自己的道路。中国最大的实际就是中国的基本国情，就是中国社会发展的历史方位。正确认识中国的基本国情，科学判断中国社会发展的历史方位即中国社会主义的发展阶段，这是我们从实际出发，走自己的道路，建设中国特色社会主义的首要问题。中共十一届三中全会以来，邓小平及以他为核心的中共第二代中央领导集体，深入总结历史经验，准确把握基本国情，做出了我国现在正处在社会主义初级阶段的科学论断，并形成了社会主义初级阶段理论，为我们脚踏实地地建设中国特色社会主义奠定了坚实的基础。社会主义初级阶段理论不仅是邓小平理论的重要组成部分，而且是邓小平理论整个中国特色社会主义理论体系赖以形成和发展的重要基础（基石）。

社会主义社会的发展阶段问题，是当代世界社会主义实践中提出的一个重要课题。包括中国和苏联在内的几乎所有的社会主义国家，由于对社会主义发展阶段的认识出现偏差，在实践中实行了一些超越阶段的政策和做法，严重地影响了社会主义事业的发展。错误和挫折教育了我们，使我们不得不对社会主义发展阶段问题进行再认识。1979 年 3 月，邓小平在《坚持四项基本原则》的著名讲话中首先提出中国国情的“两个重要特点”，其中的一个就是“底子薄”。同年 9 月，中共十一届四中全会通过的叶剑英在国庆 30 周年大会上的讲话中指出，社会主义制度还处在幼年时期，还不成熟、不完善，经济和文化还不发达。1981 年 6 月，中共十一届六中全会通过的《中国共产党中央委员会关于建国以来党的若干历史问题的决议》明确提出了“我们的社会主义制度还是处于初级的阶段”① 的论断。此后，1982 年 9 月，中共十二大报告进一步确认“我国的社会主义社会现在还处在初级发展阶段”②。1986 年 9 月，党的十二届六中全会通过的《关于社会主义精神文明建设指导方针的决议》又进一步指出“我国还处在社会主义的初级阶段”③。至此，“社会主义的初级阶段”这一概念已经形成。

1987 年中共十三大召开前夕，邓小平肯定以社会主义初级阶段作为中共十三大报告立论的根据“这个设计好”。他还明确指出：“我们党的十三大要阐述中国社会主义是处在一个什么阶段，就是处在初级阶段，是初级阶段的社会主义。社会主义本身是共产主义的初级阶段，而我们中国又处在社会主义的初级阶

① 《三中全会以来重要文献选编》（下），人民出版社 1982 年版，第 838 页。

② 《十二大以来重要文献选编》（上），人民出版社 1986 年版，第 26 页。

③ 《十二大以来重要文献选编》（下），人民出版社 1988 年版，第 1180 页。

段，就是不发达的阶段。一切都要从这个实际出发，根据这个实际来制订规划。”① 据此，中共十三大报告对社会主义初级阶段问题做了较为全面、系统的阐述，不仅重申了“我国正处在社会主义的初级阶段”的科学论断，揭示了这个论断所包括的两层含义。中共十三大报告明确指出：“正确认识我国社会现在所处的历史阶段，是建设有中国特色的社会主义的首要问题，是我们制定和执行正确的路线和政策的根本依据。”“对这个问题，我们党已经有了明确的回答：我国正处在社会主义的初级阶段。这个论断，包括两层含义。第一，我国社会已经是社会主义社会。我们必须坚持而不能离开社会主义。第二，我国的社会主义社会还处在初级阶段。我们必须从这个实际出发，而不能超越这个阶段。”②

与此同时，中共十三大报告还阐明了社会主义初级阶段的特定含义、基本特征和历史进程，明确指出：我国社会主义的初级阶段，“不是泛指任何国家进入社会主义都会经历的起始阶段，而是特指我国在生产力落后、商品经济不发达条件下建设社会主义必然要经历的特定阶段。我国从 50 年代生产资料私有制的社会主义改造基本完成，到社会主义现代化的基本实现，至少需要上百年时间，都属于社会主义初级阶段。这个阶段，既不同于社会主义经济基础尚未奠定的过渡时期，又不同于已经实现社会主义现代化的阶段。”“总起来说，我国社会主义初级阶段，是逐步摆脱贫穷、摆脱落后的阶段；是由农业人口占多数的手工劳动为基础的农业国，逐步变为非农产业人口占多数的现代化的工业国的阶段；是由自然经济半自然经济占很大比重，变为商品经济高度发达的阶段；是通过改革和探索，建立和发展充满活力的社会主义经济、政治、文化体制的阶段；是全民奋起，艰苦创业，实现中华民族伟大复兴的阶段。”③

在此基础上，中共十三大报告从社会主义初级阶段的实际出发，制定了我们党在社会主义初级阶段的基本路线，并确立了我们应当坚持的具有长远意义的指导方针，包括：必须集中力量进行现代化建设；必须坚持全面改革；必须坚持对外开放；必须以公有制为主体，大力发展有计划的商品经济；必须以安定团结为前提，努力建设民主政治；必须以马克思主义为指导，努力建设精神文明。至此，社会主义初级阶段理论已经形成。

邓小平的社会主义初级阶段理论，是对马克思主义的重大创新和发展。首先，它明确提出了社会主义初级阶段的科学概念，这在马克思主义历史上还是第

---

① 《邓小平文选》第 3 卷，人民出版社 1993 年版，第 252 页。

② 《十三大以来重要文献选编》（上），人民出版社 1991 年版，第 9 页。

③ 《十三大以来重要文献选编》（上），人民出版社 1991 年版，第 12–13 页。

一次；社会主义初级阶段理论的形成更是对马克思主义关于社会主义发展阶段理论的重大发展。其次，它科学地揭示了我国社会主义初级阶段的基本特征和发展进程，表明我们党对社会主义发展规律的认识逐步深化和提高，对我国社会主义发展进程的理解和把握逐步清醒和自觉。第三，它科学地揭示了马克思主义同本国国情相结合的动态过程，有助于实现马克思主义同本国各个发展阶段国情的结合。

四、社会主义改革的理论

马克思主义认为，社会主义社会也和其他社会制度一样，“是经常变化和改革的社会”。这是社会主义社会基本矛盾运动使然。中共十一届三中全会拉开了中国社会主义改革的序幕，开始了伟大的制度创新。改革是从旧体制的束缚下解放出来的中国人民所进行的伟大实践，这个伟大而生动的实践是由邓小平构思和发动的。邓小平以巨大的理论勇气和求实精神，从理论上进行了伟大的创造，形成了社会主义改革理论。这一理论是邓小平理论体系中的核心内容之一，而且这一理论本身包含着极为丰富的内容。

（一）改革“是决定中国命运的一招”

邓小平认为，我们的改革不仅是社会基本矛盾运动使然，而且是客观形势发展的需要。他说过：“我是主张改革的，不改革就没有出路，旧的那一套经过几十年的实践证明是不成功的。……中国社会从 1958 年到 1978 年的 20 年时间，实际上处于停滞和徘徊的状态，国家的经济和人民的生活没有得到多大的发展和提高。这种情况不改革行吗？”[①] “如果现在再不实行改革，我们的现代化事业和社会主义事业就会被葬送。”[②] 实行改革，“表明我们已经开始找到了一条建设有中国特色的社会主义的路子”[③]。“坚持改革开放是决定中国命运的一招。”[④]

（二）“改革是中国的第二次革命”

改革是一场革命，这是邓小平社会主义改革理论中的一个重要观点。改革是一场革命，当然不是对人的革命，而是对体制的革命。改革所以是一场革命，主要是因为：“革命是解放生产力，改革也是解放生产力。”[⑤] “改革的性质同过去

---

① 《邓小平文选》第 3 卷，人民出版社 1993 年版，第 237 页。
② 《邓小平文选》第 2 卷，人民出版社 1994 年版，第 150 页。
③ 《邓小平文选》第 3 卷，人民出版社 1993 年版，第 152 页。
④ 《邓小平文选》第 3 卷，人民出版社 1993 年版，第 368 页。
⑤ 《邓小平文选》第 3 卷，人民出版社 1993 年版，第 370 页。

的革命一样，也是为了扫除发展社会生产力的障碍，使中国摆脱贫穷落后的状态。从这个意义上说，改革也可以叫革命性的变革。”① 改革所以是一场革命，是因为改革引起了社会各方面的深刻变化。“改革促进生产力的发展，引起了经济生活、社会生活、工作方式和精神状态的一系列深刻变化。”② 这无异于是开始了一场新的革命。

（三）“改革是社会主义制度的自我完善”

邓小平把社会主义基本制度和具体制度加以区分，阐明了“体制”的范畴。他认为，我国社会主义根本制度是优越的，但现行的一些具体制度（即“体制”）中还存在着不少弊端和缺陷。这些体制上的弊端和缺陷是与生产力发展不相适的，妨碍了社会主义优越性的发挥。因此，社会主义改革就是在坚持社会主义根本制度的前提下，克服体制上存在的弊端和缺陷，从而使社会主义基本制度日臻完善。所以说，改革这种革命不是一种社会制度取代另一种社会制度的革命，不是对社会主义基本制度的根本性变革，而是为了完善社会主义制度，为了充分发挥社会主义制度的优越性，因而“是社会主义制度的自我完善”③。

（四）改革“是一场伟大的实验”

邓小平在强调改革是一场革命的同时，认为从另一个意义来说，改革又是一场“伟大的实验”。“我们的改革不仅在中国，而且在国际范围内也是一种试验。”④ 改革所以是一场试验，这主要是因为我们所进行的改革是一项全新的事业，马列的书本上没有“现成答案”，我们的前人从来没有做过，其他社会主义国家也没有干过。既然改革是一场试验，那就意味着改革“会遇到风险、困难，包括我们自己还会犯错误”。邓小平为“我们确定的原则是：胆子要大，步子要稳。所谓胆子要大，就是坚定不移地搞下去；步子要稳，就是发现问题赶快改”⑤。这样，改革就一定能够成功。

（五）“改革是全面的改革”

邓小平认为，我们的改革，总的目的是要有利于巩固社会主义制度，有利于巩固中国共产党的领导，有利于在党的领导和社会主义制度下发展生产力。为此目的，首先需要进行经济体制改革，进而改革政治体制及其他方面的体制。只有

① 《邓小平文选》第3卷，人民出版社1993年版，第135页。
② 《邓小平文选》第3卷，人民出版社1993年版，第142页。
③ 《邓小平文选》第3卷，人民出版社1993年版，第142页。
④ 《邓小平文选》第3卷，人民出版社1993年版，第135页。
⑤ 《邓小平文选》第3卷，人民出版社1993年版，第118页。

使政治体制改革和其他方面的体制改革相配套，形成一种全面、系统的改革态势，才能有效地促进生产力的发展，推动社会的全面进步。因此，邓小平强调指出："改革是全面的改革，包括经济体制改革、政治体制改革和相应的其他各个领域的改革。"①

（六）"对外开放也是改革的内容之一"

对外开放是建设有中国特色社会主义的一项基本国策。邓小平指出，现在的世界是开放的世界。对外开放具有重要意义。任何一个国家要发展，孤立起来、闭关自守是不可能的，不加强国际交往，不引进发达国家的先进经验、先进科学技术和资金，是不可能的。"经验证明，关起门来搞建设是不能成功的，中国的发展离不开世界。"②"社会主义要赢得与资本主义相比较的优势，就必须大胆吸收和借鉴人类社会创造的一切文明成果，吸收和借鉴当今世界各国包括资本主义发达国家的一切反映现代化生产规律的先进经济方式、管理方法。"③ 因此，我们的对外开放应该是全方位、多层次、宽领域的。我们的对外开放政策也是要长期坚持的。

（七）"三个有利于"是判断改革的标准

改革开放以来，我们常常遇到姓"资"姓"社"的困扰。鉴此，邓小平在1992年初的南方谈话中明确指出："改革开放迈不开步子，不敢闯，说来说去就是怕资本主义的东西多了，走了资本主义道路。要害是姓'资'还是姓'社'的问题。判断的标准，应该主要看是否有利于发展社会主义社会的生产力，是否有利于增强社会主义国家的综合国力，是否有利于提高人民的生活水平。"④"三个有利于"标准是由生产力标准发展而来的，是对生产力标准的进一步阐发和拓展，是衡量和评价我国改革开放和其他各方面工作成败得失的根本标准。

邓小平的社会主义改革理论是马克思主义基本原理同中国改革开放的具体实践相结合的产物，是对马克思主义的重大创新和发展。它不仅发展了马克思主义关于社会基本矛盾运动的学说，而且发展了马克思主义关于社会主义社会发展动力的思想。正是因为有了邓小平社会主义改革理论的指导，中国的改革才会一枝独秀，获得了巨大的成功。

---

① 《邓小平文选》第3卷，人民出版社1993年版，第237页。
② 《邓小平文选》第3卷，人民出版社1993年版，第78页。
③ 《邓小平文选》第3卷，人民出版社1993年版，第373页。
④ 《邓小平文选》第3卷，人民出版社1993年版，第372页。

五、社会主义市场经济理论

正确认识和处理计划与市场的关系，是我国经济体制改革的核心问题。而建立什么样的经济体制，又是建设有中国特色社会主义的另一个重大问题。中共十一届三中全会以来，随着改革的深化和开放的扩大，我国实际上已经逐步从计划经济向社会主义市场经济转变。这种转变，遇到了把计划等同于社会主义，把市场经济等同于资本主义的传统观念的障碍。面对市场在资源配置中起基础性作用的市场经济对于解放和发展生产力的巨大作用，迫切要求我们进一步解放思想、转变观念，探索新的社会主义经济理论。邓小平密切关注改革进程，深刻分析世界经济发展历史及现在的新情况、新特点，及时总结我国改革实践创造的新经验和理论探索中取得的新成果，率先提出了“社会主义也可以搞市场经济”的思想，并就社会主义与市场经济、计划与市场的关系问题做了一系列重要论述，为创立社会主义市场经济理论做出了重大贡献。邓小平社会主义市场经济理论是邓小平理论体系中最为闪光的部分，也是对马克思主义最为重大的创新和发展。

邓小平对社会主义市场经济问题的思考长达 12 年（从 1979 年底至 1992 年初）之久，并且多次直接论述过这个问题。1979 年 11 月 26 日，邓小平在会见美国大不列颠百科全书出版公司编委会副主席吉布尼等人的谈话中明确指出：“说市场经济只存在于资本主义社会，只有资本主义的市场经济，这肯定是不正确的。……我们是计划经济为主，也结合市场经济，但这是社会主义的市场经济。……社会主义也可以搞市场经济。”①

1982 年 7 月 26 日，他在同国家计委负责人的一次谈话中又指出，社会主义同资本主义比较，它的优越性就在于能够做到全国一盘棋，集中力量，保证重点。缺点在于市场运用得不好，经济搞得不活。计划与市场的关系如何解决？解决得好，对经济的发展就很有利，解决不好，就会糟。1985 年 10 月 23 日，他在会见美国高级企业家代表团时的谈话中进一步指出：“社会主义和市场经济之间不存在根本矛盾。问题是什么方法才能更有力地发展社会生产力。我们过去一直搞计划经济，但多年的实践证明，在某种意义上说，只搞计划经济会束缚生产力的发展。把计划经济和市场经济结合起来，就更能解放生产力，加速经济发展。”② 此后，邓小平又多次论及这个问题，要求我们必须从理论上搞懂资本主

---

① 《邓小平文选》第 2 卷，人民出版社 1994 年版，第 236 页。

② 《邓小平文选》第 3 卷，人民出版社 1993 年版，第 148-149 页。

义与社会主义的区别不在于是计划还是市场这样的问题，强调计划和市场都是方法，都是手段，“都得要”。

1992年初，邓小平在南方谈话中从社会主义的本质要求出发，坚持“三个有利于”的判断标准，进一步明确指出：“计划多一点还是市场多一点，不是社会主义与资本主义的本质区别，计划经济不等于社会主义，资本主义也有计划；市场经济不等于资本主义，社会主义也有市场。计划和市场都是经济手段。”①

马克思主义经典作家曾将计划经济看成是社会主义的重要特征，世界上各社会主义国家也一度把计划经济当作社会主义不可动摇的原则。邓小平以巨大的政治勇气和理论勇气，创立了社会主义市场经济理论，从根本上突破了把计划经济和市场经济看作具有社会基本制度属性的传统观点和长期以来形成的高度集中的社会主义计划模式。这一理论的形成，是对马克思主义政治经济学的重大创新和发展，为建立社会主义市场经济体制、发展有中国特色社会主义市场经济奠定了理论基础。正是根据邓小平社会主义市场经济理论，中共十四大把建立社会主义市场经济体制正式确定为我国经济体制改革的目标。社会主义市场经济体制的建立和完善，开辟了我国社会主义现代化建设的一条高速通道，为社会主义注入了旺盛的生机与活力。

六、社会主义民主法制建设理论

中共十一届三中全会以来，邓小平作为中共第二代中央领导集体的核心，高度重视社会主义民主法制建设，并就此作了一系列重要论述，形成了较为系统的社会主义民主法制建设理论，既丰富和发展了马克思列宁主义、毛泽东思想，也为我国的社会主义民主法制建设指明了方向。

邓小平社会主义民主法制建设理论具有丰富的内容。在社会主义民主建设问题上，邓小平强调“中国人民今天所需要的民主，只能是社会主义民主或称人民民主，而不是资产阶级的个人主义的民主”②；强调“没有民主就没有社会主义，就没有社会主义的现代化”③，“继续努力发扬社会主义民主，是我们全党今后一个长时期的坚定不移的目标”④；强调在宣传和建设社会主义民主时“一定要把

---

① 《邓小平文选》第3卷，人民出版社1993年版，第373页。
② 《邓小平文选》第2卷，人民出版社1994年版，第175页。
③ 《邓小平文选》第2卷，人民出版社1994年版，第168页。
④ 《邓小平文选》第2卷，人民出版社1994年版，第176页。

对人民的民主和对敌人的专政结合起来，把民主和集中、民主和法制、民主和纪律、民主和党的领导结合起来”[①]；强调社会主义民主建设的根本途径是通过政治体制改革，加强社会主义法制，“使民主制度化、法律化”[②]；强调社会主义民主建设的根本目的是“促进现代化事业的顺利发展”；强调“民主化和现代化一样，也要一步一步地前进。社会主义愈发展，民主也愈发展”[③]，等等。

在社会主义法制建设问题上，邓小平强调社会主义法制是我们党和国家必须长期坚持的坚定不移的基本方针；强调社会主义法制建设的基本方针是“有法可依，有法必依，执法必严，违法必究”[④]；强调在法律面前人人平等是社会主义法制的一项基本原则；强调“党必须在宪法和法律的范围内活动”；强调要加强政法机关建设，提高政法队伍素质；强调社会主义法制建设既是一项紧迫的任务，又是一项长期的任务，等等。

邓小平社会主义民主法制建设理论是马克思主义基本原则同我国社会主义民主法制建设的具体实践相结合的产物，是对我国社会主义民主法制建设的历史经验和新鲜经验进行科学总结的理论成果。它的形成，表明我们党对社会主义民主法制建设的认识产生了历史性的飞跃。在邓小平社会主义民主法制建设理论的指导下，我国的社会主义民主法制建设取得了巨大成就。

七、社会主义精神文明建设理论

社会主义精神文明是社会主义社会的重要特征，是我国改革开放和社会主义现代化建设的重要目标和重要保证。我们要在建设高度物质文明的同时，建设高度的社会主义精神文明。这是中国共产党在进入新的历史时期做出的重大决策之一。中共十一届三中全会以来，邓小平及以他为核心的中共第二代中央领导集体，不仅明确提出了“社会主义精神文明”的科学概念，而且对社会主义精神文明建设的一系列问题做了深刻、全面的论述，形成了系统的社会主义精神文明建设理论。社会主义精神文明建设理论作为邓小平理论的重要组成部分，是对马克思主义的重大创新和发展。

邓小平社会主义精神文明建设理论包含着极其丰富的内容，中共十三届六中全会对此作了高度概括：强调我们要建设的社会主义国家，不但要有高度的物质

---

① 《邓小平文选》第 2 卷，人民出版社 1994 年版，第 176 页。
② 《邓小平文选》第 2 卷，人民出版社 1994 年版，第 146 页。
③ 《邓小平文选》第 2 卷，人民出版社 1994 年版，第 168 页。
④ 《邓小平文选》第 2 卷，人民出版社 1994 年版，第 147 页。

文明，而且要有高度的精神文明，两个文明都搞好，才是有中国特色的社会主义，搞现代化一定要坚持以经济建设为中心，要有两手，只有一手是不行的。强调精神文明建设包括思想道德建设和教育科学文化建设，要教育人民成为“四有”人民，教育干部成为“四有”干部，特别要教育好青年、教育好后代。强调必须坚持马克思主义，对马克思主义的信仰是我们的精神动力，实事求是是马克思主义的精髓，解放思想、改革开放要贯彻社会主义现代化全过程，坚持四项基本原则、反对资产阶级自由化也要贯彻社会主义现代化全过程，搞自由化就是要把中国引导到资本主义道路，就会破坏安定团结的政治局面。强调改革开放是解决中国问题的希望，实行开放政策也会带来一些坏的东西，影响我们的人民，我们要用教育和法律手段解决这问题。强调要继承和发扬民族的优秀文化传统和党的优良传统，吸收和借鉴人类社会创造的一切文明成果，反对封建主义残余影响，抵制资本主义腐朽思想的侵蚀。强调要尊重知识、尊重人才，培养一大批优秀的科学家、教育家、文学艺术家和其他各种专家，思想文化和教育战线上的同志应当是人类灵魂的工程师。强调思想政治工作和思想政治工作队伍决不能削弱，对思想上的不正确倾向要以说服教育为主，开展批评和自我批评，不能简单粗暴，也不能不闻不问。强调党要加强对精神文明建设的领导，必须狠狠地抓，一天不放松地抓，从具体事件抓起，关键是党风建设和领导干部以身作则。①

邓小平社会主义精神文明建设理论是马克思主义基本原则原理同我国社会主义现代化建设特别是社会主义精神文明建设的具体实践相结合的产物。它的形成，丰富和发展了马克思主义理论。第一，它将文明分为物质文明和精神文明，并阐明两个文明之间不可分割的内在联系，为我们深刻把握社会发展规律，推动社会主义社会的全面进步，提供了理论指导。第二，它强调社会主义精神文明也是社会主义的重要特征，深化了对社会主义特征的认识，是对科学社会主义的创新和发展。第三，它关于人的自由而全面发展是共产主义的本质特征和理想目标、社会主义精神文明建设的根本任务是培育“四有”新人的思想，丰富和发展了马克思主义关于人的全面发展的学说。

八、“一个国家，两种制度”的理论

中华民族自古就有维护祖国统一的光荣传统。中国共产党人始终把实现国家

---

① 参见《十四大以来重要文献选编》（下），人民出版社 1999 年版，第 2051-2052 页。

的统一作为自己奋斗的一个重要目标。中共十一届三中全会以后，邓小平作为中国共产党第二代中央领导集体的核心，坚持从实际出发，实事求是，创造性地提出了“一个国家，两种制度”的构想，并在解决香港问题和澳门问题中获得成功。“一国两制”的伟大构想是完成祖国统一大业的根本方针，也是邓小平理论中最具独创性的内容。

1981 年国庆前夕，叶剑英以全国人民代表大会常务委员会委员长的名义阐明了台湾回归祖国、实现祖国统一的“九条方针”。1982 年 1 月 11 日，邓小平在一次谈话中第一次把解决台湾问题的构想概括为“一国两制”（即“一个国家，两种制度”）。此后，他又多次发表谈话，对“一国两制”构想的特定含义、基本内容、科学依据、实践的可能性及其重大意义进行了全面深刻的理论阐述，从而使“一国两制”构想具有了比较完备的理论形态。

“一国两制”是一个全新的科学概念。它的特定含义，概括地说就是：在一个国家（即中华人民共和国）的前提下，国家的主体（即大陆部分）坚持社会主义制度；香港、澳门、台湾等是中华人民共和国不可分离的部分，它们在回归祖国后将作为特别行政区保持原有的资本主义制度长期不变。

邓小平的“一国两制”构想是在新的历史条件下把马克思主义普遍真理同当代中国的具体实际相结合的产物，它是对马克思主义的重大创新，极大地丰富和发展了马克思主义理论。第一，“一国两制”构想是对马克思主义思想路线的创造性运用。第二，“一国两制”构想是对马克思主义国家学说的新发展。第三，“一国两制”构想是对列宁“利用资本主义促进社会主义”思想的创造性运用和发展。第四，“一国两制”构想丰富了马克思主义的战略策略原则。第五，“一国两制”构想是“和平共处”原则在一个国家内部的创造性运用和发展。第六，“一国两制”构想丰富和发展了我们党的统一战线理论。第七，“一国两制”构想为和平解决国际争端提供了新的范例。

九、执政党建设的理论

中国共产党是全中国人民的领导核心，也是中国特色社会主义事业的领导核心。办好中国的事情，关键在党。关键在党，一方面是要加强和改善党的领导；另一方面是要根据加强和改善党的领导的客观要求，加强党的自身建设。中共十一届三中全会进行了党的思想路线、政治路线和组织路线的拨乱反正，同时促使以邓小平为核心的中共第二代中央领导集体对党的建设目标进行深入思考。

1980 年 2 月，邓小平在中共十一届五中全会上明确提出要大家思考“执政党应该是一个什么样的党，执政党的党员应该怎样才合格，党怎样才叫善于领导?”① 的问题。1983 年 10 月，邓小平在中共十二届二中全会上进一步明确提出了执政党建设的目标：“把我们党建设成为有战斗力的马克思主义政党，成为领导全国人民进行社会主义物质文明和精神文明建设的坚强核心。”② 围绕着这个执政党建设的目标，邓小平提出了一系列重要思想理论观点，形成了系统的党的建设理论。

1994 年 9 月，中共十四届四中全会通过的《中共中央关于加强党的建设几个重大问题的决定》，对邓小平执政党建设理论进行了概括和总结，明确指出：邓小平理论“包含着内容丰富的党的建设理论”。“关于坚持和改善党的领导，使党成为领导社会主义现代化建设的坚强核心；关于解放思想，实事求是，坚持正确的思想路线；关于纠正长期‘左’的错误，反对资产阶级自由化，要警惕右，但主要是防止‘左’，提高坚持党的基本路线的坚定性；关于进行党的领导制度改革，完善党规党纪，实现党内生活民主化制度化；关于坚持和健全民主集中制，增强党的团结统一；关于实行干部队伍‘四化’方针，造就朝气蓬勃的领导干部队伍；关于从严治党，反对腐败，加强党的纪律性等方面的思想，都是党的建设理论的重要发展，为加强党的建设指明了方向。”③

邓小平执政党建设理论是邓小平理论的重要组成部分，它开启了党的建设新的伟大工程，开启了执政党建设的新篇章。邓小平党建理论的历史性贡献，就是在马克思主义政党史上第一次系统地初步回答了执政党应该建设成一个什么样的党以及如何建设党的问题，为改革开放和社会主义现代化建设新时期的执政党建设指明了方向。

总之，邓小平理论是在和平与发展成为时代主题的历史条件下，在我国改革开放和现代化建设的实践中，在总结我国社会主义胜利和挫折的历史经验并借鉴其他社会主义国家兴衰成败历史经验的基础上，逐步形成和发展起来的，是把马克思主义与当代中国改革开放和社会主义现代化建设的实践相结合的伟大创造。它第一次比较系统地初步回答了中国社会主义的发展道路、发展阶段、根本任务、发展动力、外部条件、政治保证、战略步骤、党的领导和依靠力量以及祖国统一等一系列基本问题，指导中国共产党制定了社会主义初级阶段的基本路线。

① 《邓小平文选》第 2 卷，人民出版社 1994 年版，第 276 页。
② 《邓小平文选》第 3 卷，人民出版社 1993 年版，第 39 页。
③ 《十四大以来重要文献选编》（中），人民出版社 1997 年版，第 956–957 页。

它是贯通哲学、政治经济学、科学社会主义等领域，涵盖经济、政治、科技、教育、文化、民族、军事、外交、统一战线、党的建设等方面比较完备的科学体系。当然，它的基本内容（或主要内容）并不只有上述几个方面，但是，应该说上述的几个方面是邓小平理论中最具创新精神和创新意义的内容，是邓小平对马克思主义最重要的创新和发展。

第二节　“三个代表”重要思想

在1989年“政治风波”之后举行的中共十四届四中全会上，调整了中共中央领导机构的部分成员，江泽民受命于重大历史关头，成为中共第三代中央领导集体的核心。此后，以江泽民为核心的中共第三代中央领导集体，高举邓小平理论伟大旗帜，坚持改革开放、与时俱进，在国内外政治风波、经济风险等严峻考验面前，依靠党和人民，捍卫中国特色社会主义，创建社会主义市场经济新体制，开创全面开放新局面，推进党的建设新的伟大工程，创立“三个代表”重要思想，继续引领改革开放的航船沿着正确方向破浪前进。

以邓小平1992年初的南方谈话和党的十四大为标志，我国改革开放和现代化建设进入了一个新的阶段。在这个新的阶段，党所面临的国内外形势发生了广泛而深刻的变化，我们党的自身建设也存在这样那样一些问题。邓小平对中共第三代中央领导集体政治交代的一个重要内容就是：“这个党该抓了，不抓不行了”，“常委会的同志要聚精会神地抓党的建设。”① 当此之时，“建设一个什么样的党、怎样建设党”的问题凸显出来，迫切需要我们给予明确而科学的回答。经过长时间的探索和思考，江泽民在世纪之交提出“三个代表”重要思想，在邓小平理论的基础上进一步回答了“什么是社会主义、怎样建设社会主义”的问题，创造性地回答了“建设什么样的党、怎样建设党”的问题，深化了对中国特色社会主义的认识，多方面地丰富和发展的邓小平理论。

一、“三个代表”重要思想的核心内容

“三个代表”是“三个代表”重要思想的核心范畴。2000年2月25日，江

---

① 《邓小平文选》第3卷，人民出版社1993年版，第314页。

泽民在广东考察工作时明确指出："在20世纪里，我们党团结和带领全国各族人民，为实现民族独立、人民解放和国家富强、人民幸福，进行了长期的伟大斗争。我们党做出的杰出贡献，赢得了广大人民的衷心拥护。总结我们党七十多年的历史，可以得出一个重要的结论：我们党所以赢得人民的拥护，是因为我们党在革命、建设、改革的各个历史时期，总是代表着中国先进生产力的发展要求，代表着中国先进文化的前进方向，代表着中国最广大人民的根本利益，并通过制定正确的路线方针政策，为实现国家和人民的根本利益而不懈奋斗。人类又来到一个新的世纪之交和新的千年之交。在新的历史条件下，我们党如何更好地做到这'三个代表'，是一个需要全党同志特别是党的高级干部深刻思考的重大课题。"① 这是江泽民第一次提出"三个代表"科学概念。此后，江泽民又在关于"三个代表"的一系列重要论述中，深刻地阐明了"三个代表"的科学内涵、内在联系及重要意义。正是这些，构成了"三个代表"重要思想科学体系的核心内容。

（一）"三个代表"概念的科学含义

中国共产党必须始终代表中国先进生产力的发展要求，代表中国先进文化的前进方向，代表中国最广大人民的根本利益。这是对"三个代表"重要思想的集中概括。江泽民庆祝中国共产党成立80周年大会上的讲话中，精辟地概括和界定了这"三个代表"的科学含义。他明确指出："我们党要始终代表中国先进生产力的发展要求，就是党的理论、路线、纲领、方针、政策和各项工作，必须符合生产力发展的规律，体现不断推动社会生产力的解放和发展的要求，尤其要体现推动先进生产力发展的要求，通过发展生产力不断提高人民群众的生活水平。"② "我们党要始终代表中国先进文化的前进方向，就是党的理论、路线、纲领、方针、政策和各项工作，必须努力体现发展面向现代化、面向世界、面向未来的，民族的科学的大众的社会主义文化的要求，促进全民族思想道德素质和科学文化素质的不断提高，为我国经济发展和社会进步提供精神动力和智力支持。"③ "我们党要始终代表中国最广大人民的根本利益，就是党的理论、路线、纲领、方针、政策和各项工作，必须坚持把人民的根本利益作为出发点和归宿，充分发挥人民群众的积极性、主动性、创造性，在社会不断发展进步的基础上，

---

① 《十五大以来重要文献选编》（中），人民出版社2001年版，第1139页。
② 《十五大以来重要文献选编》（下），人民出版社2003年版，第1902页。
③ 《十五大以来重要文献选编》（下），人民出版社2003年版，第1906页。

使人民群众不断获得切实的经济、政治、文化利益。”①

（二）“三个代表”之间的内在联系

“三个代表”之间存在着相互影响、相互作用的辩证统一关系。代表中国先进生产力的发展要求，代表中国先进文化的前进方向，代表中国最广大人民的根本利益，是统一的整体，相互联系，相互促进。发展先进的生产力，是发展先进文化，实现最广大人民根本利益的基础条件。人民群众是先进生产力和先进文化的创造主体，也是实现自身利益的根本力量。不断发展先进生产力和先进文化，归根到底都是为了满足人民群众日益增长的物质文化生活需要，不断实现最广大人民的根本利益。三者紧密联系，不可分割，共同构成了一个统一的整体，体现了生产力与生产关系、经济基础与上层建筑的统一，体现了物质文明建设、政治文明建设、精神文明建设的统一，体现经济、政治、文化的统一，体现了尊重社会历史发展客观规律与发挥历史创造者主观能动性的统一。

（三）“三个代表”的重要政治意义

2000 年 5 月 14 日，江泽民在苏浙沪党建工作座谈会上的讲话中第一次明确指出：“始终做到‘三个代表’，是我们党的立党之本、执政之基、力量之源。”②此后他反复强调这一点。特别是中共十六大报告又重申了这一重要论断，并将它写进了党章。江泽民提出的这一重要论断，高度概括了“三个代表”的重要作用和政治意义。始终做到“三个代表”是中国共产党的一切事业和工作，乃至党自身赖以存在和发展的根本；是中国共产党能够取得执政地位并且能够执好政的基础；也是中国共产党及其所领导的事业能够不断发展的奥秘所在和力量源泉。

二、“三个代表”重要思想的关键内容

“三个代表”重要思想作为中国共产党必须长期坚持的指导思想，具有极强的实践性。江泽民集中全党智慧创立这一重要思想，就是为了用它指导我们新的实践，解决我们在新的实践中遇到的各种问题。因此，江泽民明确提出并深刻阐述了贯彻“三个代表”重要思想的根本要求，这是“三个代表”重要思想科学体系中的关键内容。

（一）贯彻“三个代表”重要思想，关键在坚持与时俱进

“关键在坚持与时俱进”，深刻地揭示了贯彻“三个代表”重要思想的根本

---

① 《十五大以来重要文献选编》（下），人民出版社 2003 年版，第 1909 页。

② 《十五大以来重要文献选编》（中），人民出版社 2001 年版，第 1228 页。

途径和方法。与时俱进是人类实践和认识的发展规律，也是马克思主义的发展规律。2001 年 1 月 10 日，江泽民在全国宣传部长会议上的讲话中首次使用“与时俱进”的概念，用来表达我们党紧跟时代、勇于创新的科学态度和时代精神。此后，他又多次使用这一概念，并将它纳入了党的思想路线。他在十六大报告中明确指出：“坚持党的思想路线，解放思想、实事求是、与时俱进，是我们党坚持先进性和增强创造力的决定性因素。与时俱进，就是党的全部理论和工作要体现时代性，把握规律性，富于创造性。能否做到这一点，决定着党和国家的前途命运。”① 坚持与时俱进，是贯彻“三个代表”重要思想的关键，是我们党永葆生机和活力的重要保证，也是不断推进中国特色社会主义事业的客观要求。

（二）贯彻“三个代表”重要思想，核心在坚持党的先进性

“核心在坚持党的先进性”，深刻地揭示了贯彻“三个代表”重要思想的真谛和根本。党的先进性问题是执政党建设的核心问题，是关系党的生死存亡和前途命运的重要问题。中国共产党作为中国工人阶级的先锋队，从建立之时起就努力坚持其先进性。从党的阶级基础来说，党是马克思列宁主义与中国工人运动相结合的产物，是中国工人阶级的政党，是同先进生产力相联系的；从党的理论基础来说，党是用马克思列宁主义、毛泽东思想和邓小平理论武装起来的，是以科学理论为指导的党，是同先进文化相联系的；从党的根本宗旨来说，党是全心全意为人民服务的，是人民群众实现自身利益的工具，是同最广大人民的根本利益相联系的。三者密不可分，实质就是“三个代表”。江泽民提出“三个代表”重要思想，根本目的就在于坚持党的先进性。党的先进性是具体的、历史的，必须放到推动当代中国先进生产力和先进文化的发展中去考察，放到维护和实现最广大人民根本利益的奋斗中去考察，归根到底要看党在推动历史前进中的作用。在新的历史条件下，只要我们党坚持以马克思列宁主义、毛泽东思想和邓小平理论为指导，全面贯彻执行党在社会主义初级阶段的基本路线和基本纲领，致力于推动当代中国先进生产力和先进文化的发展，致力于维护和实现中国最广大人民的根本利益，就一定能够坚持其先进性。这是贯彻“三个代表”重要思想的核心之所在。

（三）贯彻“三个代表”重要思想，本质在坚持执政为民

“本质在坚持执政为民”，深刻地揭示了贯彻“三个代表”重要思想的出发点和归宿。全心全意为人民服务，是我们党的根本宗旨，也是贯彻“三个代表”

---

①《十六大以来重要文献选编》（上），中央文献出版社 2005 年版，第 9 页。

重要思想的本质所在。我们党要做到代表中国先进生产力的发展要求，代表中国先进文化的前进方向，最终也是要做到代表中国最广大人民的根本利益。我们党坚持与时俱进，坚持党的先进性，本质上都是为了人民掌好权、用好权，更好地为人民服务，更好地为人民谋利益。贯彻“三个代表”重要思想，最根本的就是要统一体现在不断实现人民群众的根本利益上。这是我们党充满生机与活力的根本所在，也是我们党战胜各种困难和风险、不断开创中国特色社会主义事业新局面的根本保证。

（四）贯彻“三个代表”重要思想，重点在坚持“四个必须”

江泽民在“五三一”讲话和十六大报告中，不仅明确提出了贯彻“三个代表”重要思想的“关键”“核心”和“本质”，而且还进一步提出和阐述了“四个必须”，这也是贯彻“三个代表”重要思想的根本要求。“四个必须”即必须使全党始终保持与时俱进的精神状态，不断开拓马克思主义理论发展的新境界；必须把发展作为执政兴国的第一要务，不断开创现代化建设的新局面；必须最广泛、最充分地调动一切积极因素，不断为中华民族的伟大复兴增添新力量；必须以改革精神推进党的建设，不断为党的机体注入新活力。

三、“三个代表”重要思想的基本内容

“三个代表”重要思想作为马克思主义中国化的最新成果，在邓小平理论的基础上，进一步回答了什么是社会主义、怎样建设社会主义的问题，创造性地回答了建设什么样的党、怎样建设党的问题，集中起来深化了对中国特色社会主义的认识。这一重要思想，在改革发展稳定、内政外交国防、治党治国治军各个方面，提出了一系列紧密联系、相互贯通的新思想、新观点、新论断，构成了一个系统的科学理论。这一系列的新思想、新观点、新论断，是“三个代表”重要思想在各方面的具体体现和在各方面贯彻“三个代表”重要思想的具体要求，是对什么是社会主义、怎样建设社会主义和建设什么样的党、怎样建设党这两大问题的新回答，是“三个代表”重要思想系统而全面的展开，因而也是“三个代表”重要思想科学体系的基本内容。

在建设中国特色社会主义的思想路线问题上，江泽民强调解放思想、实事求是，是引导社会前进的强大力量。社会实践是不断发展的，我们的思想认识也应不断前进，应勇于和善于根据实践的要求进行创新。要坚持实践是检验真理的唯一标准，在党的基本理论指导下，一切从实际出发，自觉地把思想认识从那些不合时宜的观念、做法和体制中解放出来，从对马克思主义的错误的和教条式的理解中解放出来，从主观主义和形而上学的桎梏中解放出来。坚持科学态度，大胆进行探索，使我们的思想和行动更加符合客观实际，更加符合社会主义初级阶段的国情和时代发展的要求。要坚持与时俱进，不断根据实践的要求进行创新，在实践中不断丰富和发展马克思主义，用发展着的马克思主义指导新的实践。

在中国特色社会主义的发展道路问题上，江泽民强调必须坚定不移地沿着建设中国特色社会主义道路前进。坚持中国特色社会主义道路，根本是要坚持“一个中心、两个基本点”的基本路线。要始终坚持以经济建设为中心不动摇，把经济建设这个中心同四项基本原则、改革开放这两个基本点统一于建设中国特色社会主义伟大实践。必须始终紧紧抓住发展这个执政兴国的第一要务，把坚持党的先进性和发挥社会主义制度的优越性，落实到发展先进生产力、发展先进文化、实现最广大人民的根本利益上来，推动社会全面进步，促进人的全面发展。

在中国特色社会主义的发展阶段和发展战略问题上，江泽民强调，面对改革攻坚和开创新局面的艰巨任务，我们解决种种矛盾，澄清种种疑惑，认识为什么必须实行现在这样的路线和政策而不能实行别样的路线和政策，关键还在于对所处社会主义初级阶段的基本国情要有统一认识和准确把握。从我国社会主义初级阶段的实际出发，根据邓小平理论和党的基本路线，中共十五大确立了党在社会主义初级阶段的基本纲领。中共十六大进一步提出 21 世纪头 20 年是全面建设小康社会的阶段，强调全面建设小康社会就是要在中国共产党的坚强领导下，发展社会主义市场经济、社会主义民主政治和社会主义先进文化，不断促进社会主义物质文明、政治文明和精神文明的协调发展，推进中华民族的伟大复兴。

在中国特色社会主义的根本任务问题上，江泽民强调社会主义的根本任务是发展生产力，增强社会主义国家的综合国力，使人民的生活日益改善，不断体现社会主义优于资本主义的特点。始终代表中国先进生产力的发展要求，大力促进先进生产力的发展，是我们党站在时代前列，保持先进性的根本体现和根本要求。必须坚持以经济建设为中心，立足中国现实，顺应时代潮流，不断开拓促进先进生产力发展的新途径。

在中国特色社会主义的改革问题上，江泽民强调改革是社会主义实现自我完善和发展的根本途径与动力。在社会主义社会的各个历史阶段，都需要根据经济社会发展的要求，适时地通过改革不断推进社会主义制度的自我完善和发展。要通过坚持不懈的努力，不断完善社会主义的生产关系和上层建筑，不断为生产力的解放和发展打开更加广阔的通途。我国经济体制改革的目标是建立社会主义市场经济体制，以利于进一步解放和发展生产力。我国政治体制改革的目标是建设有中国特色的社会主义民主政治，发展社会主义政治文明。

在中国特色社会主义的对外开放问题上，江泽民强调中国的发展和进步离不开世界各国的文明成果。作为发展中国家，要加快经济发展，更要善于借助外力（包括资金、技术、人才等）。适应经济全球化趋势的发展和加入世贸组织的新形势，我们要以更加积极的姿态走向世界，坚持“引进来”和“走出去”相结合，全面提高对外开放水平，在更大范围、更广领域和更高层次上参与国际经济技术合作和竞争，充分利用国际、国内两个市场、两种资源，以开放促改革促发展。

在中国特色社会主义的经济建设问题上，江泽民强调抓住机遇，加快发展，集中力量把经济建设高上去，是我们坚定不移的方针。保持国民经济持续快速健康发展，必须走既有较快速度又有较好效益的发展路子。要走新型工业化道路，大力实施科教兴国战略和可持续发展战略。要全面繁荣农村经济，加快城镇化进程。要积极推进西部大开发，促进区域经济协调发展。

在中国特色社会主义的政治建设问题上，江泽民强调发展社会主义民主政治，建设社会主义政治文明，是全面建设小康社会的重要目标。必须在坚持四项基本原则的前提下，继续积极稳妥地推进政治体制改革，扩大社会主义民主，健全社会主义法制，建设社会主义法治国家，巩固和发展民主团结、生动活泼、安定和谐的政治局面。发展社会主义民主政治，最根本的是要把坚持党的领导、人民当家作主和依法治国有机统一起来。要着重加强制度建设，实现社会主义民主政治的制度化、规范化和程序化。

在中国特色社会主义的文化建设问题上，江泽民强调全面建设小康社会，必须大力发展社会主义文化，建设社会主义精神文明，以不断满足人民群众日益增长的精神文化需求，不断丰富人们的精神世界，增强人们的精神力量。要牢牢把握先进文化的前进方向，坚持马克思列宁主义、毛泽东思想和邓小平理论在意识形态领域的指导地位，用“三个代表”重要思想统领社会主义文化建设。要坚持弘扬和培育民族精神；要切实加强思想道德建设；要大力发展教育和科学事业；要积极发展文化事业和文化产业；要继续深化文化体制改革。要把依法治国与以德治国紧密结合起来。

在中国特色社会主义的国防和军队建设问题上，江泽民强调要坚持国防建设与经济建设协调发展的方针，在经济发展的基础上推进国防和军队现代化建设。要坚持以毛泽东军事思想、邓小平新时期军队建设思想为指导，全面贯彻“三个代表”重要思想，按照政治合格、军事过硬、作风优良、纪律严明、保障有力的总要求，紧紧围绕打得赢、不变质两大历史性课题，坚定不移地走中国特色社会主义的精兵之路，加强军队的革命化现代化正规化建设。要积极推进中国特色军事变革，实现国防和军队现代化建设的跨越式发展。

在坚持和发展爱国统一战线问题上，江泽民强调要把坚持和发展中国共产党领导的爱国统一战线作为一项关系党和社会主义兴衰存亡的长期战略方针，丝毫不能动摇。进入21世纪，中国共产党对统一战线的基本要求是：高举爱国主义、社会主义旗帜，团结一切可以团结的力量，调动一切积极因素，化消极因素为积极因素，为建设中国特色社会主义的经济、政治、文化服务，为维护安定团结的政治局面服务，为实现祖国统一服务，为维护世界和平与促进共同发展服务。必须最广泛、最充分地调动一切积极因素，不断为中华民族的伟大复兴增添新力量。

在推进祖国完全统一问题上，江泽民根据“和平统一，一国两制”的基本方针，提出了发展台海两岸关系、推进祖国和平统一进程的重要看法和“八项主张”，并把完成祖国统一大业作为中国共产党在新世纪肩负的三大历史任务之一。特别是在中共十六大报告中，江泽民又进一步提出和阐述了富有新意的对台政策，明确提出了“三个可以谈”，显示了更强的包容性和务实性。

在中国特色社会主义的外交和国际战略问题上，江泽民强调时代的主题没有变，但和平与发展这两大课题至今一个也没有解决，天下仍很不太平。中国对外政策的宗旨，就是维护世界和平，促进共同发展。我们主张顺应历史潮流，维护全人类的共同利益；主张建立公正合理的国际政治经济新秩序；主张维护世界多样性，提倡国际关系民主化和发展模式多样化；主张反对一切形式的恐怖主义。

在中国特色社会主义的领导核心问题上，江泽民强调建设中国特色社会主义关键是加强和改善党的领导。在我们这样一个多民族的发展中大国，要把十几亿人的思想、力量统一和凝聚起来共同建设中国特色社会主义，没有中国共产党的统一领导是不可设想的。坚持中国共产党的领导，就是要坚持党在建设中国特色社会主义事业中的领导核心地位，发挥总揽全局、协调各方的作用。坚持、加强和改善党的领导，必须坚持用时代发展的要求审视自己，以改革的精神加强和完善自己，坚持党的先进性，坚定地站在时代潮流的前头。

在中国特色社会主义的执政党建设问题上，江泽民强调加强和改善党的领导必须加强和改进党的建设，全面推进党的建设新的伟大工程。总结党80多年来的历史经验，最根本的一条，就是党的建设必须按照党的政治路线来进行，围绕党的中心任务来展开，朝着党的建设的总目标来加强，不断提高党的创造力、凝聚力和战斗力。必须坚持“四个一定要”的总要求与始终成为“两个先锋队”

“一个领导核心”和“三个代表”的总目标。根据这一总目标和总要求，必须以加强党的执政能力建设为重点，全面加强和改进党的建设。

在建设中国特色社会主义的根本目的问题上，江泽民强调建设中国特色社会主义是各族人民为实现自己利益、创造美好生活的共同事业。建设中国特色社会主义全部工作的出发点和落脚点，就是全心全意为人民谋利益。我们党领导人民进行改革开放和现代化建设的根本目的，就是要通过发展社会生产力，努力满足人民群众日益增长的物质文化需要。因此，在整个改革开放和现代化建设的过程中，都要努力使工人、农民、知识分子和其他群众共同享受到经济社会发展的成果，使他们不断得到看得见的物质文化利益，从而使他们愈来愈深刻地认识到实行改革开放和实现社会主义现代化是祖国的富强之道，也是自己的富裕之道，也从而使他们更加自觉地为之共同奋斗。

总之，“三个代表”重要思想作为中国特色社会主义理论体系的重要成果之一，是我们党必须长期坚持的指导思想，同毛泽东思想和邓小平理论一样，是贯通哲学、政治经济学、科学社会主义等领域，涵盖经济、政治、科技、教育、文化、民族、军事、外交、统一战线、党的建设等方面比较完备的科学体系。这一科学体系，集中反映了以江泽民为核心的第三代领导集体对马克思主义的新贡献、新发展。

第三节　科学发展观

进入新世纪、新阶段，我国发展呈现一系列新的阶段性特征。各方面情况表明，经过中华人民共和国成立以来、特别是改革开放以来的不懈努力，我国取得了举世瞩目的发展成就，从生产力到生产关系、从经济基础到上层建筑都发生了意义深远的重大变化。但是，在改革发展中也逐步暴露出一些新的矛盾和问题。时代和实践又给当代中国共产党人提出了“实现什么样的发展、怎样发展”这样一个重大课题。当此之时，以胡锦涛为总书记的党中央立足社会主义初级阶段基本国情，总结我国发展实践，借鉴国外发展经验，适应新的发展要求，提出了科学发展观。科学发展观的第一要义是发展，核心是以人为本，基本要求是全面协调可持续，根本方法是统筹兼顾，精神实质是实现又好又快发展。这一科学理论在进一步解决“什么是社会主义、怎样建设社会主义”和“建设什么样的党、怎样建设党”的基础上，着力解决了“实现什么样的发展、怎样发展”的问题。中共十七大把科学发展观写入了中国共产党章程，中共十八大进一步把科学发展观同马克思列宁主义、毛泽东思想、邓小平理论、“三个代表”重要思想一起确立为中国共产党的指导思想。就其基本内容而言，科学发展观涉及发展中国特色社会主义的各个方面。

一、科学发展观的主题

任何一个科学体系都会有一个主题。科学发展观作为一个科学体系当然也有一个主题。简单地说，科学发展观的主题就是发展。但是，科学发展观所讲的“发展”并不是一般的发展，而是特指的“发展”，它应包含这样四层含义：首先是中国的发展，从这种意义上说，科学发展观就是中国的发展观；其次是社会主义的发展，从这种意义上说，科学发展观就是社会主义的发展观；再次是中国特色社会主义的发展，从这种意义上说，科学发展观就是中国特色社会主义的发展观；最后是中国特色社会主义的科学发展，从这种意义上说，科学发展观就是中国特色社会主义的科学发展观。建设发展中国特色社会主义是科学发展观的主题；科学发展观的全部内容都是围绕着如何更好地建设和发展中国特色社会主义这一主题展开的。

二、科学发展观的第一要义

发展，是当今时代的主题，更是当代中国的主题。坚持以经济建设为中心，大力发展生产力，是社会主义的本质要求。邓小平之所以强调发展是硬道理，江泽民之所以强调发展是党执政兴国的第一要务，胡锦涛之所以强调要一心一意谋发展，就是因为发展对于我国的社会主义现代化事业太重要了。从一定意义上说，发展是解决中国一切问题的关键。这主要是因为，我国是一个有13亿多人口的发展中大国，现在处于并将长期处于社会主义初级阶段，我国的主要矛盾依然是人民日益增长的物质文化需要同落后的社会生产之间的矛盾。在发展的过程中，我们不断遇到这样那样的问题，都需要加以关注，都需要认真解决。但基础还是要靠发展，还是要用发展和改革的办法解决前进中的问题。胡锦涛在中共十七大报告中明确指出：“发展，对于全面建设小康社会、加快推进社会主义现代化，具有决定性意义。要牢牢扭住经济建设这个中心，坚持聚精会神搞建设、一心一意谋发展，不断解放和发展社会生产力。更好实施科教兴国战略、人才强国战略、可持续发展战略，着力把握发展规律、创新发展理念、转变发展方式、破解发展难题，提高发展质量和效益，实现又好又快发展，为发展中国特色社会主义打下坚实基础。努力实现以人为本、全面协调可持续的科学发展，实现各方面事业有机统一、社会成员团结和睦的和谐发展，实现既通过维护世界和平发展自己、又通过自身发展维护世界和平的和平发展。”① 这是科学发展观的应有之义。发展当然应该是科学的发展，但离开发展就半点科学也没有了。科学发展观的第一要义就是发展。因此，中共十八大进一步强调，全党必须更加自觉地把推动经济社会发展作为深入贯彻落实科学发展观的第一要义，牢牢扭住经济建设这个中心，坚持聚精会神搞建设、一心一意谋发展，着力把握发展规律、创新发展理念、破解发展难题，深入实施科教兴国战略、人才强国战略、可持续发展战略，加快形成符合科学发展要求的发展方式和体制机制，不断解放和发展社会生产力，不断实现科学发展、和谐发展、和平发展，为坚持和发展中国特色社会主义打下牢固基础。

三、科学发展观的核心

科学发展观明确提出了以人为本的理念。这是社会主义的内在要求，是全面建设小康社会和实现社会主义现代化的客观需要，是顺应人类社会发展规律的必然选择。科学发展观强调的以人为本的“人”，就是指中国最广大的人民群众。因此，以人为本的实质，就是以人民群众为本。2004 年 3 月，胡锦涛在中央人口资源环境工作座谈会上的讲话中深刻指出：“坚持以人为本，就是要以实现人的全面发展为目标，从人民群众的根本利益出发谋发展、促发展，不断满足人民群众日益增长的物质文化需要，切实保障人民群众的经济、政治和文化权益，让发展的成果惠及全体人民。”② 2007 年 10 月，他又在中共十七大报告中进一步指出：“全心全意为人民服务是党的根本宗旨，党的一切奋斗和工作都是为了造福人民。要始终把实现好、维护好、发展好最广大人民的根本利益作为党和国家一切工作的出发点和落脚点，尊重人民主体地位，发挥人民首创精神，保障人民各项权益，走共同富裕道路，促进人的全面发展，做到发展为了人民、发展依靠人民、发展成果由人民共享。”③ 这是科学发展观的核心。因此，中共十八大进一步强调，必须更加自觉地把以人为本作为深入贯彻落实科学发展观的核心立场，始终把实现好、维护好、发展好最广大人民根本利益作为党和国家一切工作的出发点和落脚点，尊重人民首创精神，保障人民各项权益，不断在实现发展成果由

---

① 《十七大以来重要文献选编》（上），中央文献出版社 2009 年版，第 12 页。
② 《十六大以来重要文献选编》（上），中央文献出版社 2005 年版，第 850 页。
③ 《十七大以来重要文献选编》（上），中央文献出版社 2009 年版，第 12 页。

人民共享、促进人的全面发展上取得新成效。“以人为本”体现了人民群众是历史的创造者的马克思主义历史观，体现了以“人类解放”为社会最终和最高价值目标的马克思主义价值观，体现了我们党“全心全意为人民服务”的根本宗旨。

四、科学发展观的基本要求

科学发展观的基本要求是“全面协调可持续”。“全面协调可持续”就是“要按照中国特色社会主义事业总体布局，全面推进经济建设、政治建设、文化建设、社会建设，促进现代化建设各个环节、各个方面相协调，促进生产关系与生产力、上层建筑与经济基础相协调。坚持生产发展、生活富裕、生态良好的文明发展道路，建设资源节约型、环境友好型社会，实现速度和结构质量效益相统一、经济发展与人口资源环境相协调，使人民在良好生态环境中生产生活，实现经济社会永续发展。”① 全面、协调可持续的基本要求具有丰富的内涵。全面，是指发展要有全面性、整体性，不仅经济发展，而且各个方面都要发展；协调，是指发展要有协调性、均衡性，各个方面、各个环节的发展要相互适应、相互促进；可持续，是指发展要有持久性、连续性，不仅当前要发展，而且要保证长远发展。坚持全面协调可持续发展，就要正确处理经济与社会发展，城市与农村发展，东中西部发展，人与自然界发展，国内发展和对外开放，改革发展稳定等现代化建设中的重大关系；就要统筹安排和处理好消费与投资、供给与需求，发展的速度和结构、质量、效益，科技进步与人力资源优势的充分发挥，市场机制与宏观调控等经济发展的重大问题；就要坚持把社会主义物质文明、政治文明、精神文明、和谐社会建设以及生态文明建设和人的全面发展，看成彼此相互联系、相互促进、不可分割的过程。因此，中共十八大进一步强调，必须更加自觉地把全面协调可持续作为深入贯彻落实科学发展观的基本要求，全面落实经济建设、政治建设、文化建设、社会建设、生态文明建设五位一体总体布局，促进现代化建设各方面相协调，促进生产关系与生产力、上层建筑与经济基础相协调，不断开拓生产发展、生活富裕、生态良好的文明发展道路。

五、科学发展观的根本方法

2007 年 6 月 25 日，胡锦涛在中共中央党校发表重要讲话，第一次明确提出科学发展观的根本方法是统筹兼顾。同年 10 月，中共十七大报告确认了这一重要观点，并对统筹兼顾做了深刻阐述，指出：“要正确认识和妥善处理中国特色

---

① 《十七大以来重要文献选编》（上），中央文献出版社 2009 年版，第 12 页。

社会主义事业中的重大关系，统筹城乡发展、区域发展、经济社会发展、人与自然和谐发展、国内发展和对外开放，统筹中央和地方关系，统筹个人利益和集体利益、局部利益和整体利益、当前利益和长远利益，充分调动各方面积极性。统筹国内国际两个大局，树立世界眼光，加强战略思维，善于从国际形势发展变化中把握发展机遇、应对风险挑战，营造良好国际环境。既要总揽全局、统筹规划，又要抓住牵动全局的主要工作、事关群众利益的突出问题，着力推进、重点突破。”① 统筹兼顾是正确处理经济社会发展中重大关系的方针原则，是全面建设小康社会、加快推进社会主义现代化必须坚持的根本方法。只有坚持统筹兼顾，我们才能真正处理好我国这样一个十几亿人口的发展中大国的改革发展稳定问题，真正处理好全体人民的根本利益和各方面的具体利益问题，从而把各方面的积极性充分发挥出来，更好地推进党和国家事业发展。因此，中共十八大进一步强调，必须更加自觉地把统筹兼顾作为深入贯彻落实科学发展观的根本方法，坚持一切从实际出发，正确认识和妥善处理中国特色社会主义事业中的重大关系，统筹改革发展稳定、内政外交国防、治党治国治军各方面工作，统筹城乡发展、区域发展、经济社会发展、人与自然和谐发展、国内发展和对外开放，统筹各方面利益关系，充分调动各方面积极性，努力形成全体人民各尽其能、各得其所而又和谐相处的局面。

六、科学发展观的精神实质

科学发展观的精神实质是实现经济社会又好又快发展。关于“好”与“快”的次序，最初是提“又快又好”，2006 年 11 月中央经济工作会议改提“又好又快”。这样更能够体现科学发展观的精神实质。我国正处于并将长期处于社会主义初级阶段，人口多、底子薄，经济、科技、文化相对落后，这是我国的基本国情。坚持以经济建设为中心，大力解放和发展社会生产力，对于我们这样一个发展中大国加快实现现代化，具有重大的战略意义。坚持科学发展观，其根本着眼点是要用新的发展思路实现又好又快的发展。

七、贯彻落实科学发展观的根本要求

贯彻落实科学发展观的根本要求是胡锦涛在中共十七大报告中第一次明确提出的：始终坚持“一个中心、两个基本点”的基本路线，积极构建社会主义和谐社会，继续深化改革开放，切实加强和改进党的建设。党的基本路线体现了亿

① 《十七大以来重要文献选编》（上），中央文献出版社 2009 年版，第 13 页。

万中国人民的共同意志，是凝聚全党全国人民共同奋斗的政治基础，是党和国家的生命线，是实现科学发展的政治保证。社会和谐是中国特色社会主义的本质属性。科学发展和社会和谐相互促进、内在统一，是发展中国特色社会主义的基本要求。改革开放是当代中国的主旋律，是中国特色社会主义发展前进的成功之路，是推动各项事业发展的根本动力。办好中国的事情，关键在党；贯彻落实科学发展观，关键也在党。

八、科学发展的基本内容

科学发展的内容，从总体上说，当然是发展中国特色社会主义。具体一点说来，那就是中国特色社会主义总体布局的展开，最基本的有五个方面：发展社会主义市场经济、发展社会主义民主政治、发展社会主义先进文化、建设社会主义和谐社会、建设社会主义生态文明。

九、科学发展的重要战略

科学发展的实现，必须有科学的发展战略支撑。这方面的发展战略，既包括中共十六大之前提出的、之后仍在坚持实施的有利于实现科学发展的战略，也包括中共十六大以后为实现科学发展而新提出的发展战略。其主要包括：科教兴国战略、人才强国战略、开发开放战略、可持续发展战略、西部大开发战略、振兴东北老工业基地战略、中部崛起战略、建设创新型国家战略、建设社会主义新农村战略、构建社会主义和谐社会战略、建设社会主义核心价值体系战略、和平发展战略，等等。

十、科学发展的根本动力

改革是社会主义发展的直接动力。社会主义的发展，对于我们中国来说，也就是发展中国特色社会主义，这是科学发展观的主题。因此，改革作为社会主义发展的直接动力，也是我们实现科学发展的动力。改革与创新是密切地联系在一起的，所以我们说，科学发展的动力是改革、创新。胡锦涛在中共十七大报告中强调指出：“要把改革创新精神贯彻到治国理政各个环节，毫不动摇地坚持改革方向，提高改革决策的科学性，增强改革措施的协调性。要完善社会主义市场经济体制，推进各方面体制改革创新，加快重要领域和关键环节改革步伐，全面提高开放水平，着力构建充满活力、富有效率、更加开放、有利于科学发展的体制机制，为发展中国特色社会主义提供强大动力和体制保障。”① 改革开放是坚持

① 《十七大以来重要文献选编》（上），中央文献出版社2009年版，第14页。

和发展中国特色社会主义的必由之路。要始终把改革创新精神贯彻到治国理政各个环节，坚持社会主义市场经济的改革方向，坚持对外开放的基本国策，不断推进理论创新、制度创新、科技创新、文化创新以及其他各方面创新。要以更大的政治勇气和智慧，不失时机深化重要领域改革，坚决破除一切妨碍科学发展的思想观念和体制机制弊端，构建系统完备、科学规范、运行有效的制度体系，使各方面制度更加成熟，更加定型，更能推动科学发展。

十一、科学发展的基本保障

建设和发展中国特色社会主义需要有坚实的保障，包括政治保障、组织保障、体制保障、国防保障、社会环境保障等。科学发展也需要这些保障。其中最基本的是要坚持四项基本原则（政治保障）、加强党的建设（组织保障）、推进体制改革和制度创新（体制保障）、巩固的统一战线（力量保障）、建设强大的国防和军队（国防保障）、保持国内稳定（国内社会政治环境保障）、维护世界和平（国际社会政治环境保障）等。

十二、科学发展的目标目的

科学发展的目标可以分为具体目标和总体目标。“全面协调可持续”既是科学发展观的基本要求，同时也科学发展的具体目标。科学发展观的主题是建设和发展中国特色社会主义。建设和发展中国特色社会主义的目标与科学发展的总体目标应该是统一的，这就是要通过“全面协调可持续”发展，建设富强、民主、文明、和谐的社会主义现代化国家。科学发展的目的是多层次的，首先是实现经济社会又好又快发展，建设富强、民主、文明、和谐的社会主义现代化国家。这是最直接的目的，与科学发展观的精神实质和科学发展的总体目标是一致的。其次是最大限度实现最广大人民的根本利益。这是建设和发展中国特色社会主义的目的，也科学发展的目的。再次是促进和实现人的全面发展。这是建设中国特色社会主义的最终目的，也科学发展的最终目的。

十三、科学发展的依靠力量

社会主义是人民群众的事业。中国特色社会主义是全中国人民的事业。建设和发展中国特色社会主义的主体是人民群众，科学发展的主体也是人民群众。为了实现科学发展，就必须坚持依靠人民。坚持发展依靠人民，就要尊重人民的主体地位，发挥人民的主体作用，密切联系群众，始终相信群众，紧紧依靠群众，做到谋划发展思路向人民群众问计，查找发展问题听人民群众意见，改进发展措施向人民群众请教，落实发展任务靠人民群众努力，衡量发展成效由人民群众评判，最大限度地集中全社会、全民族的智慧和力量，使我们的事业获得最广泛、最可靠的群众基础和最深厚的力量源泉。要全面贯彻尊重劳动、尊重知识、尊重人才、尊重创造的方针，激发和调动各方面的积极性，对为祖国富强贡献力量的社会各阶层人员都要团结，对他们的创业精神都要鼓励，对他们的合法权益都要保护，对他们中的优秀分子都要表彰，最广泛地动员和组织亿万人民投身中国特色社会主义伟大事业。

十四、科学发展的领导力量

中国共产党是中国特色社会主义事业的领导核心，也是实现科学发展的领导力量。科学发展观是中国共产党自己提出来的，也要靠中国共产党科学有效的领导来实现。深入贯彻落实科学发展观，要求中国共产党站在完成执政兴国使命的高度，切实加强和改进党的建设，把提高党的执政能力、保持和发展党的先进性，体现到领导科学发展、促进社会和谐上来，落实到引领中国发展进步、更好代表和实现最广大人民的根本利益上来，使党的工作和党的建设更加符合科学发展观的要求，为科学发展提供可靠的政治和组织保障。

第四节　习近平治国理政思想

中共十八大以来，以习近平为核心的新一届中央领导集体，高举中国特色社会主义伟大旗帜，科学把握当今世界和当代中国发展大势，自觉坚持以我国改革开放和社会主义现代化建设的实际问题、以我们正在做的事情为中心，着眼于马克思主义理论的运用，着眼于对实际问题的理论思考，着眼于新的实践和新的发展，科学运筹、谋篇布局、攻坚克难、强基固本，开创了治国理政新境界和中国特色社会主义事业新局面。特别是作为新一届中央领导集体核心的习近平，从坚持和发展中国特色社会主义全局出发，在治国理政实践中发表了一系列重要讲话，提出了一系列治国理政新理念新思想新战略，进一步深化了对人类社会发展规律、社会主义建设规律、共产党执政规律的认识，形成了系统的治国理政思想，为我们在新的历史条件下深化改革开放、加快推进社会主义现代化提供了科学理论指导和行动指南。习近平治国理政思想具有丰富而深刻的内涵，是一个博大精深的科学体系。就其基本内容而言，包括主题主线、战略目标、战略布局、战略导向、总体布局、强军战略、对外战略、价值立场等。

一、习近平治国理政思想的主题主线

中国特色社会主义是中国共产党和中国人民长期实践取得的根本成就，既是当代中国发展进步的主题和方向，也是中国共产党领导人民开创的、造福人民的伟大事业。以习近平为核心的新一届中央领导集体是通过中共十八大建立和形成的，而中共十八大精神主题主线就是坚持和发展中国特色社会主义。坚持和发展中国特色社会主义，既是当代中国共产党人的历史使命，更是中共十八大赋予以习近平为核心的新一届中央领导集体治国理政的历史使命。习近平对此有着清醒认识和自觉担当，他曾形象地把坚持和发展中国特色社会主义比喻为需要一代又一代的中国共产党人接续书写的“一篇大文章”，强调“我们这一代共产党人的任务，就是继续把这篇大文章写下去”①。所以，中共十八大以来，以习近平为核心的新一届中央领导集体所深刻思考、精心谋划的就是在新的历史条件下如何更好地坚持和发展中国特色社会主义，并将其作为治国理政一切工作的出发点和落脚点。坚持和发展中国特色社会主义，既是习近平治国理政思想的重要内容，又是贯穿于习近平治国理政思想全部内容的主题主线，习近平治国理政思想全部内容都是紧紧围绕着这一主题主线展开的。围绕坚持和发展中国特色社会主义，习近平做出了一系列重要论述，提出了一系列重要思想观点，深刻阐明了如何认识中国特色社会主义、如何在新的历史条件下坚持和发展中国特色社会主义。

（一）中国特色社会主义的历史渊源

历史是最好的教科书。以史为鉴，可以知兴替。着眼于坚持和发展中国特色社会主义，习近平对世界社会主义500年的历史，中华民族5000年的文明史，近代170多年的奋斗史，中国共产党成立90多年、执政60多年、改革开放30多年的历史，进行了回顾、梳理和总结。在此基础上，习近平深刻指出：“中国特色社会主义是改革开放新时期开创的，也是建立在我们党长期奋斗基础上的，是由我们党的几代中央领导集体团结带领全党全国人民历经千辛万苦、付出各种代价、接力探索取得的。”② 特别是改革开放之前，以毛泽东为核心的中共第一代中央领导集体，为开创中国特色社会主义提供了宝贵经验、理论准备、物质基础；改革开放以来，以邓小平为核心的中共第二代中央领导集体成功开创了中国特色社会主义；以江泽民为核心的中共第三代中央领导集体成功把中国特色社会主义推向21世纪；以胡锦涛为总书记的党中央成功在新世纪、新阶段坚持和发

---

① 《十八大以来重要文献选编》（上），中央文献出版社2014年版，第114页。

② 《十八大以来重要文献选编》（上），中央文献出版社2014年版，第73页。

展了中国特色社会主义。因此可以说，“中国特色社会主义，承载着几代中国共产党人的理想和探索，寄托着无数仁人志士的意愿和期盼，凝聚着千千万万革命先烈的奋斗和牺牲，凝聚着全国各族人民的奋斗和实践，是近代以来中国社会发展的必然选择”①，是中国人民在其他各种尝试全部碰壁之后做出的历史性选择，是中国共产党和人民历尽千辛万苦、付出巨大代价取得的根本成就。

（二）中国特色社会主义的社会属性

旗帜指引方向，道路决定命运。一个国家实行什么样的主义，关键要看这个主义能否解决这个国家面临的历史性课题。经过中国共产党和人民的长期探索，终于在中共十一届三中全会以来成功开创和发展了中国特色社会主义。举中国特色社会主义旗帜，走中国特色社会主义道路，是中国人民的历史性选择。这一历史性选择的正确性，已为改革开放30多年的伟大实践所充分证明。但我们也注意到，国内外有些舆论曾不时提出中国现在搞的究竟是不是社会主义的疑问，有人说是“民主社会主义”“资本社会主义”，也有人干脆说是“中国特色资本主义”“国家资本主义”“新官僚资本主义”等。针对中国特色社会主义究竟是什么主义这个重大政治原则问题，习近平明确指出：“中国特色社会主义是社会主义而不是其他什么主义，科学社会主义基本原则不能丢，丢了就不是社会主义。我们党始终强调，中国特色社会主义，即坚持了科学社会主义基本原则，又根据时代条件赋予其鲜明的中国特色。这就是说，中国特色社会主义是社会主义，不是别的什么主义。”② 具体一点说，“中国特色社会主义，是科学社会主义理论逻辑和中国社会发展历史逻辑的辩证统一，是根植于中国大地、反映中国人民意愿、适应中国和时代发展进步要求的科学社会主义”③。“在当代中国，坚持和发展中国特色社会主义，就是真正坚持社会主义。”④

（三）中国特色社会主义的基本内涵

中国特色社会主义具有道路、理论、制度三种形态，即中国特色社会主义道路、中国特色社会主义理论体系、中国特色社会主义制度。因此，习近平强调要深刻领会中国特色社会主义是由道路、理论体系、制度三位一体构成的；同时还进一步指出：“中国特色社会主义道路是实现途径，中国特色社会主义理论体系

---

① 《十八大以来重要文献选编》（上），中央文献出版社2014年版，第74页。

② 《十八大以来重要文献选编》（上），中央文献出版社2014年版，第109页。

③ 《十八大以来重要文献选编》（上），中央文献出版社2014年版，第118页。

④ 《十八大以来重要文献选编》（上），中央文献出版社2014年版，第74－75页。

是行动指南，中国特色社会主义制度是根本保障，三者统一于中国特色社会主义伟大实践。这是中国特色社会主义的最鲜明特色。”这就清楚地表明，“中国特色社会主义是实践、理论、制度紧密结合的，既把成功的实践上升为理论，又以正确的理论指导新的实践，还把实践中已见成效的方针政策及时上升为党和国家的制度。所以，中国特色社会主义特就特在其道路、理论体系、制度上，特就特在其实现途径、行动指南、根本保障的内在联系上，特就特在这三者统一于中国特色社会主义伟大实践上”①。

（四）中国特色社会主义的重大意义

中国特色社会主义作为中国近代以来谋求民族独立解放和建设改革发展过程中产生的一种社会主义形态，是既体现了科学社会主义理论逻辑又体现了中国社会发展历史逻辑，既坚持了科学社会主义基本原则又根据时代条件赋予其鲜明中国特色的一种新型社会主义。中国特色社会主义伟大实践，不仅使我们国家快速发展起来，使我国人民生活水平快速提高起来，使中华民族大踏步赶上时代前进潮流、迎来伟大复兴的光明前景，而且使中华民族和中国人民为世界和平与发展做出了重大贡献。实践已经充分证明并将继续证明：只有社会主义才能救中国，只有中国特色社会主义才能发展中国。中国特色社会主义是当代中国发展进步的根本方向，“是全面建成小康社会、加快推进社会主义现代化、实现中华民族伟大复兴的必由之路。只要我们坚持独立自主走自己的路，毫不动摇坚持和发展中国特色社会主义，我们就一定能在中国共产党成立 100 年时全面建成小康社会，就一定能在新中国成立 100 年时建成富强民主文明和谐的社会主义现代化国家”②。

（五）发展中国特色社会主义的历史任务

在当代中国，建设和发展中国特色社会主义是一项长期的历史任务。中国特色社会主义是由道路、理论体系、制度三位一体构成的，坚持和发展中国特色社会主义，包括坚持和拓展中国特色社会主义道路，坚持和发展中国特色社会主义理论体系，坚持和完善中国特色社会主义制度；中国特色社会主义具有鲜明的实践特色、理论特色、民族特色、时代特色，坚持和发展中国特色社会主义，也包括不断丰富中国特色社会主义的实践特色、理论特色、民族特色、时代特色。实现社会主义现代化和中华民族伟大复兴，是建设和发展中国特色社会主义的“总

① 《十八大以来重要文献选编》（上），中央文献出版社 2014 年版，第 74 页。
② 《十八大以来重要文献选编》（上），中央文献出版社 2014 年版，第 118 页。

任务”。此外，中国共产党从诞生之日起就勇敢担当起带领中国人民创造幸福生活、实现中华民族伟大复兴的历史使命；在新的历史条件下，党则肩负着团结和带领全国各族人民实现推进现代化建设、完成祖国统一、维护世界和平与促进共同发展这三大历史任务。由于中国共产党是中国特色社会主义事业的领导核心，也由于这“三大历史任务”与发展中国特色社会主义的内在统一关系，从一定意义上说，这“三大历史任务”实际上也是坚持和发展中国特色社会主义的历史任务。所以，习近平在强调要“毫不动摇坚持、与时俱进发展中国特色社会主义，不断丰富中国特色社会主义的实践特色、理论特色、民族特色、时代特色”时，也要求全党同志“团结带领全国各族人民，努力实现全面建成小康社会各项目标任务，继续实现推进现代化建设、完成祖国统一、维护世界和平与促进共同发展这三大历史任务”①。这既是实现社会主义现代化和中华民族伟大复兴（建设中国特色社会主义总任务）客观需要，也是实现社会主义现代化和中华民族伟大复兴的重要体现。

（六）夺取中国特色社会主义新胜利的基本要求

在当代中国，坚持和发展中国特色社会主义，不仅是一项长期的历史任务，而且是一项艰巨的历史任务，必须准备进行具有许多新的历史特点的伟大斗争。因此，中共十八大明确提出了“在新的历史条件下夺取中国特色社会主义新胜利”必须牢牢把握的八项基本要求，即坚持人民主体地位、坚持解放和发展社会生产力、坚持推进改革开放、坚持维护社会公平正义、坚持走共同富裕道路、坚持促进社会和谐、坚持和平发展、坚持党的领导。习近平不仅强调要“深刻领会夺取中国特色社会主义新胜利的基本要求”，而且对这八项基本要求作了具体阐释，同时还进一步指出：“这些基本要求是根据党的基本理论、基本路线、基本纲领、基本经验，深刻总结60多年来我国社会主义建设特别是中国特色社会主义建设实践提出的，是最本质的东西，是体现共产党执政规律、社会主义建设规律、人类社会发展规律的东西，表明我们党对中国特色社会主义规律的认识达到了新水平”，“进一步回答了在新的历史征程上怎样才能夺取中国特色社会主义新胜利的基本问题”②。

二、习近平治国理政思想的战略目标

在改革开放历史新时期，中国共产党领导人民开创了中国特色社会主义，并

① 《十八大以来重要文献选编》（上），中央文献出版社2014年版，第82页。

② 《十八大以来重要文献选编》（上），中央文献出版社2014年版，第78页。

且提出“分三步走基本实现现代化”的战略设想，把到20世纪末达到小康水平作为我国社会主义现代化建设“三步走”发展战略的第二步战略目标。此后，中国共产党根据我国已经实现了现代化建设的前两步战略目标，经济和社会全面发展，人民生活总体上达到了小康水平的实际情况，进一步明确提出了在本世纪头20年“全面建设小康社会”的奋斗目标。在新的历史条件下，中国共产党要通过治国理政实践，把已经取得巨大成就的中国特色社会主义伟大事业继续推向前进，也必须紧紧围绕坚持和发展中国特色社会主义这一主题主线提出明确而科学的奋斗目标。为此，中共十八大明确提出了“两个一百年”的奋斗目标；中共十八大以来，习近平又明确提出了实现中华民族伟大复兴中国梦的奋斗目标，并紧紧围绕实现“两个一百年”奋斗目标和中华民族伟大复兴中国梦，做出了一系列重要论述，提出了一系列重要思想观点，深刻阐明了什么是中华民族伟大复兴中国梦、在新的历史条件下如何实现中华民族伟大复兴中国梦，为在新的历史条件下治国理政、坚持和发展中国特色社会主义，确立了明确而科学的奋斗目标。

（一）中华民族伟大复兴中国梦的历史由来

实现中华民族伟大复兴是中华民族近代以来最伟大的梦想。实现中华民族伟大复兴的中国梦，是近代以来中华民族的夙愿，是中国各族人民的共同愿景。之所以把实现“复兴”作为梦想，当然是因为中华民族历史上曾经有过骄人的灿烂与辉煌。“我们的民族是伟大的民族。在5000多年的文明发展历程中，中华民族为人类文明进步做出了不可磨灭的贡献。”① 但在1840年鸦片战争以后，中华民族陷入落后挨打的境地，蒙受了百年的外族入侵和内部战争，中国人民遭遇了极大的灾难和痛苦，真正是苦难深重、命运多舛，中华民族到了最危险的时候。从那时起，为了实现中华民族的伟大复兴，中国人民进行了不屈不挠的斗争，付出了巨大努力，做出了巨大牺牲，但都未能改变中华民族的命运。实现中华民族伟大复兴的任务，历史性地落到了中国共产党的肩上。中国共产党成立后，自觉地肩负起了这一历史任务。60多年前中国共产党领导人民经过长期艰苦卓绝的斗争，推翻了帝国主义、封建主义、官僚资本主义“三座大山”，夺取了新民主主义革命胜利，建立了中华人民共和国；30多年前中国共产党领导人民开始了改革开放，从而开辟了中国特色社会主义的道路，找到了实现中华民族伟大复兴的正确道路，并且取得了举世瞩目的成果。这两件大事大大加快了实现中华民族

① 《十八大以来重要文献选编》（上），中央文献出版社2014年版，第69页。

伟大复兴的历史进程。总之，“经过鸦片战争以来170多年的持续奋斗，中华民族伟大复兴展现出光明的前景。现在，我们比历史上任何时期都更接近中华民族伟大复兴的目标”①。中共十八大描绘了全面建成小康社会、加快推进社会主义现代化的宏伟蓝图，发出了向实现“两个一百年”奋斗目标进军的时代号召。根据中共十八大精神，习近平进一步明确提出要实现中华民族伟大复兴的中国梦。

（二）中华民族伟大复兴中国梦的基本内涵

首先应该明确，“中国梦是一种形象的表达，是一个最大公约数，是一种为群众易于接受的表述，核心内涵是中华民族伟大复兴”②。因为实现中华民族伟大复兴是近代以来中国人民最伟大的梦想，所以我们将其称之为“中国梦”。我们说“中国梦凝结着无数仁人志士的不懈努力，承载着全体中华儿女的共同向往，昭示着国家富强、民族振兴、人民幸福的美好前景”③；我们还说“这个梦想，凝聚了几代中国人的夙愿，体现了中华民族和中国人民的整体利益，是每一个中华儿女的共同期盼”④；无疑都是就“中华民族伟大复兴”这个“核心内涵”而言的。以“中华民族伟大复兴”为“核心内涵”的“中国梦”具有极为丰富的内涵，其“基本内涵”及“本质”就是“实现国家富强、民族振兴、人民幸福”⑤；其具体内涵则是多方面的，与中国特色社会主义事业总体布局和发展中国特色社会主义总体目标即建成富强、民主、文明、和谐的社会主义现代化国家应该是一致的，包括发展社会主义市场经济经济、建设富强中国；发展社会主义民主政治、建设民主中国；发展社会主义先进文化、建设文明中国；构建社会主义和谐社会、建设和谐中国；以及“走向生态文明新时代，建设美丽中国”“坚持富国和强军相统一”；“建设巩固国防和强大军队”等，都应是实现中华民族伟大复兴中国梦的重要内容。

（三）“中国梦”与“两个一百年”奋斗目标的关系

在当下的中国特色社会主义话语体系中，对当代中国的发展目标存在着两种不同的表述和理解。两种不同的表述即“两个一百年”奋斗目标和中华民族伟大复兴“中国梦”。两种不同的理解是：一种理解是，“两个一百年”奋斗目标

---

① 《十八大以来重要文献选编》（上），中央文献出版社2014年版，第83页。

② 《习近平关于实现中华民族伟大复兴的中国梦论述摘编》，中央文献出版社2013年版，第10页。

③ 《十八大以来重要文献选编》（上），中央文献出版社2014年版，第277页。

④ 《十八大以来重要文献选编》（上），中央文献出版社2014年版，第84页。

⑤ 《十八大以来重要文献选编》（上），中央文献出版社2014年版，第261页。

（特别是第二个百年奋斗目标）与中华民族伟大复兴“中国梦”是完全统一的；另一种理解是，“两个一百年”奋斗目标与中华民族伟大复兴“中国梦”是不同阶段的奋斗目标，中华民族伟大复兴中国梦是在实现“两个一百年”奋斗目标之后的又一个奋斗目标——第三个百年奋斗目标，即到中国实行改革开放100年时（2080年前后）的奋斗目标。如果认真研读中共十八大报告和习近平关于中国特色社会主义发展目标的论述，我们就会清楚地看到，“两个一百年”奋斗目标（特别是第二个百年奋斗目标）与中华民族伟大复兴中国梦只是同一个奋斗目标的不同表述；第二种理解并不符合习近平有关论述的原意。众所周知，是习近平首先把实现中华民族伟大复兴称之为“中国梦”，遂使中国梦也成为表述中国特色社会主义发展目标的概念。但在习近平明确提出中国梦之前，我们党也一直将实现中华民族伟大复兴作为中国特色社会主义的发展目标。特别是在中共十八大报告中，“两个一百年”奋斗目标和“实现社会主义现代化和中华民族伟大复兴”都提到了。习近平则是用形象的语言把实现中华民族伟大复兴表述为更易于为群众接受的“中国梦”。在习近平的有关重要论述中，作为奋斗目标的中国梦与中共十八大提出的“两个一百年”奋斗目标是一致的。他明确指出：“我们的奋斗目标是，到2020年国内生产总值和城乡居民人均收入在2010年的基础上翻一番，全面建成小康社会；到本世纪中叶建成富强民主文明和谐的社会主义现代化国家，实现中华民族伟大复兴的中国梦。”①

（四）中华民族伟大复兴中国梦的人民性和现实性

在改革开放历史新时期，我们党领导人民开创和发展了中国特色社会主义。中国特色社会主义是人民群众自己的事业，是中国共产党和全国各族人民正在奋力推进的伟大事业，其根本目标，就是要实现国家富强、民族振兴、人民幸福，亦即实现中华民族伟大复兴的中国梦。这就从根本上决定了，作为中国特色社会主义事业发展目标的中国梦，必然具有鲜明的人民性和现实性。一方面，中国梦是人民的。习近平指出：“中国梦是国家的、民族的，也是每一个中国人的。”②“中国梦归根到底是人民的梦，必须紧紧依靠人民来实现，必须不断为人民造福。”③ 中国共产党在中国执政，就是要带领人民把国家建设得更好，让人民生活得更好。实现中华民族伟大复兴的中国梦，就是中国共产党治国理政的目标追

① 《习近平谈治国理政》，外文出版社2014年版，第332页。
② 《十八大以来重要文献选编》（上），中央文献出版社2014年版，第19页。
③ 《十八大以来重要文献选编》（上），中央文献出版社2014年版，第235页。

求。另一方面，中国梦是现实的。习近平指出："中国梦是历史的、现实的，也是未来的。"① 历史已成为过去，未来取决于今天。在新的历史条件下，实现中华民族伟大复兴中国梦，就是要实现"两个一百年"奋斗目标，就是要实现中国特色社会主义事业的"总目标"。为了实现中国梦，必须立足于今天，脚踏实地地去努力、去奋斗。所以，习近平强调，在新的历史起点上，要"更好组织和动员全国各族人民为实现'两个一百年'奋斗目标、实现中华民族伟大复兴的中国梦而奋斗"②。当前，全国各族人民也正在齐心协力为实现中华民族伟大复兴的中国梦而奋斗。

（五）实现中华民族伟大复兴中国梦的客观要求

实现中华民族的伟大复兴，是中华民族的伟大梦想，是无比壮丽的崇高事业。虽然我们现在比历史上任何时期都更接近中华民族伟大复兴的目标，但是，我国毕竟仍处于并将长期处于社会主义初级阶段，实现中国梦，创造全体人民更加美好的生活，任重而道远，需要我们每一个人继续付出辛勤劳动和艰苦努力，需要一代又一代中国共产党人带领人民接续奋斗。在为实现中华民族伟大复兴中国梦而奋斗的征程中，务必牢牢把握以下三个基本要求：一是"必须走中国道路"（即中国特色社会主义道路）；二是"必须弘扬中国精神"（即以爱国主义为核心的民族精神和以改革创新为核心的时代精神）；三是"必须凝聚中国力量"（即中国各族人民大团结的力量）。同时，还"必须坚持和平发展"，坚持"实干兴邦"。

三、习近平治国理政思想的战略布局

坚持和发展中国特色社会主义是一项长期的艰巨的历史任务。在新的历史条件下，以坚持和发展中国特色社会主义为主题主线治国理政，必须准确把握我国现阶段发展的新变化、新特点，抓住现阶段中国特色社会主义事业发展中必须解决好的主要矛盾，进行战略谋划和总体设计，确立科学的治国理政、推进事业发展的战略布局（即"总方略"）。中共十八大以来，以习近平为核心的新一届中央领导集体，站在历史和时代的高度，着眼于中国特色社会主义发展全局，形成和确立了协调推进全面建成小康社会、全面深化改革、全面依法治国、全面从严治党的重大战略布局（即"四个全面"战略布局）。习近平不仅最先提出"四个

---

① 《十八大以来重要文献选编》（上），中央文献出版社 2014 年版，第 227 页。

② 《十八大以来重要文献选编》（中），中央文献出版社 2016 年版，第 51 页。

全面”战略布局，而且对“四个全面”战略布局作了系统阐述。“四个全面”战略布局的提出和确立，是对在新的历史条件下如何坚持和发展中国特色社会主义的战略谋划，是对我们党治国理政经验的科学总结及对治国理政方略的系统整合、集成创新和理论概括，集中反映了我们党对治国理政规律的深刻把握和治国理政方略的创新升华，既是“我们党在新形势下治国理政的总方略”，同时也是“事关党和国家长远发展的总战略”。“四个全面”战略布局和战略思想，是习近平治国理政思想的核心内容。

（一）“四个全面”的结构和内在关系

“四个全面”是一个由“战略目标”和“战略举措”构成的战略布局，“四个全面”之间具有内在统一的关系。首先，“四个全面”是由一个“战略目标”与“三大战略举措”构成的，全面建成小康社会是我们的战略目标，全面深化改革、全面依法治国、全面从严治党是三大战略举措，因而首先就有一个“战略目标”与“战略举措”的关系。其次，“四个全面”具有一个统一的主题，这就是坚持和发展中国特色社会主义。坚持和发展中国特色社会主义是改革开放新时期中国共产党的全部实践和理论探索的主题，是当代中国发展进步的主题。“四个全面”本身就是为更好地坚持和发展中国特色社会主义而提出的；坚持和发展中国特色社会主义当然也就是“四个全面”战略布局的鲜明主题。再次，围绕着坚持和发展中国特色社会主义这个主题，每一个“全面”之间是既有所区别又相互联系、相互促进的辩证关系。具体地说，“全面建成小康社会”是坚持和发展中国特色社会主义在现阶段的战略目标，发挥着目标引导的功能；“全面深化改革”是坚持和发展中国特色社会主义的必由之路和根本动力；“全面依法治国”是坚持和发展中国特色社会主义的基本方略和法治保障；“全面从严治党”是坚持和发展中国特色社会主义的关键所在和政治保证。“四个全面”统一于中国共产党治国理政的伟大实践，统一于实现“两个一百年”奋斗目标和中华民族伟大复兴中国梦的伟大实践，统一于坚持和发展中国特色社会主义的伟大实践。因此，在推进“四个全面”的具体实践中，必须注意把每一个“全面”都放在“四个全面”战略布局中来把握，深刻认识其在“四个全面”中的功能定位以及同其他三个“全面”的关系，“努力做到‘四个全面’相辅相成、相互促进、相得益彰”①。

---

①《十八大以来重要文献选编》（中），中央文献出版社2016年版，第249页。

（二）“全面建成小康社会”

在“四个全面”战略布局中“全面建成小康社会”是战略目标，具有丰富而深刻的思想内涵。“全面建成小康社会”作为“四个全面”战略布局中的“战略目标”，是实现中华民族伟大复兴的“两个一百年”奋斗目标中的第一个百年奋斗目标。这个战略目标既与中共十六大提出的全面建设小康社会奋斗目标和中共十七大提出的实现全面建设小康社会奋斗目标新要求相衔接，也与中国特色社会主义事业总体布局相一致，是一个包括经济建设、政治建设、文化建设、社会建设和生态文明建设等各方面内容的全面发展的目标。中共十八届五中全会提出的全面建成小康社会新的目标要求是：经济保持中高速增长，在提高发展平衡性、包容性、可持续性的基础上，到2020年国内生产总值和城乡居民人均收入比2010年翻一番，产业迈向中高端水平，消费对经济增长贡献明显加大，户籍人口城镇化率加快提高。农业现代化取得明显进展，人民生活水平和质量普遍提高，我国现行标准下农村贫困人口实现脱贫，贫困县全部摘帽，解决区域性整体贫困。国民素质和社会文明程度显著提高。生态环境质量总体改善。各方面制度更加成熟、更加定型，国家治理体系和治理能力现代化取得重大进展。习近平明确指出：“全面建成小康社会，强调的不仅是‘小康’，而且更重要的也是更难做到的是‘全面’。‘小康’讲的是发展水平，‘全面’讲的是发展的平衡性、协调性、可持续性。”“全面小康，覆盖的领域要全面，是五位一体全面进步。”① 要全面建成小康社会，就必须在坚持以经济建设为中心的同时，全面推进经济建设、政治建设、文化建设、社会建设、生态文明建设，促进现代化建设各个环节、各个方面协调发展，全面进步。“全面小康，覆盖的人口要全面，是惠及全体人民的小康。”② 全面建成小康社会突出的短板主要在民生领域，发展不全面的问题很大程度上也表现在不同社会群体民生保障方面。要按照人人参与、人人尽力、人人享有的要求，坚守底线、突出重点、完善制度、引导预期，注重机会公平，着力保障基本民生。“全面小康，覆盖的区域要全面，是城乡区域共同的小康。”③ 努力缩小城乡区域发展差距，是全面建成小康社会的一项重要任务。缩小城乡区域发展差距，不能仅仅看作是缩小国内生产总值总量和增长速度的差距，而应该是缩小居民收入水平、基础设施通达水平、基本公共服务均等化水

① 《十八大以来重要文献选编》（中），中央文献出版社2016年版，第830、831页。
② 《十八大以来重要文献选编》（中），中央文献出版社2016年版，第831页。
③ 《十八大以来重要文献选编》（中），中央文献出版社2016年版，第833页。

平、人民生活水平等方面的差距。在“四个全面”战略布局中，“全面建成小康社会”作为战略目标，发挥着目标引领的功能作用，即对全面深化改革、全面依法治国和全面从严治党这“三大战略举措”进行目标引领；“三大战略举措”则要聚焦“全面建成小康社会”战略目标，服从和服务于“全面建成小康社会”战略目标。

（三）“全面深化改革”

在“四个全面”战略布局中“全面深化改革”是“三大战略举措”之一，同样具有丰富而深刻的思想内涵。改革开放是中国共产党在新的历史条件下领导人民进行的新的伟大革命，“是当代中国发展进步的活力之源，是我们党和人民大踏步赶上时代前进步伐的重要法宝，是坚持和发展中国特色社会主义的必由之路”①。“改革开放是决定当代中国命运的关键一招，也是决定实现‘两个一百年’奋斗目标、实现中华民族伟大复兴的关键一招。”② 坚持和发展中国特色社会主义，不断推进中国特色社会主义制度自我完善和发展，进一步解放和发展社会生产力、继续充分释放全社会创造活力，要求全面深化改革。在新的历史条件下全面深化改革，要立足社会主义初级阶段这个最大实际，积极回应广大人民群众对深化改革的强烈呼声和殷切期待，坚持社会主义市场经济的改革方向，提高改革决策的科学性，增强改革措施的协调性，找准深化改革的突破口，明确深化改革的着力点，不失时机地推进重要领域和关键环节改革，协调推进各领域各环节改革，不断在制度建设和创新方面迈出新步伐，不断促进生产关系和生产力、上层建筑和经济基础相适应，促进经济社会各个领域、各个方面、各个环节相协调。“全面深化改革的总目标是完善和发展中国特色社会主义制度，推进国家治理体系和治理能力现代化。”③ 实现这一总目标，要紧紧围绕使市场在资源配置中起决定性作用的深化经济体制改革，紧紧围绕坚持党的领导、人民当家作主、依法治国有机统一深化政治体制改革，紧紧围绕建设社会主义核心价值体系、社会主义文化强国深化文化体制改革，紧紧围绕更好保障和改善民生、促进社会公平正义深化社会体制改革，紧紧围绕建设美丽中国深化生态文明体制改革，紧紧围绕提高科学执政、民主执政、依法执政水平深化党的建设制度改革，以及紧紧围绕建设一支听党指挥、能打胜仗、作风优良的人民军队这一党在新形势下的强

---

① 《习近平关于协调推进“四个全面”战略布局论述摘编》，中央文献出版社 2015 年版，第 51 页。

② 《习近平关于协调推进“四个全面”战略布局论述摘编》，中央文献出版社 2015 年版，第 52 页。

③ 《十八大以来重要文献选编》（上），中央文献出版社 2014 年版，第 512 页。

军目标深化国防和军队改革。要认真总结改革的基本经验，深刻把握改革的规律性，坚持科学的指导原则，包括："坚持正确方向，沿着正确道路推进"；"坚持正确的方法论，在不断实践探索中推进"；"坚持全面改革，在各项改革协同配合中推进"；"坚持改革发展稳定的统一"；"坚持尊重人民首创精神，坚持在党的领导下推进"①。要加强和改善党对全面深化改革的领导，充分发挥党总揽全局、协调各方的领导核心作用，同时通过加强自身建设不断提高党的领导水平和执政能力，以党的坚强有力的领导确保全面深化改革取得成功。在整个改革过程中，都要高度重视运用法治思维和法治方式，发挥法治的引领和推动作用，加强对相关立法工作的协调，确保在法制轨道上推进改革。"全面深化改革"作为实现全面建成小康社会这一战略目标的"三大战略举措"之一，其基本的功能就通过"完善和发展中国特色社会主义制度，推进国家治理体系和治理能力现代化"，为实现全面建成小康社会战略目标并进而实现中华民族伟大复兴的中国梦提供不竭的动力。

（四）"全面依法治国"

依法治国是中国共产党领导人民治理国家的基本方略，是坚持和发展中国特色社会主义的重要保障，是实现国家治理体系和治理能力现代化的必然要求，事关中国共产党执政兴国，事关人民幸福安康，事关党和国家长治久安。法律是治国之重器，法治是国家治理体系和治理能力的重要依托。全面推进依法治国，是中国共产党从坚持和发展中国特色社会主义出发、为更好治国理政提出的重大战略任务，"是深刻总结我国社会主义法治建设成功经验和深刻教训做出的重大抉择，是全面建成小康社会和全面深化改革开放的重要保障，更是着眼于实现中华民族伟大复兴中国梦、实现党和国家长治久安的长远考虑"。"我们要实现党的十八大和十八届三中全会做出的一系列战略部署，全面建成小康社会、实现中华民族伟大复兴的中国梦，全面深化改革、完善和发展中国特色社会主义制度，就必须在全面推进依法治国上作出总体部署、采取切实措施、迈出坚实步伐。"②全面推进依法治国，必须坚持中国共产党的领导、人民当家作主、依法治国有机统一，坚定不移走中国特色社会主义法治道路，坚决维护宪法法律权威，依法维护人民权益、维护社会公平正义、维护国家安全稳定，为实现"两个一百年"奋斗目标、实现中华民族伟大复兴的中国梦提供有力法治保障。"全面推进依法

① 《习近平谈治国理政》，外文出版社 2014 年版，第 67-68 页。

② 《十八大以来重要文献选编》（中），中央文献出版社 2016 年版，第 142 页。

治国，总目标是建设中国特色社会主义法治体系，建设社会主义法治国家。这就是，在中国共产党领导下，坚持中国特色社会主义制度，贯彻中国特色社会主义法治理论，形成完备的法律规范体系、高效的法治实施体系、严密的法治监督体系、有力的法治保障体系，形成完善的党内法规体系，坚持依法治国、依法执政、依法行政共同推进，坚持法治国家、法治政府、法治社会一体建设，实现科学立法、严格执法、公正司法、全民守法，促进国家治理体系和治理能力现代化。”[①] 全面推进依法治国必须坚持中国共产党的领导、坚持人民主体地位、坚持法律面前人人平等、坚持依法治国和以德治国相结合、坚持从中国实际出发。全面推进依法治国要完善以宪法为核心的中国特色社会主义法律体系，加强宪法实施；要深入推进依法行政，加快建设法治政府；要保证公正司法，提高司法公信力；要增强全民法治观念，推进法治社会建设；要加强法治工作队伍建设。全面推进依法治国，最关键的是要“坚持党的领导，坚持中国特色社会主义制度，贯彻中国特色社会主义法治理论。党的领导是中国特色社会主义最本质的特征，是社会主义法治最根本的保证”[②]。加强和改进党对全面推进依法治国领导，最根本的是坚持依法执政，这既要求党依据宪法法律治国理政，也要求党依据党内法规管党治党。加强和改进党对全面推进依法治国领导，还必须努力提高党员干部法治思维和依法办事能力，抓住领导干部这个“关键少数”。“全面依法治国”作为实现全面建成小康社会这一战略目标的“三大战略举措”之一，其基本的功能是通过“建设中国特色社会主义法治体系”“促进国家治理体系和治理能力现代化”，为实现全面建成小康社会的战略目标并进而实现中华民族伟大复兴的中国梦提供有力的法治保障。

（五）“全面从严治党”

治国必先治党，治党务必从严，全面从严治党是协调推进“四个全面”战略布局、实现全面建成小康社会战略目标并进而实现中华民族伟大复兴中国梦的根本政治保证。“全面从严治党”的依据是“党章”。“党章是我们立党、治党、管党的总章程，是全党最基本、最重要、最全面的行为规范。”[③] 必须依据党章从严治党，坚持用党章指导和规范党的建设各项工作，全面提高党的建设科学化水平。“全面从严治党”的核心是“加强党的领导”。中国特色社会主义最本质

① 《十八大以来重要文献选编》（中），中央文献出版社 2016 年版，第 157 页。

② 《十八大以来重要文献选编》（中），中央文献出版社 2016 年版，第 146 页。

③ 习近平：《全面贯彻落实党的十八大精神要突出抓好六个方面工作》，《求是》2013 年第 1 期。

的特征就是坚持中国共产党的领导。中国的事情要办好首先中国共产党的事情要办好。实现“两个一百年”奋斗目标，应对和战胜前进道路上的各种风险和挑战，关键在党。“打铁还需自身硬。”全面从严治党既是党自身建设和发展的内在要求，更是全面推进中国特色社会主义事业的客观需要，即通过从严治党，全面加强党的建设，加强和改善党的领导，确保党始终成为中国特色社会主义事业的坚强领导核心。“全面从严治党”的基础在“全面”。“全面”既体现为“治党”主体的全覆盖，也体现为“治党”客体的全覆盖，同时还体现为“治党”内容的全覆盖。全面从严治党，要靠全党、管全党、治全党。“治党”主体的全覆盖，就是从严治党“靠全党”“全党治”。“治党”客体的全覆盖，就是从严治党“管全党”“治全党”。“治党”内容的全覆盖，就是要从各个方面从严治党，全面加强党的思想建设、组织建设、作风建设、反腐倡廉建设、制度建设，并使之相互促进、协调推进。“全面从严治党”的关键在“严”。世间事，做于细，成于严。要“严”字当头、真抓实管，把“严”字落实到管党治党的各方面，贯穿于党的建设的全过程。严格治党责任、严格思想教育、严肃党内生活、严格管理干部、严抓党的作风、严格党的制度、严明党的纪律、严格接受监督。“全面从严治党”的要害在“治”。在新的历史条件下，面对长期复杂严峻的“四大考验”和更加尖锐地摆在全党面前的“四大危险”，如果中国共产党不能解决自身存在的问题，任其发展下去，就难以获得人民的信任和支持，所以必须在“治”下大功夫、真功夫、硬功夫，以刮骨疗毒的决心和勇气给自己治“病”。要抓住“治”这个“要害”，最根本的是要明确责任、狠抓落实。习近平明确指出：“‘治’就是从党中央到省市县党委，从中央部委、国家机关部门党组（党委）到基层党支部，都要肩负起主体责任，党委书记要把抓好党建当作分内之事、必须担当的职责；各级纪委要担负起监督责任，敢于瞪眼黑脸，勇于执纪问责。”① 只有这些关键主体的责任落实了，才能实现严格之“治”、认真之“治”、及时之“治”，才能“使管党治党真正从宽松软走向严紧硬”。“全面从严治党”的重点在“治吏”。我们党是执政党，党的干部掌握着方方面面的权力，干部管理得好不好、严不严，干部队伍素质高不高、作风正不正，事关党的路线方针政策能否落实，事关党的事业兴衰成败，事关党的生死存亡。所以，“全面从严治党”“关键”和“重点”是“从严治吏”。要做到管理全面、标准严格、环节衔

① 习近平：《在十八届中央纪律检查委员会第六次全体会议上的讲话》，《人民日报》2016 年 5 月 3 日。

接、措施配套、责任分明。要坚持好干部的五条标准，（即“信念坚定、为民服务、勤政务实、敢于担当、清正廉洁”），以严的标准要求干部、以严的措施管理干部、以严的纪律约束干部，使干部心有所畏、言有所戒、行有所止。领导干部要严以修身、严以用权、严于律己，谋事要实、创业要实、做人要实。只有牢牢把握这个“重点”，把党的各级领导干部这个“关键少数”管好、治好了，“全面从严治党”的各项决策部署才能真正落到实处，确保党始终成为中国特色社会主义事业的坚强领导核心。

（六）“四个全面”战略布局的落实

“四个全面”战略布局的提出和确立，只是对我们党在新形势下治国理政总方略以及事关党和国家长远发展总战略的顶层设计，而这一战略布局的协调推进和全面落实，还有待于我们多方面的努力。要加强“四个全面”战略布局的宣传教育，深化全党对“四个全面”战略布局的认识，用“四个全面”战略布局统一全党的思想，特别是教育引导各级领导干部自觉用“四个全面”战略布局统一思想、指导实践、推动工作。在推进“四个全面”过程中，要坚持科学的思想方法和工作方法，比如我们既对全面建成小康社会做出全面部署，又强调“小康不小康，关键看老乡”；既对全面深化改革做出顶层设计，又强调突出抓好重要领域和关键环节的改革；既对全面推进依法治国做出系统部署，又强调以中国特色社会主义法治体系为总目标和总抓手；既对全面从严治党提出系列要求，又把党风廉政建设作为突破口，着力解决人民群众反映强烈的“四风”问题，着力解决不敢腐、不能腐、不想腐的问题。总之，既要有全局观，对各种矛盾做到心中有数，同时又要优先解决主要矛盾和矛盾的主要方面，以此带动其他矛盾的解决；既要注重总体谋划，又要注重牵住“牛鼻子”；既要讲两点论，又要讲重点论。此外，落实好“四个全面”战略布局，还要求全党同志以与时俱进、奋发有为的精神状态，不断推进实践创新和理论创新，从而更加扎实地推进经济发展，更加坚定地推进改革开放，更加充分地激发创造活力，更加有效地维护公平正义，更加有力地保障和改善民生，更加深入地改进党风、政风，为国家增创更多财富，为人民增加更多福祉，为民族增添更多荣耀。

四、习近平治国理政思想的战略导向

发展理念是发展行动的先导，是发展思路、发展方向、发展着力点的集中体现。在新的历史条件下治国理政，奋力推进中国特色社会主义伟大事业，实现全面建成小康社会奋斗目标并进而实现第二个百年目标和中华民族伟大复兴中国

梦，不仅必须协调推进“四个全面”战略布局，而且还必须牢固树立和践行集中体现中国特色社会主义事业发展思路、发展方向、发展着力点的科学发展理念。所以，中共十八大以来，以习近平为核心的新一届中央领导集体，从坚持和发展中国特色社会主义全局出发，不仅逐步形成和确立了“四个全面”战略布局，而且根据全面建成小康社会决胜阶段面临的新形势、新任务，着眼于破解发展难题、增强发展动力、厚植发展优势，明确提出必须牢固树立和践行创新、协调、绿色、开放、共享的发展理念。“五大发展理念”是中国共产党关于发展理论的一次重大升华，也是习近平治国理政思想的重要内容。

（一）“发展理念”至关重要

“理念是行动的先导，一定的发展实践都是由一定的发展理念来引领的。发展理念是否对头，从根本上决定着发展成效乃至成败。”① 经济社会发展是一个不断变化的进程，发展环境不会一成不变，发展条件不会一成不变，必须根据发展环境、发展条件的变化树立和践行新的发展理念。“发展理念是战略性、纲领性、引领性的东西，是发展思路、发展方向、发展着力点的集中体现。”② 研究制定经济社会发展规划，首先要把应该树立什么样的发展理念搞清楚。发展理念搞对了，目标任务就好定了，政策举措跟着也就好定了。中共十八届五中全会提出坚持创新、协调、绿色、开放、共享的发展理念。“这五大发展理念不是凭空得来的，是我们在深刻总结国内外发展经验教训的基础上形成的，也是在深刻分析国内外发展大势的基础上形成的，集中反映了我们党对经济社会发展规律认识的深化，也是针对我国发展中的突出矛盾和问题提出来的。”③ “五大发展理念”集中体现了“十三五”乃至更长时期我国的发展思路、发展方向、发展着力点，是管全局、管根本、管长远的导向。“坚持创新发展、协调发展、绿色发展、开放发展、共享发展，是关系我国发展全局的一场深刻变革。”④ 牢固树立和贯彻落实“五大发展理念”，对实现全面建成小康社会战略目标并进而实现第二个百年奋斗目标和中华民族伟大复兴中国梦，具有重要引领作用。

（二）树立“创新发展”理念

“创新是民族进步的灵魂，是一个国家兴旺发达的不竭源泉，也是中华民族

---

① 《十八大以来重要文献选编》（中），中央文献出版社 2016 年版，第 824 页。

② 《十八大以来重要文献选编》（中），中央文献出版社 2016 年版，第 825 页。

③ 《十八大以来重要文献选编》（中），中央文献出版社 2016 年版，第 825 页。

④ 《十八大以来重要文献选编》（中），中央文献出版社 2016 年版，第 827 页。

最深沉的民族禀赋，正所谓‘苟日新，日日新，又日新’。”① 创新带来生机，创新产生动力。创新发展注重的是解决发展动力问题。抓创新就是抓发展，谋创新就是谋未来。不创新就要落后，创新慢了也要落后。要激发调动全社会的创新激情，持续发力，加快形成以创新为主要引领和支撑的经济体系和发展模式。“我国创新能力不强，科技发展水平总体不高，科技对经济社会发展的支撑能力不足，科技对经济增长的贡献率远低于发达国家水平，这是我国这个经济大个头的‘阿喀琉斯之踵’。”② 我们要推动新型工业化、信息化、城镇化、农业现代化同步发展，必须及早转入创新驱动发展轨道，把科技创新潜力更好释放出来，充分发挥科技进步和创新的作用，发挥创新对拉动发展的乘数效应。实施创新驱动发展战略，是立足全局、面向未来的重大战略，是加快转变经济发展方式、破解经济发展深层次矛盾和问题、增强经济发展内生动力和活力、提高我国综合国力和国际竞争力的必然要求和根本措施。因此，我们必须牢固树立和贯彻落实创新发展理念，“把创新作为引领发展的第一动力，把人才作为支撑发展的第一资源，把创新摆在国家发展全局的核心位置，不断推进理论创新、制度创新、科技创新、文化创新等各方面创新，让创新贯穿党和国家一切工作，让创新在全社会蔚然成风”③。

（三）树立“协调发展”理念

协调是指事物发展的有序性、均衡性、和谐性，各个方面、各个环节的发展相互适应、相互促进。从根本上说，协调也是社会主义发展的内在要求。我们坚持和发展中国特色社会主义，就必须促进经济社会各个领域、各个方面、各个环节相协调。所以习近平反复强调，要促进生产关系与生产力、上层建筑与经济基础相协调；要全面推进经济建设、政治建设、文化建设、社会建设、生态文明建设以及其他各方面建设，促进现代化建设各个方面、各个环节相协调；要按照“四个全面”战略布局，协调推进全面建成小康社会、全面深化改革、全面依法治国、全面从严治党；要采取有力措施，促进区域协调发展、城乡协调发展；要加快构建资源节约型、环境友好型社会，促进经济社会发展和人口资源环境相协调；要正确把握和处理经济建设和国防建设的关系，使两者协调发展、平衡发展、兼容发展；要促进大中小城市和小城镇协调发展，推动城镇化向质量提升转变，加强社会主义新农村建设，做到工业化和城镇化良性互动、城镇化和农业现

① 《十八大以来重要文献选编》（上），中央文献出版社2014年版，第279页。
② 《十八大以来重要文献选编》（中），中央文献出版社2016年版，第825页。
③ 《十八大以来重要文献选编》（中），中央文献出版社2016年版，第825页。

代化相互协调，等等。协调是持续健康发展的内在要求。协调既是发展手段又是发展目标，同时还是评价发展的标准和尺度。“协调发展注重的是解决发展不平衡问题。我国发展不协调是一个长期存在的问题，突出表现在区域、城乡、经济和社会、物质文明和精神文明、经济建设和国防建设等关系上。”① 这种状况是在特定历史阶段形成的。众所周知，我们的社会主义现代化建设，是在经济发展水平非常落后的条件下起步的，一段时间的主要任务是要跑得快。现在我们已经跑过一定的路程，不平衡、不协调的问题已经凸显出来，并且成为影响继续跑下去的严重制约。这就要求我们“注意调整关系，注重发展的整体效能，否则‘木桶’效应就会愈加显现，一系列社会矛盾会不断加深”②。因此，我们必须牢固树立和贯彻落实协调发展理念，牢牢把握中国特色社会主义事业总体布局和战略布局，正确处理发展中的重大关系，包括处理好局部和全局、当前和长远、重点和非重点的关系，重点促进城乡区域协调发展，促进经济社会协调发展，促进新型工业化、信息化、城镇化、农业现代化同步发展，在增强国家硬实力的同时注重提升国家软实力，不断增强发展整体性。

（四）树立“绿色发展”理念

绿色是春天的颜色，象征着生命、代表着健康、孕育着生机。特别是今天，绿色更代表了人民群众对生态文明的期盼和对美好生活的向往。我国“十二五”规划提出树立绿色发展、循环发展、低碳发展理念，以节能减排为重点，加快构建资源节约型、环境友好型社会，促进经济社会发展和人口资源环境相协调，走可持续发展道路。中共十八大要求“着力推进绿色发展、循环发展、低碳发展，形成节约资源和保护环境的空间格局、产业结构、生产方式、生活方式，从源头上扭转生态环境恶化趋势，为人民创造良好生产生活环境，为全球生态安全做出贡献”③。中共十八大以来，习近平反复强调，走向生态文明新时代，建设美丽中国，是实现中华民族伟大复兴中国梦的重要内容。要正确处理好经济发展同生态环境保护的关系，牢固树立保护生态环境就是保护生产力、改善生态环境就是发展生产力的理念，更加自觉地推动绿色发展、循环发展、低碳发展。要按照尊重自然、顺应自然、保护自然的理念，贯彻节约资源和保护环境的基本国策，把生态文明建设融入经济建设、政治建设、文化建设、社会建设各方面和全过程，

---

① 《十八大以来重要文献选编》（中），中央文献出版社 2016 年版，第 825 页。

② 《十八大以来重要文献选编》（中），中央文献出版社 2016 年版，第 825-826 页。

③ 《十八大以来重要文献选编》（中），中央文献出版社 2016 年版，第 826 页。

为子孙后代留下天蓝、地绿、水清的生产生活环境。绿色发展注重的是解决人与自然和谐问题。倡导绿色发展理念，不仅是因为绿色循环低碳发展“是当今时代科技革命和产业变革的方向，是最有前途的发展领域，我国在这方面的潜力相当大，可以形成很多新的经济增长点”；更重要的是因为“我国资源约束趋紧、环境污染严重、生态系统退化的问题十分严峻，人民群众对清新空气、干净饮水、安全食品、优美环境的要求越来越强烈”[①]。因此，我们必须牢固树立和贯彻落实绿色发展理念，坚持节约资源和保护环境的基本国策，坚定走生产发展、生活富裕、生态良好的文明发展道路，加快建设资源节约型、环境友好型社会，形成人与自然和谐发展现代化建设新格局，建设天蓝、地绿、水清的美丽中国，既为人民创造良好生产生活环境，也为全球生态安全做出新的贡献。

（五）树立“开放发展”理念

开放是发展的客观要求。现在的世界是开放的世界，任何一个国家要发展，孤立起来，闭关自守是不可能的。坚持对外开放是一个国家或地区繁荣发展的必由之路。在我国，在中共十一届三中全会开启的历史新时期，开放与改革不可分割地联系在一起，共同构成这个时期最鲜明的特点。从一定意义上说，开放也是改革。对外开放是建设和发展中国特色社会主义的一项基本国策。以开放促改革、促发展，是我国改革发展的成功实践。改革和开放相辅相成、相互促进，改革必然要求开放，开放也必然要求改革。中共十八大明确提出了“全面深化改革开放”的战略任务，中共十八届三中全会通过了《中共中央关于全面深化改革若干重大问题的决定》，对全面深化改革做出了系统部署。这里的“全面深化改革”也是包含了“开放”的，其中有一部分专门阐述了“构建开放型经济新体制”的问题，强调要“以开放促改革”，“形成全方位开放新格局”。在此基础上，习近平同志进一步强调要牢固树立“开放发展”理念，“坚持开放发展”，“奉行互利共赢的开放战略，发展更高层次的开放型经济，积极参与全球经济治理和公共产品供给，构建广泛的利益共同体”[②]。开放发展注重的是解决发展内外联动问题。“开放发展”理念的提出，准确把握了经济全球化新趋势和我国对外开放新要求，体现了中国共产党对经济社会发展规律认识的深化。我们应该清醒地看到，国际经济合作和竞争局面正在发生深刻变化，全球经济治理体系

① 《十八大以来重要文献选编》（中），中央文献出版社2016年版，第826页。

② 习近平：《深化合作伙伴关系　共建亚洲美好家园——在新加坡国立大学的演讲》，《人民日报》，2015年11月8日。

和规则正在面临重大调整，引进来、走出去在深度、广度、节奏上都是过去所不可比拟的，应对外部经济风险、维护国家经济安全的压力也是过去所不能比拟的。因此，习近平同志明确指出：“现在的问题不是要不要对外开放，而是如何提高对外开放的质量和发展的内外联动性。我国对外开放水平总体上还不够高，用好国际国内两个市场、两种资源的能力还不够强，应对国际经贸摩擦、争取国际经济话语权的能力还比较弱，运用国际经贸规则的本领也不够强，需要加快弥补。为此，我们必须坚持对外开放的基本国策，奉行互利共赢的开放战略，深化人文交流，完善对外开放区域布局、对外贸易布局、投资布局，形成对外开放新体制，发展更高层次的开放型经济，以扩大开放带动创新、推动改革、促进发展。”①

（六）树立“共享发展”理念

共建共享，是社会建设必须遵循的基本原则，也是经济社会发展的理想状态。中国共产党始终代表中国最广大人民的根本利益，始终坚持全心全意为人民服务的宗旨。中国共产党领导全国各族人民开创和发展中国特色社会主义，就是因为社会主义能够最终实现共同富裕，使人民共享发展的成果，过上幸福美好的生活。在新的历史条件下，习近平进一步明确提出牢固树立共享发展理念，把共享作为发展的出发点和落脚点，既体现了中国共产党作为中国最广大人民的根本利益忠实代表的性质和全心全意为人民服务的宗旨，也体现了社会主义的本质要求和社会主义制度的优越性，更适应了坚持和发展中国特色社会主义、如期实现全面建成小康社会奋斗目标并进而实现第二个百年目标和中华民族伟大复兴中国梦的客观需要。习近平明确指出：“共享发展注重的是解决社会公平正义问题。”② 改革开放30多年来，我国经济得到突飞猛进的发展，发展的“蛋糕”不断做大，经济总量已经跃居世界第二位，人民生活早已达到小康水平，现在正在向更高水平的全面小康迈进。但是，我们也应该正视，社会分配不公问题仍较突出，收入差距、城乡区域公共服务水平差距也还较大。这表明，在共享改革发展成果上，无论是实际情况还是制度设计，都还有不完善的地方，迫切需要采取切实可行的举措加以解决。只有把这方面问题解决好了，全体人民推动发展的积极性、主动性、创造性才能充分调动起来，国家发展也才能具有最深厚的伟力。为此，我们必须牢固树立共享发展理念，“坚持发展为了人民、发展依靠人民、发

① 《十八大以来重要文献选编》（中），中央文献出版社2016年版，第826页。

② 《十八大以来重要文献选编》（中），中央文献出版社2016年版，第827页。

展成果由人民共享，做出更有效的制度安排，使全体人民在共建共享发展中有更多获得感，朝着共同富裕方向稳步前进”①。

（七）“五大发展理念”的践行

“五大发展理念”是针对我国经济发展进入新常态、世界经济复苏低迷开出的药方。新发展理念就是指挥棒、红绿灯。全党要把思想和行动统一到新发展理念上来，努力提高统筹贯彻新发展理念的能力和水平。“对不适应、不适合甚至违背新的发展理念的认识要立即调整，对不适应、不适合甚至违背新的发展理念的行为要坚决纠正，对不适应、不适合甚至违背新的发展理念的做法要彻底摒弃。同时，五大发展理念是不可分割的整体，相互联系、相互贯通、相互促进，要一体坚持、一体贯彻，不能顾此失彼，也不能相互替代。”② 哪一个发展理念贯彻不到位，发展进程都会受到影响。“要抓住能够带动五大发展理念贯彻落实的重点工作，统筹推动五大发展理念贯彻落实。对每个发展理念，也要抓住重点，以抓重点推动每个理念在实践中取得突破。这就要求我们进行深入的调查研究，既总体分析面上的情况，又深入解剖麻雀，提出可行的政策举措和工作方案。”③ 新发展理念要落地生根、变成普遍实践，关键在于各级领导干部的认识和行动，在于自觉地贯彻落实。为此，要深学笃用，通过示范引领让干部群众感受到新发展理念的真理力量，各级领导干部要结合历史学，多维比较学，联系实际学，真正做到崇尚创新、注重协调、倡导绿色、厚植开放、推进共享。要用好辩证法，对贯彻落实新发展理念进行科学设计和施工，坚持系统的观点，遵循对立统一规律、质量互变规律、否定之否定规律，坚持具体问题具体分析，善于把握发展的普遍性和特殊性、渐进性和飞跃性、前进性和曲折性，善于把握工作的时度效。要创新手段，善于通过改革和法治推动贯彻落实新发展理念，发挥改革的推动作用、法治的保障作用。要守住底线，在贯彻落实新发展理念中及时化解矛盾风险，下好先手棋，打好主动仗，层层负责、人人担当。④

---

① 《十八大以来重要文献选编》（中），中央文献出版社2016年版，第827页。

② 《习近平在重庆调研时强调　落实创新协调绿色开放共享发展理念确保如期实现全面建成小康社会目标》，《人民日报》2016年1月7日。

③ 《习近平在中共中央政治局第三十次集体学习时强调　准确把握和抓好我国发展战略重点　扎实把“十三五”发展蓝图变为现实》，《人民日报》2016年1月31日。

④ 参见《习近平在省部级主要领导干部学习贯彻十八届五中全会精神专题研讨班开班式上发表重要讲话强调　聚焦发力贯彻五中全会精神　确保如期全面建成小康社会》，《人民日报》2016年1月19日。

五、习近平治国理政思想的总体布局

在新的历史条件下，以坚持和发展中国特色社会主义为主题主线治国理政，必须根据中国特色社会主义的发展规律和实现奋斗目标的客观需要，形成和确立科学合理的总体布局，全面推进中国特色社会主义各项事业。2012 年中共十八大明确提出和确立了经济建设、政治建设、文化建设、社会建设、生态文明建设“五位一体”的总体布局。“五位一体”的总体布局的提出和确立，表明我们党对中国特色社会主义的认识达到了新境界，反映了中国特色社会主义全面协调可持续发展的规律，适应了全面建成小康社会并进而建成富强民主文明和谐的社会主义现代化国家、实现中华民族伟大复兴中国梦的客观需要，是在新的历史条件下治国理政、坚持和发展中国特色社会主义必须牢牢把握的总体布局。所以，中共十八大以来，习近平多次强调要“坚持五位一体总体布局”。围绕“五位一体”总体布局，习近平做出了一系列重要论述，提出了一系列重要思想观点，深刻阐明了为什么要坚持“五位一体”总体布局、在新的历史条件下如何坚持“五位一体”总体布局。

（一）坚持“五位一体”总体布局

建设中国特色社会主义的“总体布局”是“五位一体”。中共十八大对党和国家事业的全面部署，就是按照中国特色社会主义事业“五位一体”的总体布局进行谋划的，就是在深入调查研究的基础上着眼于解决当代中国发展面临的重大理论和实践问题提出来的。中共十八大以来的治国理政实践，也是按照中国特色社会主义事业“五位一体”的总体布局向前推进的。坚持“五位一体”总体布局，从根本上说“是因为中国特色社会主义是全面发展的社会主义”，既要“坚持以经济建设为中心”，又要“在经济不断发展的基础上，协调推进政治建设、文化建设、社会建设、生态文明建设以及其他各方面建设”。同时，坚持“五位一体”总体布局，也是实现建设中国特色社会主义“总任务”的客观需要。中共十八大强调建设中国特色社会主义“总任务”是实现社会主义现代化和中华民族伟大复兴，也就是中共十八大以来习近平反复强调的实现“两个一百年”奋斗目标和中华民族伟大复兴“中国梦”。为了实现这一宏伟目标，就必须把发展作为第一要务，把经济建设作为中心任务，全面推进经济建设、政治建设、文化建设、社会建设、生态文明建设，促进现代化建设各个方面、各个环节相协调，少了任何一个方面都不行。“这是我们党对社会主义建设规律在实践和认识上不断深化的重要成果。”只有按照这个总体布局，才能“促进社会主义现代化建设各方面相协调，促进生产关系与生产力、上层建筑与经济基础相协调”①。总之，坚持和发展中国特色社会主义就是要“建设社会主义市场经济、社会主义民主政治、社会主义先进文化、社会主义和谐社会、社会主义生态文明，促进人的全面发展，逐步实现全体人民共同富裕，建设富强民主文明和谐的社会主义现代化国家”②。

（二）建设社会主义市场经济

解放和发展社会生产力是中国特色社会主义的根本任务，所以必须坚持以经济建设为中心。改革是解放和发展社会生产力的必由之路。在改革实践中，中国共产党提出建立社会主义市场经济体制的改革目标，并成功实现了从高度集中的计划经济体制到充满活力的社会主义市场经济体制的伟大历史转折。这是中国共产党在建设中国特色社会主义进程中的一个重大理论和实践创新，解决了世界上其他社会主义国家长期没有解决的一个重大问题。社会主义市场经济体制的建立和逐步完善，极大地促进了社会生产力发展。现在，尽管我国经济总量已跃居世界第二位，但人均国内生产总值同世界平均水平相比还有不小差距，实现富民强国还有很长的路要走。因此，我们将坚定不移地坚持发展是硬道理的战略思想，坚定不移地坚持以经济建设为中心，坚定不移地坚持社会主义市场经济改革方向，坚定不移地坚持发展社会主义市场经济。要坚持以科学发展为主题、以加快转变经济发展方式为主线，切实把推动发展的立足点转到提高质量和效益上来，促进工业化、信息化、城镇化、农业现代化同步发展，全面深化经济体制改革，推进经济结构战略性调整，全面提高开放型经济水平，推动经济持续健康发展。当前我国经济发展已经进入新常态，“经济发展呈现速度变化、结构优化、动力转换三大特点”。“认识新常态、适应新常态、引领新常态，是当前和今后一个时期我国经济发展的大逻辑。”③ 要深刻认识我国经济发展新特点、新要求，着力解决制约经济持续健康发展的重大问题。推进供给侧结构性改革，是适应国际金融危机发生后综合国力竞争新形势的主动选择，是适应我国经济发展新常态的必然要求。实施创新驱动发展战略，是立足全局、面向未来的重大战略，是加快转变经济发展方式、破解经济发展深层次矛盾和问题、增强经济发展内生动力和活力的根本措施。

---

① 《十八大以来重要文献选编》（上），中央文献出版社 2014 年版，第 77 页。

② 《十八大以来重要文献选编》（上），中央文献出版社 2014 年版，第 110 页。

③ 《习近平关于协调推进“四个全面”战略布局论述摘编》，中央文献出版社 2015 年版，第 46 页。

（三）建设社会主义民主政治

“人民当家作主是社会主义民主政治的本质和核心。人民民主是社会主义的生命。没有民主就没有社会主义，就没有社会主义的现代化，就没有中华民族伟大复兴。”① 改革开放以来，中国共产党团结带领人民成功开辟和坚持了中国特色社会主义政治发展道路，为实现最广泛的人民民主确立了正确方向。“坚持中国特色社会主义政治发展道路，关键是要坚持党的领导、人民当家作主、依法治国有机统一，以保证人民当家作主为根本，以增强党和国家活力、调动人民积极性为目标，扩大社会主义民主，发展社会主义政治文明。”② 坚定不移走中国特色社会主义政治发展道路，建设社会主义民主政治，必须继续“积极稳妥推进政治体制改革，发展更加广泛、更加充分、更加健全的人民民主，充分发挥我国社会主义政治制度优越性，不断推进社会主义政治制度自我完善和发展”③。为此，要坚持发挥党总揽全局、协调各方的领导核心作用，提高党科学执政、民主执政、依法执政水平，保证党领导人民有效治理国家；要坚持国家一切权力属于人民，既保证人民依法实行民主选举，也保证人民依法实行民主决策、民主管理、民主监督；要坚持和完善中国共产党领导的多党合作和政治协商制度，加强社会各种力量的合作协调；要坚持和完善民族区域自治制度，巩固平等团结互助和谐的社会主义民族关系，促进各民族和睦相处、和衷共济、和谐发展；要坚持和完善基层群众自治制度，发展基层民主，保障人民依法直接行使民主权利；要坚持和完善民主集中制的制度和原则，促使各类国家机关提高能力和效率、增进协调和配合，形成治国理政的强大合力；同时还要坚持全面推进依法治国，维护宪法法律权威，使民主制度化、法律化，使这种制度和法律不因领导人的改变而改变，不因领导人的看法和注意力的改变而改变。总之，“要不断推进社会主义民主政治制度化、规范化、程序化，更好发挥中国特色社会主义政治制度的优越性，为党和国家兴旺发达、长治久安提供更加完善的制度保障”④。

（四）建设社会主义先进文化

一个国家、一个民族的强盛，总是以文化兴盛为支撑的，中华民族伟大复兴需要以中华文化发展繁荣为条件。建设社会主义文化强国，“提高国家文化软实

① 《十八大以来重要文献选编》（中），中央文献出版社 2016 年版，第 54-55 页。

② 《十八大以来重要文献选编》（上），中央文献出版社 2014 年版，第 88-89 页。

③ 《十八大以来重要文献选编》（上），中央文献出版社 2014 年版，第 89 页。

④ 《十八大以来重要文献选编》（中），中央文献出版社 2016 年版，第 63-64 页。

力，关系‘两个一百年’奋斗目标和中华民族伟大复兴中国梦的实现”①。必须坚持社会主义先进文化前进方向，坚持走中国特色社会主义文化发展道路，深化文化体制改革，推动社会主义文化大发展大繁荣，丰富人民群众精神文化生活，增强人民精神力量。意识形态工作事关党的前途命运、事关国家长治久安、事关民族凝聚力和向心力，关乎旗帜、关乎道路、关乎国家政治安全，要牢牢掌握意识形态工作的领导权、管理权、话语权和主动权，高度重视宣传思想工作、新闻舆论工作等，坚持党的领导，坚持正确政治方向，坚持以人民为中心的工作导向，坚持团结稳定鼓劲、正面宣传为主，弘扬主旋律、传播正能量，激发全党全国各族人民为实现中华民族伟大复兴中国梦而团结奋斗的强大力量。马克思主义是我们立党立国的根本指导思想，要加强思想理论建设，坚持不断推进马克思主义中国化、时代化和大众化，坚持用马克思列宁主义、毛泽东思想和中国特色社会主义理论体系武装全党、教育人民，巩固马克思主义在意识形态领域的指导地位，巩固全党全国人民团结奋斗的共同思想基础。“核心价值观是文化软实力的灵魂、文化软实力建设的重点”，要“把培育和弘扬社会主义核心价值观作为凝魂聚气、强基固本的基础工程，继承和发扬中华优秀传统文化和传统美德，广泛开展社会主义核心价值观宣传教育，积极引导人们讲道德、尊道德、守道德，追求高尚的道德理想，不断夯实中国特色社会主义的思想道德基础”②。哲学社会科学是人们认识世界、改造世界的重要工具，是推动历史发展和社会进步的重要力量，在坚持和发展中国特色社会主义的实践和理论探索中具有不可替代的重要地位和重要作用，要坚持以马克思主义为指导，把握继承性和民族性、原创性和时代性、系统性和专业性的特点，“按照立足中国、借鉴国外，挖掘历史、把握当代，关怀人类、面向未来的思路”，着力构建“在指导思想、学科体系、学术体系、话语体系等方面充分体现中国特色、中国风格、中国气派”的“中国特色哲学社会科学”③。中华文化源远流长，积淀着中华民族最深层的精神追求，代表着中华民族独特的精神标识，为中华民族生生不息、发展壮大提供了丰厚滋养，“要努力从中华民族世世代代形成和积累的优秀传统文化中汲取营养和智慧，延续文化基因，萃取思想精华，展现精神魅力”，“推进中华优秀传统文化创造

---

① 《习近平谈治国理政》，外文出版社 2014 年版，第 160 页。

② 《习近平谈治国理政》，外文出版社 2014 年版，第 160 页。

③ 习近平：《在哲学社会科学工作座谈会上的讲话》，《人民日报》2016 年 5 月 19 日。

性转化和创新性发展”[①]，使之与现实文化相融相通，共同服务以文化人、以文育人的时代任务。社会主义先进文化决定着中国特色社会主义文化的发展方向，要深化文化体制改革，弘扬社会主义先进文化，推动文化事业全面繁荣、文化产业快速发展，增强全民族文化创造活力，增强文化整体实力和竞争力，朝着建设社会主义文化强国的目标不断前进。

（五）建设社会主义和谐社会

社会和谐是中国特色社会主义的本质属性，建设社会主义和谐社会是发展中国特色社会主义的一项基本任务。在新的历史条件下推进社会主义和谐社会建设，“必须团结一切可以团结的力量，最大限度增加和谐因素，增强社会创造活力，确保人民安居乐业、社会安定有序、国家长治久安”[②]。为此，“我们要继续加强社会建设，切实推进各项社会事业，加强和创新社会管理，使发展成果更多更公平惠及全体人民，努力形成全体人民各尽其能、各得其所而又和谐相处的局面”[③]。一切为了人民是经济社会发展的根本目的，保障和改善民生是社会建设的重点。要坚持从维护最广大人民根本利益的高度，建设更加公平可持续的社会保障制度，健全公共服务体系，多谋民生之利，多解民生之忧，在学有所教、劳有所得、病有所医、老有所养、住有所居上持续取得新进展。建设社会主义和谐社会，人民既是实践主体，也是价值主体。要坚持“以共建共享为基本原则，在体制机制、制度政策上系统谋划，从保障和改善民生做起，坚持群众想什么、我们就干什么，既尽力而为又量力而行，多一些雪中送炭，使各项工作都做到愿望和效果相统一”[④]。建设社会主义和谐社会，必须加强和创新社会治理，关键在于体制机制的创新。要以最广大人民根本利益为根本坐标，从人民群众最关心、最直接、最现实的利益问题入手，把社会治理的重心落到城乡社区，深化拓展网格化管理，尽可能把资源、服务、管理放到基层，使基层有职有权有物，更好为群众提供精准有效的服务和管理，增强社区服务和管理能力，夯实社会治理的基础，形成群众安居乐业、社会安定有序的良好局面。

（六）建设社会主义生态文明

生态文明，是指人类遵循人、自然、社会和谐发展这一客观规律而取得的物

---

① 《习近平在中共中央政治局第二十九次集体学习时强调　大力弘扬伟大爱国主义精神　为实现中国梦提供精神支柱》，《人民日报》2015 年 12 月 31 日。

② 《十八大以来重要文献选编》（上），中央文献出版社 2014 年版，第 79 页。

③ 习近平：《全面贯彻落实党的十八大精神要突出抓好六个方面工作》，《求是》2013 年第 1 期。

④ 《习近平在浙江调研时强调　干在实处永无止境　走在前列要谋新篇》，《人民日报》2015 年 5 月 28 日。

质与精神成果的总和。建设生态文明是关系人民福祉、关系民族未来的长远大计。中共十八大明确提出“大力推进生态文明建设”“努力建设美丽中国”的战略任务和战略目标，并将其纳入中国特色社会主义事业“五位一体”总体布局。这既标志着中国共产党对中国特色社会主义规律认识的进一步深化，也表明了中国共产党加强生态文明建设的坚定意志和坚强决心。“走向生态文明新时代，建设美丽中国，是实现中华民族伟大复兴的‘中国梦’的重要内容。”[①] 推进生态文明建设，必须“树立尊重自然、顺应自然、保护自然的生态文明理念，坚持节约资源和保护环境的基本国策，坚持节约优先、保护优先、自然恢复为主的方针，着力树立生态观念、完善生态制度、维护生态安全、优化生态环境，形成节约资源和保护环境的空间格局、产业结构、生产方式、生活方式”[②]。要正确处理好经济发展同生态环境保护的关系，牢固树立保护生态环境就是保护生产力、改善生态环境就是发展生产力的理念，更加自觉地推动绿色发展、循环发展、低碳发展，决不以牺牲环境为代价去换取一时的经济增长。要按照人口资源环境相均衡、经济社会生态效益相统一的原则，整体谋划国土空间开发，科学布局生产空间、生活空间、生态空间，给自然留下更多修复空间。要大力节约、集约利用资源，推动资源利用方式根本转变，加强全过程节约管理，大幅降低能源、水、土地消耗强度，大力发展循环经济，促进生产、流通、消费过程的减量化、再利用、资源化。要实施重大生态修复工程，增强生态产品生产能力，同时以解决损害群众健康突出环境问题为重点，坚持预防为主、综合治理，强化水、大气、土壤等污染防治。要牢固树立生态红线的观念，划定并严守生态红线，建立健全资源生态环境管理制度，建立和实行严格的责任追究制度，实行最严密的法治和最严格的生态环境保护制度。要加强生态文明宣传教育，增强全民节约意识、环保意识、生态意识，营造爱护生态环境的良好风气。总之，要清醒认识加强生态文明建设的重要性和必要性，清醒认识保护生态环境、治理环境污染的紧迫性和艰巨性，切实把生态文明建设放到现代化建设全局的突出地位，把生态文明理念深刻融入经济建设、政治建设、文化建设、社会建设各方面和全过程，“以对人民群众、对子孙后代高度负责的态度和责任，真正下决心把环境污染治理好、把生态环境建设好，努力走向社会主义生态文明新时代，为人民创造良好生产生活环

---

① 《习近平谈治国理政》，外文出版社 2014 年版，第 211 页。

② 《习近平谈治国理政》，外文出版社 2014 年版，第 208–209 页。

境”①。

六、习近平治国理政思想的强军战略

在新的历史条件下治国理政，奋力推进中国特色社会主义伟大事业，实现全面建成小康社会奋斗目标并进而实现第二个百年目标和中华民族伟大复兴“中国梦”，不仅要全面推进社会主义经济建设、政治建设、文化建设、社会建设和生态文明建设，而且还必须加强国防和军队建设。富国和强军都是我国现代化建设的战略任务，都是发展中国特色社会主义、实现中华民族伟大复兴的重要基石。中共十八大以来，习近平着眼于坚持和发展中国特色社会主义、实现“两个一百年”奋斗目标和中华民族伟大复兴“中国梦”，对加强国防和军队建设做出一系列重要论述，不仅明确提出了在世界形势发生深刻复杂变化、我国全面建成小康社会进入决定性阶段新的历史条件下“建设一支听党指挥、能打胜仗、作风优良的人民军队”的强军目标，而且系统地阐明了如何才能“建设一支听党指挥、能打胜仗、作风优良的人民军队”的基本问题，为在新的历史起点上加快推进国防和军队现代化提供了根本遵循。

（一）党在新形势下的强军目标

党在新形势下的强军目标就是“建设一支听党指挥、能打胜仗、作风优良的人民军队”。“听党指挥是灵魂，决定军队建设的政治方向；能打胜仗是核心，反映军队的根本职能和军队建设的根本指向；作风优良是保证，关系军队的性质、宗旨、本色。全军要准确把握这一强军目标，用以统领军队建设、改革和军事斗争准备，努力把国防和军队建设提高到一个新水平。”② 要牢牢把握党在新形势下的强军目标，全面加强军队革命化现代化正规化建设，推动军事、政治、后勤、装备等各领域工作全面发展，不断提高军队建设整体水平，为建设一支听党指挥、能打胜仗、作风优良的人民军队而奋斗。

（二）铸牢听党指挥这个强军之魂

坚决听党指挥是强军之魂，必须毫不动摇坚持党对军队的绝对领导，任何时候任何情况下都坚决听党的话、跟党走。“保证党对军队的绝对领导，关系我军性质和宗旨、关系社会主义前途命运、关系党和国家长治久安，是我军的立军之本和建军之魂。”③ “要铸牢听党指挥这个强军之魂，坚持党对军队绝对领导的根

---

① 《习近平谈治国理政》，外文出版社 2014 年版，第 208 页。

② 《习近平谈治国理政》，外文出版社 2014 年版，第 220 页。

③ 《习近平谈治国理政》，外文出版社 2014 年版，第 215-216 页。

本原则和人民军队的根本宗旨不动摇，确保部队绝对忠诚、绝对纯洁、绝对可靠，一切行动听从党中央和中央军委指挥。”① 为此，要始终把思想政治建设摆在军队各项建设首位，使坚持党对军队的绝对领导在官兵思想中深深扎根，确保全军在任何时候任何情况下都坚决听从党中央、中央军委指挥；要坚持党要管党、从严治党，加强军队党的建设，确保党从思想上、政治上、组织上牢牢掌握部队；要坚持从政治上考察和使用干部，确保枪杆子始终掌握在忠于党的可靠的人手中；要严肃政治纪律和组织纪律，坚决维护党中央、中央军委权威，确保政令军令畅通。

（三）扭住能打仗、打胜仗这个强军之要

能打仗、打胜仗是强军之要。要扭住能打仗、打胜仗这个强军之要，“坚持用打仗的标准推进军事斗争准备，不断强化官兵当兵打仗、带兵打仗、练兵打仗思想，坚持从实战需要出发从难从严训练部队，坚持以军事斗争准备为龙头带动现代化建设，全面提高部队以打赢信息化条件下局部战争能力为核心的完成多样化军事任务能力”②。要大力培养联合作战指挥人才、信息化建设管理人才和导弹专业技术人才，为完成军事斗争任务提供坚强人才保证。要牢固树立战斗力这个唯一的根本的标准，按照“能打仗、打胜仗”的要求搞建设、抓准备，不断提高部队实战化水平，确保部队招之即来、来之能战、战之必胜。

（四）夯实依法治军、从严治军这个强军之基

依法治军、从严治军是强军之基。“厉行法治、严肃军纪，是治军带兵的铁律，也是建设强大军队的基本规律。”③ 要不折不扣落实依法治军、从严治军方针，培养部队严守纪律、令行禁止、步调一致的良好作风，确保部队高度集中统一和安全稳定。“要坚持依法治军、从严治军，推进管理理念、机制、方法手段创新，提高管理科学化、规范化、法制化水平。”④ 要加大依法治军、从严治军力度，坚持以纪律建设为核心，着力增强法规制度执行力，坚决杜绝有法不依、执法不严、违法不究的现象。作风优良是我军的鲜明特色和政治优势。要加强部队作风建设，“把改进作风贯彻到军队建设和管理每个环节，真正在求实、务实、落实上下功夫，夯实依法治军、从严治军这个强军之基，保持人民军队长期形成

① 《习近平谈治国理政》，外文出版社 2014 年版，第 220 页。

② 《习近平谈治国理政》，外文出版社 2014 年版，第 218–219 页。

③ 《习近平关于全面依法治国论述摘编》，中央文献出版社 2015 年版，第 116 页。

④ 《习近平在空军机关调研时强调　加快建设一支空天一体攻防兼备的强大人民空军　为实现中国梦强军梦提供坚强力量支撑》，《人民日报》2014 年 4 月 15 日。

的良好形象”[①]。

（五）发挥政治工作对强军兴军的生命线作用

革命的政治工作是革命军队的生命线。在新的历史条件下，要深刻认识我军政治工作的重要地位和重大作用，正视军队建设特别是思想政治建设方面存在的突出问题，紧紧围绕我军政治工作的时代主题（“实现中华民族伟大复兴的中国梦，为实现党在新形势下的强军目标提供坚强政治保证”），加强和改进新形势下我军政治工作，充分发挥政治工作对强军兴军的生命线作用。加强和改进新形势下我军政治工作，当前最紧要的是“把四个带根本性的东西立起来”，即“把理想信念在全军牢固立起来”“把党性原则在全军牢固立起来”“把战斗力标准在全军牢固立起来”“把政治工作威信在全军牢固立起来”；同时重点做到“五个着力抓好”，即“着力抓好铸牢军魂工作”“着力抓好高中级干部管理”“着力抓好作风建设和反腐败斗争”“着力抓好战斗精神培育”“着力抓好政治工作创新发展”[②]。

（六）坚持始终把工作重心放在基层

“实现强军目标，基础在基层，活力也在基层。各级领导机关要把工作重心放在基层，形成抓基层的强大合力。”[③] 要强化强基固本思想，牢固树立大抓基层的鲜明导向，扎实打基础，反复抓落实，推动基层建设全面进步、全面过硬。“要始终把工作重心放在基层，把部队建设和战斗力的基础打得更加牢固。”[④] 为此，要坚持扭住党的组织抓基层，切实加强基层党组织建设，配强基层党委、支部班子，增强党组织创造力、凝聚力、战斗力，强化管党员、管干部的职能，把基层党组织建设成为坚强战斗堡垒；要坚持扭住战备训练抓基层，以作战的方式训练、以训练的方式作战，深入开展岗位练兵、比武竞赛等活动，加强战斗精神培育，推进强军文化建设，激励和引导官兵争做有灵魂、有本事、有血性、有品德的革命军人；要坚持扭住官兵主体抓基层，尊重官兵主体地位和首创精神，尊重基层的工作安排权、人员使用权、财物支配权，增强基层内生动力和工作主动性，紧紧依靠官兵把基层建设好，同时要关心关爱基层官兵，为基层办实事、办

---

① 《习近平谈治国理政》，外文出版社 2014 年版，第 221 页。

② 《全军政治工作会议在古田召开　习近平出席会议并发表重要讲话强调　发挥政治工作对强军兴军的生命线作用　为实现党在新形势下的强军目标而奋斗》，《人民日报》2014 年 11 月 2 日。

③ 《习近平在视察驻昆明部队时强调　着力推动强军目标在基层落地生根》，《人民日报》2015 年 1 月 23 日。

④ 《习近平谈治国理政》，外文出版社 2014 年版，第 219 页。

好事，想方设法为基层排忧解难，增强部队凝聚力和向心力，最大限度激发官兵履行使命的积极性和创造性；要坚持扭住厉行法治抓基层，把依法治军作为基层建设的基本方式确立起来，按照条令条例规范基层建设，培养部队令行禁止、步调一致的严明纪律，保持部队战备、训练、工作、生活的正规秩序。

（七）加强军委自身建设、提高军委工作水平

加强军队建设也有一个军委自身建设的问题。军委是军队的最高领导机构。如何把军队各项建设不断向前推进，实现党在新形势下的强军目标，对军委的战略思维、领导水平、指挥能力、作风形象是一个历史性考验。因此，必须加强军委自身建设、提高军委工作水平，做到“听党指挥、政治坚定”“善谋打仗、能打胜仗”“开拓进取、改革创新”“求真务实、真抓实干”“廉洁自律、风清气正”①。

（八）深化改革，走强军兴军的必由之路

“深化国防和军队改革是实现中国梦、强军梦的时代要求，是强军兴军的必由之路，也是决定军队未来的关键一招。”② 要着眼于贯彻新形势下政治建军的要求，推进领导掌握部队和高效指挥部队有机统一，形成军委管总、战区主战、军种主建的格局；着眼于深入推进依法治军、从严治军，抓住治权这个关键，构建严密的权力运行制约和监督体系；着眼于打造精锐作战力量，优化规模结构和部队编成，推动我军由数量规模型向质量效能型转变；着眼于抢占未来军事竞争战略制高点，充分发挥创新驱动发展作用，培育战斗力新的增长点；着眼于开发、管理、用好军事人力资源，推动人才发展体制改革和政策创新，形成人才辈出、人尽其才的生动局面；着眼于贯彻军民融合发展战略，推进跨军地重大改革任务，推动经济建设和国防建设融合发展。要按照“四个全面”战略布局要求，以党在新形势下的强军目标为引领，贯彻新形势下军事战略方针，全面实施改革强军战略，着力解决制约国防和军队建设的体制性障碍、结构性矛盾、政策性问题，推进军队组织形态现代化，进一步解放和发展战斗力，进一步解放和增强军队活力，建设同我国国际地位相称、同国家安全和发展利益相适应的巩固国防和强大军队，为实现“两个一百年”奋斗目标和中华民族伟大复兴的中国梦提供

---

① 《中央军委召开专题民主生活会　对照检查中央和军委有关作风建设规定落实情况　研究提出进一步加强作风建设措施　习近平主持会议并发表重要讲话》，《人民日报》2013 年 7 月 9 日。

② 《习近平在中央军委改革工作会议上强调　全面实施改革强军战略　坚定不移走中国特色强军之路》，《人民日报》2015 年 11 月 27 日。

坚强力量保证。

七、习近平治国理政思想的对外战略

我国的改革开放和社会主义现代化建设始终是在复杂多变的国际环境下进行的。当前，国际形势继续发生深刻复杂变化。世界各国相互联系日益紧密、相互依存日益加深，遍布全球的众多发展中国家、几十亿人口正在努力走向现代化，和平、发展、合作、共赢的时代潮流更加强劲。同时，天下仍很不太平，发展问题依然突出，全球治理机制有待进一步完善。在新的历史条件下治国理政，奋力推进中国特色社会主义伟大事业，实现全面建成小康社会奋斗目标并进而实现第二个百年奋斗目标和中华民族伟大复兴中国梦，不仅要着力搞好国内的改革发展稳定，而且还要确立和实施科学的对外战略，努力做好外交工作，构建合理的新型国际关系，为国内的改革开放和社会主义现代化建设营造和平稳定的国际环境。中共十八大以来，面对纷繁复杂的国际形势、加速演变的世界格局，以习近平为核心的新一届中央领导集体大手笔布局，全方位推进中国特色大国外交，一个承前启后的外交新格局全面展开，中国加快走向世界舞台中心。习近平不仅出访足迹实现全球覆盖，而且就坚持走和平发展道路、倡导人类命运共同体意识、建立以合作共赢为核心的新型国际关系做出一系列重要论述，构成了习近平治国理政思想中的重要内容——对外战略思想。

（一）实现我们的奋斗目标需要和平的国际环境

当今世界是一个不断变革的世界，是一个国际体系和国际秩序深度调整的世界，同时也是一个国际力量对比不断变化的世界。国际形势的发展变化，既给我们带来了发展机遇，也给我们带来了严峻挑战。面向未来，中国已经确定了明确的战略目标，即“两个一百年”奋斗目标和中华民族伟大复兴中国梦。中国的发展离不开世界。“实现我们的奋斗目标，必须有和平国际环境。没有和平，中国和世界都不可能顺利发展；没有发展，中国和世界也不可能有持久和平。”①中华民族是爱好和平的民族，中国是个负责任的国家。我们要努力把自己的事情办好，同时也要处理好中国和外部世界的关系，既争取更加有利的外部环境，也努力为世界和平与发展做出更大贡献。但这首先需要有和平的国际环境。“中国需要和平，就像人需要空气一样，就像万物生长需要阳光一样。只有坚持走和平发展道路，只有同世界各国一道维护世界和平，中国才能实现自己的目标，才能

---

① 《习近平谈治国理政》，外文出版社 2014 年版，第 248 页。

为世界做出更大贡献。”[①]

（二）坚定不移地坚持走和平发展道路

走和平发展道路，既是中国对国际社会关注中国发展走向的回应，更是中国人民对实现自身发展目标的自信和自觉；既是几千年来中华民族热爱和平的文化传统的传承和发展，也是中国人民从近代以后苦难遭遇中得出的必然结论。我们的和平发展道路来之不易，是中华人民共和国成立以来特别是改革开放以来，中国共产党经过艰辛探索和不断实践逐步形成的，是根据时代发展潮流和我国根本利益做出的战略抉择，是从历史、现实、未来的客观判断中得出的结论，是思想自信和实践自觉的有机统一。在长期实践中，我们提出和坚持了和平共处五项原则，确立和奉行了独立自主的和平外交政策，并向世界做出了永远不称霸、永远不搞扩张的庄严承诺。我们将坚定不移走和平发展道路，坚定不移奉行互利共赢的开放战略，坚定不移促进世界和平与发展。为此，要加强战略思维，增强战略定力，更好统筹国内国际两个大局，坚持开放的发展、合作的发展、共赢的发展，通过争取和平国际环境发展自己，又以自身发展维护和促进世界和平，不断提高我国综合国力，不断让广大人民群众享受到和平发展带来的利益，不断夯实走和平发展道路的物质基础和社会基础。当然，我们坚持走和平发展道路也有底线，就是坚决维护国家核心利益。“我们要坚持走和平发展道路，但决不能放弃我们的正当权益，决不能牺牲国家核心利益。任何外国不要指望我们会拿自己的核心利益做交易，不要指望我们会吞下损害我国主权、安全、发展利益的苦果。”[②] 中国走和平发展道路，其他国家也都要走和平发展道路，只有各国都走和平发展道路，各国才能共同发展，国与国才能和平相处，和平发展道路才能走得通。

（三）积极拓展和深化中国外交战略布局

为维护中国和平发展的外部环境，中国坚持全方位和平外交的总体战略思路，高举和平、发展、合作、共赢的旗帜，坚持在和平共处五项原则的基础上同各国友好相处，积极开展多方面的交流合作，坚持在不结盟原则的前提下广交朋友，形成遍布全球的伙伴关系网络。大国是影响世界和平的决定性力量，“要切实运筹好大国关系，构建健康稳定的大国关系框架”[③]，既要扩大同发展中大国的合作，也要改善和发展同发达国家关系，拓宽合作领域，妥善处理分歧，加强

① 《习近平谈治国理政》，外文出版社 2014 年版，第 266 页。

② 《习近平谈治国理政》，外文出版社 2014 年版，第 249 页。

③ 《中央外事工作会议在京举行　习近平发表重要讲话》，《人民日报》2014 年 11 月 30 日。

战略对话，共同努力构建不冲突、不对抗、互相尊重、合作共赢的新型大国关系。广大发展中国家是我国走和平发展道路的同路人，“要切实加强同发展中国家的团结合作，把我国发展与广大发展中国家共同发展紧密联系起来”[①]，增进政治互信，加强务实合作，不断提升整体合作水平。周边国家对我国具有极为重要的战略意义，“要切实抓好周边外交工作，打造周边命运共同体，秉持亲诚惠容的周边外交理念，坚持与邻为善、以邻为伴，坚持睦邻、安邻、富邻，深化同周边国家的互利合作和互联互通”[②]。多边外交是中国外交的重要舞台，“要切实推进多边外交，推动国际体系和全球治理改革，增加我国和广大发展中国家的代表性和话语权”[③]。同时，要切实加强务实合作，积极推进“一带一路”建设，努力寻求同各方利益的汇合点，通过务实合作促进合作共赢。要切实落实好正确义利观，做好对外援助工作，真正做到弘义融利。要切实维护我国海外利益，不断提高保障能力和水平，加强保护力度。

（四）推动建立以合作共赢为核心的新型国际关系

一方面，当今世界，和平、发展、合作、共赢的时代潮流更加强劲，“各国相互联系、相互依存的程度空前加深，人类生活在同一个地球村里，生活在历史和现实交汇的同一个时空里，越来越成为你中有我、我中有你的命运共同体”。另一方面，我们也非常清楚地看到，“人类依然面临诸多难题和挑战，国际金融危机深层次影响继续显现，形形色色的保护主义明显升温，地区热点此起彼伏，霸权主义、强权政治和新干涉主义有所上升，军备竞争、恐怖主义、网络安全等传统安全威胁和非传统安全威胁相互交织，维护世界和平、促进共同发展依然任重道远”[④]。因此，我们一定要牢牢抓住和平与发展两大问题，积极顺应和平、发展、合作、共赢的时代潮流，坚持各国相互尊重、平等相待，坚持合作共赢、共同发展，坚持实现共同、综合、合作、可持续的安全，坚持不同文明兼容并蓄、交流互鉴，推动构建以合作共赢为核心的新型国际关系，推动国际秩序和国际体系朝着更加公正合理的方向发展，推动建设人类命运共同体，更好造福世界各国人民。

（五）推动全球治理体制向着更加公正合理方向发展

全球治理体制变革正处在历史转折点上。国际力量对比发生深刻变化，新兴

---

① 《中央外事工作会议在京举行　习近平发表重要讲话》，《人民日报》2014 年 11 月 30 日。

② 《中央外事工作会议在京举行　习近平发表重要讲话》，《人民日报》2014 年 11 月 30 日。

③ 《中央外事工作会议在京举行　习近平发表重要讲话》，《人民日报》2014 年 11 月 30 日。

④ 《习近平谈治国理政》，外文出版社 2014 年版，第 272 页。

市场国家和一大批发展中国家快速发展，国际影响力不断增强，是近代以来国际力量对比中最具革命性的变化。数百年来列强通过战争、殖民、划分势力范围等方式争夺利益和霸权逐步向各国以制度规则协调关系和利益的方式演进。现在，世界上的事情越来越需要各国共同商量着办，建立国际机制、遵守国际规则、追求国际正义成为多数国家的共识。经济全球化深入发展，把世界各国利益和命运更加紧密地联系在一起，形成了你中有我、我中有你的利益共同体。很多问题不再局限于一国内部，很多挑战也不再是一国之力所能应对，全球性挑战需要各国通力合作来应对。“随着全球性挑战增多，加强全球治理、推进全球治理体制变革已是大势所趋。这不仅事关应对各种全球性挑战，而且事关给国际秩序和国际体系定规则、定方向；不仅事关对发展制高点的争夺，而且事关各国在国际秩序和国际体系长远制度性安排中的地位和作用。”① 要推动变革全球治理体制中不公正不合理的安排，推动国际经济金融组织切实反映国际格局的变化，推动各国在国际经济合作中权利平等、机会平等、规则平等，推进全球治理规则民主化、法治化，努力使全球治理体制更加平衡地反映大多数国家意愿和利益。要推动建设国际经济金融领域、新兴领域、周边区域合作等方面的新机制、新规则，推动建设和完善区域合作机制。全球治理体制变革离不开理念的引领，全球治理规则体现更加公正合理的要求离不开对人类各种优秀文明成果的吸收。“要推动全球治理理念创新发展，积极发掘中华文化中积极的处世之道和治理理念同当今时代的共鸣点，继续丰富打造人类命运共同体等主张，弘扬共商共建共享的全球治理理念。”② 要审时度势，努力抓住机遇，妥善应对挑战，统筹国际国内两个大局，推动全球治理体制向着更加公正合理方向发展，为我国发展和世界和平创造更加有利的条件。

八、习近平治国理政思想的价值立场

任何一个执政党都以不同的方式进行治国理政，但每一个执政党的治国理政实践及治国理政理念却会有很大甚至根本的区别，其中最大的区别就在于价值立场不同以及由此所决定的治国理政的价值主体和价值目标的不同。通俗地说，也就是“为了谁”和“依靠谁”的问题，就是根本立场所决定的根本目的和依靠

---

① 《习近平在中共中央政治局第二十七次集体学习时强调　推动全球治理体制更加公正更加合理为我国发展和世界和平创造有利条件》，《人民日报》2015 年 10 月 14 日。

② 《习近平在中共中央政治局第二十七次集体学习时强调　推动全球治理体制更加公正更加合理为我国发展和世界和平创造有利条件》，《人民日报》2015 年 10 月 14 日。

力量的问题。马克思主义政党的根本立场就是人民立场，其治国理政的实践和理念必然坚持以人民为价值主体，以实现人民利益为价值取向和价值目标。中共十八大以来，以习近平为核心的新一届中央领导集体治国理政，奋力推进中国特色社会主义伟大事业，为实现全面建成小康社会奋斗目标并进而实现第二个百年奋斗目标和中华民族伟大复兴中国梦而奋斗，贯彻其中的就是坚持人民主体地位，坚持发展为了人民、发展依靠人民、发展成果由人民共享的以人民为中心的理念和思想。习近平对此有很多重要论述，不仅从总体上反复强调要牢固树立和践行以人民为中心的发展理念、发展思想，而且要求各方面的工作都要坚持以人民为中心的工作导向，深刻揭示了以习近平为核心的新一届中央领导集体治国理政的根本目的和依靠力量。

（一）治国理政的客体是属于人民的

治国理政的客体即所“治”之“国”、所“理”之“政”，以及通过“治”“理”所要推进的事业。在当代中国，治国理政所“治”之“国”即中国特色社会主义之“国”——中华人民共和国；所“理”之“政”即中国特色社会主义之“政”——中国人民之政；通过“治”“理”所要推进的事业即中国人民的事业——中国特色社会主义事业。这里，无论是“国”和“政”，还是中国特色社会主义事业，其主体或主人从根本上都是人民，即都是属于人民的。在旧中国，人民一直处于被剥削、被压迫的地位。中国人民在中国共产党的领导下，经过28年浴血奋战，夺取了新民主主义革命的胜利。中华人民共和国的成立，使中国人民成为国家、社会和自己命运的主人，实现了中国向人民民主制度的伟大跨越。因此，“我们必须坚持国家一切权力属于人民，坚持人民主体地位，支持和保证人民通过人民代表大会行使国家权力”①。改革开放以来，中国人民又在中国共产党的领导下，开创和发展了中国特色社会主义。中国特色社会主义是亿万人民自己的事业，是造福人民的美好事业。所以说，在当代中国，特别是在新时期新阶段，治国理政的客体本质上是属于人民的。

（二）治国理政的权利是由人民赋予的

治国理政是执政党和政府的行为，这种行为当然是凭借一定的权力即治国理政的权力实施的。坚持以人民为中心的思想，坚持人民主体地位，坚持发展为了人民、发展依靠人民、发展成果由人民共享，从根本上说是因为治国理政的权力是由人民赋予的。“马克思主义权力观，概括起来是两句话：权为民所赋，权为

① 《十八大以来重要文献选编》（中），中央文献出版社2016年版，第55页。

民所用。前一句话指明了权力的根本来源和基础，后一句话指明了权力的根本性质和归宿。”① 中国特色社会主义是近代以来中国社会发展的必然选择，是历史和人民的选择。在中国特色社会主义道路上实现中华民族伟大复兴，是无比壮丽的崇高事业，需要一代又一代中国共产党人带领人民接续奋斗。今天，历史的接力棒传到了以习近平为代表当代中国共产党人手里。在新的历史条件下治国理政，推进中国特色社会主义事业，这是历史和人民既赋予的重任，同时也是人民赋予的权力。既然我们的权力是人民赋予的，那就只能用来为人民做事、为人民谋利。因此，中国共产党之所以提出“要健全权力运行制约和监督体系”，强调“有权必有责，用权受监督，失职要问责，违法要追究”，就是为了“保证人民赋予的权力始终用来为人民谋利益”②。

（三）治国理政的目的是为人民谋利益

在新的历史条件下治国理政，推进中国特色社会主义事业，实现“两个一百年”奋斗目标和中华民族伟大复兴中国梦，根本目的就是为人民谋利益。中国共产党是中国工人阶级的先锋队，同时是中国人民和中华民族的先锋队，是中国特色社会主义事业的领导核心，代表中国先进生产力的发展要求、中国先进文化的前进方向和中国最广大人民的根本利益。90 多年来，我们党栉风沐雨、历经坎坷，虽然不同时期的工作任务不尽相同，但全心全意为人民服务的根本宗旨始终如一。“我们的人民热爱生活，期盼有更好的教育、更稳定的工作、更满意的收入、更可靠的社会保障、更高水平的医疗卫生服务、更舒适的居住条件、更优美的环境，期盼孩子们能成长得更好、工作得更好、生活得更好。人民对美好生活的向往，就是我们的奋斗目标。”③ 根据这一奋斗目标，“检验我们一切工作的成效，最终都要看人民是否真正得到了实惠，人民生活是否真正得到了改善，这是坚持立党为公、执政为民的本质要求，是党和人民事业不断发展的重要保证”④。这种积极回应和庄严承诺，体现我们党对人民的尊重，体现了我们党以人为本、执政为民的理念和全心全意为人民服务的不变宗旨，也指明了在新的历史条件下治国理政的根本目标和方向。

（四）治国理政的使命要靠人民来实现

中国特色社会主义既是中国人民的事业，也是中国共产党所领导的事业。坚

---

① 习近平：《领导干部要树立正确的世界观权力观事业观》，《学习时报》2010 年 9 月 6 日。
② 《十八大以来重要文献选编》（上），中央文献出版社 2014 年版，第 92 页。
③ 《十八大以来重要文献选编》（上），中央文献出版社 2014 年版，第 70 页。
④ 习近平：《全面贯彻落实党的十八大精神要突出抓好六个方面工作》，《求是》2013 年第 1 期。

持和发展中国特色社会主义是一项长期的历史任务，需要一代又一代的中国共产党人为之不懈奋斗。在新的历史起点上坚持和发展中国特色社会主义，既是当代中国共产党人的历史使命，更是中共十八大赋予以习近平为核心的新一届中央领导集体治国理政的历史使命。但是，坚持和发展中国特色社会主义是一项极其艰巨的事业，仅仅靠中国共产党自身的力量是根本不可能完成的。人民群众是党的力量源泉和胜利之本，坚持和发展中国特色社会主义，实现“两个一百年”奋斗目标和中华民族伟大复兴中国梦，必须依靠全国各族人民。只有坚持以人民为中心，尊重人民的主体地位，发挥人民首创精神和主人翁作用，使人民的积极性和创造力竞相迸发，才能把中国特色社会主义伟大事业不断推向前进，实现当代中国共产党人的历史使命。

（五）治国理政的成效要由人民来评价

在新的历史条件下治国理政，坚持和发展中国特色社会主义，全部工作的出发点和落脚点就是全心全意为人民谋利益，不断实现好、维护好、发展好最广大人民的根本利益。在整个改革开放和社会主义现代化建设的过程中，都必须努力使工人、农民、知识分子和其他群众共同享受到经济社会发展的成果，使他们不断获得实实在在的物质文化利益。治国理政的成效究竟怎么样，最终也是要由人民来检验和评价的。检验和评价的根本标准就是人民的根本利益是否实现了以及实现的程度。是否促进经济社会发展、是否给人民群众带来实实在在的获得感，是改革成效的评价标准，同时也是治国理政成效的评价标准。所以，习近平强调：“在前进道路上，我们一定要始终实现好、维护好、发展好最广大人民根本利益，让改革发展成果更多更公平惠及人民。”① 唯有如此，才能获得广大人民的充分肯定和真心拥护。

① 习近平：《在庆祝“五一”国际劳动节暨表彰全国劳动模范和先进工作者大会上的讲话》，《人民日报》2015 年 4 月 29 日。

第三章
中国特色社会主义理论体系的基本特点

2007 年 10 月，中共十七大第一次明确提出了“中国特色社会主义理论体系”这个科学概念，并对中国特色社会主义理论体系作了简明而深刻的阐述。胡锦涛在中共十七大报告明确指出：“中国特色社会主义理论体系，就是包括邓小平理论、‘三个代表’重要思想以及科学发展观等重大战略思想在内的科学理论体系。这个理论体系，坚持和发展了马克思列宁主义、毛泽东思想，凝结了几代中国共产党人带领人民不懈探索实践的智慧和心血，是马克思主义中国化最新成果，是党最可宝贵的政治和精神财富，是全国各族人民团结奋斗的共同思想基础。中国特色社会主义理论体系是不断发展的开放的理论体系。《共产党宣言》发表以来近 160 年的实践证明，马克思主义只有与本国国情相结合、与时代发展同进步、与人民群众共命运，才能焕发出强大的生命力、创造力、感召力。在当代中国，坚持中国特色社会主义理论体系，就是真正坚持马克思主义。”[①] 这一重要论述，不仅阐明了中国特色社会主义理论体系的主要内容、历史地位、指导意义，而且也间接地点出了这个科学理论体系的主要特点。从根本上说，中国特色社会主义是具有鲜明的时代性与实践性、人民性与民族性、传承性与创新性、系统性与开放性的当代中国马克思主义。

---

① 《十七大以来重要文献选编》（上），中央文献出版社 2009 年版，第 9 页。

第一节　时代性与实践性

马克思主义是随着时代和实践的发展而发展的科学。马克思去世后的100多年来，列宁去世后的90多年来，世界发生了巨大的变化；毛泽东去世后的中国也发生了并在继续发生着迅速而深刻的变化。因此，真正的马克思主义者必须根据现在的情况，坚持、继承和发展马克思主义。中国特色社会主义理论体系就是以邓小平为核心的中共第二代中央领导集体、以江泽民为核心的中共第三代中央领导集体和以胡锦涛为总书记的党中央，在新的历史条件下运用马克思主义的基本立场、观点和方法，研究新情况、解决新问题，以新的思想、观点继承和发展马克思主义所形成的科学理论体系。中共十八大以来，以习近平为核心的党中央高举中国特色社会主义伟大旗帜，在新历史起点上奋力推进中国特色社会主义伟大事业，提出和形成了一系列治国理政新理念新思想新战略，为中国特色社会主义理论体系增添了新内容。这个理论体系，是马克思主义基本原理与当代中国实际和时代特征相结合的产物，是对我国改革开放和社会主义现代化建设实践经验的系统总结和理论概括，因而具有鲜明的时代性和实践性。

一、时代性

马克思主义是时代的产物。顺应时代，应时而生，因时而变，是马克思主义的本质特征，也是马克思主义不断创新发展的基本规律。中国特色社会主义理论体系深刻体现了马克思主义这种本质特征和发展规律。

在和平与发展成为时代主题的大背景下，中国共产党在1978年召开了具有重大历史意义的十一届三中全会，开启了改革开放历史新时期。中共十七大报告指出："改革开放是党在新的时代条件下带领人民进行的新的伟大革命，目的就是要解放和发展社会生产力，实现国家现代化，让中国人民富裕起来，振兴伟大的中华民族；就是要推动我国社会主义制度自我完善和发展，赋予社会主义新的生机活力，建设和发展中国特色社会主义；就是要在引领当代中国发展进步中加强和改进党的建设，保持和发展党的先进性，确保党始终走在时代前列。"[①] 在

① 《十七大以来重要文献选编》（上），中央文献出版社2009年版，第5－6页。

新的历史条件下，以邓小平为核心的中共第二代中央领导集体、以江泽民为核心的中共第三代中央领导集体、以胡锦涛为总书记的党中央和以习近平为核心的党中央，敏锐把握时代发展的脉搏和契机，紧紧抓住时代的本质特征，不断回答和深化时代提出的重大问题，体现了时代精神的精华，使马克思主义获得了新的时代内容。中国特色社会主义理论体系形成、丰富和发展的过程，深刻地反映了改革开放30多年来时代的新变化和新发展，深刻地反映了时代发展的潮流，充满了浓郁的时代气息。中国特色社会主义理论体系本身就是引领时代潮流的一面旗帜。

从中国特色社会主义理论体系的具体内容上来讲，这个理论体系的鲜明时代性还体现在很多方面。

（一）深刻揭示了当今时代的主题

世界形势在不断地发展变化。中共十一届三中全会以来，邓小平洞察变化了的国际形势及其发展趋势，明确提出了和平与发展是当代世界的两大主题这一极为重要的科学论断。他指出："现在世界上真正大的问题，带全球性的战略问题，一个是和平问题，一个是经济问题或者说发展问题。"[①] 和平与发展是相互联系的。维护和平是促进发展的前提，没有和平的国际环境，各类国家的经济发展都难以实现。同时，各国的发展和繁荣又是世界和平的有力保障。和平是前提，发展是核心。

过去，我们对战争与和平问题的看法，是多年来一直强调战争的危险，认为世界大战很快就要打起来，忽视发展生产力，忽视经济建设。中共十一届三中全会以来，邓小平以求实的科学态度，从战后的历史事实出发，对当代的战争与和平问题进行了冷静、深刻地分析，提出新的看法：人民是要求和平、反对战争的。世界和平力量的增长将超过战争力量的增长。全世界维护和平力量进一步发展，"在较长时间内不发生大规模的世界战争是有可能的，维护世界和平是有希望的"[②]。也就是说，从"总的国际局势"看，"争取比较长期的和平是可能的，战争是可以避免的"[③]。当然，这种和平局面并不巩固。要使和平局面有根本的保证，还有赖于和平力量的进一步发展。其中最为重要、最为紧迫的，就是要解决世界各国面临的经济发展问题。"如果下一个世纪50年里，第三世界包括中国

① 《邓小平文选》第3卷，人民出版社1993年版，第105页。
② 《邓小平文选》第3卷，人民出版社1993年版，第127页。
③ 《邓小平文选》第3卷，人民出版社1993年版，第233页。

有一个可喜的发展，整个欧洲有一个可喜的发展，我看那个时候可以真正消除战争的危险。”①

邓小平关于和平与发展是当代世界的两大主题的科学论断，是我们党和国家确立对内对外政策的重要依据。中共十一届三中全会以来，我们制定一心一意搞建设的方针，就是建立在这样一个科学判断的基础之上的。我们在制定国内一心一意搞建设这个方针的同时，也调整了对外政策，就是“反对霸权主义，维护世界和平。我们把争取和平作为对外政策的首要任务。争取和平是世界人民的要求，也是我们搞建设的需要。没有和平环境，搞什么建设！”②

冷战结束后，世界的力量组合和利益格局发生新的深刻变化，世界多极化不可逆转，经济全球化深入发展，科技革命加速推进，全球和区域合作方兴未艾。和平与发展仍是当今时代的主题，求和平、谋发展、促合作已经成为不可阻挡的时代潮流。正是基于这样的科学判断，以江泽民为核心的中共第三代中央领导集体和以胡锦涛同志为总书记的党中央，继续坚持了中共十一届三中全会以来的基本内外政策。中共十八大以来，国际形势虽然继续发生深刻复杂变化，但和平与发展的时代的主题并没有变。因此，以习近平为核心的党中央在治国理政实践中虽然提出和形成了一系列新理念新思想新战略，但在坚持中共十一届三中全会以来的基本内外政策方面，并没有发生变化。

（二）紧紧扣住了当今时代的主题

正是基于对当今时代主题的科学揭示，中国特色社会主义理论体系一方面反复强调要奉行独立自主的和平外交政策，致力于反对霸权主义、维护世界和平；另一方面又始终强调要紧紧抓住有利时机，聚精会神搞建设、一心一意谋发展。

早在1975年3月，邓小平第一次复出并主持党和国家日常工作不久，就不顾当时险恶的政治环境，提出“全党讲大局，把国民经济搞上去”，“把我国建设成为具有现代农业、现代工业、现代国防和现代科学技术的社会主义强国”③。“文化大革命”结束以后，邓小平第二次复出，率先提出要把党和国家工作的中心转移到现代化经济建设上来。特别是中共十一届三中全会以来，他对中国现代化的发展道路、发展阶段、根本任务、发展动力、外部条件、政治保证、战略步骤等一系列基本问题，进行了卓有成效的探索，并取得了极其重要的成果，创立了邓小平理论。

---

① 《邓小平文选》第3卷，人民出版社1993年版，第233页。

② 《邓小平文选》第3卷，人民出版社1993年版，第116-117页。

③ 《邓小平文选》第2卷，人民出版社1994年版，第4页。

关于现代化建设的根本任务，邓小平明确指出：把我们的工作着重点转到社会主义经济建设这方面来，建设现代化的社会主义强国，这是我们的总路线和总任务。我们从20世纪80年代的第一年开始，就必须一天也不耽误，专心致志地、聚精会神地搞四个现代化建设，决不允许再分散精力。现代化建设的任务是多方面的，各个方面需要综合平衡，不能单打一。但是说到最后，还是要把经济建设当作中心。离开了经济建设这个中心，就有丧失物质基础的危险。其他一切任务都要服从这个中心，围绕这个中心，决不能干扰它，冲击它。现在要横下心来，除了爆发大规模战争外，就要始终如一地、贯彻始终地搞这件事，一切围绕着这件事，不受任何干扰。就是爆发大规模战争，打仗以后也要继续干，或者重新干。我们全党全民要把这个雄心壮志牢固地树立起来，扭着不放，“顽固”一点，毫不动摇。

中共十三届四中全会以后，以江泽民为核心的中共第三代中央领导集体强调，时代的主题没有变。中共十一届三中全会确定以经济建设为中心，这是我们党在深刻总结历史经验基础上做出的战略决策，实践已经充分证明这个决策是完全正确的。经济是基础，解决中国的所有问题，归根到底要靠经济的发展。从这个意义上说，集中力量把经济搞上去，实现中国的现代化，本身就是最大的政治。所以，无论形势发生怎样的变化，除了发生大规模的外敌入侵，坚持以经济建设为中心，这一条是绝对不能动摇的。

中共十六大以后，以胡锦涛为总书记的党中央进一步强调：当今世界正处在大变革大调整之中。和平与发展仍然是时代主题。以经济建设为中心是兴国之要。必须坚持把发展作为党执政兴国的第一要务。要牢牢扭住经济建设这个中心，坚持聚精会神搞建设、一心一意谋发展，不断解放和发展社会生产力。既通过维护世界和平发展自己、又通过自身发展维护世界和平。

中共十八大以来，以习近平为核心的党中央也一再强调，当前，国际和地区形势正在发生深刻复杂变化。但“和平与发展依然是时代主题，求和平、谋发展、促合作依然是各国人民共同愿望”①。我们既要“从世界和平与发展的大义出发，贡献处理当代国际关系的中国智慧，贡献完善全球治理的中国方案，为人类社会应对21世纪的各种挑战做出自己的贡献”②；又要始终坚持以经济建设为中心，集中精力把经济建设搞上去、把人民生活搞上去。“只要国内外大势没有

① 习近平：《让中塔友好像雄鹰展翅》，《人民日报》2014年9月11日。

② 习近平：《在德国科尔伯基金会的演讲》，《人民日报》2014年3月30日。

发生根本变化，坚持以经济建设为中心就不能也不应该改变。这是坚持党的基本路线100年不动摇的根本要求，也是解决当代中国一切问题的根本要求。”①

（三）明确确立了“赶上时代”的目标

“我们要赶上时代。”这一目标是由作为中共第二代领导集体核心的邓小平所确立并为此后中共历代、历届中央领导集体所始终坚持的。

邓小平在领导我国改革开放和社会主义现代化建设的过程中，既从中国的实际出发，又把目光投向世界，把中国的改革开放和社会主义现代化建设置于世界的大环境、大坐标中加以考察，以确定中国发展的方向和目标。“赶上时代”，就是邓小平所确立的中国发展的重要目标。这一目标在邓小平理论中占有重要的地位。

邓小平曾明确指出：现在的世界是开放的世界，中国的发展离不开世界，“现在世界突飞猛进，科技领域更是如此，中国有句老话叫‘日新月异’，真是这种情况。我们要赶上时代，这是改革要达到的目的”②。为了赶上时代，邓小平一再强调“要抓住时机，发展自己”。他说：“抓住时机，发展自己，关键是发展经济。现在，周边一些国家和地区经济发展比我们快，如果我们不发展或发展得太慢，老百姓一比较就有问题了。所以，能发展就不要阻挡，有条件的地方要尽可能搞快点，只要是讲效益，讲质量，搞外向型经济，就没有什么可以担心的。低速度就等于停步，甚至等于后退。”③ 而后退是没有出路的。

也正是从世界经济和科技迅速发展的形势及我们要赶上时代的目标出发，邓小平特别强调发展科技和教育的极端重要性。他明确指出，我们要实现现代化，关键是科学技术要能上去。发展科学技术，不抓教育不行。靠空讲不能实现现代化，必须有知识，有人才。不仅如此，邓小平还提出了“科学技术是第一生产力”的重要论断，并反复强调要“尊重知识、尊重人才”，要把发展科技和教育摆在我们发展战略的“第一位”；强调“中国必须发展自己的高科技，在世界高科技领域占有一席之地”；强调“教育要面向现代化，面向世界，面向未来”，等等。他确信，经过努力，我们完全有能力把教育搞上去，提高我们的科学技术水平，培养出数以亿计的各类人才。有了人才优势，再加上先进的社会主义制度，我们的目标就有把握达到。

---

① 《习近平谈治国理政》，外文出版社2014年版，第153页。

② 《邓小平文选》第3卷，人民出版社1993年版，第242页。

③ 《邓小平文选》第3卷，人民出版社1993年版，第375页。

中共十三届四中全会以后，以江泽民为核心的中共第三代中央领导集体集中全党的智慧，创立了“三个代表”重要思想，强调代表中国先进生产力的发展要求、代表中国先进文化的前进方向、代表中国最广大人民的根本利益，从一定意义上讲，也是为了使我们国家尽快“赶上时代”。

“三个代表”重要思想强调，党要承担起推动中国社会进步的历史责任，必须始终紧紧抓住发展这个执政兴国的第一要务，把坚持党的先进性和发挥社会主义制度的优越性，落实到发展先进生产力、发展先进文化、实现最广大人民的根本利益上来，推动社会全面进步，促进人的全面发展。紧紧把握住这一点，就从根本上把握了人民的愿望，把握了社会主义现代化建设的本质，就能使“三个代表”重要思想不断落实，使党的执政地位不断巩固，使强国富民的要求不断得到实现。

中国特色社会主义是靠发展来不断巩固和推进的。社会主义要强大，体现优越性，关键在发展。江泽民反复强调：“发展是硬道理，这是我们必须始终坚持的一个战略思想。”① 特别是我国这样一个发展中大国，能不能解决好发展问题，直接关系人心向背、事业兴衰。离开发展，坚持党的先进性、发挥社会主义制度的优越性和实现民富国强都无从谈起。

我们正面对着世界经济和科技前所未有的大发展，也面对着前所未有的激烈的国际竞争。这是一场全球范围的大竞争，任何国家、任何民族都回避不了。在这场竞争中，就如同逆水行舟，不进则退。只有加快发展，增强经济实力，提高综合国力，才能在风云变幻的国际局势中处于主动地位，立于不败之地。抓住机遇，开拓进取，奋力在这场大竞争中取得主动，发展壮大自己，是我们党对国家、对民族、对人民必须肩负起来的历史责任。

紧紧抓住发展这个执政兴国的第一要务，党才能实现新世纪的历史使命。发展必须集中力量把经济搞上去。发展要善于抓住机遇，珍惜机遇，用好机遇。能不能抓住机遇、加快发展，是一个国家、一个民族赢得主动、赢得优势的关键所在。江泽民深刻分析了我们党和国家面临的新形势，敏锐地指出，综观全局，21世纪头20年，对我国来说，是一个必须紧紧抓住并且可以大有作为的重要战略机遇期。一定要有主动精神和忧患意识，抓住机遇而不可丧失机遇，开拓进取而不可因循守旧，集中全党全国人民的智慧和力量，聚精会神搞建设，一心一意谋发展。

---

① 《江泽民文选》第3卷，人民出版社2006年版，第118页。

中共十六大以后，以胡锦涛为总书记的党中央提出科学发展观等一系列重大战略思想，强调第一要义是发展，核心是以人为本，基本要求是全面协调可持续，根本方法是统筹兼顾，精神实质是实现经济社会又好又快发展，同样是为了实现“赶上时代”的目标。

中共十八大以来，以习近平为核心的党中央，提出和形成一系列治国理政新理念新思想新战略，包括围绕坚持和发展中国特色社会主义这个主题，实现“两个一百年”奋斗目标和中华民族伟大复兴中国梦，协调推进“四个全面”战略布局、牢固树立和践行“五大发展理念”、统筹推进“五位一体”总体布局等，也同样是为了实现“赶上时代”的目标。

二、实践性

马克思主义作为工人阶级及其政党的科学世界观和方法论，具有极强的实践性。所以马克思、恩格斯和列宁都反复强调，他们的理论是发展着的理论，这种理论不是教条，而是行动的指南。中国特色社会主义理论体系是马克思主义中国化的最新成果，从其根本性质上来说，它属于马克思主义。因而同马克思主义一样，中国特色社会主义理论体系也是一个作为行动指南的实践性很强的科学理论体系。这个科学理论体系产生于党和人民事业发展的实践中，又随着实践的发展而不断丰富和发展完善。

作为马克思主义中国化最新成果，中国特色社会主义理论体系是改革开放和社会主义现代化建设伟大实践的理论结晶。从尊重群众、尊重实践，始终把改革开放的实践经验和人民群众的首创精神作为发展中国特色社会主义的根本依据，把人民群众的创造性实践作为马克思主义基本原理同当代中国实际相结合的逻辑起点；到始终紧密结合中国特色社会主义迈向21世纪的新的社会实践，充分反映当代世界和中国的发展变化对党和国家工作的新要求；再到始终适应改革发展关键阶段社会实践的新发展、新变化，深入探索和科学揭示经济社会发展与现代化建设规律，等等，无不深刻体现着中国特色社会主义理论体系的鲜明实践性。可以说，实践性贯穿中国特色社会主义理论体系形成和发展的全过程，人民群众的社会实践是中国特色社会主义理论体系充满生机和活力的根本源泉，来自于实践又指导实践是中国特色社会主义理论体系的鲜明特征。

（一）适应实践发展的需要而产生

马克思、恩格斯说过：“一切划时代的体系的真正的内容都是由于产生这些体系的那个时期的需要而形成起来的。”[①] 中国特色社会主义理论体系当然也是如此。它不是凭空产生的，而是由于新的历史时期我国社会主义现代化建设的实践需要才形成和发展起来的。

“什么是社会主义、怎样建设社会主义”，是邓小平在领导我国改革开放和社会主义现代化建设这一新的伟大革命过程中，不断提出和反复思考的首要的基本的理论问题，也是邓小平理论所要回答和解决的根本问题。

100 多年前，马克思和恩格斯从对资本主义社会矛盾的分析中创立了自己的社会主义理论——科学社会主义，使社会主义从空想变成了科学，并且开始了在科学社会主义旗帜下的社会主义运动。但是，这并不意味着后来的聚集在这个旗帜下的人们就一劳永逸地解决了社会主义的本质和发展道路的问题。科学社会主义从理论变成在一国和多国建设社会主义的实践，是一个非常复杂艰难的过程。在这个过程中，人们对社会主义的本质和发展道路的认识，还要在实践中具体把握，在实践中不断探索，在实践中接受检验，在实践中向前发展。也正是从这个意义上说，我们对“什么是社会主义，怎样建设社会主义”这个问题的认识，亦即对社会主义的本质和发展道路的认识，是既清楚又不完全清楚的。

苏联是第一个建设社会主义的国家。在苏联建设社会主义的过程中，逐渐形成了关于什么是社会主义、怎样建设社会主义的一系列理论观念和一整套体制模式。长期以来，这些观念和模式被认为是完全正确和唯一正确的，社会主义似乎就体现为苏联这个样子。事实上，正如邓小平所说：“社会主义究竟是个什么样子，苏联搞了很多年，也并没有完全搞清楚。”[②] 中华人民共和国建立初期，也曾“照搬苏联社会主义的模式，带来很多问题。我们很早就发现了，但没有解决好”[③]。再加上我们指导思想上的错误和工作上的失误，使得我国的社会主义建设走了相当曲折的道路。

社会主义改造基本完成以后，中国共产党在领导全国各族人民开展全面的大规模的社会主义建设的实践中，由于领导社会主义建设事业的经验不多，党的领导有主观主义的偏差，“文化大革命”前就有过把阶级斗争扩大化和在经济建设上急躁冒进的错误，后来又发生了“文化大革命”这样全局性、长时间的严重错误，使党、国家和人民遭到新中国成立以来最严重的挫折和损失。粉碎“四人

---

① 《马克思恩格斯全集》第 3 卷，人民出版社 1956 年版，第 544 页。

② 《邓小平文选》第 3 卷，人民出版社 1993 年版，第 139 页。

③ 《邓小平文选》第 3 卷，人民出版社 1993 年版，第 261 页。

帮”的胜利虽然宣告了“文化大革命”的结束，但并不意味着我们已经解决了建设社会主义的道路问题。事实上，由于巨大的历史惯性，当时的中国社会仍在过去“左”的轨道上继续滑行着。因此，如何根据国际国内条件的变化和正反两方面的历史经验确立中国社会主义现代化建设的正确道路，就成为亿万人民十分关切的重大问题，成为关系党和国家前途命运的一个重大课题。

所以邓小平指出：“我们冷静地分析了中国的现实，总结了经验，肯定了从建国到 1978 年 30 年的成绩很大，但做的事情不能说都是成功的。我们建立的社会主义制度是个好制度，必须坚持。我们马克思主义者过去闹革命，就是为社会主义、共产主义崇高理想而奋斗。……但问题是什么是社会主义，如何建设社会主义。我们的经验教训有许多条，最重要的一条，就是要搞清楚这个问题。”① 我国社会主义在改革开放前所经历的曲折和失误，归根到底就在于对这个问题没有完全搞清楚；改革开放以来在前进中遇到的一些犹疑和困惑，归根到底也在于对这个问题没有完全搞清楚。

搞清楚什么是社会主义、如何建设社会主义，这是实践给中国共产党人提出的重大理论课题，也是一个重大实践课题。中共十一届三中全会以来，以邓小平为代表的当代中国共产党人，坚持解放思想、实事求是的思想路线，紧紧围绕这个重大的基本问题，在总结 1949 年以后正反两方面经验的基础上，在研究国际经验和世界形势的基础上，提出了“建设有中国特色的社会主义”的历史命题，开始找到了中国自己的建设道路，创立了以建设中国特色社会主义为主题的邓小平理论。

邓小平理论是中国特色社会主义理论体系的开创之作，是最基础的重要组成部分。中国特色社会主义理论体系的主题也是由邓小平理论的主要创立者邓小平所确立的。所以说，中国特色社会主义理论体系是适应我国社会主义现代化建设的实践需要而产生的。

（二）在实践的基础上形成和发展

中国特色社会主义理论体系的形成，是基于对中国特色社会主义实践经验的总结；中国特色社会主义理论体系的发展，是中国特色社会主义实践推动的结果。

中国特色社会主义理论体系是在改革开放和社会主义现代化建设新时期形成和发展起来的，从一定意义上说，它是对改革开放以来社会主义建设新的实践经

① 《邓小平文选》第 3 卷，人民出版社 1993 年版，第 116 页。

验的总结。就改革开放以来社会主义建设新的实践经验而言，胡锦涛在中共十七大报告中总结和概括了 10 条："把坚持马克思主义基本原理同推进马克思主义中国化结合起来，把坚持四项基本原则同坚持改革开放结合起来，把尊重人民首创精神同加强和改善党的领导结合起来，把坚持社会主义基本制度同发展市场经济结合起来，把推动经济基础变革同推动上层建筑改革结合起来，把发展社会生产力同提高全民族文明素质结合起来，把提高效率同促进社会公平结合起来，把坚持独立自主同参与经济全球化结合起来，把促进改革发展同保持社会稳定结合起来，把推进中国特色社会主义伟大事业同推进党的建设新的伟大工程结合起来"①。这 10 条宝贵经验，实际上也就是中国特色社会主义理论体系形成和发展的实践基础和现实依据。

具体而言，由于中国特色社会主义理论体系所包括的几大理论成果形成于不同的阶段，因而各个具体理论成果形成和发展的实践基础和现实依据也会有所不同。首先，邓小平理论主要是对中共十一届三中全会以来至中共十四大之前我国社会主义建设的新鲜经验进行科学总结的成果。我国这十多年改革开放和社会主义现代化建设的实践经验，是邓小平理论形成的实践基础和现实依据。

其次，"三个代表"重要思想主要是对改革开放、特别是中共十三届四中全会以来至中共十六大我国社会主义建设的新鲜经验进行科学总结的成果。改革开放以来特别是中共十三届四中全会以来党和人民建设中国特色社会主义实践经验和党的自身建设的新形势、新任务、新要求，是"三个代表"重要思想形成的实践基础和现实依据。

再次，科学发展观主要是对改革开放、特别是中共十六大以来至中共十八大我国社会主义建设的新鲜经验进行科学总结的成果。改革开放以来、特别是中共十六大以来党和人民推进中国特色社会主义伟大事业的实践经验和我国经济社会发展的新形势、新任务、新要求，是科学发展观形成的实践基础和现实依据。

最后，习近平治国理政思想主要是对改革开放、特别是中共十八大以来我国社会主义建设的新鲜经验进行科学总结的成果。改革开放以来、特别是中共十八大以来党和人民进行具有许多新的历史特点的伟大斗争、推进中国特色社会主义伟大事业、推进党的建设新的伟大工程的实践经验和实现"两个一百年"奋斗目标、实现中华民族伟大复兴中国梦的新形势、新任务、新要求，是习近平治国理政思想形成的实践基础和现实依据。

---

① 《十七大以来重要文献选编》（上），中央文献出版社 2009 年版，第 8 页。

（三）指导实践并接受实践检验

中国特色社会主义理论体系是适应我国社会主义实践发展的需要而产生的，是在我国改革开放和社会主义现代化建设的伟大实践中形成和发展的。当代中国共产党人创立中国特色社会主义理论体系，既是要把马克思主义、特别是中国化的马克思主义不断推向前进，更重要的是要用来指导我国改革开放和社会主义现代化建设的实践，推动中国特色社会主义事业的发展，实现中华民族的伟大复兴。当然，中国特色社会主义理论体系的正确性、科学性，也要在我国改革开放和社会主义现代化建设实践中得到检验和证明。

关于中国特色社会主义理论体系形成、发展、指导实践并接受实践检验的大体过程，中共十七大报告曾作了简要回顾与总结：

首先，改革开放伟大事业，是以邓小平为核心的中共第二代中央领导集体带领全党全国各族人民开创的。面对十年“文化大革命”造成的危难局面，中共第二代中央领导集体坚持解放思想、实事求是，以巨大的政治勇气和理论勇气，科学评价毛泽东和毛泽东思想，彻底否定“以阶级斗争为纲”的错误理论和实践，做出把党和国家工作中心转移到经济建设上来、实行改革开放的历史性决策，确立社会主义初级阶段基本路线，吹响走自己的路、建设中国特色社会主义的时代号角，创立邓小平理论，指引全党全国各族人民在改革开放的伟大征程上阔步前进。

其次，改革开放伟大事业，是以江泽民为核心的中共第三代中央领导集体带领全党全国各族人民继承、发展并成功推向21世纪的。从中共十三届四中全会到十六大，受命于重大历史关头的中共第三代中央领导集体，高举邓小平理论伟大旗帜，坚持改革开放、与时俱进，在国内外政治风波、经济风险等严峻考验面前，依靠党和人民，捍卫中国特色社会主义，创建社会主义市场经济新体制，开创全面开放新局面，推进党的建设新的伟大工程，创立“三个代表”重要思想，继续引领改革开放的航船沿着正确方向破浪前进。

再次，中共十六大以来，以胡锦涛为总书记的党中央领导集体以邓小平理论和“三个代表”重要思想为指导，顺应国内外形势发展变化，抓住重要战略机遇期，发扬求真务实、开拓进取精神，坚持理论创新和实践创新，着力推动科学发展、促进社会和谐，完善社会主义市场经济体制，创立了科学发展观，在全面建设小康社会实践中坚定不移地把改革开放伟大事业继续推向前进。

中共十八大以来，以习近平为核心的党中央领导集体，自觉高举中国特色社会主义伟大旗帜，以邓小平理论、“三个代表”重要思想和科学发展观为指导，科学把握当今世界和当代中国发展大势，坚持以我国改革开放和社会主义现代化建设的实际问题、以我们正在做的事情为中心，着眼于马克思主义理论的运用，着眼于对实际问题的理论思考，着眼于新的实践和新的发展，科学运筹、谋篇布局，形成了治国理政新理念新思想新战略，开创了治国理政新境界和中国特色社会主义事业新局面。

实践是检验真理的唯一标准，中国特色社会主义理论体系的科学性、真理性，已被改革开放30年来的实践所证明。

第二节　人民性与民族性

人民性与民族性是中国特色社会主义理论体系的一个突出特点。如果说人民性主要反映了这一理论体系的根本立场，那么，民族性则更多地体现了这一理论体系的中国特色。

一、人民性

中国特色社会主义理论体系的人民性，根源于马克思主义的历史观，根源于科学社会主义的价值观，根源于中国共产党的性质和宗旨。中国特色社会主义理论体系的核心是以人为本。以人为本是一种历史观、价值观和方法论，对于中国共产党来说，更是一种新的执政理念、指导方针和重要原则。坚持以人为本，是中国共产党“全心全意为人民服务”根本宗旨的集中体现，是“三个代表”重要思想的集中体现。中国共产党是中国工人阶级的先锋队，同时是中国人民和中华民族的先锋队，是中国特色社会主义事业的领导核心，代表中国先进生产力的发展要求，代表中国先进文化的前进方向，代表中国最广大人民的根本利益。全心全意为人民服务，是中国共产党的唯一宗旨。党除了工人阶级和最广大人民群众的利益，没有自己特殊的利益。党在任何时候都应把群众利益放在第一位，同群众同甘共苦，保持最密切的联系，坚持权为民所用、情为民所系、利为民所谋。正是中国共产党这一性质和宗旨，决定了她的理论成果——中国特色社会主义理论体系，必然具有深刻的人民性特征。

中国特色社会主义理论体系的人民性主要表现在以下几个方面：

（一）以人民为实践和价值主体

马克思主义认为，历史是由人民群众创造的，人民群众是历史的主人，是社会物质财富和精神财富的创造者，是推动社会前进的根本力量。特别是在社会主义国家，人民是国家的主人，是决定国家前途和命运的根本力量。建设中国特色社会主义，是我国各族人民实现自己利益、创造美好生活的共同事业，是亿万人民群众广泛参与的创造性事业。人民群众不仅是实践主体，而且是价值主体。党来自于人民，代表最广大人民的根本利益，并带领人民前进。人民群众是党的力量源泉和胜利之本。任何时候我们都必须坚持尊重社会发展规律与尊重人民历史主体地位的一致性，坚持为崇高理想奋斗与为最广大人民谋利益的一致性，坚持完成党的各项工作与实现人民利益的一致性。

邓小平强调社会主义要致力于发展社会生产力，使人民不断增长的物质文化生活需要能够逐步得到满足。正确的政治领导的成果，归根结底要表现在社会生产力的发展上，人民物质文化生活的改善上。要根据现在的有利条件加速发展社会生产力，使人民的物质生活好一些，使人民的文化生活、精神面貌好一些。

江泽民把“代表中国最广大人民的根本利益”作为“三个代表”重要思想的出发点和落脚点，强调建设中国特色社会主义全部工作的出发点和落脚点，就是全心全意为人民谋利益，不断实现好、维护好、发展好最广大人民的根本利益。要求各级干部要处处以党和人民的利益为重，以人民群众为本，在全心全意为人民谋利益方面创造出新的气象。

胡锦涛强调科学发展观的核心是以人为本，要始终把实现好、维护好、发展好最广大人民的根本利益作为党和国家一切工作的出发点和落脚点，尊重人民主体地位，发挥人民首创精神，保障人民各项权益，走共同富裕道路，促进人的全面发展，做到发展为了人民、发展依靠人民、发展成果由人民共享。

习近平强调坚持以人民为中心的发展思想，把增进人民福祉、促进人的全面发展、朝着共同富裕方向稳步前进作为发展的出发点和落脚点，坚持发展为了人民，发展依靠人民，发展成果由人民共享，不断增进人民福祉、促进社会公平正义，反映了坚持人民主体地位的内在要求，彰显了人民至上的价值取向，确立了治国理政必须始终坚持的基本原则。

（二）以实现人民利益为目标

中国特色社会主义理论体系是以坚持和发展中国特色社会主义为主题的，它的价值目标是与社会主义的价值目标相一致的，同时也是与这一科学理论体系的价值主体相统一的，其价值目标就是最大限度地实现最广大人民的根本利益。

共同富裕是人民的根本利益所在。邓小平强调，社会主义的本质，是解放生产力，发展生产力，消灭剥削，消除两极分化，最终达到共同富裕。解放生产力，发展生产力，是为了最终达到共同富裕。消灭剥削，消除两极分化，也是为了最终达到共同富裕。“社会主义的目的就是要全国人民共同富裕，不是两极分化。”① “我们坚持走社会主义道路，根本目标是实现共同富裕。”② “鼓励一部分地区、一部分人先富裕起来，也正是为了带动越来越多的人富裕起来，达到共同富裕的目的。”③

江泽民强调，贯彻“三个代表”重要思想，基本着眼点是要代表最广大人民的根本利益，正确反映和兼顾不同方面群众的利益，使全体人民朝着共同富裕的方向稳步前进。在整个改革开放和现代化建设的过程中，都要努力使工人、农民、知识分子和其他群众共同享受到经济社会发展的成果，使他们不断得到看得见的物质文化利益，从而使他们愈来愈深刻地认识到实行改革开放和实现社会主义现代化是祖国的富强之道，也是自己的富裕之道，也从而使他们更加自觉地为之共同奋斗。

胡锦涛强调，相信谁、依靠谁、为了谁，是否始终站在最广大人民的立场上，是区分唯物史观和唯心史观的分水岭，也是判断马克思主义政党的试金石。对于马克思主义执政党来说，坚持立党为公、执政为民，实现好、维护好、发展好最广大人民的根本利益，始终是最紧要的。“不断实现最广大人民的根本利益是我们党全部奋斗的最高目的。”④ 我们党领导人民进行改革开放和社会主义现代化建设的根本目的，就是要通过发展社会生产力，不断提高人民的物质文化生活水平，促进人的全面发展，不断实现好、维护好、发展好最广大人民的根本利益。

习近平强调，中国共产党代表着中国最广大人民的根本利益，在新的历史条件下治国理政，推进中国特色社会主义事业，实现“两个一百年”奋斗目标和中华民族伟大复兴中国梦，根本目的就是要实现好、维护好、发展好最广大人民的根本利益。“我们的人民热爱生活，期盼有更好的教育、更稳定的工作、更满意的收入、更可靠的社会保障、更高水平的医疗卫生服务、更舒适的居住条件、更优美的环境，期盼孩子们能成长得更好、工作得更好、生活得更好。人民对美好生活的向往，就是我们的奋斗目标。”⑤

---

① 《邓小平文选》第3卷，人民出版社1993年版，第110－111页。

② 《邓小平文选》第3卷，人民出版社1993年版，第155页。

③ 《邓小平文选》第3卷，人民出版社1993年版，第142页。

④ 《十六大以来重要文献选编》（上），中央文献出版社2005年版，第369－370页。

⑤ 《十八大以来重要文献选编》（上），中央文献出版社2014年版，第70页。

（三）以人民赞成为检验尺度

中国共产党“始终坚持人民的利益高于一切”，“以最广大人民的根本利益为最高标准”。党的一切活动，都必须以人民群众“拥护不拥护”“赞成不赞成”“高兴不高兴”“答应不答应”，作为制定方针政策的根本依据，作为从事领导工作的根本立场，作为衡量工作成效的根本标准。这一点也深刻地反映、贯穿和体现在中国特色社会主义理论体系之中。

邓小平强调要把“是否有利于发展社会主义社会的生产力，是否有利于增强社会主义国家的综合国力，是否有利于提高人民的生活水平”①，作为检验一切工作、特别是检验一切改革得失成败的根本标准；把是否符合最大多数人的根本利益，以及广大人民群众是否拥护和赞成，作为我们党的路线、方针、政策变与不变的根本标准。

江泽民强调，只有人民，才是我们工作价值的最高裁决者。“党的全部任务和责任，就是为人民谋利益，团结和带领人民群众为实现自己的根本利益而奋斗。在任何时候、任何情况下，党的一切工作和方针政策，都要以是否符合最广大人民群众的利益为最高衡量标准。这是我们观察和处理问题的一个根本原则。”②

胡锦涛强调，党的一切奋斗和工作都是为了造福人民，党的全部任务和责任，归根到底都是为了实现好、维护好、发展好最广大人民的根本利益。“要坚持把人民拥护不拥护、赞成不赞成、高兴不高兴、答应不答应作为制定各项方针政策的出发点和落脚点”③、“作为制定政策的依据”④，用来衡量我们的一切决策和工作。

习近平强调，党的根基在人民、党的力量在人民，要以人民利益为最高准则来开展领导工作，“把人民放在心中最高位置，坚持全心全意为人民服务的根本宗旨，实现好、维护好、发展好最广大人民根本利益，把人民拥护不拥护、赞成不赞成、高兴不高兴、答应不答应作为衡量一切工作得失的根本标准”⑤。

同时，中国特色社会主义理论体系的人民性，还体现在这一理论体系的形成上。邓小平作为邓小平理论的主要创立者、江泽民作为“三个代表”重要思想

① 《邓小平文选》第3卷，人民出版社1993年版，第372页。
② 《江泽民文选》第2卷，人民出版社2006年版，第262页。
③ 《胡锦涛文选》第3卷，人民出版社2016年版，第445页。
④ 《胡锦涛文选》第3卷，人民出版社2016年版，第479页。
⑤ 习近平：《在庆祝中国共产党成立95周年大会上的讲话》，《人民日报》2016年7月2日。

的主要创立者、胡锦涛作为科学发展观的主要创立者、习近平作为习近平治国理政思想的创立者，对中国特色社会主义理论体系的形成和发展做出了历史性的重大贡献。他们之所以能够成为邓小平理论、“三个代表”重要思想、科学发展观和习近平治国理政思想的主要创立者，最根本的一点就是因为他们始终尊重实践、尊重群众，时刻关注最广大人民的利益和愿望，善于概括群众的经验和创造。无论是作为整体的中国特色社会主义理论体系，还是作为这个理论体系的几大重要成果的邓小平理论、“三个代表”重要思想、科学发展观和习近平治国理政思想，其本身都是坚持“从群众中来，到群众中去”，善于吸收人民的智慧，尊重人民的创造力的结果。

二、民族性

中国特色社会主义理论体系是当代中国共产党人把马克思主义基本原理同当代中国改革开放和社会主义现代化建设的具体实际相结合的产物，是马克思主义中国化的最新成果。民族性是这种结合的必然要求，也必然是在这种结合中所形成的理论成果——中国特色社会主义理论体系的一个重要特征。

中国特色社会主义理论体系的民族特性，是指它既坚持了科学社会主义的基本原则，又具有鲜明的“中国气派”和“中国风格”。在中国曾经这样一个经济文化比较落后的东方大国建设和发展社会主义，没有现成的答案，没有固定的模式，只能从我国长期处于社会主义初级阶段的实际出发进行实践探索，建设和发展中国特色社会主义。中国特色社会主义是马克思主义基本原理同当代中国实际相结合的产物，它深深扎根于中国大地，散发着中国这块土壤的浓郁气息。中国特色社会主义理论体系的民族特性，还表现为它不仅是基于中国改革开放和社会主义现代化建设的伟大实践而做出的理论创造，是当代中国建设、改革与发展实践的理论升华，而且是中华民族智慧、民族精神、民族文化的当代传承，是马克思主义与中华民族优秀文化传统的有机结合，同时注意吸收借鉴世界各民族文化的优秀成果。

中共十七大报告明确指出，中国特色社会主义既坚持科学社会主义原则，又根据时代特征和中国实际，赋予其鲜明的中国特色。中国特色社会主义理论体系是马克思主义中国化最新理论成果，马克思主义中国化要求其理论形态的表达形式用中华民族的话语方式来表达马克思主义与中国实践相结合的范畴、原理和规律。中国特色社会主义理论体系的这种民族性，具体表现在它从中国社会主义初级阶段的实际出发，用中国的话语系统，把科学社会主义创始人关于科学社会主义的基本原则，作了富有中国特色的理论表达。

例如科学社会主义关于在未来社会要发展社会生产力的原理，马克思和恩格斯在《共产党宣言》等著作中强调无产阶级建立自己的统治以后，要“尽可能快的增加生产力的总量”，把生产力的巨大增长和高度发展作为未来社会的重要特征。这一原理在中国特色社会主义理论体系中，被表述为“马克思主义最注重发展生产力”，“社会主义原则第一是发展生产”，“社会主义阶段的根本任务是发展生产力”，因此必须坚持“以经济建设为中心”。

在社会主义生产资料所有制问题上，马克思和恩格斯把生产资料从私有制转变为公有制视为社会主义最基本的特征。他们在《共产党宣言》中指出，“共产党人可以把自己的理论概括为一句话：消灭私有制”①。恩格斯认为，社会主义社会“同现存制度的具有决定意义的差别当然在于，在实行全部生产资料公有制（先是单个国家实行）的基础上组织生产”②。这一科学社会主义的基本原则在中国特色社会主义理论体系中，则表现为以公有制为主体、多种所有制经济共同发展的基本经济制度，以适应我国社会主义初级阶段生产力呈多层次分布的客观要求。

在分配制度上，马克思和恩格斯根据未来社会生产力的发展状况，认为只能实行按劳分配原则。这一基本原则在中国特色社会主义理论体系中，则表现为以按劳分配为主体、多种分配方式并存的分配制度，确立了劳动、资本、技术、管理等生产要素按贡献参与分配的原则，以此同我国现阶段基本经济制度相适应。

在经济体制和运行机制上，马克思和恩格斯认为，未来社会实行的是产品经济，商品和货币将从社会上消失。在中国特色社会主义理论体系中，则提出和确立了社会主义市场经济体制。市场经济体制和运行机制与社会主义的公有制得到了结合，这一重大创新突破了经典马克思主义的经济理论，极大地推动了中国经济的发展。

在国家政权上，马克思和恩格斯认为，无产阶级专政只存在于从资本主义进入社会主义的过渡时期，进入共产主义社会第一阶段后，国家将消亡。列宁发展了马克思主义的无产阶级专政学说，认为在共产主义第一阶段国家正在消亡，但还没有完全消亡。在中国特色社会主义理论体系中，强调无产阶级专政将存在于整个社会主义历史阶段，并且几代人、十几代人乃至几十代人都不能掉以轻心。无产阶级专政被命名为人民民主专政，更加鲜明地凸现出人民在国家政权中当家

① 《马克思恩格斯选集》第1卷，人民出版社1995年版，第286页。

② 《马克思恩格斯选集》第4卷，人民出版社1995年版，第693页。

作主的地位，表明政权具有民主和专政两个方面的职能和政权的民主性质，同时强调人民民主是社会主义的生命。

在社会意识形态上，马克思和恩格斯认为，“任何一个时代的统治思想始终都不过是统治阶级的思想”[①]，这表明在未来社会的第一阶段，工人阶级的意识形态和科学世界观——马克思主义必然是社会的统治思想。在中国特色社会主义理论体系中，坚持马克思列宁主义、毛泽东思想是四项基本原则之一。中共十七大报告又指出，中国特色社会主义理论体系“坚持和发展了马克思列宁主义、毛泽东思想”。“在当代中国，坚持中国特色社会主义理论体系，就是真正坚持马克思主义。”[②] 并且提出了一系列具体体现马克思主义指导地位的原则。

此外，马克思主义关于共产主义社会发展阶段，社会主义的本质特征，社会主义的领导力量，党的最低纲领和最高纲领的统一，科学技术是生产力，以及军事理论、党的学说等重要原理，在中国特色社会主义理论体系中，也都被赋予其鲜明的中国特色。

同时，中国特色社会主义理论体系还体现了鲜明的民族风格。中共十七大提出“大力推进理论创新，不断赋予当代中国马克思主义鲜明的实践特色、民族特色、时代特色”[③]；中共十八大进一步强调“要毫不动摇坚持、与时俱进发展中国特色社会主义，不断丰富中国特色社会主义的实践特色、理论特色、民族特色、时代特色”[④]。这里的“民族特色”也应包括语言表达方面的民族特色、民族风格。研读中共十一届三中全会以来作为中国特色社会主义理论体系载体的重要文献，特别是邓小平、习近平的许多系列重要讲话，我们会自然地感觉到这些讲话所体现的朴实自然的文风及鲜明的民族风格。很多讲话朴实生动、情真意切，深入浅出、富有哲理，广大干部群众愿意听、听得进、听得懂，是我们党优良文风的体现，为全党做出了示范。特别是诸如邓小平的“小康社会”“摸着石头过河”“发展是硬道理”“两手抓，两手都要硬”和习近平的“中国梦”“打铁还需自身硬”“‘老虎’、‘苍蝇’一起打”“鞋子合不合脚，自己穿了才知道”，等等，更是通俗形象接地气，既耳熟能详又深入人心，突出地反映了立足于中国传统文化的深厚土壤所表现出的民族特色、民族风格、民族气派。

---

① 《马克思恩格斯选集》第1卷，人民出版社1995年版，第292页。
② 《十七大以来重要文献选编》（上），中央文献出版社2009年版，第9页。
③ 《十七大以来重要文献选编》（上），中央文献出版社2009年版，第26页。
④ 《十八大以来重要文献选编》（上），中央文献出版社2014年版，第11页。

第三节　继承性与创新性

任何一个科学的理论体系都是历史地形成和发展起来的，就其主要内容而言，无疑应该是由产生这些体系的那个时期的需要而形成起来的。但就其条件和机制而言，又都离不开这样两点：一是要以前人的实践经验和理论成果为基础；二是要有自己理论创造和创新。这也就是继承性与创新性。马克思主义具有继承性和创新性的特征，中国特色社会主义同样具有继承性和创新性的特点。

中国特色社会主义理论体系的继承性，主要表现为继承和发展了马克思列宁主义、毛泽东思想，同时也继承了世界历史文化成果特别是中华民族的优秀传统文化。中国特色社会主义理论体系创新性，主要是指它将马克思主义基本原理与不断发展着的实际相结合，把马克思主义基本原理创造性地运用于我国改革开放和社会主义现代化建设的伟大实践，在坚持中发展，在发展中坚持，不断进行新的理论创造，进一步丰富和发展了马克思主义，体现了突出的创造性，把继承性和创新性有机地结合起来了。

一、继承性

中国特色社会主义理论体系，坚持和发展了马克思列宁主义、毛泽东思想，是马克思主义中国化最新成果；在当代中国，坚持中国特色社会主义理论体系，就是真正坚持马克思主义。也就是说，中国特色社会主义理论体系是对马克思列宁主义、毛泽东思想的继承和发展；马克思列宁主义、毛泽东思想是中国特色社会主义理论体系形成的理论基础。

马克思主义是马克思、恩格斯在19世纪工人运动实践基础上，批判地继承了前人的优秀思想成果而创立的科学理论体系。列宁把马克思主义与帝国主义时代特征和俄国实际相结合，取得俄国十月社会主义革命的胜利并开始进行苏联社会主义建设的实践，从而创造性地丰富和发展马克思主义，把马克思主义推进到新的阶段——列宁主义阶段。马克思列宁主义揭示了人类社会历史发展的规律，它的基本原理是科学的真理，具有强大的生命力。中国共产党从诞生之日起就把马克思列宁主义确立为自己的指导思想。

以毛泽东为主要代表的中国共产党人，把马克思列宁主义的基本原理同中国革命的具体实践结合起来，创立了毛泽东思想。毛泽东思想是马克思列宁主义在中国的运用和发展，是被实践证明了的关于中国革命和建设的正确的理论原则和经验总结，是中国共产党集体智慧的结晶，也是我们党的指导思想。

中共十一届三中全会以来，作为中共第二代中央领导集体核心的邓小平、作为中共第三代中央领导集体核心的江泽民和以胡锦涛为总书记的党中央，集中全党智慧，相继创立了邓小平理论、“三个代表”重要思想和科学发展观，形成了中国特色社会主义理论体系。中共十八大以来，以习近平为核心的党中央，集中全党智慧，形成了习近平治国理政思想，进一步丰富和发展了中国特色社会主义理论体系。这个理论体系并没有丢“老祖宗”，没有离开马克思列宁主义、毛泽东思想，而是以马克思列宁主义、毛泽东思想为理论基础的，是对马克思列宁主义、毛泽东思想的继承和发展。

中国特色社会主义理论体系是对马克思列宁主义、毛泽东思想继承和发展的成果。正如邓小平所说：“我们搞改革开放，把工作重心放在经济建设上，没有丢马克思，没有丢列宁，也没有丢毛泽东。老祖宗不能丢啊！问题是要把什么叫社会主义搞清楚，把怎么样建设和发展社会主义搞清楚。”① “老祖宗不能丢”，最重要的是要坚持马克思列宁主义、毛泽东思想的基本原理，坚持辩证唯物主义和历史唯物主义的立场、观点、方法；“搞清楚”，最重要的是要澄清被搞乱的理论是非，要结合社会主义建设新的实践经验和新的时代要求，用新的思想观点发展马克思主义，说出一些老祖宗没有说过的符合客观实际的新话。中国特色社会主义理论体系正是在新的历史条件下把继承、坚持同发展、创新辩证地统一起来，使马克思主义在当代中国进入了新境界，达到了新高度。

在当代中国，马克思列宁主义、毛泽东思想、中国特色社会主义理论体系，是一脉相承的统一的科学体系。说它们是一脉相承的统一的科学体系，从根本上说，就在于它们有着共同的世界观和方法论——辩证唯物主义和历史唯物主义；有着共同的价值目标——维护和实现最广大人民的根本利益；有着共同的理论品格——与时俱进。中国特色社会主义理论体系是马克思主义与当代中国实际和时代特征相结合的产物，是马克思主义中国化的最新成果。在当代中国，坚持中国特色社会主义理论体系，就是真正坚持马克思列宁主义、毛泽东思想。

二、创新性

马克思主义是随着时代、实践和科学的发展而不断发展的，具有与时俱进的

---

① 《邓小平文选》第3卷，人民出版社1993年版，第369页。

理论品格。恩格斯曾明确指出：“我们的理论不是教条，而是对包含着一连串互相衔接的阶段的发展过程的阐明。”① 中国特色社会主义理论体系，正是在坚持马克思主义基本理论的基础上，对中国特色社会主义各个阶段的发展过程的研究和阐明的理论成果，同样具有与时俱进的理论品格和创新发展的鲜明特点。

创新是一个民族进步的灵魂，是一个国家兴旺发达的不竭动力，也是中华民族最深沉的民族禀赋。没有创新就没有发展。世界在变化，我国改革开放和现代化建设在推进，人民群众的伟大实践在发展，迫切要求我们党以马克思主义的理论勇气，把握时代发展脉搏，总结新的实践经验，借鉴当代人类文明的有益成果，在理论上不断打开新视野，做出新概括。只有这样，党的思想理论才能引导、鼓舞全党和全国人民把中国特色社会主义事业不断推向前进。实践基础上的理论创新是社会发展和变革的先导。通过理论创新推动制度创新、科技创新、文化创新以及其他各方面的创新，不断在实践中探索前进，永不自满，永不懈怠，这是我们要长期坚持的治党治国之道。坚持这一治党治国之道，就必须始终坚持解放思想、实事求是、与时俱进，在新的时代条件下把马克思主义基本原理同中国具体实际相结合，不断推进马克思主义中国化，不断在新的实践基础上推进理论创新，既不断取得马克思主义基本原理同中国具体实际相结合的新进展，不断丰富和发展马克思主义，从而也为我们的中国特色社会主义事业提供与时俱进的新的理论指导，指导我们把中国特色社会主义的伟大事业不断推向前进。

中国特色社会主义是一个不断开掘、逐步深化、演进升华的过程。中国共产党既不忘“老祖宗”，又敢于“讲新话”，在坚持中发展，在继承中创新，一脉相承又与时俱进，形成了推动中国特色社会主义发展的不竭动力。实践永无止境，创新永无止境。中国特色社会主义理论体系就是在建设和发展中国特色社会主义实践基础上的理论创新成果。中国特色社会主义理论体系是以建设和发展中国特色社会主义为主题的。什么是中国特色社会主义？简言之，就是“既坚持了科学社会主义的基本原则，又根据我国实际和时代特征赋予其鲜明的中国特色”② 的社会主义。用习近平的话说就是：“中国特色社会主义，是科学社会主义理论逻辑和中国社会发展历史逻辑的辩证统一，是根植于中国大地、反映中国人民意愿、适应中国和时代发展进步要求的科学社会主义。”③ 所以，我们“坚

---

① 《马克思恩格斯选集》第4卷，人民出版社1995年版，第680页。

② 《十七大以来重要文献选编》（上），中央文献出版社2009年版，第9页。

③ 《十八大以来重要文献选编》（上），中央文献出版社2014年版，第118页。

持马克思主义，坚持社会主义，一定要有发展的观点，又一定要以我国改革开放和现代建设的实际问题、以我们正在做的事情为中心，着眼于马克思主义理论的运用，着眼于对实际问题的理论思考，着眼于新的实践和新的发展”①。中国特色社会主义理论体系就是中国共产党人在不断解决我国改革开放和社会主义现代化建设中的重大问题、突出问题的实践中逐步形成和发展起来，是当代中国共产党人推进实践基础上的理论创新的伟大成果。

关于这一点，仅从中国特色社会主义理论体系的几大成果形成的实践中就能得到说明。中国特色社会主义理论体系的几大成果都形成于改革开放历史新时期。在这个历史新时期，我国正处于社会主义初级阶段的基本国情没有变，人民日益增长的物质文化需要同落后的社会生产之间的矛盾这一社会主要矛盾没有变，因而它们具有一个共同的主题，即建设和发展中国特色社会主义。但是，由于这几大理论成果是在改革开放的不同发展阶段形成的，而每一个发展阶段则必然具有不同的阶段性特征，因而在各个发展阶段所要解决的主要问题也就会有所不同。中国特色社会主义理论体系的几大成果，正是根据各个不同发展阶段的具体情况及所要解决的主要问题进行理论创新而形成的。

邓小平理论形成于拨乱反正和开始实行改革开放的阶段，即中国特色社会主义道路的开创阶段。当时，我们面对的是十年“文化大革命”造成的危难局面，当务之急是要拨乱反正，总结历史经验，重启对中国社会主义发展道路的探索。时代和实践给当时的中国共产党人提出的迫切需要解决的重大课题就是：什么是社会主义、怎样建设社会主义。通过探索，邓小平深刻地揭示了社会主义的本质，并在社会主义的发展道路、发展阶段、根本任务、发展动力、外部条件、政治保证、战略步骤、党的领导和依靠力量以及祖国统一等重大问题上形成了一系列相互联系的基本理论观点，创立了邓小平理论，初步回答了“什么是社会主义、怎样建设社会主义”这个首要的基本的理论问题。邓小平理论是对马克思列宁主义、毛泽东思想的继承、创新和发展，是当代中国的马克思主义。

以邓小平 1992 年初的南方谈话和中共十四大为标志，我国改革开放和社会主义现代化建设进入了一个新的阶段。在这个新的阶段，中国共产党所面临的国内外形势发生了广泛而深刻的变化，党的自身建设也存在这样那样一些问题。邓小平对中共第三代中央领导集体政治交代的一个重要内容就是：“常委会的同志

① 《十八大以来重要文献选编》（上），中央文献出版社 2014 年版，第 114 页。

要聚精会神地抓党的建设，这个党该抓了，不抓不行了。”[①] 当此之时，“建设一个什么样的党、怎样建设党”的问题凸显出来，迫切需要我们给予明确而科学的回答。经过长时间的探索和思考，江泽民在世纪之交提出了一系列新的重要思想理论观点，创立了“三个代表”重要思想，在邓小平理论的基础上进一步回答了“什么是社会主义、怎样建设社会主义”的问题，创造性地回答了“建设什么样的党、怎样建设党”的问题，深化了对中国特色社会主义的认识。“三个代表”重要思想是对马克思列宁主义、毛泽东思想和邓小平理论的继承、创新和发展。

进入新世纪、新阶段，我国发展呈现出一系列新的阶段性特征。各方面情况表明，经过中华人民共和国成立以来特别是改革开放以来的不懈努力，我国取得了举世瞩目的发展成就，从生产力到生产关系、从经济基础到上层建筑都发生了意义深远的重大变化；但是，在改革发展中也逐步暴露出一些新的矛盾和问题。时代和实践又给当代中国共产党人提出了“实现什么样的发展、怎样发展”这样一个重大课题。当此之时，以胡锦涛为总书记的党中央立足社会主义初级阶段基本国情，总结我国发展实践，借鉴国外发展经验，适应新的发展要求，提出了一系列新的重大战略思想，创立了科学发展观。科学发展观在进一步解决“什么是社会主义、怎样建设社会主义”和“建设什么样的党、怎样建设党”问题的基础上，着力解决了“实现什么样的发展、怎样发展”的问题，是对马克思列宁主义、毛泽东思想、邓小平理论和“三个代表”重要思想的继承、创新和发展。

中共十八大以来，中国的改革开放和现代化建设进入整体转型升级的关键历史时期。这一时期是全面建成小康社会的关键期，同时经济发展全面进入“新常态”，各项改革进入深水区和攻坚期，涉及各种利益关系的深度调整，其复杂性、敏感性和艰巨性前所未有。时代和实践昭示我们，必须告别先前那种修修补补的碎片化的改革思维，从未来中国社会发展的总体性、全面性战略高度来布局谋篇，确保社会发展的可持续性，这也就给当代中国共产党人进一步提出了“实现什么样的现代化、怎样实现现代化”这样一个重大课题。当此之时，以习近平为核心党中央领导集体，从坚持和发展中国特色社会主义全局出发，提出来一系列治国理政的新理念新思想新战略，形成了习近平治国理政思想。习近平治国理政思想在进一步解决“什么是社会主义、怎样建设社会主义”“建设什么样的党、

---

① 《邓小平文选》第3卷，人民出版社1993年版，第314页。

怎样建设党”和“实现什么样的发展、怎样发展”问题的基础上，着力解决了“实现什么样的现代化、怎样实现现代化”的问题，是对马克思列宁主义、毛泽东思想、邓小平理论、“三个代表”重要思想和科学发展观的继承、创新和发展。

总之，什么是社会主义、怎样建设社会主义，建设什么样的党、怎样建设党，实现什么样的发展、怎样发展，实现什么样的现代化、怎样实现现代化，这是在当代中国建设和发展中国特色社会主义必须清醒认识和科学回答的基本问题。中国特色社会主义理论体系紧紧围绕探索和回答这几大基本问题渐次展开，从实践到理论进行了卓有成效的创造，用一系列紧密联系、相互贯通的新思想、新观点、新论断，深化了对共产党执政规律、社会主义建设规律、人类社会发展规律的认识，极大丰富和发展了马克思主义，体现了中国共产党非凡的创造能力和强大的活力。中国特色社会主义理论体系是马克思主义中国化的最新成果，是马克思主义中国化的伟大创新。

在此还应特别提出的是，中共十七大明确提出了“中国特色社会主义理论体系”的科学概念，整合了改革开放以来我们党的几大理论创新成果，实现了理论体系的整体创新。

第四节　系统性与开放性

中国特色社会主义理论体系既是一个系统的理论体系，也是一个开放的理论体系。系统性和开放性的统一是中国特色社会主义理论体系的又一重要特点。

一、系统性

中国特色社会主义理论体系是一个系统的理论体系。首先，中国特色社会主义理论体系的系统性特点，表现为它是包括邓小平理论、“三个代表”重要思想、科学发展观以及习近平治国理政思想等在内的科学理论体系。构成这一科学理论体系的几大理论成果各自都是一个科学体系，但这些理论成果都是以坚持和发展中国特色社会主义为主题的，都是围绕着这个主题展开的，因而从更高的层次看，这些理论成果又是一个大的科学体系，几大理论成果都是这个大的科学理论体系的组成部分。

其次，中国特色社会主义理论体系的系统性特点，表现为它是系统地回答了“什么是社会主义、怎样建设社会主义”“建设什么样的党、怎样建设党”“实现什么样的发展、怎样发展”和“实现什么样现代化、怎样现实现代化”这几大基本问题的科学理论体系。中国特色社会主义理论体系的主题是坚持和发展中国特色社会主义，围绕这一主题，时代和实践提出了这几大基本问题。邓小平理论、“三个代表”重要思想、科学发展观以及习近平治国理政思想等这些理论成果对这几大基本问题的探索和回答虽然各有侧重，但他们都从不同的方面和层次探索和回答的这几大基本问题，并共同构成了这个科学理论体系的基本内容。

再次，中国特色社会主义理论体系的系统性特点，也表现为它在坚持和发展中国特色社会主义的诸多重大理论和实践问题上，形成了一系列独创性的重大理论观点，系统回答了在中国这样一个十几亿人口的发展中大国如何摆脱贫困、加快实现现代化、巩固和发展社会主义的一系列重大问题，是贯通哲学、政治经济学、科学社会主义等学科，涵盖社会主义经济建设、政治建设、文化建设、社会建设、生态文明建设和党的建设以及国防和军队现代化建设、祖国统一、外交和国际战略等各个领域，涉及改革发展稳定、内政外交国防、治党治国治军等各个方面的内涵丰富、思想深刻、系统科学的理论体系。

最后，中国特色社会主义理论体系的系统性特点，还表现为它作为新时期中国共产党创新理论的科学构架和系统整合，其结构合理、框架完整、脉络清晰、环环相扣、逻辑严谨、支撑严密。例如在反复强调走“中国特色社会主义道路”的同时，又提出了走“中国特色政治发展道路”“中国特色自主创新道路”“中国特色新型工业化道路”“中国特色农业现代化道路”“中国特色城镇化道路”，以一条伟大道路统领五条具体道路，以五条具体道路支撑和系统推进伟大道路。又如统筹城乡发展、区域发展、经济社会发展、人与自然和谐发展、国内发展和对外开放“五个统筹”与新提出的统筹国内和国际两个大局，统筹中央和地方关系，统筹个人利益和集体利益、局部利益和整体利益、当前利益和长远利益，体现了“统筹兼顾”多种重大关系的系统性、完整性。再如习近平治国理政思想所包含的“一个主题”（即坚持和发展中国特色社会主义）、“两个一百年”奋斗目标、“四个全面”战略布局、“五大发展理念”和“五位一体”总体布局等，也是一个科学、完整的系统。

二、开放性

中国特色社会主义理论体系虽然是一个系统的科学理论体系，具有系统性的特点，但这个系统并不是一个封闭的系统，而是一个开放的系统，因而又是一个开放的科学理论体系。

中国特色社会主义理论体系的开放性特点体现在这一理论体系的各个方面：

从纵向上来说，它既向历史开放，吸收和借鉴了前人创造的文明成果，特别是坚持和继承了马克思列宁主义、毛泽东思想，又向未来开放，立足现实，“面向未来”，着眼于发展；从横向上来说，它既立足于中国，主张“对内开放”，又“面向世界”，坚持“对外开放”；从内容上来说，它更具有多方面、多形式、多层次的“全方位”开放的特点。

（一）它是思想开放的产物

中国特色社会主义理论体系是思想开放的产物。解放思想是中国共产党实事求是思想路线的本质要求。思想解放也就是思想开放。解放思想，是中国特色社会主义理论体系的一个极其重要的观点，是这一理论体系形成的一个重要条件，也是这一理论体系的精髓所在。解放思想，就是要在马克思主义指导下，打破习惯势力和主观偏见的束缚，研究新情况，解决新问题；就是要反对思想凝固僵化，使思想和实际相符合，使主观和客观相符合。只有解放思想，才能真正做到一切从实际出发，理论联系实际，实事求是，在实践中检验真理和发展真理。改革开放以来，中国共产党坚持解放思想，实事求是，与时俱进，在理论上和实践上都取得了丰硕成果。邓小平、江泽民、胡锦涛、习近平都是解放思想的倡导者，也都是理论创新的推动者。正是由于他们的倡导和推动，才有邓小平理论、“三个代表”重要思想、科学发展观和习近平治国理政思想的创立，从而才有中国特色社会主义理论体系的形成和发展。

（二）它包含着开放的内容

中国特色社会主义理论体系包含着开放的内容。开放理论是中国特色社会主义理论体系的重要组成部分。这一理论体系从现代化的角度、世界的角度、未来的角度，思考中国的现实发展问题，坚持把对外开放作为建设和发展中国特色社会主义的一项基本国策。

邓小平理论强调，对外开放具有重要意义，任何一个国家要发展，孤立起来，闭关自守是不可能的，不加强国际交往，不引进发达国家的先进经验、先进科学技术和资金，是不可能的。强调“对外开放也是改革的内容之一”，是改革和建设必不可少的，应当吸收和利用世界各国包括资本主义发达国家所创造的一切先进文明成果来发展社会主义，封闭只能导致落后。

“三个代表”重要思想强调，中国的发展和进步离不开世界各国的文明成果。作为发展中国家，要加快经济发展，更要善于借助外力（包括资金、技术、人才等）。适应经济全球化趋势的发展和加入世贸组织的新形势，我们要以更加积极的姿态走向世界，坚持“引进来”和“走出去”相结合，全面提高对外开放水平，在更大范围、更广领域和更高层次上参与国际经济技术合作和竞争，充分利用国际国内两个市场、两种资源，以开放促改革促发展。

科学发展观强调，要拓展对外开放广度和深度，提高开放型经济水平。坚持对外开放的基本国策，把“引进来”和“走出去”更好结合起来，扩大开放领域，优化开放结构，提高开放质量，完善内外联动、互利共赢、安全高效的开放型经济体系，形成经济全球化条件下参与国际经济合作和竞争新优势。要深化沿海开放、加快内地开放、提升沿边开放，实现对内对外开放相互促进，加快转变外贸增长方式，创新利用外资方式、对外投资和合作方式，努力使对外开放更好地促进国内改革发展。

习近平治国理政思想强调，我们的事业是同世界各国合作共赢的事业。要坚持从我国实际出发，坚定不移走自己的路，同时要树立世界眼光，更好把国内发展与对外开放统一起来，把中国发展与世界发展联系起来，把中国人民利益同各国人民共同利益结合起来，不断扩大同各国的互利合作。要实行更加积极主动的开放战略，完善互利共赢、多元平衡、安全高效的开放型经济体系，促进沿海内陆沿边开放优势互补，形成引领国际经济合作和竞争的开放区域，培育带动区域发展的开放高地，在更大范围、更宽领域、更深层次上提高开放型经济水平。

（三）它是一个开放的体系

中国特色社会主义理论体系是一个开放的科学理论体系。就其形成和发展的时空关系来说都是开放的。在发展的时间上它表现为：前承“老祖宗”，源远流长，与马克思主义列宁主义、毛泽东思想一脉相承；后启来者，永无止境，是开辟中国特色社会主义未来新局面的指路明灯。在发展的空间上它表现为：外通天下，广纳百川，始终前进在人类文明进步的发展大道上，具有吸纳和消化外来文明一切积极成果的能力；内联实践，相生相长，既依存于中国特色社会主义实践，又是中国特色社会主义实践的精神动力。时代在发展，实践在发展，建设和发展中国特色社会主义的客观进程会不断出现新情况、新问题、新矛盾，从而呈现出一个个阶段性特征。随着时代和实践的发展，理论也在发展。尽管中国共产党曾一度用“邓小平同志建设有中国特色社会主义的理论”来概括过这个理论体系最初创立时的成果，但邓小平理论并不是这个理论体系的全部。一代一代的中国共产党人都将肩负着既坚持这个理论体系、更要顺应客观实际的变化创新发展这个理论体系的历史责任。现在，继邓小平理论之后，已经先后形成了“三个代表”重要思想、科学发展观和习近平治国理政思想等重大理论成果。实现全面建成小康社会的目标还需要继续奋斗几年，基本实现现代化还需要继续奋斗几十年，巩固和发展社会主义制度则需要几代人、十几代人甚至几十代人坚持不懈地努力奋斗。在今后发展中国特色社会主义的实践中，一代一代的中国共产党人都将继续为这个理论体系增添新的内容。

第四章

中国特色社会主义理论体系的历史地位

2007年10月，中共十七大在首次正式提出“中国特色社会主义理论体系”的科学概念并界定其基本内涵时即明确指出：“这个理论体系，坚持和发展了马克思列宁主义、毛泽东思想，凝结了几代中国共产党人带领人民不懈探索实践的智慧和心血，是马克思主义中国化最新成果，是党最可宝贵的政治和精神财富，是全国各族人民团结奋斗的共同思想基础。……在当代中国，坚持中国特色社会主义理论体系，就是真正坚持马克思主义。”① 这就深刻地阐明了中国特色社会主义理论体系的历史地位。中国特色社会主义理论体系是历史地形成的，这个理论体系的历史地位也是历史地确立的。中国特色社会主义理论体系的历史地位的确立，从根本上说在于这一理论体系本身所具有的科学性及其指导作用，而这一理论体系的科学性及其指导作用又是为30多年来改革开放和社会主义现代化建设的实践检验所证明了的。正确认识和把握中国特色社会主义理论体系的历史地位，对于坚定中国特色社会主义理论自信，更加自觉地坚持以中国特色社会主义理论体系为指导，全面推进中国特色社会主义伟大事业，具有重要意义。

第一节　科学社会主义发展的新阶段

中国特色社会主义理论体系“坚持和发展了马克思列宁主义、毛泽东思想”，就其根本属性来说，毫无疑问地属于马克思主义的范畴，属于马克思主义

---

① 《十七大以来重要文献选编》（上），中央文献出版社2009年版，第9页。

的科学社会主义。习近平曾经明确指出："中国特色社会主义，既坚持了科学社会主义基本原则，又根据时代条件赋予其鲜明的中国特色。这就是说，中国特色社会主义是社会主义，不是别的什么主义。"① "中国特色社会主义，是科学社会主义理论逻辑和中国社会发展历史逻辑的辩证统一，是根植于中国大地、反映中国人民意愿、适应中国和时代发展进步要求的科学社会主义。"② 因此，正确认识和把握中国特色社会主义理论体系的历史地位，首先就要弄清楚它在科学社会主义发展史上的地位。

科学社会主义是在空想社会主义的基础上发展而来的。从空想社会主义产生到现在，已经有 500 年的历史了。对于社会主义 500 年的发展历史，可以从不同的角度将其划分为不同的发展阶段。比如，有人提出，可以单纯从社会主义的理论形态的角度，将社会主义的发展历史划分为社会主义从空想到科学的发展（1516—1848）、科学社会主义在实践中的进一步发展和完善（1848—1903）、科学社会主义的经典理论发展成为当代理论（1903—1992）这样三个发展阶段。同时认为，经典社会主义理论是马克思和恩格斯在 19 世纪创立，并被他们称之为"现代社会主义"的科学社会主义理论；当代社会主义理论是科学社会主义基本原理同 20 世纪以来社会主义实践相结合的产物，它是由列宁开创、毛泽东予以继承、邓小平等最终予以基本完成的理论体系。中国特色社会主义理论体系则是其第一个完整、系统、成熟的理论表现。③

再如，也有人从理论与实践的统一上，将科学社会主义的发展划分为四个历史阶段：第一阶段从 19 世纪 40 年代初到 70 年代末，是社会主义从空想到科学、从理论到运动的发展阶段；第二阶段从 19 世纪 80 年代初到 20 世纪 10 年代末，是社会主义从理论和运动到社会制度发展的阶段；第三阶段从 20 世纪 20 年代初到 50 年代中期，是社会主义从一国胜利到多国胜利的发展阶段；第四阶段从 20 世纪 50 年代后期到现在，是社会主义从单一模式到多样化发展的阶段。并且认为，第四阶段的核心和实质，是要探索符合本国实际情况的发展道路，建设有本国特点的社会主义。从 1956 年以来，社会主义各国都在探索符合本国实际情况的发展道路，但这种探索在许多国家不但没有获得成功，而且到头来还断送了社会主义。只有中国共产党人——从毛泽东到邓小平——经过两代人的多方面的探

---

① 《十八大以来重要文献选编》（上），中央文献出版社 2014 年版，第 109 页。
② 《十八大以来重要文献选编》（上），中央文献出版社 2014 年版，第 118 页。
③ 参见聂运麟：《中国特色社会主义理论体系的历史地位》，《社会主义研究》2010 年第 2 期。

索，终于在中共十一届三中全会以后逐渐形成了建设和发展中国特色的社会主义的完整理论，即邓小平理论。[①] 邓小平之后，又经过几代人的继续努力探索，终于形成中国特色社会主义理论体系，并使这一理论体系不断发展完善。

2013 年 1 月 5 日，习近平在新进中共中央委员会的委员、候补委员学习贯彻中共十八大精神研讨班开班式上的讲话中，则将社会主义思想从提出到现在的历史发展过程进一步划分为六个时间段：空想社会主义产生和发展；马克思、恩格斯创立科学社会主义理论体系；列宁领导十月革命胜利并实践社会主义；苏联模式逐步形成；新中国成立后中国共产党对社会主义的探索和实践；中国共产党做出进行改革开放的历史性决策、开创和发展中国特色社会主义。中国特色社会主义理论体系，就是中国特色社会主义的理论形态、理论成果。

总之，不论从哪个角度来看，也不论把社会主义的历史进程划分为几个发展阶段或时间段，中国特色社会主义理论体系都是社会主义发展的新阶段，都是科学社会主义发展的新阶段。

中国特色社会主义理论体系之所以能够成为科学社会主义发展的新阶段，从根本上说就是因为它既坚持了科学社会主义基本原则，又根据时代条件赋予其鲜明的中国特色，是根植于中国大地、反映中国人民意愿、适应中国和时代发展进步要求的科学社会主义。这一科学理论体系，遵循马克思主义所揭示的社会发展的客观规律，紧密结合本国实际和时代特征来坚持和发展科学社会主义，实现了经典社会主义理论到当代社会主义理论的历史性发展。这一理论体系的历史贡献在于，既坚持了科学社会主义基本原则，又突破了传统社会主义体制的束缚，将社会主义真正建立在现实的基础上，紧紧围绕在经济文化落后的国家如何建设、巩固和发展社会主义这一理论主题，在初步解决了什么是社会主义、怎样建设社会主义这一首要的基本理论问题之后，又渐次解决了建设什么样的党、怎样建设党，实现什么样的发展、怎样发展，实现什么样的现代化、怎样实现现代化等一系列基本问题，构成了一个完整的科学理论体系，既为全面推进中国特色社会主义伟大事业提供了科学理论指南，又以一系列新的思想理论观点，丰富和发展了科学社会主义，把科学社会主义推进到一个新的发展阶段。

① 参见蔡金发：《论科学社会主义发展的新阶段》，《社会科学》1994 年第 3 期。

第二节　马克思主义中国化的新成果

中国特色社会主义理论体系坚持和发展了马克思列宁主义、毛泽东思想，属于马克思主义的范畴，是当代中国的马克思主义。我们谈中国特色社会主义理论体系的历史地位，就要弄清楚它在马克思主义发展史上的地位，特别是在马克思主义中国化历史进程中的地位。

马克思主义的中国化，就是中国共产党人把马克思主义普遍真理与中国实际相结合，在解决中国革命、建设和改革的具体问题中进行理论创新，以新思想、新观点、新理论丰富和发展马克思主义的过程。马克思主义是中国共产党的立党之本。中国共产党本身就是马克思列宁主义与中国工人运动相结合的产物。她从诞生之日起，就把马克思列宁主义写到了自己的旗帜上，确立为自己的指导思想，并坚持把马克思列宁主义普遍原理同中国革命、建设和改革的具体实际结合起来，实现“马克思主义中国化”，形成中国的马克思主义。

毛泽东是马克思列宁主义与中国实际相结合的倡导者和奠基人。他不仅明确提出了“马克思主义中国化”的历史任务，而且较早地开始了马克思主义中国化的伟大探索。正是在这一探索过程中，制定了新民主主义革命总路线，开辟了农村包围城市、武装夺取政权的革命道路，从而实现了马克思列宁主义与中国实际相结合的第一次历史性飞跃，创立了马克思列宁主义的理论与中国革命的实践之统一的思想——毛泽东思想。中共七大正式将其确立为党的指导思想。

毛泽东思想是马克思列宁主义普遍原理与中国革命具体实践相结合的产物，是被实践证明了的关于中国革命的正确的理论原则和经验总结，是中国共产党集体智慧的结晶。它在新民主主义革命、社会主义革命和社会主义建设、革命军队的建设和军事战略、政策和策略、思想政治工作和文化工作、党的建设等方面，以其独创性的理论丰富和发展了马克思列宁主义，从而在中国这块土地上把马克思主义推向了一个新的发展阶段。

正是在毛泽东思想的指引下，中国共产党领导全国各族人民取得了新民主主义革命的顺利，完成了反帝反封建的任务，结束了中国半殖民地半封建社会的历史，建立了中华人民共和国，并在中华人民共和国成立后开辟了一条适合中国国情的社会主义改造道路，成功地进行了对农业、对手工业和对资本主义工商业的社会主义改造，全面确立了社会主义制度，实现了中国历史上最深刻、最伟大的社会变革，奠定了新中国一切进步和发展的基础。

随着生产资料私有制的社会主义改造取得决定性胜利，中国进入了社会主义初级阶段，开始了在中国共产党领导下全面建设社会主义的重要历史时期。然而，由于中国的特殊国情：原来是一个半殖民地半封建的大国，在近代的具体历史条件下，没有经过资本主义充分发展阶段而走上了社会主义道路，生产力水平远远落后于发达的资本主义国家，这就从根本上决定了中国社会主义建设的复杂性、艰巨性和长期性。在经济文化落后的国家里如何进行社会主义建设，马克思、恩格斯和列宁的著作并没有、也不可能提供现成的答案。历史赋予了中国共产党人一个全新的课题。

面对历史挑战，毛泽东怀着必胜的信心率领全党又开始了中国社会主义建设道路的探索。在这个探索过程中，既提出了许多真知灼见和独创性理论，进一步丰富了马克思列宁主义，推进了毛泽东思想的发展，同时也提出了一些不正确的观点，发生了一些失误，包括像“大跃进”和“文化大革命”那样的严重失误，使我国的社会主义建设事业遭受到严重的挫折和损失。

粉碎“四人帮”、结束“文化大革命”后，中国面临的重大历史任务，就是扭转“文化大革命”十年内乱造成的严重局势，从困难中重新奋起，为中国社会主义发展开辟新的道路。历史的重任落到了中共第二代中央领导集体的核心——邓小平的肩上。邓小平以开创社会主义新道路的巨大政治勇气和开拓马克思主义新境界的巨大理论勇气，义无反顾地率领当代中国共产党人投入了新的探索。在中共十二大上，他明确提出了“把马克思主义的普遍真理同我国的具体实际结合起来，走自己的道路，建设有中国特色的社会主义”① 的历史性命题和总的指导思想。这是总结我们长期历史经验得出的基本结论。

围绕建设中国特色社会主义这一主题，邓小平进行了多方面地深入思考和探索，在社会主义发展道路、发展阶段、根本任务、发展动力、外部条件、政治保证、战略步骤、党的领导和依靠力量以及祖国统一等重大问题上，形成了一系列相互联系的基本观点，从而创立了建设中国特色社会主义理论，即邓小平理论。这个理论，科学地回答了什么是社会主义这个首要的基本的理论问题，深刻地揭示了社会主义的本质是解放生产力，发展生产力，消灭剥削，消除两极分化，最终达到共同富裕，第一次比较系统地初步解决了中国这样的经济文化比较落后的

---

① 《邓小平文选》第3卷，人民出版社1993年版，第3页。

国家如何建设社会主义、如何巩固和发展社会主义的一系列基本问题，指导中国共产党制定了在社会主义初级阶段建设中国特色社会主义的基本路线，确立了中国实现社会主义现代化的正确道路，指引中国改革开放和社会主义现代化建设不断胜利前进。这标志着中国共产党把马克思主义同中国实际相结合实现了第二次历史性飞跃。

中国共产党把马克思主义同中国实际相结合的第二次历史性飞跃是一个历史过程，其总的理论成果就是中国特色社会主义理论体系。邓小平理论的创立，为中国特色社会主义理论体系的形成奠定了坚实的基础。在此基础上，中国共产党人在改革开放和社会主义现代化建设实践中又先后创立了“三个代表”重要思想、科学发展观和习近平治国理政思想，在进一步回答什么是社会主义、怎样建设社会主义这一首要的基本问题的同时，创造性地回答了建设什么样的党、怎样建设党，实现什么样的发展、怎样发展，实现什么样的现代化、怎样实现现代化等基本问题。正是这几大理论成果，共同构成了中国特色社会主义理论体系，把马克思主义在中国的发展推向新的阶段。中国特色社会主义理论体系作为马克思主义中国化第二次历史性飞跃的理论成果，相对于马克思主义中国化第一次历史性飞跃的理论成果——毛泽东思想而言，无疑是马克思主义中国化的新成果。

第三节　中国共产党指导思想的新内容

马克思主义具有与时俱进的理论品质。时代在前进，实践在发展，在新的历史条件下坚持马克思主义，就必须坚持解放思想、实事求是、与时俱进，在新时代条件下和新的实践基础上推进理论创新，不断推进马克思主义中国化、时代化，不断丰富和发展马克思主义，既坚持用发展着的马克思主义指导新的实践，也为党的指导思想增添新内容，实现党的指导思想的与时俱进。中国特色社会主义理论体系作为马克思主义中国化的新成果，是马克思主义在中国发展的新阶段，当然也是中国共产党指导思想的新内容。

中国特色社会主义理论体系的几大理论成果是在我国改革开放和社会主义现代化建设实践中渐次形成的，其作为中国共产党指导思想的地位也是渐次确立。

在这一历史过程中，首先形成和确立的是邓小平理论。中共十一届三中全会以来，邓小平作为中共第二代中央领导集体的核心与中国改革开放和社会主义现代化建设的总设计师，在领导改革开放、开创中国特色社会主义的伟大实践中，逐步形成了以建设中国特色社会主义为主题的科学理论。1992 年 10 月，中共十四大报告回顾和总结了改革开放以来 14 年的历史和成就，明确指出：建设有中国特色社会主义的理论，“第一次比较系统地初步回答了中国这样的经济文化比较落后的国家如何建设社会主义、如何巩固和发展社会主义的一系列基本问题，用新的思想、观点，继承和发展了马克思主义”①。同时在党章中载明：“建设有中国特色社会主义的理论，阐明了在中国建设社会主义、巩固和发展社会主义的基本问题，继承和发展了马克思主义，是引导我国社会主义事业不断前进的指针。”② 1997 年 9 月，中共十五大明确使用了“邓小平理论”的科学概念，并且进一步指出：“实践证明，作为毛泽东思想的继承和发展的邓小平理论，是指导中国人民在改革开放中胜利实现社会主义现代化的正确理论。在当代中国，只有把马克思主义同当代中国实践和时代特征结合起来的邓小平理论，而没有别的理论能够解决社会主义的前途和命运问题。邓小平理论是当代中国的马克思主义，是马克思主义在中国发展的新阶段。”③ “在当代中国，马克思列宁主义、毛泽东思想、邓小平理论，是一脉相承的统一的科学体系。坚持邓小平理论，就是真正坚持马克思列宁主义、毛泽东思想；高举邓小平理论的旗帜，就是真正高举马克思列宁主义、毛泽东思想的旗帜。”④ 同时在党章中载明：“邓小平理论是马克思列宁主义的基本原理同当代中国实践和时代特征相结合的产物，是毛泽东思想在新的历史条件下的继承和发展，是马克思主义在中国发展的新阶段，是当代中国的马克思主义，是中国共产党集体智慧的结晶，引导着我国社会主义现代化事业不断前进。”⑤ 并郑重规定：“中国共产党以马克思列宁主义、毛泽东思想、邓小平理论作为自己的行动指南。”⑥ 从而在改革开放历史新时期实现了党的指导思想的第一次与时俱进，为中国共产党的指导思想增添了新内容。

继而形成和确立的是“三个代表”重要思想。中共十三届四中全会以来，以江泽民为核心的中共第三代中央领导集体，坚持以邓小平理论为指导，坚持改革开放、与时俱进，带领全党全国各族人民经受住国内外政治风波和经济风险等

① 《十四大以来重要文献选编》(上)，人民出版社 1996 年版，第 10 页。
② 《中国共产党党章及历次修正案文本汇编》，法律出版社 2016 年版，第 266 页。
③ 《十五大以来重要文献选编》(上)，人民出版社 2000 年版，第 10 页。
④ 《十五大以来重要文献选编》(上)，人民出版社 2000 年版，第 13-14 页。
⑤ 《中国共产党党章及历次修正案文本汇编》，法律出版社 2016 年版，第 299 页。
⑥ 《中国共产党党章及历次修正案文本汇编》，法律出版社 2016 年版，第 298 页。

种种严峻考验，在深刻认识和准确把握世情、国情、党情发展变化的基础上，创立了“三个代表”重要思想。“三个代表”重要思想在进一步回答了什么是社会主义、怎样建设社会主义的问题，创造性地回答了建设什么样党、怎样建设党的问题，是中国特色社会主义理论体系的第二大成果。2002 年 11 月，中共十六大总结了中共十三届四中全会以来 13 年的基本经验，系统地阐述了“三个代表”重要思想的历史地位、指导作用及贯彻“三个代表”重要思想的根本要求。中共十六大报告明确指出：“‘三个代表’重要思想是对马克思列宁主义、毛泽东思想和邓小平理论的继承和发展，反映了当代世界和中国的发展变化对党和国家工作的新要求，是加强和改进党的建设、推进我国社会主义自我完善和发展的强大理论武器，是全党集体智慧的结晶，是党必须长期坚持的指导思想。始终做到‘三个代表’，是我们党的立党之本、执政之基、力量之源。”① 中共十六大通过的《中国共产党章程（修正案）》不仅重申了十六大报告关于“三个代表”重要思想的这一重要论述，而且郑重规定：“中国共产党以马克思列宁主义、毛泽东思想、邓小平理论和‘三个代表’重要思想作为自己的行动指南。”② 从而在改革开放历史新时期实现了党的指导思想的又一次与时俱进，再次为中国共产党的指导思想增添了新内容。

随后形成和确立的是科学发展观。中共十六大以来，以胡锦涛为总书记的党中央，坚持以邓小平理论和“三个代表”重要思想为指导，顺应国内外形势发展变化，发扬求真务实、开拓进取精神，继续推进理论创新和实践创新，提出了以人为本、全面协调可持续发展的科学发展观。2007 年 10 月，中共十七大报告明确指出：“科学发展观，是对党的三代中央领导集体关于发展的重要思想的继承和发展，是马克思主义关于发展的世界观和方法论的集中体现，是同马克思列宁主义、毛泽东思想、邓小平理论和‘三个代表’重要思想既一脉相承又与时俱进的科学理论，是我国经济社会发展的重要指导方针，是发展中国特色社会主义必须坚持和贯彻的重大战略思想。”③ 同时将科学发展观写入了党章。2012 年 11 月，中共十八大报告进一步阐述了科学发展观，明确指出：“科学发展观是马克思主义同当代中国实际和时代特征相结合的产物，是马克思主义关于发展的世界观和方法论的集中体现，对新形势下实现什么样的发展、怎样发展等重大问题

① 《十六大以来重要文献选编》（上），中央文献出版社 2005 年版，第 8-9 页。
② 《中国共产党党章及历次修正案文本汇编》，法律出版社 2016 年版，第 325 页。
③ 《十七大以来重要文献选编》（上），中央文献出版社 2009 年版，第 10 页。

做出了新的科学回答，把我们对中国特色社会主义规律的认识提高到新的水平，开辟了当代中国马克思主义发展新境界。科学发展观是中国特色社会主义理论体系最新成果，是中国共产党集体智慧的结晶，是指导党和国家全部工作的强大思想武器。科学发展观同马克思列宁主义、毛泽东思想、邓小平理论、‘三个代表’重要思想一道，是党必须长期坚持的指导思想。”① 同时在党章中进一步载明：“科学发展观，是同马克思列宁主义、毛泽东思想、邓小平理论、‘三个代表’重要思想既一脉相承又与时俱进的科学理论，是马克思主义关于发展的世界观和方法论的集中体现，是马克思主义中国化最新成果，是中国共产党集体智慧的结晶，是发展中国特色社会主义必须坚持和贯彻的指导思想。”② 并郑重规定：“中国共产党以马克思列宁主义、毛泽东思想、邓小平理论、‘三个代表’重要思想和科学发展观作为自己的行动指南。”③ 从而在改革开放历史新时期实现了党的指导思想的第三次与时俱进，又一次为中国共产党的指导思想增添了新内容。

中共十八大以来，以习近平为核心的党中央，高举中国特色社会主义伟大旗帜，坚持以邓小平理论、“三个代表”重要思想和科学发展观为指导，勇于实践、善于创新，深化对共产党执政规律、社会主义建设规律、人类社会发展规律的认识，提出了一系列治国理政新理念新思想新战略，形成了习近平治国理政思想，为在新的历史条件下深化改革开放、加快推进社会主义现代化提供了科学理论指导和行动指南。习近平治国理政思想是中国特色社会主义理论体系的最新成果，我们完全有理由相信，在2017年下半年召开的中共十九大和5年后将要召开的中共二十大上，这一最新成果也必将得到系统阐述并载入党章，从而在改革开放历史新时期实现党的指导思想的第四次与时俱进，为中国共产党的指导思想增添最新的内容。

总之，中国特色社会主义理论体系，是对马克思列宁主义、毛泽东思想的继承和发展，是马克思主义中国化的新成果，是中国共产党必须长期坚持的指导思想，中国共产党指导思想的新内容。

---

① 《十八大以来重要文献选编》（上），中央文献出版社2014年版，第6页。

② 《中国共产党党章及历次修正案文本汇编》，法律出版社2016年版，第409页。

③ 《中国共产党党章及历次修正案文本汇编》，法律出版社2016年版，第407页。

第四节　中国特色社会主义实践新指南

中国特色社会主义与中国共产党是不可分割地联系在一起的。中国特色社会主义是中国共产党领导全国各族人民经过长期奋斗和探索开创的伟大事业。中国共产党是中国特色社会主义事业的领导核心，没有中国共产党的领导就没有中国特色社会主义。中国共产党的领导是中国特色社会主义最本质的特征。中国共产党是执政党，中华人民共和国是中国共产党领导的社会主义国家。中国共产党的指导思想，同时也是国家的指导思想，是中国特色社会主义的实践指南。

在改革开放和社会主义现代化建设历史新时期，以邓小平、江泽民、胡锦涛、习近平为主要代表的当代中国共产党人，坚持以马克思列宁主义、毛泽东思想为指导，把马克思主义的基本原理同中国改革开放和社会主义现代化建设的具体实践结合起来，实现了马克思主义中国化进程中的第二次历史性飞跃，相继创立了邓小平理论、“三个代表”重要思想、科学发展观和习近平治国理政思想，形成了中国特色社会主义理论体系，继承和发展了马克思列宁主义、毛泽东思想。正是在马克思列宁主义、毛泽东思想和中国特色社会主义理论体系指引下，中国共产党领导全国各族人民，开创和发展了中国特色社会主义。在新的历史条件下坚持和发展中国特色社会主义，必须继续坚持以马克思列宁主义、毛泽东思想和中国特色社会主义理论体系为指导。所以，中共十五大以来，历届中央领导集体都一再强调：“马克思列宁主义、毛泽东思想一定不能丢，丢了就丧失根本。同时一定要以我国改革开放和现代化建设的实际问题、以我们正在做的事情为中心，着眼于马克思主义理论的运用，着眼于对实际问题的理论思考，着眼于新的实践和新的发展。”①

强调“马克思列宁主义、毛泽东思想一定不能丢”，并不是要把它们当作教条，而是要坚持马列主义、毛泽东思想的基本原理，并以其为指导，把什么是社会主义、怎样建设社会主义的问题搞清楚，把建设什么样的党、怎样建设党的问题搞清楚，把实现什么样的发展、怎样发展的问题搞清楚，把实现什么样的现代化、怎样实现现代化的问题搞清楚；而是要坚持“我们总结长期历史经验得出的

① 《十五大以来重要文献选编》（上），人民出版社2000年版，第13页。

基本结论”——把马克思主义的普遍真理同我国的具体实际结合起来，走自己的道路，建设和发展中国特色社会主义；而是要在新的历史条件下，运用马克思列宁主义、毛泽东思想的基本原理，研究新情况，解决新问题，既“以新的思想、观点去继承、发展马克思主义”，也把中国特色社会主义事业不断推向前进。

强调“着眼于马克思主义理论的运用，着眼于对实际问题的理论思考，着眼于新的实践和新的发展”，也就是要从坚持和发展中国特色社会主义出发，从我国改革开放和现代化建设的实际问题出发，坚持运用马克思列宁主义、毛泽东思想的基本原理研究新情况、解决新问题，推动实践基础上的理论创新，用发展着的马克思主义指导新的实践，从而把中国特色社会主义事业不断推向前进。中共十一届三中全会以来，正是在马克思列宁主义、毛泽东思想的指导下，以邓小平、江泽民、胡锦涛、习近平为主要代表的当代中国共产党人，相继创立了邓小平理论、“三个代表”重要思想、科学发展观和习近平治国理政思想，形成了中国特色社会主义理论体系，渐次解决了什么是社会主义、怎样建设社会主义，建设什么样的党、怎样建设党，实现什么样的发展、怎样发展，实现什么样的现代化、怎样实现现代化等一系列基本问题，既坚持、继承和发展了马克思列宁主义、毛泽东思想，也为坚持和发展中国特色社会主义提供了新的指南。

首先是创立了邓小平理论这一中国特色社会主义理论体系最基础的重要成果，初步解决了经济文化落后国家如何建设、巩固和发展社会主义的问题。邓小平理论紧紧抓住“什么是社会主义、怎样建设社会主义”这个首要的基本理论问题，继承马克思、恩格斯晚年探索东方社会发展道路的理论成果，总结列宁、毛泽东探索社会主义发展道路的历史经验和国内外社会主义建设的经验教训，将人民群众在社会主义建设实践中积累的经验上升为理论，形成了一系列独创性的重大理论观点，系统回答了在中国这样一个十几亿人口的发展中大国如何摆脱贫困、加快实现现代化、巩固和发展社会主义的一系列重大问题，深化和丰富了对社会主义建设规律的认识，把我们党对社会主义的认识提高到新的科学水平。

其次是创立“三个代表”重要思想这一中国特色社会主义理论体系的重要成果，创造性回答了无产阶级政党在执政后建设什么样的党、怎样建设党这个基本问题。无产阶级政党夺取政权之后，党的历史方位发生了根本性的变化。党执政以后如何加强自身建设，如何认识、把握和运用共产党执政规律，提高党的执政能力，巩固党的执政地位，完成党的执政使命，是关系党和国家生死存亡的重大问题。“三个代表”重要思想坚持马克思主义政党理论，强调必须按照“三个代表”的要求、以改革的精神不断推进党的建设新的伟大工程，提出了一系列加强和改进党的建设的创新理论观点，深化和丰富了对共产党执政规律的认识，发展了马克思主义党的建设理论。

再次是创立了科学发展观这一中国特色社会主义理论体系的重要成果，创造性地回答了在改革开放和现代化建设新时期实现什么样的发展、怎样发展这个基本问题。发展是当今时代的主题，更是当代中国的主题。中国作为一个社会主义国家和世界上最大的发展中国家，长期面临着西方国家的巨大政治压力和经济压力，面对着解放和发展社会生产力、增强综合国力、改善人民生活的繁重任务，解决好发展问题尤为紧迫。科学发展观对什么是发展、为什么发展、怎样发展，发展为了谁、发展依靠谁、发展成果由谁享有等重大问题进行了创造性的探索并取得了丰硕理论成果，深化和丰富了对人类社会发展规律的认识，使我们党对发展问题的认识达到了新的高度。

中共十八大以来，以习近平为核心的党中央，高举中国特色社会主义伟大旗帜，科学把握当今世界和当代中国发展大势，科学运筹、谋篇布局，开创了治国理政新境界和中国特色社会主义事业新局面。特别是习近平，从坚持和发展中国特色社会主义全局出发，发表了一系列重要讲话，提出了一系列治国理政新理念新思想新战略，形成了习近平治国理政思想，初步探索和回答了实现什么样的现代化、怎样实现现代化这一基本问题，既为中国特色社会主义理论体系增添的新内容，也为在新的历史起点上坚持和发展中国特色社会主义提供了科学理论指导和行动指南。

总之，中国特色社会主义理论体系作为马克思主义中国化的新成果，比较系统地解决了什么是社会主义、怎样建设社会主义，建设什么样的党、怎样建设党，实现什么样的发展、怎样发展，实现什么样的现代化、怎样实现现代化等一系列基本问题，既坚持、继承和发展了马克思列宁主义、毛泽东思想，也为在新的历史条件下坚持和发展中国特色社会主义提供了科学指南。中共十一届三中全会以来，中国特色社会主义的成功开创和全面发展的伟大实践充分证明，作为马克思列宁主义、毛泽东思想的继承和发展的中国特色社会主义理论体系，是指导中国人民在改革开放中胜利实现社会主义现代化的正确理论，是深深扎根于中国大地、符合中国实际的当代中国马克思主义。在当代中国，只有把马克思主义与当代中国实践和时代特征结合起来的中国特色社会主义理论体系，而没有别的理论能够解决社会主义的前途和命运问题、引领全国各族人民把中国特色社会主义伟大事业全面推向前进，实现中华民族伟大复兴的中国梦。

下　篇
中国特色社会主义制度

中国特色社会主义制度，是中国共产党领导中国人民近百年奋斗、创造、积累的根本成就。其基本内涵就是人民代表大会制度的根本政治制度，中国共产党领导的多党合作和政治协商制度、民族区域自治制度以及基层群众自治制度等基本政治制度，中国特色社会主义法律体系，公有制为主体、多种所有制经济共同发展的基本经济制度，以及建立在这些制度基础上的经济体制、政治体制、文化体制、社会体制、生态文明体制等各项具体制度。中国特色社会主义制度是人类历史迄今为止最先进、最优越、最公正、最合理的社会制度，是当代中国发展进步的根本制度保障。

第一章

中国特色社会主义制度的创设发展

中国特色社会主义制度，是中国共产党领导中国人民近百年奋斗、创造、积累的根本成就。中国特色社会主义制度，就是人民代表大会制度的根本政治制度，中国共产党领导的多党合作和政治协商制度、民族区域自治制度以及基层群众自治制度等基本政治制度，中国特色社会主义法律体系，公有制为主体、多种所有制经济共同发展的基本经济制度，以及建立在这些制度基础上的经济体制、政治体制、文化体制、社会体制、生态文明体制等各项具体制度。“中国特色社会主义制度是当代中国发展进步的根本制度保障，是具有鲜明中国特色、明显制度优势、强大自我完善能力的先进制度。”①

中国特色社会主义制度的创设发展，既非一蹴而就，也非一劳永逸，而是一个长期的历史过程，是在以毛泽东为核心的中共第一代中央领导集体确立的社会主义基本制度的基础上，是在总结我国社会主义建设正反两方面历史经验和改革开放以来新鲜经验，并借鉴其他社会主义国家兴衰成败经验教训的基础上，是在我国改革开放和社会主义现代化建设的伟大实践中，逐步探索、创设、发展起来的。

第一节　中国特色社会主义制度的坚实基础

以毛泽东为核心的中共第一代中央领导集体团结带领全党全国各族人民，夺

---

① 习近平：《在庆祝中国共产党成立95周年大会上的讲话》，《人民日报》2016年7月2日。

取了新民主主义革命的伟大胜利，建立了中华人民共和国，并领导人民成功地进行了社会主义革命，确立了社会主义基本制度。在政治制度方面，确立了人民民主专政的国体、人民代表大会制度的政体、中国共产党领导的多党合作和政治协商制度、民族区域自治制度等社会主义基本政治制度；在经济制度方面，建立了以生产资料公有制为主体的社会主义基本经济制度。这些基本制度为中国特色社会主义制度的形成奠定了坚实的根本政治前提和制度基础。诚如中共十八大报告所指出："以毛泽东同志为核心的党的第一代中央领导集体带领全党全国各族人民完成了新民主主义革命，进行了社会主义改造，确立了社会主义基本制度，成功实现了中国历史上最深刻最伟大的社会变革，为当代中国一切发展进步奠定了根本政治前提和制度基础。在探索过程中，虽然经历了严重挫折，但党在社会主义建设中取得的独创性理论成果和巨大成就，为新的历史时期开创中国特色社会主义提供了宝贵经验、理论准备、物质基础。"①

一、政治制度基础

（一）确立国体

国体，即国家的性质，亦称国家的阶级本质，就是社会各阶级在国家中所处的地位。国体在一个国家的政治制度结构中居于核心位置，一个国家的根本政治制度和基本政治制度都是建立于最根本的国家制度即国体之上的。国体标志着国家的根本性质和政治制度的方向。选择什么样的国家制度，反映着中国共产党对马克思主义基本原理的把握程度和对本国具体国情的认识程度。以毛泽东为核心的中共第一代中央领导集体，把马克思列宁主义关于无产阶级专政的基本原理与中国的具体情况相结合，创造性地提出了"人民民主专政"这一无产阶级专政的中国化具体形式。

中华人民共和国成立前夕，毛泽东根据中国实际，对即将成立的中华人民共和国建立什么样的国家政权进行了艰辛探索。1948 年 1 月，毛泽东在为中共中央起草的决定草案《关于目前党的政策中的几个重要问题》中提出："新民主主义的政权是工人阶级领导的人民大众的反帝反封建的政权。"② 1948 年 9 月，毛泽东在中共中央政治局"九月会议"上首次提出"建立无产阶级领导的以工农联盟为基础的人民民主专政"，并指出，"我们政权的阶级性是这样：无产阶级领

① 《中国共产党第十八次全国代表大会文件汇编》，人民出版社 2012 年版，第 10 页。

② 《毛泽东选集》第 4 卷，人民出版社 1991 年版，第 1272 页。

导的，以工农联盟为基础，但不是仅仅工农，还有资产阶级民主分子参加的人民民主专政"①。

1949 年 6 月 30 日，毛泽东发表了《论人民民主专政》一文，提出了"人民民主专政"这一科学概念。他指出，"在工人阶级和共产党的领导之下，团结起来，组成自己的国家，选举自己的政府，向着帝国主义的走狗即地主阶级和官僚资产阶级以及代表这些阶级的国民党反动派及其帮凶们实行专政"，"对于人民内部，则实行民主制度"，"这两方面，对人民内部的民主方面和对反动派的专政方面，互相结合起来，就是人民民主专政"。② 人民民主政权的任务是"彻底地打倒国内的反革命势力和帝国主义势力；在革命胜利以后，迅速地恢复和发展生产，对付国外的帝国主义，使中国稳步地由农业国转变为工业国，把中国建设成一个伟大的社会主义国家"③。

1949 年 9 月 21 日，中国人民政治协商会议第一届全体会议在北平隆重开幕。会议通过了《中国人民政治协商会议共同纲领》（以下简称《共同纲领》)。《共同纲领》代行人大职责，起着临时宪法的作用，是一部建国纲领，"是中国历史上一个极端重要的文献"，"是目前时期全国人民的大宪章"。④《共同纲领》明确规定了我国的国体："中国人民民主专政是中国工人阶级、农民阶级、小资产阶级、民族资产阶级及其他爱国民主分子的人民民主统一战线的政权。""中华人民共和国为新民主主义即人民民主主义的国家，实行工人阶级领导的、以工农联盟为基础的、团结各民主阶级和国内各民族的人民民主专政，反对帝国主义、封建主义和官僚资本主义，为中国的独立、民主、和平、统一和富强而奋斗。"从此，"中国的历史进入了一个完全新的时代——人民民主时代"⑤。

1954 年 9 月 15 日，中华人民共和国第一届全国人民代表大会第一次会议在北京胜利召开。会议通过的我国历史上第一部社会主义类型的宪法——《中华人民共和国宪法》明确规定："中华人民共和国是工人阶级领导的、以工农联盟为基础的人民民主国家。"

（二）建立政体

政体指国家政权的组织形式，即统治阶级采取何种形式来组织自己的政权机

---

① 《毛泽东文集》第 5 卷，人民出版社 1996 年版，第 135 页。
② 《毛泽东选集》第 4 卷，人民出版社 1991 年版，第 1475 页。
③ 《毛泽东选集》第 4 卷，人民出版社 1991 年版，第 1437 页。
④ 《刘少奇选集》上卷，人民出版社 1981 年版，第 434 页。
⑤ 《刘少奇选集》上卷，人民出版社 1981 年版，第 432 页。

关。政体由国体所决定，与国体相适应。与人民民主专政的国体相适应，以毛泽东为代表的中国共产党人，根据马克思主义的民主学说，结合中国具体实际，带领人民探索建立了人民代表大会制度这一根本政治制度。

1940年1月，毛泽东在《新民主主义论》中明确指出："国体——各革命阶级联合专政。政体——民主集中制。"政体"指的一定的社会阶级取何种形式去组织那反对敌人保护自己的政权机关。没有适当形式的政权机关，就不能代表国家。中国现在可以采取全国人民代表大会、省人民代表大会、县人民代表大会、区人民代表大会直到乡人民代表大会的系统，并由各级代表大会选举政府"①。1945年4月，毛泽东在《论联合政府》中强调："新民主主义的政权组织，应该采取民主集中制，由各级人民代表大会决定大政方针，选举政府。它是民主的，又是集中的，就是说，在民主基础上的集中，在集中指导下的民主。"②

毛泽东分析了当时苏联的苏维埃模式、西方的三权分立模式等不适合中国。在他看来，中国之所以实行人民代表大会制度，主要原因有二：一是资产阶级议会制在中国行不通。"议会制，袁世凯、曹锟都搞过，已经臭了。"我们"不必搞资产阶级的议会制和三权鼎立等"。二是不能死搬苏联的"苏维埃"。他指出："过去我们叫苏维埃代表大会制度，苏维埃就是代表会议，我们又叫'苏维埃'，又叫'代表大会'，'苏维埃代表大会'就成了'代表大会代表大会'。这是死搬外国名词。现在我们就用'人民代表会议'这一名词。"③ 不仅如此，"在内容上我们和苏联的无产阶级专政的苏维埃是有区别的，我们是以工农联盟为基础的人民苏维埃"④。

《共同纲领》规定："中华人民共和国的国家政权属于人民。人民行使国家政权的机关为各级人民代表大会和各级人民政府。各级人民代表大会由人民普选方法产生之。各级人民代表大会选举各级人民政府。各级人民代表大会闭会期间，各级人民政府为行使各级政权的机关。""国家最高政权机关为全国人民代表大会。全国人民代表大会闭会期间，中央人民政府为行使国家政权的最高机关。""各级政权机关一律实行民主集中制。""实行少数服从多数的制度。"毛泽东指出："只有这个制度，才既能表现广泛的民主，使各级人民代表大会有高度

---

① 《毛泽东选集》第2卷，人民出版社1991年版，第677页。
② 《毛泽东选集》第3卷，人民出版社1991年版，第1057页。
③ 《毛泽东文集》第5卷，人民出版社1996年版，第136页。
④ 《毛泽东文集》第5卷，人民出版社1996年版，第265页。

的权力；又能集中处理国事，使各级政府能集中地处理被各级人民代表大会所委托的一切事务，并保障人民的一切必要的民主活动。”① 1949 年 9 月 22 日，周恩来在《人民政协共同纲领草案的特点》中再次强调人民代表大会制度的特点和优势，他指出：“新民主主义的政权制度是民主集中制的人民代表大会制度，它完全不同于旧民主的议会制度，而是属于以社会主义苏联为代表的代表大会制度的范畴之内的。但是也不完全同于苏联制度。”② 1954 年宪法规定：中华人民共和国的一切权力属于人民；人民行使权力的机关是全国人民代表大会和地方各级人民代表大会。从此，人民代表大会制度作为我国的根本政治制度正式确立。

历史和实践都已证明：人民代表大会制度是符合中国国情、体现中国特色社会主义国家性质、能够保证中国人民当家作主的根本政治制度和最高实现形式，也是党在国家政权中充分发扬民主、贯彻群众路线的最好实现形式，是中国特色社会主义政治文明的重要制度载体。2014 年 9 月 5 日，习近平在庆祝全国人民代表大会成立 60 周年大会上的讲话中指出：“在中国实行人民代表大会制度，是中国人民在人类政治制度史上的伟大创造，是深刻总结近代以后中国政治生活惨痛教训得出的基本结论，是中国社会 100 多年激越变革、激荡发展的历史结果，是中国人民翻身作主、掌握自己命运的必然选择。”③

（三）确立中国共产党领导的多党合作和政治协商制度

作为我国的一项基本政治制度——中国共产党领导的多党合作和政治协商制度，是在中国人民反抗帝国主义、封建主义和官僚资本主义的革命斗争中形成的，是共产党和各民主党派及社会各界民主人士的共同选择。

中国共产党领导的多党合作和政治协商制度的萌芽可以追溯到抗日战争时期。1940 年 3 月，毛泽东在《抗日根据地的政权问题》一文中指出：“根据抗日民族统一战线政权的原则，在人员分配上，应规定为共产党员占三分之一，非党的左派进步分子占三分之一，不左不右的中间派占三分之一。”④ 同时强调，必须保证共产党员在政权中占领导地位。“三三制”的实行，为后来中国共产党领导的多党合作和政治协商制度的确立提供了重要的历史经验。

1945 年，毛泽东在中共七大报告中明确提出了废除一党专制，实行多党政

① 《毛泽东选集》第 3 卷，人民出版社 1991 年版，第 1057 页。
② 《周恩来选集》（上），人民出版社 1980 年版，第 369 页。
③ 习近平：《在庆祝全国人民代表大会成立 60 周年大会上的讲话》，《人民日报》2014 年 9 月 6 日。
④ 《毛泽东选集》第 2 卷，人民出版社 1991 年版，第 742 页。

治协商，建立联合政府的政治主张。1948 年庆祝“五一”国际劳动节，中国共产党发布了“五一”口号，号召“各民主党派、各人民团体、各社会贤达，迅速召开政治协商会议，讨论并实现召集人民代表大会，成立民主联合政府”①。1949 年，《共同纲领》把中国共产党领导的多党合作和政治协商的政治斗争形式、政治主张，上升为一种新型的民主政治制度，标志着中国共产党领导的多党合作和政治协商制度的正式确立。1954 年通过的《中华人民共和国宪法》用根本大法的形式确立了中国共产党领导的多党合作和政治协商制度：“我国人民在建立中华人民共和国的伟大斗争中已经结成以中国共产党为领导的各民主阶级、各民主党派、各人民团体的广泛的人民民主统一战线。今后在动员和团结全国人民完成国家过渡时期总任务和反对内外敌人的斗争中，我国的人民民主统一战线将继续发挥它的作用。”②

中国共产党在执政条件下进一步加强同各民主党派的团结合作，不断推进多党合作的理论创新和实践发展。1956 年社会主义改造基本完成后，根据中国阶级状况发生的深刻变化，毛泽东把“长期共存、互相监督”作为中国共产党处理同各民主党派相互关系的指导方针。强调要通过民主党派的监督来改进共产党的领导。他指出：“究竟是一个党好，还是几个党好？现在看来，恐怕是几个党好。不但过去如此，而且将来也可以如此，就是长期共存，互相监督。”③“为什么要让民主党派监督共产党呢？这是因为一个党同一个人一样，耳边很需要听到不同的声音。大家知道，主要监督共产党的是劳动人民和党员群众。但是有了民主党派，对我们更为有益。”④“长期共存，互相监督”的方针及社会主义条件下中国多党合作的基本格局由此确立。

中国共产党领导的多党合作和政治协商制度，既不同于西方国家的两党或多党竞争制，也有别于有的国家实行的一党制。这一制度是马克思主义政党理论和统一战线学说与我国具体实际相结合的产物，是适合中国国情的一项基本政治制度，是具有中国特色的社会主义政党制度，是中国社会主义民主政治的重要组成部分。

(四) 实行民族区域自治制度

中国是一个统一的多民族国家。世界上的多民族国家在处理民族问题方面有

---

① 《中共中央文件选集》第 17 册，中共中央党校出版社 1992 年版，第 146 页。

② 《建国以来重要文献选编》第 5 册，中央文献出版社 1993 年版，第 521 页。

③ 《毛泽东文集》第 7 卷，人民出版社 1999 年版，第 34 页。

④ 《毛泽东文集》第 7 卷，人民出版社 1999 年版，第 235 页。

不同的制度模式，如联邦制、邦联制、民主自治等。以毛泽东为核心的中共第一代中央领导集体创造性地提出了“民族区域自治”这一处理多民族之间关系的正确原则。

中国共产党自成立以后，就非常重视民族问题。随着中国共产党的日益成熟，对中国国情认识的不断深化，逐步明确提出了符合我国国情的民族区域自治，作为解决中国民族问题的基本政策。1947年5月，中国共产党领导建立了我国第一个省一级的内蒙古自治区，为以后在其他民族地区实行民族区域自治指明了正确方向，积累了宝贵经验。同年10月，毛泽东在《中国人民解放军宣言》中指出：“中国境内各少数民族有平等自治的权利。”①

在起草《共同纲领》时，毛泽东提出，我们要建立一个统一的共和国而不是实行联邦制，选择民族区域自治而不是民族自决。强调，以民族自治代替民族自决的原则，因为这样做对加强民族间的团结与合作有利。周恩来在《关于人民政协的几个问题》中也强调：“我们国家的名称，叫中华人民共和国，而不叫联邦”，“我们虽然不是联邦，但却主张民族区域自治，行使民族自治的权力。”②《共同纲领》吸收了毛泽东和周恩来的思想，明确把我国民族区域自治的原则写进纲领中，指出：“各少数民族聚居的地区，实行民族区域自治，按照民族聚居的人口多少和区域大小，分别建立各种民族自治机关。”③ 这些原则的确立，为新中国民族区域自治制度的确立奠定了法律基础。1952年2月22日，政务院第一百二十五次政务会议通过了《中华人民共和国民族区域自治实施纲要》，这是我国第一部关于民族区域自治的专门法律法规。1954年《中华人民共和国宪法》进一步对我国民族区域自治的性质、地位、基本内容等作了较为全面细致的规定，标志着民族区域自治制度向成熟迈出了关键性的一步。

实行民族区域自治制度，体现了我国坚持实行各民族平等、团结、合作和共同繁荣的原则。民族区域自治的核心是保障少数民族当家作主，管理本民族、本地方事务的权利。实行民族区域自治，是中国共产党根据我国的历史发展、文化特点、民族关系和民族分布等具体情况做出的制度安排，符合各民族人民的共同利益和发展要求。

（五）探索基层群众自治制度

中华人民共和国成立之初，为了巩固新生的人民政权以及调动广大人民群众

---

① 《毛泽东选集》第2卷，人民出版社1991年版，第1238页。

② 《周恩来统一战线文选》，人民出版社1984年版，第139、140页。

③ 《建国以来重要文献选编》第1册，中央文献出版社1992年版，第12页。

参政议政的需要，一些城市相继建立了具有一定政权性质的居民委员会。彭真对此进行了调查研究并给予充分肯定。1953 年 6 月，他在给毛泽东和中共中央的报告中比较完整地分析了居民委员会的地位、性质、作用。指出："街道居民委员会的组织是需要建立的。它的性质是群众自治组织，不是政权组织。它的任务，主要是把工厂、商店和机关、学校以外的街道居民组织起来，在居民自愿原则下，办理有关居民的公共福利事项，宣传政府的政策法令，发动居民响应政府的号召和向基层政权反映居民意见。居民委员会应由居民小组选举产生，在城市基层政权或其派出机关的统一指导下进行工作，但它在组织上并不是基层政权的'腿'，不应交付很多事情给它办。"①

1954 年 12 月 31 日，第一届全国人民代表大会常务委员会第四次会议通过了《城市居民委员会组织条例》，明确规定了居民委员会的性质、任务、组织机构和工作原则。这为基层群众自治制度的发展奠定了重要基础。

二、法律体系基础

中华人民共和国建立初期，面临着组建和巩固新生政权、恢复和发展国民经济、实现和保障人民当家作主的艰巨任务。根据政权建设的需要，从 1949 年到 1954 年第一届全国人民代表大会召开前，我国颁布实施了具有临时宪法性质的《中国人民政治协商会议共同纲领》，制定了中央人民政府组织法、人民法院暂行组织条例、最高人民检察署暂行组织条例、全国人民代表大会和地方各级人民代表大会选举法等一系列法律、法令，开启了新中国民主法制建设的历史进程。

1954 年，第一届全国人民代表大会通过的《中华人民共和国宪法》，确立了人民民主和社会主义原则，确立了人民代表大会的根本政治制度，规定了公民的基本权利和义务。同时，制定了全国人民代表大会组织法、国务院组织法、地方各级人民代表大会和地方各级人民委员会组织法、人民法院组织法、人民检察院组织法，确立了国家生活的基本原则。1956 年，中共八大提出"国家必须根据需要，逐步地系统地制定完备的法律"。此后至 1966 年"文化大革命"前，中国立法机关共制定法律、法令 130 多部。这个时期的民主法制建设，为建设中国特色社会主义法律体系奠定了坚实基础，提供了宝贵经验。

三、经济制度基础

早在 1949 年以前，以毛泽东为代表的中国共产党人通过调查研究，弄清了

① 《彭真文选》，人民出版社 1991 年版，第 241 页。

中国半殖民地半封建社会的经济结构，实行土地改革，变革生产关系，开展大规模经济建设，为构建新中国的经济制度打下了基础。中华人民共和国成立后，随着国民经济恢复和发展以及国内外情况的发展变化，中共中央在1953年正式提出党在过渡时期的总路线："党在这个过渡时期的总路线和总任务，是要在一个相当长的时期内，逐步实现国家的社会主义工业化，并逐步实现国家对农业、对手工业和对资本主义工商业的社会主义改造。"党在过渡时期的总路线的实质，就是改变生产资料的资本主义私有制为生产资料的社会主义公有制。按照总路线的要求，我国对农业、手工业和资本主义工商业进行了社会主义改造，在较短的时间里，实现了生产资料所有制的深刻变革。到1956年，各种经济成分占国民收入的比重分别是：国营经济32.2%，合作社经济53.4%，公私合营经济7.3%，个体经济7.1%，资本主义经济接近于零。

这表明，随着社会主义改造的基本完成，中国继建立社会主义基本政治制度之后，社会主义基本经济制度也建立起来了。邓小平后来说过："我们的社会主义改造是搞得成功的，很了不起。这是毛泽东同志对马克思列宁主义的一个重大贡献。"① 1981年6月中共十一届六中全会做出的《关于建国以来党的若干历史问题的决议》指出，社会主义改造尽管存在某些缺点和偏差，"但整个来说，在一个几亿人口的大国中比较顺利地实现了如此复杂、困难和深刻的社会变革，促进了工农业和整个国民经济的发展，这的确是伟大的历史性胜利"。社会主义基本制度在中国的全面确立，奠定了当代中国一切发展和进步的根本制度基础。

第二节 中国特色社会主义制度的探索起步

从1978年中共十一届三中全会到2002年中共十六大，是中国特色社会主义制度的探索起步时期。这一时期，中国共产党人在改革开放中探索确立中国特色社会主义制度。在政治领域，恢复完善人民代表大会制度、探索形成中国共产党领导的多党合作的政党制度、改革完善民族区域自治制度、探索创建基层群众自治制度等。在法治领域，中国特色社会主义法律体系开始建设。在经济领域，确立社会主义初级阶段的基本经济制度。同时，经济体制、政治体制、文化体制、

① 《邓小平文选》第2卷，人民出版社1994年版，第302页。

社会体制等各项具体制度也在改革中确立完善。

一、根本政治制度的恢复

作为我国的根本政治制度，人民代表大会制度在“文化大革命”期间遭到了严重破坏，以1978年五届全国人大一次会议召开为起点，人民代表大会制度开始全面恢复并逐步完善。

（一）改革完善选举制度

在我国，选举是人民行使国家权力的主要方式。为保障人民选举权，1979年7月1日第五届全国人民代表大会第二次会议通过的《中华人民共和国全国人民代表大会和地方各级人民代表大会选举法》《地方各级人民代表大会和地方各级人民政府组织法》，对我国人大代表的选举制度进行了重大改革。随后，全国人大及其常委会分别于1982年、1986年、1995年三次对选举法和地方组织法进行了修正，就选举制度做出了一系列重要改革和规定，使我国的选举制度不断得到完善。这些改革完善主要表现在：

实行差额选举。我国1953年制定的选举法是照搬苏联的办法，无论选举人大代表，还是选举地方国家机关领导人员，都是实行等额选举，弊端很多。1979年重新修订选举法和地方组织法第一次规定差额选举人大代表和地方国家机关领导人员。1982年修改选举法和地方组织法时，虽然继续规定实行差额选举，但规定比较原则，即一般要实行差额选举，可以通过预选采用候选人数多于应选人数的办法确定正式候选人，在正式选举时可以差额选举，也可以等额选举。这就造成有的地方在正式投票时还是实行等额选举。1986年修正的选举法和地方组织法，删去了关于通过预选确定等额正式候选人的规定，明确规定人大代表和地方国家机关副职领导人员必须差额选举产生，并规定了差额比例。

扩大直接选举范围。1979年新制定的选举法将直接选举人大代表的范围由乡、镇、市辖区、不设区的市扩大到县和自治县一级，从而扩大了人民群众直接参与政治生活的权利。

完善了确定候选人制度，扩大了选民和代表的提名权。改革开放后，把原来按照居住状况划分选区改为按照生产单位、事业单位、工作单位和居住状况划分选区，进一步完善代表候选人的提名程序，实行自下而上、自上而下提出并酝酿讨论、民主协商确定候选人的办法。选民或者代表可以依法联名推荐候选人，使选民和代表切实体会到法律规定的民主权利的真实性。

改革农村和城市每一代表所代表的人口数不平等的制度。1953年选举法规定，农村与城市多少人选一名代表的比例是不同的，县是四比一，省为五比一，全国为八比一。对于这些选举上不同比例的规定，邓小平在关于选举法草案的说明中就指出："这些在选举上不同比例的规定，就某种方面来说，是不完全平等的。但是只有这样规定，才能真实地反映我国的现实生活，才能使全国各民族各阶层在各级人民代表大会中有与其地位相当的代表。"[①] 随着我国政治、经济、文化的发展，1995 年修改的选举法把农村与城市选举代表的人口数比例进行了修改，将省、自治区、直辖市和全国这两级人民代表大会中农村与城市每一代表所代表的人口数的比例，从原来的五比一、八比一修改为四比一，自治州、县、自治县仍维持原来的四比一不变。并规定：城市各选区、农村各选区每一代表所代表的人口数应当大体相当，以体现平等原则。

修改完善了选举程序，改举手投票为一律无记名投票，把代表当选的选票数由原来的出席选民（代表）半数以上改为全体选民（代表）半数以上，对代表的监督、罢免、补选做了更具体的规定，增强了操作性。

（二）改革完善立法制度

五四宪法规定全国人民代表大会为行使国家立法权的唯一机关。这一规定有两大缺陷：一是否认了地方人大的立法权，不利于地方民主和法治建设；二是否认了各级人大常委会的立法权，不利于立法权的正常行使。

1979 年，五届全国人大二次会议通过的地方组织法改革了唯一立法权制度，规定省、自治区、直辖市人民代表大会及其常务委员会根据本行政区域的具体情况和实际需要，在和国家宪法、法律、政策、法令、政令不抵触的前提下，可以制订和颁布地方性法规。有了多级立法权理论，我国就很顺畅地建立多级立法权体制。

1982 年，五届全国人大五次会议对宪法的一个重大修正就是，全国人大及其常委会共同行使国家立法权，"……除基本法律应当由全国人大制定以外，其他法律由全国人大常委会制定"[②]。这一改革"使得人民代表大会所产生的常务委员会能够做更多一些工作，来弥补人民代表大会人数多，开会时间短，不可能有充分的时间来考虑立法以及其他许多问题的困难"[③]。

2000 年，九届全国人大三次会议通过了《立法法》，对我国立法权限的划

---

① 中共中央文献研究所编：《邓小平文集》（一九四九——一九七四年）中卷，人民出版社 2014 年版，第 56 页。

② 彭真：《关于中华人民共和国宪法修改草案的报告》，见全国人大常委会办公厅研究室编：《中华人民共和国人民代表大会文献资料汇编——1949 ~ 1990 年》，中国民主法制出版社 1990 年版，第 118 页。

③ 许崇德：《中华人民共和国宪法史》，福建人民出版社 2003 年版，第 630 页。

分、立法程序、法律解释等作了基本规定，标志中国特色社会主义立法制度基本建立。

（三）逐步建立代表制度

各级人大代表是本级国家权力机关的组成人员，充分发挥其作用不仅是做好人大及其常委会工作的基础，也是联系选民、反映民意的基础。为了更好发挥各级人大代表作用，1985 年全国人大常委会提出了《关于改进全国人民代表大会代表视察办法的意见》，把集中统一组织代表视察逐步改为分散的经常的视察和有组织的集中视察相结合，以便反映群众呼声。1987 年六届全国人大二十一次会议通过了《关于全国人大常委会加强同代表联系的几点意见》，对常委会与代表、代表与人民群众的联系做出了一系列具体规定。从此，人大代表活动开始走向规范化、制度化。

1992 年 4 月，七届全国人大五次会议通过了《中华人民共和国全国人民代表大会和地方各级人民代表大会代表法》，对全国人大和地方各级人大代表的性质、地位、权利、义务、工作方式及代表在闭会期间的活动等作了具体规定，使代表活动进一步走向法制化。

（四）探索形成监督制度

改革开放以来，全国各级人大、尤其是各级地方人大及其常委会在加强和改进监督的实践中，逐步探索形成了一系列工作制度，包括：执法检查制度，代表评议制度，述职评议制度，个案监督制度，听取和审议工作报告的制度，审查和批准计划和预算的制度，询问和质询、特定问题调查和罢免制度等。1993 年 9 月八届全国人大三次会议通过了《全国人民代表大会常务委员会关于加强对法律实施情况检查监督的若干规定》，“对常委会有计划有重点地开展执法检查、听取和审议执法检查汇报，以及督促有关机关及时改进执法工作等，做出了具体规定。这对于加强法律实施的监督起了积极作用”①。

二、基本政治制度的探索

（一）政党制度的形成

中国共产党领导的多党合作的政党制度，是在我国长期革命和建设中逐步形成和发展起来的。遗憾的是，“多党合作制”在“文化大革命”期间同样也遭到了严重破坏，共产党同各民主党派的合作基本上名存实亡。中共十一届三中全会

---

① 刘政，程湘清：《十一届三中全会以来的人民代表大会制度建设》，《人大工作通讯》1998 年第 24 期。

以后，我们党根据形势和任务的变化，确认多党合作是中国政治制度的一个特点和优势，确立中国共产党与各民主党派“长期共存、互相监督、肝胆相照、荣辱与共”的十六字方针，形成中国特色社会主义政党制度。

1979 年 6 月 15 日，邓小平在全国政协五届二次会议上的开幕词中首次科学地给各民主党派“定性”：现在我国各民主党派“都已经成为各自所联系的一部分社会主义劳动者和一部分拥护社会主义的爱国者的政治联盟，都是在中国共产党领导下为社会主义服务的政治力量”①。1979 年 10 月 19 日，邓小平在全国政协、中共中央统战部宴请出席各民主党派和全国工商联代表大会代表时的讲话中，首次科学地给“多党合作制”定位：“在中国共产党领导下，实行多党派的合作，这是我国具体历史条件和现实条件所决定的，也是我国政治制度中的一个特点和优点。”② 由此，邓小平的这两篇讲话可以视为改革开放后恢复、完善“多党合作制”的纲领性文件。1980 年 1 月 16 日，邓小平在中共中央召开的干部会议上发表的《目前形势和任务》的讲话中，进一步阐明了我国“多党合作制”的特点优点和基本原则。他指出：“资本主义国家的多党制有什么好处？那种多党制是资产阶级互相倾轧的竞争状态所决定的，它们谁也不代表广大劳动人民的利益。……这种状态是它们的弱点而不是强点，这使它们每个国家的力量不可能完全集中起来，很大一部分力量互相牵制和抵消。我们国家也是多党，但是，中国的其他党，是在承认共产党领导这个前提下面，服务于社会主义事业的。……我们党同其他几个党长期共存，互相监督，这个方针要坚持下来。但是，中国由共产党领导，中国的社会主义现代化建设事业由共产党领导，这个原则是不能动摇的；动摇了中国就要倒退到分裂和动乱，就不可能实现现代化。”③

1982 年，中共十二大确定要继续坚持长期共存、互相监督、肝胆相照、荣辱与共的方针，加强同各民主党派和无党派人士的合作。1987 年，中共十三大又明确提出共产党领导的多党合作和政治协商制度是我国一项基本政治制度，并把坚持和完善这一制度作为我国政治体制改革的一项重要内容。

1989 年，中共中央与各民主党派共同协商制定了《中共中央关于坚持和完善中国共产党领导的多党合作和政治协商制度的意见》（以下简称《意见》），深刻总结了中国共产党同民主党派长期合作的历史经验，进一步阐明了我国多党合

① 《邓小平文选》第 2 卷，人民出版社 1994 年版，第 186 页。
② 《邓小平文选》第 2 卷，人民出版社 1994 年版，第 205 页。
③ 《邓小平文选》第 2 卷，人民出版社 1994 年版，第 267 – 268 页。

作的基本理论和政治原则，提出了坚持和完善多党合作的重要措施。《意见》的制定，使我国的“多党合作制”开始走向规范化、制度化的轨道。1993 年，全国人大八届一次会议将“中国共产党领导的多党合作和政治协商制度将长期存在和发展”载入《宪法》，使中国特色的政治制度有了明确的宪法依据。1997 年，中共十五大将坚持和完善中国共产党领导的多党合作和政治协商制度，列为社会主义初级阶段基本政治纲领的重要内容之一，强调要继续“加强与各民主党派的合作共事”，“继续推进人民政协政治协商、民主监督、参政议政的规范化、制度化”。

（二）民族区域自治制度的探索

中共十一届三中全会后，党中央一方面纠正“民族问题的实质是阶级问题”的“左”的错误，肯定了“现在我国的民族关系基本上是各族劳动人民之间的关系”，全面恢复民族工作机构；一方面强调要加强民族区域自治法制建设。

1984 年 5 月 31 日，第六届全国人民代表大会第二次会议通过了《中华人民共和国民族区域自治法》，这是民族区域自治制度发展进程中的里程碑。这部法律明确指出：“民族区域自治是中国共产党运用马克思列宁主义解决我国民族问题的基本政策，是国家的一项重要政治制度。”

1993 年 11 月 7 日，江泽民在全国统战工作会议上的讲话中把民族区域自治制度定位为一项基本政治制度。他指出：“民族区域自治，是我们党正确处理民族问题的一项基本政策和国家的一项基本政治制度，它既能保证少数民族在自己的聚居区内实现当家作主的权利，又能保证国家的统一和中华民族的团结，以共同建设社会主义。”① 1997 年，中共十五大把民族区域自治制度确定为我国的一项基本政治制度。

2001 年 2 月 28 日，第九届全国人民代表大会常务委员会第二十次会议通过的《关于修改〈中华人民共和国民族区域自治法〉的决定》明确提出：“民族区域自治是中国共产党运用马克思列宁主义解决我国民族问题的基本政策，是国家的一项基本政治制度。”民族区域自治法的修改，指明了进一步发展完善民族区域自治制度的方向和目标，标志着我国民族区域自治制度的探索发展进入了一个崭新阶段。

---

① 《高度重视民族工作和宗教工作》，见《民族工作文献选编》，中央文献出版社 2003 年版，第 94 页。

（三）基层群众自治制度的创建

基层群众自治制度作为我国的一项基本政治制度，也是党领导人民群众在改革实践中的又一伟大创造。中共十一届三中全会后，“文化大革命”期间被解散的城市居民委员会得以恢复。

1980 年 1 月，全国人大常委会重新公布了《城市居民委员会组织条例》以及与之配套的《人民调解委员会暂行组织条例》等相关规定。与此同时，基层群众自治在农村取得重大突破并迅速发展。

1982 年 8 月，中共中央 36 号文件第一次提出有计划地进行建立农村（或乡民）委员会试点的要求，1982 年 12 月，《宪法》第一次明确规定了基层群众性自治组织的性质、组织机构和基本任务，为基层群众自治制度的发展和完善奠定了坚实的法律基础。至此，村民委员会和自治得以合法化，并开始在全国广泛推行，村民自治走向法制化的轨道。

1987 年，六届人大五次会议通过了《中华人民共和国村民委员会组织法（试行）》，对村民委员会的性质、任务、组织设置、工作方法，以及与乡（镇）政府的关系等，都做了明确规定。《村委会组织法》的颁布实施，标志着我国农村村民自治制度的正式确立，它揭开了中国农村村民自治的新篇章。

1990 年，《中华人民共和国城市居民委员会组织法》重新明确了居民委员会的性质和任务，使城市居民自治制度的形式更加完备。

1998 年，全国人大常委会通过了《村民委员会组织法》，对村民会议、村务公开和选举程序等进行了完善。

2000 年 11 月，中央颁发了推进城市社区建设的文件，在全国范围内全面推进社区民主建设，社区民主自治取得了可喜的成果。此后，以居民委员会和村民委员会为依托的基层群众自治制度在我国蓬勃发展。

三、中国特色社会主义法律体系的探索

1978 年，中共十一届三中全会深刻总结新中国成立以来正反两方面的经验教训，做出了把党和国家工作重点转移到经济建设上来和实行改革开放的历史性决策，同时提出：“为了保障人民民主，必须加强社会主义法制，使民主制度化、法律化，使这种制度和法律具有稳定性、连续性和极大的权威，做到有法可依，有法必依，执法必严，违法必究。”① 全面系统地阐明了我国社会主义法制建设

① 中共中央文献研究室：《三中全会以来重要文献选编》（上），人民出版社 1982 年版，第 11 页。

的基本原则和要求。可见，中共十一届三中全会，不仅开启了我国改革开放和社会主义现代化建设的历史新时期，也开启了我国社会主义民主法制建设的历史新时期。中共十一届三中全会以后，中国共产党不断探索社会主义法制建设，完善社会主义法律体系。正如邓小平所指出的那样："这次会议以后，要接着制定一系列的法律。我们的民法还没有，要制定；经济方面的很多法律，比如工厂法等，也要制定。我们的法律是太少了，成百个法律总要有的，这方面有很多工作要做，现在只是开端。"①

1982 年，中共十二大报告专门论述了民主法制建设问题，把建设高度的社会主义民主作为我们的根本目标和根本任务之一，并进一步强调要使民主制度化、法律化以及普法教育的重要性。② 这表明我们党已经认识到民主、法治建设对于国家治理的重要性。中共十二大之后，五届全国人大五次会议全面修改了 1978 年宪法，新宪法奠定了我国改革开放的法制基础，开启了我国的法制建设的新阶段。此后，根据形势发展的需要，先后于 1988 年七届全国人大一次会议、1993 年八届全国人大一次会议、1999 年九届全国人大二次会议、2004 年十届全国人大二次会议先后四次对宪法的部分内容作了修改。

1987 年，中共十三大对法制建设有了更深刻的认识，提出"国家的政治生活、经济生活和社会生活的各个方面，民主和专政的各个环节，都应做到有法可依，有法必依，执法必严，违法必究"，"必须一手抓建设和改革，一手抓法制。法制建设必须贯串改革的全过程。应兴应革的事情，要尽可能用法律或制度的形式加以明确。应当通过改革，使我国社会主义民主政治一步一步走向制度化、法律化。这是防止'文化大革命'重演，实现国家长治久安的根本保证"③。

1992 年，中共十四大提出要高度重视法制建设，抓紧制订与完善保障改革开放、加强宏观经济管理、规范微观经济行为的法律和法规④，之后，我国法律体系建设进入快车道。

1997 年，中共十五大在党的历史上第一次明确而完整地提出了依法治国、

---

① 《邓小平文选》第 2 卷，人民出版社 1994 年版，第 189 页。

② 中共中央文献研究室编：《十一届三中全会以来党的历次全国代表大会中央全会重要文件选编》（上），中央文献出版社 1997 年版，第 255–256 页。

③ 中共中央文献研究室编：《十一届三中全会以来党的历次全国代表大会中央全会重要文件选编》（上），中央文献出版社 1997 年版，第 470 页。

④ 《十一届三中全会以来党的历次全国代表大会中央全会重要文件选编》（下），中央文献出版社 1997 年版，第 180 页。

建设社会主义法治国家的任务，把依法治国确立为党领导人民治理国家的基本方略，并明确提出到2010年形成有中国特色的社会主义法律体系，为我国社会主义法制建设的进一步发展指明了方向和目标，这是党对民主法制建设认识上的又一个飞跃，是我国社会主义民主法制建设新的重要的里程碑，标志着我国民主法制建设进入了新的历史发展阶段。

四、基本经济制度的诞生

任何一种经济制度归根到底都是由社会生产力的发展状况所决定，其基本问题就是生产资料所有制问题。1978年，中共十一届三中全会总结了我国社会主义经济发展中的经验与教训，认识到追求“一大二公三纯”的单一的公有制不符合我国生产力落后、人口众多、经济社会发展水平低的国情，中国共产党人开始从实际出发，围绕生产资料所有制问题，探索建立和完善符合中国国情的基本经济制度，以巨大的理论勇气，从打破公有制一统天下的局面，到以公有制为主体、多种所有制经济为补充，最终确立以公有制为主体、多种所有制经济共同发展的基本经济制度。

1978年，中共十一届三中全会做出了把党和国家的工作重心转移到经济建设上来的重大决策，科学指出，为了大幅度提高生产力水平，必须“多方面地改变同生产力发展不适应的生产关系和上层建筑”，明确肯定了“社员自留地、家庭副业和集市贸易是社会主义经济的必要补充部分，任何人不得乱加干涉”①。1979年，国务院出台第一个允许个体经济发展的政策，“批准一些有正式户口的闲散劳动力从事修理、服务和手工业者个体劳动，但不准雇工”。1980年，提出“适当发展个体经济”的方针。1981年，中共十一届六中全会通过的《中国共产党中央委员会关于建国以来党的若干历史问题的决议》指出：“国有经济和集体经济是中国的基本经济形式，一定范围的劳动者个体经济是公有制经济的必要补充。”

1982年，中共十二大提出“在很长时期内需要多种经济形式同时并存”，“只有多种经济的合理配置和发展，才能繁荣城乡经济，方便人民生活”；“在农村，劳动人民集体所有制的合作经济是主要经济形式，在城镇的工业和服务业有相当部分应当由集体举办”；“在农村和城市，都要鼓励劳动者个体经济在国家规定范围内和工商部门管理下适当发展，作为公有制经济的必要的、有益的补

---

① 《三中全会以来重要文献选编》（上），人民出版社1982年版，第8页。

充”。

1984 年，中共十二届三中全会通过的《中共中央关于经济体制改革的决定》对社会主义所有制探索取得了重大进展：一是明确提出坚持多种经济形式和多种经营方式共同发展“决不是退回到建国初期那种社会主义公有制尚未在城乡占绝对优势的新民主主义经济，决不会动摇而只会有利于巩固和发展我国的社会主义经济制度”；二是首次提出“三资”企业也是社会主义经济必要的有益的补充；三是首次突破了不同所有制形式之间的界线，提出生产资料所有权与经营权可以适当分离，鼓励全民、集体、个体经济相互之间灵活多样的合作经营和经济联合，并且首次提出有些小型全民所有制企业还可以租给或包给集体或劳动者个人。

1987 年，中共十三大第一次明确提出，社会主义初级阶段的所有制结构应以公有制为主体，私营经济“是公有制经济必要的和有益的补充”；“中外合资企业、合作经营企业和外商独资企业，也是我国社会主义经济必要的和有益的补充”。[①] 允许非公有制经济存在并鼓励它们发展，是对传统所有制结构的重大突破。

1992 年，中共十四大提出：“以公有制包括全民所有制和集体所有制经济为主体，个体经济、私营经济、外资经济为补充，多种经济成分长期共同发展。”[②] 1993 年，中共十四届三中全会进一步强调：“必须坚持公有制为主体、多种经济成分共同发展的方针。”[③]

1997 年，中共十五大第一次对我国现阶段的基本经济制度作了新的概括，明确指出：“公有制为主体、多种所有制经济共同发展，是我国社会主义初级阶段的一项基本经济制度。”[④] “非公有制经济是我国社会主义市场经济的重要组成部分。”[⑤]

2002 年，中共十六大进一步提出了坚持和完善基本经济制度的三项原则，即：“第一，必须毫不动摇地巩固和发展公有制经济”；“第二，必须毫不动摇地鼓励、支持和引导非公有制经济发展”；“第三，把坚持公有制为主体，促进非

---

① 《十三大以来重要文献选编》（上），人民出版社 1991 年版，第 32 页。
② 《十四大以来重要文献选编》（上），人民出版社 1996 年版，第 19 页。
③ 《十四大以来重要文献选编》（上），人民出版社 1996 年版，第 520 页。
④ 《十五大以来重要文献选编》（上），人民出版社 2000 年版，第 20 页。
⑤ 《十五大以来重要文献选编》（上），人民出版社 2000 年版，第 22 页。

公有制经济发展，统一于社会主义现代化建设的进程中，不能把这两者对立起来”。[①] 至此，我国社会主义初级阶段的基本经济制度正式确立。这一基本经济制度，揭示了社会主义初级阶段生产关系的本质特征，是对社会主义经济建设正反两方面经验的科学总结。实践证明，这一基本经济制度的确立，不仅保证了社会主义市场经济体制的建立和运转，而且推动了国民经济持续快速健康地发展。

五、具体制度的探索

（一）探索建立社会主义市场经济体制

社会主义市场经济体制，是一种史无前例的体制。探索建立社会主义市场经济体制，是马克思主义中国化的光辉典范，是中国特色社会主义制度探索中的一个伟大创举。

中共十一届三中全会以后，中国共产党总结了历史经验，认识到“要发展生产力，经济体制改革是必由之路”[②]，领导人民开始探索以市场为取向的经济体制改革。1981 年，中共十一届六中全会通过的《中国共产党中央委员会关于建国以来党的若干历史问题的决议》提出了“计划经济为主，市场调节为辅”的观点。1982 年，中共十二大正式提出“计划经济为主，市场调节为辅”的原则。

1984 年，中共十二届三中全会通过的《中共中央关于经济体制改革的决定》，正式提出社会主义经济是公有制基础上的有计划的商品经济，标志着中国共产党人对计划与市场关系的探索取得了突破性进展。1987 年，中共十三大提出，社会主义有计划商品经济体制，应该是计划与市场内在统一的体制。

邓小平从 1979 年提出“社会主义也可以搞市场经济”，到 1992 年提出“计划多一点还是市场多一点，不是社会主义与资本主义的本质区别。计划经济不等于社会主义，资本主义也有计划；市场经济不等于资本主义，社会主义也有市场”等重要论断，为社会主义市场经济体制的建立指明了方向。

在上述理论探索和实践基础上，1992 年，中共十四大正式提出：“我国经济体制改革的目标是建立社会主义市场经济体制，以利于进一步解放思想和发展生产力。”1993 年，中共十四届三中全会专门做出《中共中央关于建立社会主义市场经济体制若干问题的决定》（以下简称《决定》），《决定》设计了我国社会主义市场经济体制的基本框架，确立了社会主义市场经济体制改革的各项任务。社会主义市场经济体制，在经过十余年的改革实践探索之后，终于得以确立。

---

① 《十六大以来重要文献选编》（上），中央文献出版社 2011 年版，第 19 页。

② 《邓小平文选》第 3 卷，人民出版社 1993 年版，第 138 页。

（二）政治体制改革

政治体制，是实现社会根本政治制度的具体组织形式及其运行机制的总和。我国原有的政治体制，是一定历史条件下的产物，曾经起过重要的历史作用。但是，随着历史条件的发展变化，它与社会主义现代化建设的不适应性愈益暴露出来。“从党和国家的领导制度、干部制度方面来说，主要的弊端就是官僚主义现象，权力过分集中的现象，家长制现象，干部领导职务终身制现象和形形色色的特权现象。”[①] 这种政治体制严重损害党和国家的生机与活力，我们党“越来越感到进行政治体制改革的必要性和紧迫性”[②]，政治体制改革势在必行。政治体制改革如同经济体制改革一样，是一项前无古人的伟大事业，没有可供遵循的路子和成功的经验，需要在实践中不断探索前进。

1978 年，中共十一届三中全会在启动经济体制改革的同时，也开启了政治体制改革的进程。1980 年 8 月，邓小平在中央政治局扩大会议上作了《党和国家领导制度的改革》的重要讲话，明确提出为了健全党内民主和国家民主、社会民主必须进行政治体制改革的方针，成为我国政治体制改革的纲领性文件。

1982 年，中共十二大提出全面开创社会主义现代化建设新局面的纲领和建设有中国特色社会主义的思路，就包括了社会主义政治建设。中共十二大以后，我国经济体制改革重点从农村转入城市，政治体制改革客观地提上了日程。因此，1986 年，邓小平再三集中论述了政治体制改革的重要性，并提出政治体制改革的目标：“进行政治体制改革的目的，总的来讲是要清除官僚主义，发展社会主义民主，调动人民和基层单位的积极性。要通过改革，处理好法治和人治的关系，处理好党和政府的关系。”[③] 1987 年，中共十三大根据邓小平这一思想，第一次明确做出了“建设有中国特色的社会主义民主政治”的概括，并把其作为政治体制改革的方向、目标和基本内容。

1992 年，中共十四大指出：我们的政治体制改革，目标就是建设有中国特色的社会主义民主政治。同时，把“下决心进行行政管理体制和机构改革，切实做到转变职能、理顺关系、精兵简政、提高效率”，作为政治体制改革的一项紧迫任务，努力使政治体制改革目标与经济体制改革目标、社会主义现代化国家的奋斗目标相适应、相一致。

---

① 《邓小平文选》第 2 卷，人民出版社 1994 年版，第 327 页。
② 《邓小平文选》第 3 卷，人民出版社 1993 年版，第 179 页。
③ 《邓小平文选》第 3 卷，人民出版社 1993 年版，第 177 页。

1997年，中共十五大强调指出："进一步扩大社会主义民主，健全社会主义法制，依法治国，建设社会主义法治国家。"并进一步明确了当前和今后一段时间，我国政治体制改革的主要任务："发展民主，加强法制，实行政企分开、精简机构，完善民主监督制度，维护安定团结。"①

（三）文化体制改革创新

改革开放以后，随着社会主义市场经济体制的逐步确立，与社会主义计划经济相适应的传统文化体制的弊端逐渐显露出来。与经济体制、政治体制的改革相对应的文化体制改革逐步进行，中国特色社会主义文化建设领域中的各项具体制度不断走向完善。

1979年10月，邓小平代表党中央在中国文化艺术工作者第四次代表大会上的祝词中提出了新时期我国文化艺术事业发展的一系列指导方针，为文化领域的体制改革指明了方向。1980年2月召开的全国文化厅局长会议明确提出：坚决地有步骤地改革文化事业体制，改革经营管理制度。1983年，国务院的政府工作报告提出，文艺体制需要有领导、有步骤地进行改革。

1992年，邓小平视察南方的重要谈话发表和中共十四大的召开，标志着我国改革开放和现代化建设进入了一个新阶段。十四大报告在论述我国社会主义精神文明建设时提出，"积极推进文化体制改革，完善文化事业的有关经济政策"。这加快了文化体制改革的步伐。1996年，中共十四届六中全会分析了社会主义精神文明建设面临的形势，专题讨论了思想道德和文化建设方面的问题，做出了《中共中央关于加强社会主义精神文明建设若干重要问题的决议》（以下简称《决议》），《决议》第一次以党的重要决议的形式提出了文化体制改革的目标任务和一系列方针，指出："改革文化体制是文化事业繁荣和发展的根本出路。"改革要"遵循文化发展的内在规律，发挥市场机制的积极作用。……要区别情况、分类指导，理顺国家、单位、个人之间的关系，逐步形成国家保证重点、鼓励社会兴办文化事业的发展格局"②。

2000年，中共十五届五中全会通过了《中共中央关于制定国民经济和社会发展第十个五年计划的建议》，第一次在中央正式文件里提出了"文化产业"。"文化产业"概念的提出，标志着我国对文化产业的承认和对其地位的认可，特别是对于深化文化体制改革具有重要意义。

---

① 《中国共产党第十五次全国代表大会文件汇编》，人民出版社1997年版，第32页。

② 《十四大以来重要文献选编》（下），人民出版社1999年版，第2061页。

2002年召开的中共十六大对加强文化建设、推进文化体制改革做出了新的部署，提出了新的要求。十六大报告在阐述“文化建设和文化体制改革”时强调：“根据社会主义精神文明建设的特点和规律，适应社会主义市场经济发展的要求，推进文化体制改革”；要求“抓紧制定文化体制改革的总体方案”；明确提出要“深化文化企事业单位内部改革，逐步建立有利于调动文化工作者积极性，推动文化创新，多出精品、多出人才的文化管理体制和运行机制。按照一手抓繁荣、一手抓管理的方针，健全文化市场体系，完善文化市场管理机制”。

第三节　中国特色社会主义制度的形成确立

从2002年中共十六大到2012年中共十八大，是中国特色社会主义制度的形成确立时期。这一时期，中国特色社会主义根本政治制度、基本政治制度、基本经济制度以及各种具体制度进一步发展和完善，社会主义法律体系基本形成。2011年，胡锦涛在庆祝中国共产党成立90周年大会上的讲话中首次提出了“中国特色社会主义制度”的概念，并系统阐述了中国特色社会主义制度的内涵、特点和优势。2012年，中共十八大将“中国特色社会主义制度”科学命题及其丰富内涵首次写入党的报告。指出：“中国特色社会主义制度，就是人民代表大会制度的根本政治制度，中国共产党领导的多党合作和政治协商制度、民族区域自治制度以及基层群众自治制度等基本政治制度，中国特色社会主义法律体系，公有制为主体、多种所有制经济共同发展的基本经济制度，以及建立在这些制度基础上的经济体制、政治体制、文化体制、社会体制等各项具体制度。”① 这标志着中国特色社会主义制度的形成确立。

一、根本政治制度进一步发展和完善

2006年8月27日，十届全国人民代表大会常务委员会第二十三次会议审议通过了《中华人民共和国各级人民代表大会常务委员会监督法》，对监督的原则、形式和程序作了系统规定和规范，为各级人大常委会行使监督职权提供了法律保障，成为人大监督制度建设的一个里程碑。

① 《中国共产党第十八次全国代表大会文件汇编》，人民出版社2012年版，第11-12页。

2007 年，中共十七大提出了进一步加强和完善人民代表大会制度的主要措施：一是“支持人民代表大会依法履行职能，善于使党的主张通过法定程序成为国家意志”①，理顺的党和国家的关系。二是提出“保障人大代表依法行使职权，密切人大代表同人民的联系，建议逐步实行城乡按相同人口比例选举人大代表”。② 消除选举中的城乡差异，扩大选举的覆盖面，更好地发挥人大代表依法行使职权，推动人民代表大会制度的发展和完善。

2010 年 3 月 14 日，十一届全国人民代表大会第三次会议对选举法进行了第五次修正，这次修正规定了“城乡同票”原则，实现了农村和城市每一代表所代表的人口数比例完全一致，进一步健全我国选举制度。

2012 年，中共十八大报告明确提出，提高基层人大代表特别是一线工人、农民、知识分子代表比例，降低党政领导干部代表比例。在人大设立代表联络机构，完善代表联系群众制度。健全国家权力机关组织制度，优化常委会、专委会组成人员知识和年龄结构，提高专职委员比例，增强依法履职能力。

二、基本政治制度的形成发展

（一）政党制度

中共十六大以来，党中央以科学发展观为指导，在改革开放以来我国政党制度建设实践经验基础上，从建设社会主义政治文明的高度审视政党制度，先后出台了一系列关于政党制度建设的重大举措，使多党合作和政治协商制度进一步制度化、规范化、程序化。

2005 年 2 月 18 日，党中央出台《中共中央关于进一步加强中国共产党领导的多党合作和政治协商制度建设的意见》，把中国共产党领导的多党合作和政治协商制度作为建设社会主义政治文明的重要内容；明确我国政党制度必须坚持的重要政治准则；界定无党派人士在多党合作中的地位、职能和作用。

2006 年 2 月 8 日，中共中央颁布《中共中央关于加强人民政协工作的意见》，系统总结了人民政协事业发展的历史经验，深刻阐明了人民政协的性质、地位、作用、职能、主题。任务和工作原则，科学规范了人民政协履行职能的内容、形式和程序，是指导人民政协工作的纲领性文献。

2006 年 7 月 24 日，中共中央颁发《中共中央关于巩固和壮大新世纪、新阶段统一战线的意见》（以下简称《意见》），《意见》关于正确认识和把握新世纪、

① 《中国共产党第十七次全国代表大会文件汇编》，人民出版社 2007 年版，第 28 页。

② 《中国共产党第十七次全国代表大会文件汇编》，人民出版社 2007 年版，第 28 页。

新阶段统一战线的新发展、新变化，充分发挥统一战线在全面建设小康社会中的优势和作用，认真贯彻统一战线若干重要领域的方针政策，切实做好新的社会阶层人士统战工作，加强党外代表人士队伍建设，加强和改善党对统一战线工作的领导等方面作了一系列重要论述，是指导新世纪、新阶段统一战线工作的纲领性文件。

2007 年 11 月 15 日，国务院新闻办公室发表了《中国的政党制度》白皮书。白皮书深刻论述了我国政党制度的历史必然性、伟大独创性和巨大优越性，系统介绍了我国政党制度的基本框架、内涵、价值与功能，以及各民主党派和无党派人士在中国特色社会主义建设中的地位和作用。

至此，我国政党制度初步实现了制度化、规范化、程序化。

（二）民族区域自治制度

2002 年，中共十六大指出，坚持和完善民族区域自治制度是发展社会主义民主政治、建设社会主义政治文明的重要内容，是党领导人民建设中国特色社会主义必须长期坚持的基本经验。

2005 年 2 月 28 日，国务院新闻办公室首次发表《中国的民族区域自治》白皮书，全面介绍民族区域制度在中国的建立，各自治地方享有的充分自治权及其在国家的支持、帮助和自身努力下，各项事业取得的历史性发展。

2005 年 5 月 11 日，国务院第 89 次常务会议通过了《国务院实施〈中华人民共和国民族区域自治法〉若干规定》（以下简称《规定》），《规定》将《中华人民共和国民族区域自治法》规定的原则具体化，是国务院为实施民族区域自治法颁布的第一部行政法规，是我国民主法制建设的一项重要成果，是坚持和完善民族区域自治制度又一具有里程碑意义的重要法规。《规定》的出台，体现了党中央、国务院对民族工作和民族自治地方的高度重视和亲切关怀，反映了民族自治地方各族人民的共同愿望和根本利益。《规定》的发布实施，对于进一步坚持和完善民族区域自治制度，落实科学发展观，加快少数民族和民族地区发展，巩固和发展平等、团结、互助、和谐的社会主义民族关系，必将产生重大而深远的影响。

2011 年 7 月 1 日，胡锦涛在庆祝中国共产党成立 90 周年大会上的讲话中，把民族区域自治制度在内的基本政治制度作为中国特色社会主义制度的基本组成部分。

（三）基层群众自治制度

中共十六大报告提出“扩大基层民主，是发展社会主义民主的基础性工作”，把扩大基层民主的重要性提到了前所未有的高度。并明确规定要“完善村民自治，健全村党组织领导的充满活力的村民自治机制。完善城市居民自治，建设管理有序、文明祥和的新型社区”①。为适应新形势下城市居民自治及社区的快速发展要求，报告还提出“完善城市居民自治，建设管理有序、文明祥和的新型社区”的目标要求。对于除了职工代表大会以外的“其他形式的企事业民主管理制度”也给予了充分注意。

中共十七大明确提出要“坚持和完善人民代表大会制度、中国共产党领导的多党合作和政治协商制度、民族区域自治制度以及基层群众自治制度，不断推进社会主义政治制度自我完善和发展”②。这里，“基层群众自治制度”与“人民代表大会制度、中国共产党领导的多党合作和政治协商制度、民族区域自治制度”一道被纳入到我国社会主义政治制度框架内。这是党中央在新的时代条件下对中国特色社会主义政治制度的新判断，也是改革开放以来党中央对我国基层群众自治的认识不断发展的新阶段，对丰富发展中国特色的社会主义政治制度建设具有重大意义。中共十七大更是高瞻远瞩地提出必须把基层民主作为发展社会主义民主政治的基础性工程重点推进，要求“健全基层党组织领导的充满活力的基层群众自治机制，扩大基层群众自治范围，完善民主管理制度，把城乡社区建设成为管理有序、服务完善、文明祥和的社会生活共同体”③。

胡锦涛《在庆祝中国共产党成立 90 周年大会上的讲话》中指出：“人民代表大会制度是根本政治制度，中国共产党领导的多党合作和政治协商制度、民族区域自治制度以及基层群众自治制度等是基本政治制度。”从此，基层群众自治制度作为我国一项基本政治制度正式确立下来。

三、中国特色社会主义法律体系基本形成

2002 年，中共十六大指出，要把坚持党的领导、人民当家作主和依法治国有机统一起来，并提出到 2020 年社会主义法制更加完备，依法治国方略得到全面落实的法治建设目标。2007 年，中共十七大进一步强调，要全面落实依法治国基本方略、加快建设社会主义法治国家，坚持科学立法、民主立法，完善中国特色社会主义法律体系。2012 年，中共十八大进一步要求：“依法治国基本方略

① 江泽民：《全面建设小康社会　开创中国特色社会主义事业新局面》，人民出版社 2002 年版，第 33 页。

② 《中国共产党第十七次全国代表大会文件汇编》，人民出版社 2007 年版，第 27 页。

③ 《中国共产党第十七次全国代表大会文件汇编》，人民出版社 2007 年版，第 29 页。

全面落实，法治政府基本建成，司法公信力不断提高，人权得到切实尊重和保障。”①

截至2010年底，我国已制定现行有效法律236件、行政法规690多件、地方性法规8600多件，并全面完成对现行法律和行政法规、地方性法规的清理工作。一个立足中国国情和实际、适应改革开放和社会主义现代化建设需要、集中体现中国共产党和中国人民意志，以宪法为核心，以法律为主干，包括行政法规、地方性法规等规范性文件在内的，由七个法律部门、三个层次法律规范构成的中国特色社会主义法律体系已经基本形成。中国特色社会主义法律体系的形成，是我国社会主义民主法制建设史上一件大事，是我国实施依法治国方略进程中的一个重要里程碑，也是中国特色社会主义制度体系化的重要标志之一。从此，我国经济、政治、文化、社会生活的各个方面基本做到有法可依，依法治国、建设社会主义法治国家、实现国家长治久安有了有力的法制保障，实现中华民族伟大复兴的中国梦有了坚实的法制基础。

四、基本经济制度的完善

中共十六大以来，中国共产党人与时俱进，在实践中不断完善社会主义基本经济制度。确认个体、私营等各种形式的非公有制经济“是促进我国社会生产力发展的重要力量”，“是社会主义市场经济的重要组成部分”，宣告国有经济、集体经济、个体私营经济和外资经济等“各种所有制经济完全可以在市场竞争中发挥各自优势，相互促进，共同发展”，“在社会变革中出现的民营科技企业的创业人员和技术人员、受聘于外资企业的管理技术人员、个体户、私营企业主、中介组织的从业人员、自由职业人员等社会阶层，都是中国特色社会主义事业的建设者”。提出坚持两个毫不动摇的基本方针，即“毫不动摇地巩固和发展公有制经济”，“毫不动摇地鼓励、支持和引导非公有制经济发展”。要求“正确处理坚持公有制为主体和促进非公有制经济发展的关系”，“使两者在社会主义现代化建设进程中相互促进、共同发展”，将“坚持公有制为主体，促进非公有制经济发展，统一于社会主义现代化建设的进程中”。

中共十七大创造性地提出了“坚持平等保护物权，形成各种所有制经济平等竞争、相互促进新格局”；“推进公平准入，改善融资条件，破除体制障碍，促进个体、私营经济和中小企业发展”②。中共十八大进一步强调：“毫不动摇鼓

① 《中国共产党第十八次全国代表大会文件汇编》，人民出版社2012年版，第16页。

② 《中国共产党第十七次全国代表大会文件汇编》，人民出版社2007年版，第25页。

励、支持、引导非公有制经济发展，保证各种所有制经济依法平等使用生产要素、公平参与市场竞争、同等受到法律保护。”①

五、具体制度的完善

（一）社会主义市场经济体制逐步成熟

2002 年，中共十六大审时度势，明确提出“建成完善的社会主义市场经济体制”的战略部署。2003 年，中共十六届三中全会做出的《关于完善社会主义市场经济体制若干问题的决定》，对进一步健全完善社会主义市场经济体制作了全面部署，提出了完善国有资产管理体制、农村经济体制、市场体系、财税体制等方面的改革任务和措施，强调“坚持以人为本，树立全面、协调、可持续的发展观，促进经济社会和人的全面发展”。

2007 年，中共十七大强调，更好发挥市场在资源配置中的基础性作用，形成有利于科学发展的宏观调控体系。加快形成统一开放竞争有序的现代市场体系。深化预算制度改革，强化预算管理和监督，健全中央和地方财力与事权相匹配的体制。推进金融体制改革，发展各类金融市场，形成多种所有制和多种经营形式、结构合理、功能完善、高效安全的现代金融体系。深化投资体制改革，健全和严格市场准入制度。

（二）政治体制改革稳妥推进

2002 年 11 月，中共十六大在我们党的历史上首次提出“建设社会主义政治文明”，把“发展社会主义民主政治，建设社会主义政治文明”作为全面建设小康社会的重要目标，并对明确了继续积极稳妥推进政治体制改革，建设社会主义政治文明基本方针和任务，强调必须在坚持四项基本原则的前提下，继续积极稳妥地推进政治体制改革，扩大社会主义民主，健全社会主义法制，建设社会主义法治国家，巩固和发展民主团结、生动活泼、安定和谐的政治局面。

2004 年 3 月 22 日，国务院印发《全面推进依法行政实施纲要》，提出经过十年左右坚持不懈的努力，基本实现建设法治政府的目标。

2004 年 9 月 9 日，中共十六届四中全会审议通过《中共中央关于加强党的执政能力建设的决定》，提出要把我们党建设成为科学执政、民主执政、依法执政的执政党。

2005 年 4 月 27 日，十届全国人大常委会第十五次会议通过《中华人民共和

① 《中国共产党第十八次全国代表大会文件汇编》，人民出版社 2012 年版，第 19 页。

国公务员法》，明确了公务员的9项基本义务和16项纪律规范。

2007年10月，中共十七大提出，坚定不移发展社会主义民主政治，明确政治体制改革作为我国全面改革的重要组成部分，必须随着经济社会发展而不断深化，与人民政治参与积极性不断提高相适应。

2008年3月11日，国务院公布第五次机构改革方案，除国务院办公厅外，国务院组成部门调整至27个。

2008年5月13日，中共中央印发《建立健全惩治和预防腐败体系2008—2012年工作规划》，要求经过5年的扎实工作，建成惩治和预防腐败体系基本框架。

2008年12月，中共中央转发《中央政法委员会关于深化司法体制和工作机制改革若干问题的意见》，从优化司法职权配置、完善宽严相济刑事政策、加强政法队伍建设、改革司法保障体制等方面，提出60项改革任务。

2010年10月，国务院发布《国务院关于加强法治政府建设的意见》，规定了提高行政机关工作人员特别是领导干部依法行政的意识和能力、加强和改进制度建设、坚持依法科学民主决策、严格规范公正文明执法、全面推进政务公开、强化行政监督和问责、依法化解社会矛盾纠纷等七个方面的任务。

2012年4月17日，《中共中央国务院关于分类推进事业单位改革的指导意见》公布，以进一步满足人民群众公益服务需求。

（三）文化体制改革不断深入

中共十六大之后，以胡锦涛为总书记的党中央高度重视文化建设，把文化建设提到前所未有的战略高度，对深化文化体制改革、加快发展文化事业、文化产业做出了一系列重大部署，提出了一系列新观点、新论断、新要求。文化体制改革不断深入并取得重大成绩，创新文化发展理念，解放和发展文化生产力，推动文化事业全面繁荣、文化产业健康发展，大幅度提高了人民基本文化权益保障水平，大幅度提高了文化在经济社会发展中的地位和作用，为推进社会主义文化大发展大繁荣、建设社会主义文化强国奠定了制度基础。

2011年，中共十七届六中全会进一步总结了我国文化改革发展的丰富实践和宝贵经验，研究部署深化文化体制改革、推动社会主义文化大发展大繁荣，并专门做出《中共中央关于深化文化体制改革、推动社会主义文化大发展大繁荣若干重大问题的决定》。强调必须牢牢把握正确方向，加快推进文化体制改革，并从深化国有文化单位改革、健全现代文化市场体系、创新文化管理体制、完善政策保障机制、推动中华文化走向世界和积极吸收借鉴国外优秀文化成果等六个方面对文化体制改革作出部署。目前，文化体制改革正在按照中央的部署和要求全面展开、深入推进。

（四）社会体制改革提上日程

中共十六大以来，我国进入改革发展的关键时期，经济体制深刻变革，社会结构深刻变动，利益格局深刻调整，思想观念深刻变化。这种空前的社会变革，给我国发展进步带来巨大活力，也必然带来这样那样的矛盾和问题。为解决影响我国社会和谐的矛盾和问题，中共十六届六中全会通过了《关于构建社会主义和谐社会若干重大问题的决定》，明确了构建社会主义和谐社会的指导思想、目标任务和原则。并首次提出“社会体制”的概念，要求坚持社会主义市场经济的改革方向，适应社会发展要求，推进以构建社会主义和谐社会为目标，以改善民生为重点，涉及教育、就业、分配制度、社会保障体系、医疗卫生制度、社会管理制度等方面的综合性社会体制改革和创新。

2007 年，中共十七大首次提出“加快推进以改善民生为重点的社会建设”，强调必须在经济发展的基础上，更加注重社会建设，着力保障和改善民生，推进社会体制改革。

2002 年，中共十八大提出“加快推进社会体制改革”，强调要围绕构建中国特色社会主义社会管理体系，加快形成党委领导、政府负责、社会协同、公众参与、法治保障的社会管理体制，加快形成政府主导、覆盖城乡、可持续的基本公共服务体系，加快形成政社分开、权责明确、依法自治的现代社会组织体制，加快形成源头治理、动态管理、应急处置相结合的社会管理机制。“四个加快形成”的提出，成为指导我国社会体制改革的纲领性文件。

第四节　中国特色社会主义制度的完善发展

恩格斯早就指出：“所谓‘社会主义社会’不是一种一成不变的东西，而应当和任何其他社会制度一样，把它看成是经常变化和改革的社会。”① 邓小平 1992 年在“南方谈话”中也指出：“恐怕再有三十年的时间，我们才会在各方面

① 《马克思恩格斯选集》第 4 卷，人民出版社 1995 年版，第 693 页。

形成一整套更加成熟、更加定型的制度。"① 伴随中国特色社会主义伟大实践的不断发展，中国特色社会主义制度也需要不断完善。习近平在十八届中共中央政治局第一次集体学习时指出："中国特色社会主义制度是特色鲜明、富有效率的，但还不是尽善尽美、成熟定型的。中国特色社会主义事业不断发展，中国特色社会主义制度也需要不断完善。"②

中共十八大以来，尤其是中共十八届三中全会后，中国特色社会主义制度在全面深化改革的历史新阶段进一步完善和发展。以习近平为核心的党中央部署推进全面深化改革，把完善和发展中国特色社会主义制度作为全面深化改革的总目标，"既改革不适应时代发展要求的体制机制、法律法规，又不断构建新的体制机制、法律法规，使各方面制度更科学、更加完善，实现党、国家、社会各项事务治理制度化、规范化、程序化"③。

一、与时俱进完善根本政治制度

中共十八大指出："人民代表大会制度是保证人民当家作主的根本政治制度。"④ 习近平在庆祝全国人民代表大会成立60周年大会上的重要讲话中强调："人民代表大会制度是中国特色社会主义制度的重要组成部分，也是支撑中国国家治理体系和治理能力的根本政治制度。新形势下，我们要毫不动摇坚持人民代表大会制度，也要与时俱进完善人民代表大会制度。"⑤ 中共十八大以来，以习近平为核心的党中央从推进中国特色社会主义伟大事业、实现中华民族伟大复兴的高度，与时俱进完善人民代表大会制度。

在加强和改进立法工作方面，不断健全立法起草、论证、协调、审议机制，提高立法质量，扩大了地方性法规的立法主体，防止地方保护和部门利益法制化。

在加强和改进监督工作方面，健全"一府两院"由人大产生、对人大负责、受人大监督制度。健全人大讨论、决定重大事项制度，各级政府重大决策出台前向本级人大报告。加强人大预算决算审查监督、国有资产监督职能。

在加强人大代表同人民群众的联系方面，中共十八大首次提出"在人大设立代表联络机构，完善代表联系群众制度"。中共十八届三中全会进一步明确要求

① 《邓小平文选》第3卷，人民出版社1993年版，第372页。
② 《十八大以来重要文献选编》(上)，中央文献出版社2014年版，第75页。
③ 《习近平谈治国理政》，外文出版社2014年版，第92页。
④ 《中国共产党第十八次全国代表大会文件汇编》，人民出版社2012年版，第24页。
⑤ 习近平：《在庆祝全国人民代表大会成立60周年大会上的讲话》，《人民日报》2014年9月6日。

“通过建立健全代表联络机构、网络平台等形式密切代表同人民群众联系”。2016年6月27日，习近平主持召开的中央全面深化改革领导小组第二十五次会议，审议通过了《关于完善人大代表联系人民群众制度的实施意见》，围绕发挥人大代表桥梁纽带作用，通过建立和完善代表接待选民、代表走访联系选民、代表向选民述职等制度，搭建起“人大—人大代表—人民群众”的联系通道，及时将民意输入人大，使民声、民情、民意、民智通过正当途径进入公共决策。

在加强和改进人大工作方面，不断完善人大工作机制，通过座谈、听证、评估、公布法律草案等扩大公民有序参与立法途径，通过询问、质询、特定问题调查、备案审查等积极回应社会关切。

二、创新发展基本政治制度

（一）政党制度的完善发展

在新的历史条件下，进一步完善发展中国共产党领导的多党合作和政治协商制度，是社会主义政治建设的重要内容。中共十八大以来，党中央以协商民主的发展完善来助政党制度的发展完善。

中共十八大第一次明确提出了“健全社会主义协商民主制度”政治任务。指出：“社会主义协商民主是我国人民民主的重要形式。要完善协商民主制度和工作机制，推进协商民主广泛、多层、制度化发展。”① 我国政党制度的主要载体是人民政协，人民政协是协商民主的重要渠道。“坚持和完善中国共产党领导的多党合作和政治协商制度，充分发挥人民政协作为协商民主重要渠道作用，围绕团结和民主两大主题，推进政治协商、民主监督、参政议政制度建设，更好协调关系、汇聚力量、建言献策、服务大局。”②

中共十八届三中全会将“协商民主”置于“我国社会主义民主政治的特有形式和独特优势”的高度来加以论述，并且认为协商民主是“党的群众路线在政治领域的重要体现”③。进一步强调发挥人民政协作为协商民主重要渠道作用。重点推进政治协商、民主监督、参政议政的制度化、规范化、程序化。各级党委和政府、政协制定并组织实施协商年度工作计划，就一些重要决策听取政协意见。完善人民政协制度体系，规范协商内容、协商程序。拓展协商民主形式，更加活跃有序地组织专题协商、对口协商、界别协商、提案办理协商，增加协商密

① 《中国共产党第十八次全国代表大会文件汇编》，人民出版社2012年版，第24页。

② 《中国共产党第十八次全国代表大会文件汇编》，人民出版社2012年版，第24－25页。

③ 《中共中央关于全面深化改革若干重大问题的决定》，《人民日报》2013年11月16日。

度，提高协商成效。在政协健全委员联络机构，完善委员联络制度。

（二）民族区域自治制度

中共十八大指出：“全面正确贯彻落实党的民族政策，坚持和完善民族区域自治制度，牢牢把握各民族共同团结奋斗、共同繁荣发展的主题，深入开展民族团结进步教育，加快民族地区发展，保障少数民族合法权益，巩固和发展平等团结互助和谐的社会主义民族关系，促进各民族和睦相处、和衷共济、和谐发展。”① 中共十八大后，习近平多次强调，要坚定不移坚持党的民族政策、坚持民族区域自治制度。中共十八届三中全会再次明确要求，发展社会主义民主政治，必须坚持和完善包括民族区域自治制度在内的各项制度，充分发挥我国社会主义政治制度优越性。

2014 年，习近平在中央民族工作会议上的重要讲话对中国特色解决民族问题的正确道路做出“八个坚持”的精辟概括，涵盖党的领导、中国特色社会主义道路、维护祖国统一、各民族一律平等、民族区域自治、“两个共同”主题、打牢中华民族共同体的思想基础、依法治国等方面。并深刻阐明民族区域自治制度是我国一大基本政治制度，提出坚持和完善民族区域自治制度要做到“两个结合”，即统一和自治相结合，民族因素与区域因素相结合。丰富发展了民族区域自治制度的科学内涵。

（三）完善和发展基层民主制度

中共十八大指出，在城乡社区治理、基层公共事务和公益事业中实行群众自我管理、自我服务、自我教育、自我监督，是人民依法直接行使民主权利的重要方式。要健全基层党组织领导的充满活力的基层群众自治机制，以扩大有序参与、推进信息公开、加强议事协商、强化权力监督为重点，拓宽范围和途径，丰富内容和形式，保障人民享有更多更切实的民主权利。全心全意依靠工人阶级，健全以职工代表大会为基本形式的企事业单位民主管理制度，保障职工参与管理和监督的民主权利。发挥基层各类组织协同作用，实现政府管理和基层民主有机结合。这些论述创新发展了基层群众自治制度，

中共十八大以来，习近平就坚持和完善基层群众自治制度，发展基层民主做出一系列重要论述。他指出，基层群众自治制度是我国的一项基本政治制度。完善基层群众自治制度，发展基层民主，是社会主义民主政治建设的基础。要完善基层民主制度，畅通民主渠道，健全基层选举、议事、公开、述职、问责等机

① 《中国共产党第十八次全国代表大会文件汇编》，人民出版社 2012 年版，第 27 页。

制，促进群众在城乡社区治理、基层公共事务和公益事业中依法自我管理、自我服务、自我教育、自我监督，切实防止出现人民形式上有权、实际上无权的现象。这些论述为完善和发展基层民主制度提供了有力指引和重要理论支撑。

三、不断完善中国特色社会主义法律体系

中共十八大以来，习近平发表了一系列关于法治建设的重要讲话，系列重要讲话对中国特色社会主义法治建设、中国特色社会主义法律体系的完善具有重要指导意义。中共十八届四中全会通过的《中共中央关于全面推进依法治国若干重大问题的决定》明确提出了全面推进依法治国的总目标：建设中国特色社会主义法治体系，建设社会主义法治国家。中国特色社会主义法治建设的首要任务就是完善中国特色社会主义法律体系，提高立法质量，加强重点领域立法。全国人大及其常委会适应经济社会发展和民主法治建设需要，紧紧围绕党和国家工作大局，加快推进重点领域立法，审议和通过一批重要立法项目，以加快形成完备的中国特色社会主义法律体系。

在社会主义市场经济等领域，制定民法总则，健全民事基本法律制度。制定环境保护税法、船舶吨税法、烟叶税法、粮食法、资产评估法等，修改证券法、中小企业促进法等。坚持绿色发展，促进生态文明建设，构建最严格的生态环境保护制度，修改水污染防治法、海洋环境保护法、野生动物保护法等。

在社会、文化等领域，一是在加强和创新社会治理方面，制定中医药法、社区矫正法，修改民办教育促进法、红十字会法。二是在深化文化体制改革方面，制定公共文化服务保障法、电影产业促进法等。三是在促进军民融合深度发展、深化国防和军队改革方面，制定国防交通法，修改现役军官法等。四是在推进反腐败立法方面，制定国际刑事司法协助法，研究修改行政监察法。五是制定境外非政府组织管理法、网络安全法等。

四、创新发展基本经济制度

中共十八大以来，随着我国改革进入攻坚期，经济发展进入新常态。而经济新常态对中国特色社会主义经济制度的进一步完善发展提出了新要求。为坚持和完善中国特色社会主义基本经济制度，正确处理基本经济制度中各种所有制的地位和相互关系，中共十八届三中全会通过的《中共中央关于全面深化改革若干重大问题的决定》（以下简称《决定》）再次强调“两个毫不动摇”，明确指出：“公有制为主体、多种所有制经济共同发展的基本经济制度，是中国特色社会主义制度的重要支柱，也是社会主义市场经济体制的根基。公有制经济和非公有制经济都是社会主义市场经济的重要组成部分，都是我国经济社会发展的重要基础。必须毫不动摇巩固和发展公有制经济，坚持公有制为主体，发挥国有经济主导作用，不断增强国有经济活力、控制力、影响力。必须毫不动摇鼓励、支持、引导非公有制经济发展，激发非公有制经济活力和创造力。”

《决定》还特别提出，“国有资本、集体资本、非公有资本等交叉持股、相互融合的混合所有制经济，是基本经济制度的重要实现形式”，要求“积极发展混合所有制经济”。《决定》对发展混合所有制经济作用和意义的论断，是我们党以往有关论断的继承和发展，为今后发展混合所有制经济指明了方向。

五、全面深化改革具体制度

中共十八大强调，要“不断推进理论创新、制度创新、科技创新、文化创新以及其他各方面创新，不断推进我国社会主义制度自我完善和发展”。十八大后，经济、政治、文化、社会、生态文明体制和党的建设制度改革纵深推进，主要领域“四梁八柱”性改革已基本出台。中共十八届三中全会通过的《中共中央关于全面深化改革若干重大问题的决定》对全面深化改革做出了总部署，明确指出：“全面深化改革的总目标是完善和发展中国特色社会主义制度，推进国家治理体系和治理能力现代化。”① 《决定》坚持“六个紧紧围绕”原则，对经济体制、政治体制、文化体制、社会体制、生态文明体制和党的建设制度等方面深化改革的任务提出了明确要求。

紧紧围绕使市场在资源配置中起决定性作用深化经济体制改革，坚持和完善基本经济制度，加快完善现代市场体系、宏观调控体系、开放型经济体系，加快转变经济发展方式，加快建设创新型国家，推动经济更有效率、更加公平、更可持续发展。

紧紧围绕坚持党的领导、人民当家作主、依法治国有机统一深化政治体制改革，加快推进社会主义民主政治制度化、规范化、程序化，建设社会主义法治国家，发展更加广泛、更加充分、更加健全的人民民主。

紧紧围绕建设社会主义核心价值体系、社会主义文化强国深化文化体制改革，加快完善文化管理体制和文化生产经营机制，建立健全现代公共文化服务体系、现代文化市场体系，推动社会主义文化大发展大繁荣。

紧紧围绕更好保障和改善民生、促进社会公平正义深化社会体制改革，改革

---

① 《十八大以来重要文献选编》（上），中央文献出版社 2014 年版，第 512 页。

收入分配制度，促进共同富裕，推进社会领域制度创新，推进基本公共服务均等化，加快形成科学有效的社会治理体制，确保社会既充满活力又和谐有序。

紧紧围绕建设美丽中国深化生态文明体制改革，加快建立生态文明制度，健全国土空间开发、资源节约利用、生态环境保护的体制机制，推动形成人与自然和谐发展现代化建设新格局。

紧紧围绕提高科学执政、民主执政、依法执政水平深化党的建设制度改革，加强民主集中制建设，完善党的领导体制和执政方式，保持党的先进性和纯洁性，为改革开放和社会主义现代化建设提供坚强政治保证。

中共十八届三中全会后，中央深化改革领导小组聚焦改革发展的重要领域和关键环节，密集推出了一系列宏观方案和细化规定，既包括国资国企改革、农村改革、财税体制改革、预算管理制度改革、价格机制改革、收入分配制度改革、户籍制度改革、自由贸易区试点等重大举措，也包括居民身份证异地受理挂失申报、足球改革方案等具体安排。这必将推动中国特色社会主义制度更加成熟和完善。

总之，完善和发展中国特色社会主义制度体系是一项复杂而艰巨的系统工程，需要顶层设计和各方面的努力。只要牢牢把握全面深化改革的总目标，中国特色社会主义制度一定会越来越成熟，制度优势一定会充分显现。诚如习近平所指出的那样："没有坚定的制度自信就不可能有全面深化改革的勇气，同样，离开不断改革，制度自信也不可能彻底、不可能久远。我们全面深化改革，是要使中国特色社会主义制度更好，我们说坚定制度自信，不是要故步自封，而是要不断革除体制机制弊端，让我们的制度成熟而持久。"①

① 《习近平谈治国理政》，外文出版社2014年版，第106页。

第二章

中国特色社会主义制度的基本内涵

一定的社会制度，是一定社会形态的根本标志，反映一定社会形态的经济结构、政治结构以及与此相关的经济生活、政治生活、文化生活和社会生活的行为规范。中国特色社会主义制度在制度形态上揭示并深刻体现了中国特色社会主义的基本内涵。研究一个国家和一个社会，首先要从了解其社会制度开始，而研究一个国家社会制度的起点则是其制度的内涵。

第一节　中国特色社会主义制度基本内涵的界定

中国特色社会主义制度，是当代中国发展进步的根本制度保障，是在中国特色社会主义经济、政治、文化、社会等各个领域形成的一整套相互衔接、相互联系的制度体系，其不仅具有鲜明的中国特色，而且具有社会主义制度的本质属性，是中国共产党领导中国各族人民经过艰苦奋斗、长期积累、连续创造、坚定坚持、不断发展而取得的根本性成就之一。

一、中国特色社会主义制度的概念提出与基本内涵

中国特色社会主义道路的开辟、中国特色社会主义理论体系的形成、中国特色社会主义制度的确立，是中国共产党领导中国各族人民经过 90 多年的艰苦奋斗、长期积累、连续创造、坚定坚持、不断发展而取得的“三大根本成就”。2011 年 7 月 1 日，胡锦涛在庆祝中国共产党成立 90 周年大会上的讲话中深刻指出：“中国特色社会主义制度，是当代中国发展进步的根本制度保障，集中体现了中国特色社会主义的特点和优势。我们推进社会主义制度自我完善和发展，在

经济、政治、文化、社会等各个领域形成一整套相互衔接、相互联系的制度体系。”[①] 这是中国共产党首次明确提出“中国特色社会主义制度”这一概念，并明确地与“中国特色社会主义道路”和“中国特色社会主义理论”的概念进行了比较使用，很清楚地体现了道路、理论和制度的区别与联系；同时，这也是中国共产党历史上首次阐述中国特色社会主义制度问题，而这一阐述和界定也十分清楚地诠释中国特色社会主义制度的地位和作用，并对中国特色社会主义制度的基本内涵进行了初步界定，即把中国特色社会主义制度看作是我国在经济、政治、文化、社会等各个领域形成一整套相互衔接、相互联系的制度体系。

2012 年 11 月 8 日，胡锦涛代表十七届中央委员会向中共第十八次代表大会作了题为《坚定不移沿着中国特色社会主义道路前进为全面建成小康社会而奋斗》的报告，在报告中，胡锦涛进一步阐释了中国特色社会主义制度的基本内涵。“中国特色社会主义制度，就是人民代表大会制度的根本政治制度，中国共产党领导的多党合作制和政治协商制度、民族区域自治制度以及基层群众自治制度等基本政治制度，中国特色社会主义法律体系，公有制为主体、多种所有制经济共同发展的基本经济制度，以及建立在这些基础上的经济体制、政治体制、文化体制、社会体制等各项具体制度。”[②] 这样，“中国特色社会主义制度”这一概念的基本内涵就从党和国家官方层面得到了明确界定和规范性表述。中共十八大以后，我国理论界对中国特色社会主义制度的内涵也进行了深入研究和阐释，但是总体而言，胡锦涛在以上两次重要会议的讲话中对中国特色社会主义制度内涵的界定已经达成普遍共识并被广泛使用。

二、中国特色社会主义制度具有社会主义制度的本质属性

中国特色社会主义制度是党领导和团结全国各族人民在社会主义初级阶段，在中国特色社会主义理论体系的指导下，在不断探索中国特色社会主义道路的进程中所形成的一系列制度建设的基本经验和成果，是全面的基本的相互联系、相互作用的制度体系，也是紧紧围绕中国特色社会主义改革开放和现代化建设的实际，不断完善、不断创新的制度体系。这一制度体系无论从内涵上还是从外延上，都属于中国特色社会主义的范畴，体现了中国特色社会主义的本质属性，与中国特色社会主义理论体系、中国特色社会主义道路一同构成了中国特色社会主

---

① 胡锦涛：《胡锦涛在庆祝中国共产党成立 90 周年大会上的讲话》，《人民日报》2011 年 7 月 2 日。

② 胡锦涛：《坚定不移沿着中国特色社会主义道路前进　为全面建成小康社会而奋斗》，《人民日报》2012 年 11 月 9 日。

义的完整范畴，具有鲜明的中国特色。但同时，中国特色社会主义制度是中国共产党在坚持马克思主义为根本指导思想，坚持科学社会主义的基本原则和价值目标的前提下取得的伟大的创新成果，因此这一制度具有社会主义制度的本质属性。

首先，中国特色社会主义制度是科学社会主义基本原则与中国特色社会主义具体实践的有机结合。中国特色社会主义制度是在具体的社会主义实践中形成发展的，是中国共产党坚持解放思想、实事求是、与时俱进，在探索中国特色社会主义现代化建设的具体实践中，在坚持走中国特色社会主义道路的基础上，不断加强中国特色社会主义经济、政治、文化和社会建设中，逐步形成的制度体系，因此，其具有鲜明的中国特色。同时，中国特色社会主义制度又坚持了科学社会主义制度的基本原则，体现科学社会主义的本质属性。一方面，中国特色社会主义基本制度和根本制度坚持了科学社会主义的基本原则，如在基本经济制度中坚持了“公有制为主体”的社会主义制度的基本经济特征和原则，在根本政治制度中坚持了“人民当家作主”的社会主义制度的本质特征和价值取向；另一方面，在社会主义各项具体制度的建设中也都把科学社会主义的基本要求和价值目标与中国特色社会主义具体实际相结合，努力体现根本制度和基本制度的要求，体现科学社会主义的本质属性。

其次，中国特色社会主义制度虽然具有鲜明的中国特色，但是仍然把坚持科学社会主义的基本价值取向作为基本遵循。《中华人民共和国宪法》第一章“总纲”第一条明确规定：中华人民共和国是工人阶级领导的、以工农联盟为基础的人民民主专政的社会主义国家。社会主义制度是中华人民共和国的根本制度。禁止任何组织或者个人破坏社会主义制度。这就从国家根本大法上确立了我国的社会主义制度性质。改革开放三十多年来，在党的坚强领导下，中国政治体制改革有条不紊地推进，经济社会各项制度建设取得了一系列重大成绩，但是保证人民当家作主的基本政治地位不动摇，始终是党坚持的原则、底线，也是各项制度制定、执行、改革和完善的基本出发点和立足点。正如习近平所强调：“中国特色社会主义是社会主义而不是其他什么主义，科学社会主义基本原则不能丢，丢了就不是社会主义。一个国家实行什么样的主义，关键是要看这个主义能否解决这个国家面临的历史性课题。历史和现实都告诉我们，只有社会主义才能救中国，只有中国特色社会主义才能发展中国，这是历史的结论，人民的选择。”① 因此，

① 习近平：《习近平谈治国理政》，外文出版社2014年版，第22页。

改革创新是中国特色社会制度自我完善和发展的不懈动力，但是创新的前提是不能改旗易帜，不能动摇道路和方向，不能失去社会主义制度的本质属性。

三、中国特色社会主义制度的结构

中共十八大报告明确指出："中国特色社会主义制度，就是人民代表大会制度的根本政治制度，中国共产党领导的多党合作和政治协商制度、民族区域自治制度以及基层群众自治制度等基本政治制度，中国特色社会主义法律体系，公有制为主体、多种所有制经济共同发展的基本经济制度，以及建立在这些制度基础上的经济体制、政治体制、文化体制、社会体制等各项具体制度。"① 中共十八大报告是在横向结构上对中国特色社会主义制度结构进行了阐释。实际上依照制度体系的构成，按照制度体系核心到边缘的顺序进行划分，中国特色社会主义制度体系包括制度、体制和机制三个层面。根本政治制度、基本政治制度和基本经济制度是国家制度的本质规定，决定着中国特色社会主义价值方向，是制度体系的基本原则，是国家社会制度根本属性的体现，其中根本政治制度和基本政治制度是具有制度保证的作用，基本经济制度具有制度基础的作用；建立在政治制度、经济制度基础上的政治体制、经济体制、文化体制、社会体制是制度体制实现的具体形式，其中政治体制、经济体制与政治、经济制度的目标具有明显的、直接的一致性，制度的规范性和约束性较强，文化体制和社会体制相对而言具有较多的深层性、自主性，制度约束性不是很明显，在国家整个制度体系更具有体制性制度的鲜明特点；机制是体制的运行方式，是制度结构的组织形式和运行状态，在整个中国特色社会主义制度体系中起着具体的基础性的作用，是最贴近人民群众生活实际、最直接的一种制度作用方式，相对根本制度、基本制度和体制而言，制度更具有灵活性、多样性和多变性的特点，但是这些特点正是为了让机制更好运转来实现国家各项制度和体制的功能和目标。中国特色社会主义法律体系属于基本制度的范畴，但是相对来讲，法律体系又具有一定的独立性，是制度的规范表达和文本体现，通过法律形式确立的制度更具有权威性和稳定性。

习近平指出："中国特色社会主义制度，坚持把根本政治制度、基本政治制度同基本经济制度以及各方面体制机制等具体制度有机结合起来，坚持把国家层面民主制度同基层民主制度有机结合起来，坚持把中共领导、人民当家作主、依法治国有机结合起来，符合我国国情，集中体现了中国特色社会主义的特点和优

① 《中国共产党第十八次全国代表大会文件汇编》，人民出版社 2012 年版，第 11-12 页。

势，是中国发展进步的根本制度保障。”① 中国特色社会主义制度既有体现根本规范的制度体系，又有实现制度表达和运行的体制机制，实现了坚持原则立场和体制运行的环境适应再到组织机制的微观运行。② 中国特色社会主义制度既坚持了马克思主义的科学指导，又遵循了科学社会主义的基本原则，实现了价值目标的恒定性和具体实现方式的灵活性的高度统一，是我们要不断坚持、不断完善的新型的社会主义制度形态。

第二节　中国特色社会主义根本政治制度

根本制度，是指社会制度的内核部分，是直接反映社会制度的性质，决定国家活动的基本原则和社会发展方向的制度，是国家各项制度的根基和本源。我国人民代表大会制度作为社会主义国家政权的组织形式，是人民当家作主国家性质的根本体现，在我国政治制度体系中居于核心地位，是我国各种制度的源泉，反映了国家政治生活的全貌，属于国家的根本政治制度。中国特色社会主义根本政治制度，即人民代表大会制度，包括全国人民代表大会制度和地方各级人民代表大会制度，人民通过全国人民代表大会制度和地方各级人民代表大会制度行使国家权力。

一、人民代表大会制度的地位

人民代表大会制度之所以成为中国特色社会主义的根本政治制度，是因为人民代表大会制度反映了我国社会主义的本质，是我国宪法所确立的根本政治制度，它是我国一切国家机构和国家政治生活的基础，是马克思主义关于政治制度的学说在中国的具体应用；它是适合中国国情的一种政权组织形式，其核心是国家的一切权力属于人民。因此，人民代表大会制度是我国的根本政治制度。具体而言，人民代表大会制度作为我国根本的政治制度还体现在以下方面：

第一，人民代表大会制度根本政治制度的地位是由宪法规定的。我国现行《宪法》第 2 条明确规定：“中华人民共和国的一切权力属于人民”；“人民行使

---

① 习近平：《紧紧围绕坚持和发展中国特色社会主义学习宣传贯彻中共十八大精神——在十八届中共中央政治局第一次集体学习时的讲话》，人民出版社 2012 年版，第 5 页。

② 参见肖贵清等著：《中国特色社会主义制度基本问题研究》，人民出版社 2013 年版，第 93 页。

国家权力的机关是全国人民代表大会和地方各级人民代表大会”。这是我国国家制度的核心内容和基本原则，而人民代表大会制度正是实现这一核心内容和基本原则的组织形式。

第二，人民代表大会制度直接地、准确地反映了我国人民民主专政的国家性质。我国是以工人阶级为领导的、以工农联盟为基础的人民民主专政的社会主义国家。我国的政权具有广泛的阶级基础，各阶级、各阶层、各党派、各民族在政权中都有一定的地位。全国 50 多个少数民族都有各自的代表。人民代表通过人民代表大会的制度化渠道反映不同地区、不同民族、不同阶层、不同群体、不同职业部门等各方面的利益和要求，并通过人民代表大会共同商讨国家大事，参加国家管理。

第三，人民代表大会制度是国家其他各项制度建立的基础和依据，反映国家政治生活的全貌。人民代表大会制度是中国人民在长期革命斗争中直接创造的，它是无产阶级革命胜利的产物。人民代表大会制度的产生，不以任何制度为依据，一经确立，它就成为代表全国人民行使国家权力的机关。人民代表大会拥有立法权，并凭借这项重要权力使其而成为国家建立其他制度的依据和基础。因此，从国家政权机关的关系角度来看，人民代表大会是国家权力机关，其他机关都由其产生、对其负责、受其监督。

第四，人民代表大会制度是实现中国共产党民主执政、依法执政、科学执政的根本制度保障。人民代表大会制度是我国的政体，是我国的政权组织形式，是人民民主专政的表现形式，反映了国家的性质，在整个制度体系中处于决定性的地位。中国共产党是中国特色社会主义事业的领导力量，但是党不能直接行使国家的权力。党和国家的意志表达必须通过人民代表大会来实现，依照法定的程序，经过人民代表大会议案、审议、立法、表决或其有关机关的决定、执行以及监督等权力或方式来加以实现，而只有通过人民代表大会的权力行使才能够保证党和国家真正代表人民，国家权力的行使体现人民当家作主的地位。中国共产党在执政的过程中要维护人民代表大会制度的最高权威，广泛听取和采纳人民代表的意见、建议，并将自己的政治主张、方针政策和具体的执政行为全面纳入到人民代表的监督之下，充分体现最广大人民的意志和利益要求，保证人民代表大会是党民主、科学、依法执政的机关。

二、人民代表大会制度的内容

第一，人民代表大会代表国家最高权力。全国人民代表大会（下文统称全国人大）是国家的最高国家权力机关，全国人民代表大会常务委员会是其常设机构，在全国人大闭会期间，由人大常委会来行使最高国家权力，行使宪法和法律赋予的职权。全国人民代表大会行使国家的最高权力，包括国家的立法、监督、审查、选举最高领导人等多项权力。

第二，人民代表由民主选举产生，对人民负责，受人民监督。我国宪法规定，全国人民代表大会和地方各级人民代表大会都由民主选举产生，对人民负责，受人民监督；除依照法律被剥夺政治权利的人之外，中华人民共和国年满18周岁的公民，不分民族、种族、性别、职业、家庭出身、宗教信仰、教育程度、财产状况和居住期限，都有选举权和被选举权。广大人民通过民主选举保证自己的政治意愿合理表达；通过选举或者罢免违法和违背国家、人民意志与利益的人大代表，使各级人大真正按照人民意志、代表人民利益行使国家权力，使人民当家作主通过现实有效的根本政治制度安排来真正实现。

第三，人民代表大会实行民主集中制的组织和活动原则。我国宪法明确规定："中华人民共和国的国家机构实行民主集中制的原则。"人民代表大会作为国家权力机关同样要坚持实行民主集中制的组织和活动原则。人民代表大会既广泛征求人民意见和建议，通过广泛而普遍的选举代表来体现民主，又由人民代表组成国家权力机关来集中、统一、规范地行使国家权力。

第三节　中国特色社会主义基本政治制度

基本制度，就是指制度体系中体现经济基础和上层建筑的主要制度，基本政治制度和基本经济制度作为基本层面的制度，规定着国家政治生活、经济生活的基本原则，对国家经济社会生活的基本发展有着直接、根本又重大的影响。对国家基本政治制度内涵的理解是理解整个国家制度体系的关键。

一、中国特色社会主义基本政治制度释义

社会主义基本制度是科学社会主义的本质特征、基本原则在制度上的体现。不同于根本制度（决定着国家和社会的性质，是对社会结构关系本质属性的内在规定），基本制度是社会结构关系根本性质的外在体现，是根本制度与具体国情结合的产物。正如有的学者所指出的那样："国家作为'表面上凌驾于社会之上的力量'，在保证统治阶级运用根本制度保障自身核心利益的同时，也必须顾及其他阶级的利益和生存，在长期的利益博弈中，统治阶级会形成自己的利益底

线，而其他阶级也会形成自己的利益上限，这就需要一套既能反映统治阶级根本利益又能兼顾其他阶级利益的规范并将其上升为国家制度，这就产生了特定社会形态中的基本制度。”①

中共十八大关于中国特色社会主义制度内涵的阐释中，明确指出基本制度只包括基本政治制度和基本经济制度，并没有使用“基本社会制度”和“基本文化制度”的概念。这是因为，不同的社会制度体现不同的社会性质，与社会形态同义，是指建立在一定生产力之上的经济基础和上层建筑之一。② “相对于经济制度和政治制度的鲜明的文本表达和现实的规范性，社会、文化的制度规定性更接近非正式的习俗、惯例，具有隐而不显的特点，他们在制度体系中功能自主性空间更大，基础作用突出，但其制度约束性表达有一定的限度，更适合称之为体制”③，因此，从结构上来讲，中国特色社会主义文化体制和社会体制不同于基本经济制度和政治制度，在特征和功能作用上，它们更是在体制机制的层面在中国特色社会主义制度体系中发挥着自己的作用。

一个国家基本政治制度的确立解决了国家政权的阶级属性问题以及实现政治权力的基本形式问题，它是国家政治生活中的最根本问题。因此，从重要性来看，基本政治制度是第一位的，而政治体制是第二位的；政治体制是由基本政治制度决定的，是基本政治制度的具体体现和实现形式。中国特色社会主义基本政治制度包括多党合作和政治协商制度、民族区域自治制度以及基层群众自治制度，三者构成了中国特色社会主义基本政治制度的基本架构。

二、中国特色社会主义基本政治制度的主要内容

（一）多党合作与政治协商制度

中国共产党领导的多党合作和政治协商制度，是我国的一项基本政治制度，是马克思主义政党理论和统一战线学说与我国具体实践相结合的产物，是我国社会主义民主政治制度，也是中国特色政党制度。

多党合作是指执政党与参政党之间的合作，即中国共产党与八大民主党派之间的通力合作。多党合作制度中，中国共产党是中华人民共和国唯一的执政党，

---

① 阎树群，张艳娥：《“制度—社会”矛盾的化解与中国特色社会主义制度建设》，《陕西师范大学学报》（哲学社会科学版）2013 年第 2 期。

② 参见《简明社会科学辞典》，上海辞书出版社 1984 年版，第 530 页。

③ 肖贵清，刘玉芝：《中国特色社会主义制度体系的逻辑分析》，《马克思主义研究》2012 年第 8 期。

八大民主党派包括中国国民党革命委员会、中国民主同盟、中国民主建国会、中国民主促进会、中国农工民主党、中国致公党、九三学社、台湾民主自治同盟等参政党。八大民主党派在坚持中国共产党的领导地位和执政地位的前提下，作为参政党的身份参加国家政权，参与国家大政方针和国家领导人选的协商，参与国家事务的管理，参与国家方针政策、法律法规的制定和执行。政治协商制度是指在中国共产党的领导下，各民主党派、各人民团体、各少数民族和社会各界的代表，对国家的大政方针以及政治、经济、文化和社会生活中的重要问题在决策之前举行协商和就决策执行过程中的重要问题进行协商的制度。政治协商以中国人民政治协商会议为基本组织形式。

中国共产党领导的多党合作和政治协商制度是我国的基本政治制度，是具有中国特色的政党制度。这一制度是中国共产党、各民主党派、无党派爱国人士和全国各族人民共同意志的体现。这一制度根本上不同于西方国家的两党制和多党制，与一些国家实行的一党制也具有根本区别。在这一制度框架内既不存在多党制和两党制下各政党之间对国家政权的平等竞争或轮流执政，也不同于一些国家的一个政党执政，多党合作和政治协商是在接受中国共产党的领导和执政地位的基础上，实行多个党派共存、民主党派参政议政，共产党和民主党派是兄弟友党关系。这一制度在肯定中国共产党执政地位和领导地位的同时肯定各民主党派参政党地位，规定中国共产党和各民主党派必须以宪法为根本活动准则，肯定了民主党派享有的宪法和法律规定的各项民主权利和义务。这一制度已经成为国家政治生活和社会生活中具有重要影响的组成部分，成为中国特色社会主义政治制度的重要组成部分，成为一项重要的基本的政治制度。这一制度在发挥政党制度功能的过程中与其他民主政治制度一道共同维护和保障人民代表大会制度的实现，体现人民当家作主和人民民主专政社会主义国家政权的性质。这一制度的发展完善和执行的效果事关中国特色社会主义建设事业的全局，事关党和国家的生死存亡和兴衰成败，是在中国特色社会主义政治发展道路上必须要始终坚持、不断完善的一项基本政治制度。

（二）民族区域自治制度

民族区域自治是中国处理民族关系的基本政策，也是国家的一项基本政治制度。《中华人民共和国民族区域自治法》明确规定：“民族区域自治是中国共产党运用马克思列宁主义解决我国民族问题的基本政策，是国家的一项基本政治制度”；“民族区域自治是在国家统一领导下，各少数民族聚居的地方实行区域自治，设立自治机关，行使自治权”。根据这一规定，所谓民族区域自治，就是指在国家宪法的范围内，在各少数民族聚居的区域内，设立自治机关，行使自治权，实行民族自治与区域自治相结合、政治与经济相结合的制度。

这一制度从内涵来讲包含以下内容：

第一，一切实行民族区域自治的地方，都是中华人民共和国不可分割的部分；自治地方的自治机关，同时也是服从中央政府统治与管理的一级地方政府，中央政府有权对有关涉及民族自治地方的事项进行调整。因此实行民族区域自治的地方，既不是“独立自治”“自治邦”，也不是一般意义上的地方自治。

第二，民族区域自治，一方面是以少数民族聚居为基础实行的区域自治，而不是脱离一定地域的“民族自治”；另一方面，民族区域自治的设立，又不单纯以人口比例为依据，而具有相当的灵活性，人口较多的民族可以自治，人口较少的民族也可以自治，而不是只有一个少数民族占多数的地方才能实行自治。因此不能够机械地理解民族区域自治政策。

第三，民族区域、民族区域自治地方是多种主体、关系的汇集，因此民族区域自治，不仅要处理好上下关系，而且也必须处理自治地方内部的民族关系；既要适当处理少数民族同汉族的关系，又要适当处理少数民族之间的关系。

2014 年中央民族工作会议暨国务院第六次全国民族团结进步表彰大会在北京召开，这次会议不仅强调“新中国成立 65 年来党的民族理论和方针政策是正确的，中国特色解决民族问题的道路是正确的”，而且指出了“我们的民族工作也面临着一些新的阶段性特征”，因此做好民族工作就必须要坚持并进一步发展和完善中国特色民族区域自治制度。正如会议所强调，“民族区域自治制度是我国的一项基本政治制度，是中国特色解决民族问题的正确道路的重要内容”①。中国特色民族区域自治制度是根据我国历史发展、经济文化特点和民族关系与民族分布等现实国情做出的正确制度性选择，该制度实现了国家集中统一与少数民族区域自治之间的有机结合，实现了民族自治与区域自治的有机结合，是政治因素与经济因素有机结合的制度，是历史因素与现实因素有机结合的制度；在民族区域自治下，国家利益与民族利益高度统一，原则性和灵活性生动体现，民族自治与区域自治有机结合，既保证了国家的完整、统一与社会稳定，又保障了民族自治地区各少数民族的权益，能够促进民族自治地区的经济社会全面发展。因此，中国特色民族区域自治制度是我国一项基本政治制度，是中国特色社会主义

① 参见：《中央民族工作会议暨国务院第六次全国民族团结进步表彰大会在北京举行》，《光明日报》2014 年 9 月 30 日。

制度的重要内容。

（三）基层群众自治制度

基层群众自治制度，通常又称为基层民主制度，是指基层群众性自治组织形式及其运作方式，是由居民（或村民）选举的成员组成居民（或村民）委员会，实行自我管理、自我教育、自我服务、自我监督的一项政治制度。基层群众自治制度是中国特色社会主义民主政治在基层社会生活中的重要体现，也是当代中国最直接、最广泛的民主实践，是中国民主政治发展的实践基础。《中华人民共和国宪法》规定：城市和农村按居民居住地区设立的居民委员会或者村民委员会是基层群众性自治组织。居民委员会、村民委员会的主任、副主任和委员由居民选举。居民委员会、村民委员会同基层政权的相互关系由法律规定。

中国特色基层群众自治主要有三种形式：村民自治、城市居民委员会制度和企业职工代表大会制度。它们在不同范围内，发挥自身的作用。

村民自治制度，简而言之就是广大农民群众直接行使民主权利，依法办理自己的事情，创造自己的幸福生活，实行自我管理、自我教育、自我服务的一项基本社会政治制度。村民自治的主体是村民委员会，支撑是村民会议和村民代表会议；村民自治的主要形式是民主选举、民主决策、民主管理、民主监督，这“四个民主”也是村民自治的核心内容。村民会议和村民代表会议是农村地区广大农民直接参与本村事务管理的一种重要形式，是发扬基层民主的一种重要途径，它在一定程度上相当于农村的村民自治权力机关，它拥有村务的集体决定权，村规民约的制定权，村民委员会主任等人的选举和罢免权，对村民委员会行使监督评议权等。当前，在中国特色政治体制下，村民自治制度已经成为社会主义基本政治制度的一部分，也是社会主义民主在农村地区的重要实践形式。

居民委员会是居民自我管理、自我教育、自我服务的基层群众性自治组织。居民自治制度在形式和内容上与村民自治制度有许多相似之处，相比较而言，两者主要在地域上存在差异，村民委员会是在农村地区，居民委员会则是在城镇地区；城市居民委员会承担的服务职能相对更多、更丰富，农村村民委员会承担更多经济发展、协助乡镇进行行政管理等职能，职权也较大，并且大部分农村村民委员会的实际处理的事务相对更多，机构组织和制度的完备程度上经常要高于居民委员会。当然，随着我国城镇化的不断发展，城市治理能力和水平都不断得到提高，农村大量人口进入城市成为居民，城市居民委员会和社区管理的职能也越来越重要，居民委员会在城市各区、街道的领导管理下，组织设置、服务管理的体制机制都不断健全，其在基层民主政治发展中的作用越来越凸显出来。经过多年的探索和实践，我国基层民主自治制度作为一项中国特色社会主义基本政治制度的地位已经确立，其内容日益丰富，形式更加完善，特点和优势更加显著。居民自治制度已经成为广大居民群众直接参与民主政治，实现自我管理、自我服务，表达利益诉求、维护自身权益的重要平台和渠道，在城镇化不断加速发展的过程中，居民自治制度的作用越来越得到认可，基层民主的实践也更加丰富多彩。居民委员会相关制度和运行机制也不断在实践中得以完善。

职工代表大会制度，是职工通过民主选举，组成职工代表大会，在企业内部行使民主管理权力的一种制度。职工代表大会制度是中国基层民主制度的重要组成部分。根据我国相关立法，职工代表大会制度主要在国有企业实行，非国有企业则实行民主协商制度。职工代表大会制度与民主协商制度是职工参与民主管理的两种主要的、并行不悖的制度，在协调劳动关系中发挥着重要的功能。在我国《全民所有制工业企业法》《工会法》等国家法律和《全民所有制工业企业职工代表大会条例》《企业民主管理条例》等部门规定和实施办法中，职工代表大会制度都被作为职工参与民主管理的基本形式。随着我国市场经济的不断发展，党和国家高度重视企业职工的民主权利，对改革和完善企业职工代表大会制度工作高度重视。2013 年，中共十八届三中全会通过的《中共中央关于全面深化改革若干重大问题的决定》中明确强调要把“健全以职工代表大会为基本形式的企事业单位民主管理制度，加强社会组织民主机制建设，保障职工参与管理和监督的民主权利”作为当前发展基层民主的重要任务。[①]

改革开放以来，我国基层民主不断发展，特别是中共十八大以来，各地将推进基层群众自治制度建设作为社会主义民主政治建设的基础工程来抓，取得了显著成效。就像有的学者所言，“目前，中国已经建立起了以农村村民委员会、城市居民委员会和企事业职工代表大会为主要内容的基层民主自治体系”[②]，我国基层群众自治制度作为一项基本政治制度的地位已经确立。但是，我们也要看到，随着改革开放深入发展，我国经济发展方式加快转变，社会结构加速转型，社会利益格局深刻调整，人们的思想观念也发生了深刻变化，基层群众自治面临着新形势、新要求。当前我国基层群众性自治组织在制度设计，特别是在具体操作等层面仍面临一些问题，许多方面还需要不断加以改革完善，以使我国基层群众自治在体制机制上更加健全，使基层群众自治工作更好、更有效地为我国基层

① 《中共中央关于全面深化改革若干重大问题的决定》，《人民日报》2013 年 11 月 16 日。

② 赵纪梅：《中国特色社会主义制度解读》，九州出版社 2014 年版，第 76 页。

民主政治发展服务，为社会主义民主整体发展服务。

第四节　中国特色社会主义法律体系

中国特色社会主义法律体系，是中国特色社会主义制度的重要组成部分，是全面实施依法治国基本方略、建设社会主义法治国家的基础，是中华人民共和国成立60多年、特别是改革开放30多年来经济社会发展实践经验制度化、法律化的集中体现。在我国的法律体系结构中，宪法是统帅，法律是主干，行政法规和地方性法规是对国家法律的细化和补充，这些法律分不同层次，具有不同效力，共同构成一个完整的统一体——中国特色社会主义法律体系。

一、中国特色社会法律体系释义

中国特色社会主义法律体系，是立足中国国情和实际，适应改革开放和社会主义现代化建设需要，真正体现党和人民意志的，以宪法为统帅，以宪法相关法、民法商法多个法律部门的法律为主干，由法律、行政法规、地方性法规等多个层次的法律组成的法律体系。中国特色社会主义法律体系既是中国特色社会主义制度的重要组成部分，又是中国特色社会主义制度的法律基础。“中国特色社会主义法律体系”这一概念的界定，一方面反映出法学中一般所指的“法律体系”概念，使得中国法律法规具有法律体系的一般性；另一方面也反映出社会主义社会的性质和要求，把我国的法律体系与其他类型的法律体系相区别。因此，中国特色社会主义法律体系是符合我国国情，贯穿于中国特色社会主义各个制度层次的中国特色的社会主义法律体系，体现了人类社会法治文明与中国具体国情的有机统一。

二、中国特色社会主义法律体系基本构成

中国特色社会主义法律体系，是以宪法为统帅，由宪法及宪法相关法、民法商法、行政法、经济法、社会法、刑法、诉讼与非诉讼程序法等七个法律部门构成，包括法律、行政法规、地方性法规三个层次，含立法体制、规范性法律文件体系、部门法体系等三个部分组成。

（一）宪法和法律

1. 宪法

宪法是国家的根本法，在中国特色社会主义法律体系中居于统帅地位。中华

人民共和国宪法以根本法的形式确立了中国特色社会主义道路、中国特色社会主义理论体系、中国特色社会主义制度的发展成果，反映了中国人民和中华民族的共同意志和根本利益，是党和国家中心工作、基本原则、重大方针和重要政策在法律上的最高体现。正因为此，宪法是所有法律中最重要的、最根本的法律，是中国特色社会主义法律体系的核心，具有最高的法律地位、法律权威和法律效力，是实现国家长治久安、民族团结、经济发展、社会进步的根本保障。宪法规定的内容是国家政治、经济、社会各领域最根本、最带有全局性的问题，是党和国家进行立法的总依据。在我国，各族人民、一切国家机关和武装力量、各政党和各社会团体、各企业事业组织，都必须以宪法为根本的活动准则，并负有维护宪法尊严、保证宪法实施的职责。

2. 宪法相关法

宪法相关法是与宪法相配套、直接保障宪法实施和国家政权运作等方面的法律规范。国家通过宪法实施法来调整国家政治关系，对国家机构的产生、组织、职权和基本工作原则以及国家民族事务、地区事务、国家安全、领域主权完整、国家标志、公民权利等方面进行仅次于宪法层面的法律规定。根据我国宪法，宪法相关法主要包括四类法律：第一，有关国家机构的产生、组织、职权和基本工作制度的法律，如《全国人民代表大会组织法》等；第二，有关民族区域自治制度、特别行政区制度、基层群众自治制度的法律，如《民族区域自治法》等；第三，有关维护国家主权、领土完整和国家安全的法律，如《国防法》等；第四，有关保障公民基本政治权利的法律，如《全国人民代表大会和地方各级人民代表大会选举法》等。宪法相关法的制定，对推进中国特色社会主义法律体系的不断完善，推进全面依法治国具有重要意义。

3. 民法商法

民法是调整平等民事主体的自然人、法人及其他非法人组织之间人身关系和财产关系的法律规范的总称，是法律体系中一个独立的法律部门；商法是特别的私法，调整的是商事主体之间的商业经济关系。在我国由于采用“民商合一”的立法模式，商法并非作为一个独立的法律部门，而是在民法原则基础上适应现代商事活动需要而产生的法律规范，对民法的个别规定作出补充和变更说明，对民法的一般原则做出具体规定。因此，我国的民法是指实质意义的民法，即广义的民法，是指调整平等主体之间的财产关系和人身关系的法律规范的总称，也就是私法的全部。在当前我国的民商法体系下，民法与商法的关系就是普通法与特别法的关系。[①] 我国目前除现行的《中华人民共和国民法通则》作为民法体系中的一般法外，《物权法》《合同法》《专利法》《著作权法》《婚姻法》《继承法》《公司法》等系列其他单行民事法律都在不断得到制定和完善。截至2011年我国社会主义法律体系基本形成，我国已制定民法商法方面的法律30多部和一大批规范商事活动的行政法规、地方性法规。

4. 行政法

行政法，概括而言，就是“调整行政关系的、规范和控制行政权的法律规范系统”[②]。具体来讲，行政法是关于行政权的授予、行政权的行使以及对行政权的监督的法律规范，调整的是行政机关与行政管理相对人之间因行政管理活动发生的关系，遵循职权法定、程序法定、公正公开、有效监督等原则，既保障行政机关依法行使职权，又注重保障公民、法人和其他组织的权利。行政法是当前我国法律体系中数量最多的法律部分，内容包括行政组织法、行政行为法、行政救济法三大部分。截至2011年8月底，我国已制定行政法方面的法律79部和一大批规范行政权力的行政法规、地方性法规。

5. 经济法

经济法是调整国家从社会整体利益出发，对经济活动实行干预、管理或者调控所产生的社会经济关系的法律规范。我国经济法的制定为国家对市场经济进行适度干预和宏观调控提供法律手段和制度框架，对防止因市场经济的自发性和盲目性可能对经济发展带来的巨大损失提供了重要法律保障。当前我国经济法的基本结构体系主要是由八部市场规制法和七部宏观调控法组成。前者包括《产品质量法》《食品安全法》《消费者权益保护法》《反垄断法》《反不正当竞争法》《招标投标法》《拍卖法》和《广告法》，这些法律主要是着眼于调整和规范具体市场主体和行为的经济立法；后者包括《房地产法》《财税法》《商业银行法》《证券法》《环境法》《审计法》《会计法》，这些法律主要侧重点在于规范和调整整体性的经济秩序或市场规则。截至2011年8月底，我国已制定经济法方面的法律60部和一大批相关行政法规、地方性法规。

6. 社会法

社会法是调整劳动关系、社会保障、社会福利和特殊群体权益保障等方面的法律规范，遵循公平和谐和国家适度干预原则，通过国家和社会积极履行责任，

---

① 作者注：在民商分立的国家，狭义的民法一般就是指商法以外的私法。

② 姜民安主编：《行政法与行政诉讼法》，北京大学出版社、高等教育出版社2005年版，第18页。

对劳动者、失业者、丧失劳动能力的人以及其他需要扶助的特殊人群的权益提供必要的保障，维护社会公平，促进社会和谐。从构成来看，社会法主要是劳动法和社会保障法两个部分。劳动法是国家为了保护劳动者的合法权益，调整劳动关系以及与劳动关系密切相关的其他社会关系的法律规范的总称，主要有《劳动法》《劳动合同法》以及《劳动争议调解仲裁法》；社会保障法是为了保证社会成员的基本生活需要并不断提高其生活水平，调整国家、社会和全体社会成员之间的关系，为解决某些特殊社会群体的生活困难而发生的经济扶助关系的法律规范的总和，主要有《社会保险法》、社会优抚法、社会救助法等。截至 2011 年 8 月底，我国已制定社会法方面的法律 18 部和一大批规范劳动关系和社会保障的行政法规、地方性法规。

7. 刑法

刑法，简言之，就是规定犯罪、刑事责任和刑事处罚的法律规范的总和。它调整的是代表公共权力的国家与犯罪者之间的关系，主要确定的什么是犯罪、各种犯罪的区别以及对不同的犯罪给予何种刑罚的方法。因此，犯罪、刑事责任和刑罚是刑法的三个部分，它们共同构成了刑法的主要内容。刑法有广义和狭义之分。广义的刑法是指一切刑事法律规范的总和，包括刑法典、单行刑法和附属刑法；狭义的刑法仅指以法典形式表现出来的，即刑法典。我国在 1979 年制定了刑法典，后又经过几次修改完善，比如 2007 年、2011 年和 2015 年国家有关部门对刑法进行的修改和补充等。国家通过制定刑法规范国家的刑罚权，惩罚犯罪、保护人民、维护社会秩序和公共安全。因此，刑法作为我国社会主义法律体系中的一个重要部门，其在国家经济社会发展中也具有十分重要地位。截至 2011 年 8 月底，我国已制定一部统一的刑法、8 个刑法修正案以及关于惩治骗购外汇、逃汇和非法买卖外汇犯罪的决定，并通过了 9 个有关刑法规定的法律解释。

8. 诉讼与非诉讼程序法

诉讼与非诉讼程序法是规范解决社会纠纷的诉讼活动与非诉讼活动的法律规范。其中，诉讼法是规范国家司法活动解决社会纠纷的法律规范，非诉讼程序法是指各种调整非诉讼纠纷解决方式、程序、组织和机制的法律法规、司法解释及其他规范性法律文件。当前我国的诉讼法主要包括刑事诉讼法、民事诉讼法和行政诉讼法等几个主要部分，非诉讼程序法从其性质而言，主要包括以下四类：第一类，民间性纠纷解决机制及程序，包括《仲裁法》《人民调解法》《消费者权益保护法》有关消费调解的规定等；第二类，行政性纠纷解决机制及程序，除了《行政复议法》《行政复议法实施条例》等专门法规外，这类的法律多由专门法律和行政法规、部门规章等分别加以规定，例如《商标法》《专利法》《人民警察法》《道路交通安全法》《医疗事故处理条例》《信访条例》等相关规定；第三类，专门性纠纷解决机构及其程序，包括《劳动争议调解仲裁法》《农村土地承包经营纠纷调解仲裁法》等；第四类，法院附设非诉讼程序及司法审查程序，例如《人民调解法》《民事诉讼法》等法律中有关调解协议的司法确认等规定。截至2011年8月底，我国已制定了诉讼与非诉讼程序法方面的法律10部。

（二）行政法规

行政法规是国务院为领导和管理国家各项行政工作，根据宪法和法律，并且按照《行政法规制定程序条例》的规定而制定的政治、经济、教育、科技、文化、外事等各类法规的总称。依据宪法和法律，制定行政法规，这是国务院履行宪法和法律赋予的职责的重要形式。行政法规可以就执行法律的规定和履行国务院行政管理职权的事项作出规定，同时对应当由全国人大及其常委会制定法律的事项，国务院可以根据全国人大及其常委会的授权决定先制定行政法规。行政法规在中国特色社会主义法律体系中具有重要地位，是将法律规定的相关制度具体化，是对法律的细化和补充。行政法规的具体名称主要有条例、规定和办法，对某一方面的行政工作作了比较全面、系统的规定，称“条例”，如《中华人民共和国土地管理法实施条例》等；对某一方面的行政工作作部分的规定，称“规定”，如《国务院关于鼓励华侨和香港同胞投资的规定》等；对某一项行政工作作比较具体的规定，称“办法”，如《全国地质资料汇交管理办法》等。国务院适应经济社会发展和行政管理的实际需要，按照法定权限和法定程序制定了大量行政法规，包括行政管理的各个领域，涉及国家经济、政治、文化、社会事务等各个方面，对于实施宪法和法律，保障改革开放和社会主义现代化建设，促进经济社会全面协调可持续发展，推进各级人民政府依法行政，发挥了重要作用。

（三）地方性法规

地方性法规是除宪法、法律、行政法规外在地方具有最高法律属性和国家约束力的行为规范。我国的地方性法规是各省、自治区、直辖市以及省级人民政府所在地的市和国务院批准的较大的市的人民代表大会及其常务委员会，根据宪法、法律和行政法规，结合本地区的实际情况制定的，并不得与宪法、法律行政法规相抵触的规范性文件，并报全国人大常委会备案。根据宪法和法律，省、自治区、直辖市和较大的市的人大及其常委会可以制定地方性法规。这是人民依法参与国家事务管理、促进地方经济社会发展的重要途径和形式。地方性法规大部分称作条例，有的为法律在地方的实施细则，部分为具有法规属性的文件，如决议、决定等。一般而言，地方性法规在本行政区域内有效，其效力低于宪法、法律和行政法规。

改革开放 30 多年来，我国社会主义法制建设取得重大成就，社会主义法律体系基本形成，国家和社会生活基本上实现了有法可依。正如习近平对新中国成立 60 年来我国立法工作取得的成绩给予的高度评价中所说的那样："我国形成了以宪法为统帅的社会主义法律体系，我们国家和社会生活各方面总体上实现了有法可依，这是我们取得的重大成就。"① 但是，同时也要看到，随着我国经济社会不断发展，国家和社会生活对法律的依赖越来明显，我国法律体系也必然要随着时代的发展和社会的进步而不断发展、不断完善。只有不断"加快完善法律、行政法规、地方性法规体系，完善包括市民公约、乡规民约、行业规章、团体章程在内的社会规范体系"，才能够为"全面推进依法治国提供基本遵循"②。世界各国改革开放的历史和法治建设的经验表明，越是在国家转型发展的特殊时期，越是要重视法治建设。我国当前已经进入到全面深化改革的关键时期，为保证改革发展沿着中国特色社会主义道路坚定前行，巩固改革发展的成果并能够继续取得更大的成就，必须要按照党的十八大和十八届三中、四中、六中全会精神的要求，进一步加强立法工作，不断推进以宪法为核心的中国特色社会主义法律体系的完善和发展。

第五节　中国特色社会主义基本经济制度

一般而言，经济制度是一定社会中占统治地位的生产关系的总和，是区别不同社会形态的基本依据。生产资料所有制是经济制度的基础，并决定着经济制度的性质、社会生产的目的和任务、社会产品的分配形式等。因此，社会的经济制度是处于社会制度体系中具有核心地位的制度。在社会主义初级阶段，主要要从我国社会主义所有制关系和分配关系两个层面来理解中国特色社会主义基本经济制度。

---

① 习近平：《习近平谈治国理政》，外文出版社 2014 年版，第 144 页。

② 参见习近平：《加快建设社会主义法治国家》，《求是》2015 年第 1 期。

一、社会主义基本经济制度的基本概念

中国特色社会主义基本经济制度指的是以公有制经济为主体、多种所有制经济共同发展的“所有制结构”制度，以按劳分配为主体、多种分配方式并存的分配制度，这一制度是由所有制、分配制和经济运行的制度构成的经济制度体系。中国特色社会主义制度首先就体现在我国的社会主义经济制度，特别是体现在社会主义初级阶段的基本经济制度上，这是我国社会主义国家性质的经济基础。理解中国特色社会主义基本经济制度的内涵，主要就是要从所有制关系以及在所有制关系上延伸出来的分配关系和分配制度两个层面来认识。在所有制关系上，我国确立了公有制经济的主体地位，确立了多种所有制经济并存的所有制结构，明确了非公有制经济是社会主义市场经济重要组成部分；在分配关系上，我国确立了以按劳分配为主体、多种分配方式并存的分配制度。

中共十八大明确强调：“要毫不动摇巩固和发展公有制经济，推行公有制多种实现形式，推动国有资本更多投向关系国家安全和国民经济命脉的重要行业和关键领域，不断增强国有经济活力、控制力、影响力。毫不动摇鼓励、支持、引导非公有制经济发展，保证各种所有制经济依法平等使用生产要素、公平参与市场竞争、同等受到法律保护。”① 在社会主义初级阶段，随着我国经济社会的不断发展，我国基本经济制度的内涵在不断丰富和发展，但是公有制为主体是社会主义的制度特征，这一点不能变，多种所有制形式的共同发展体现现阶段的中国特色，符合国家经济社会发展的现实需要，这一点也不能被否定；在分配领域，随着我国全面深化改革的不断推进，进一步改革和完善我国的收入分配制度，更好地发挥不同收入分配方式在促进经济社会发展、增进人民福祉中的作用，这一点也不能变。

二、坚持公有制经济的主体地位

（一）公有制经济的概念及其构成

社会主义公有制是指，在社会主义条件下全体劳动者或部分劳动者共同占有生产资料的所有制形式。在公有制条件下，劳动者共同占有生产资料共同进行劳动，并共同占有劳动的成果，劳动者既是生产资料的使用者，也是生产资料的所有者，因此，对生产资料的支配、使用，以及由此取得的收益都必须服从于和服

---

① 胡锦涛：《坚定不移沿着中国特色社会主义道路前进　为全面建成小康社会而奋斗——在中国共产党第十八次全国代表大会上的报告》，《人民日报》2012 年 11 月 18 日。

务于社会成员的共同意志和需要，任何个人或少数人都不能利用生产资料为自己牟取私利。

从构成来讲，我国公有制经济不仅包括国有经济和集体经济，还包括混合所有制经济中的国有成分和集体成分。

国有经济，即社会主义全民所有制经济，是指由全体社会成员共同占有生产资料的公有制形式。国有经济构成了我国的主要经济基础，成为社会主义建设的基本经济条件。在我国社会主义国民经济中国有经济占主导地位，对整个国家经济起领导作用。

集体经济，即社会主义集体所有制经济，是指部分劳动群众共同占有生产资料的一种社会主义公有制形式。集体经济是劳动群众根据自愿互利原则组织起来的，实行独立经营、自负盈亏的合作经济组织。集体经济具有“船小好掉头”的特点，可以广泛吸纳社会资金，有助于发展生产、满足人民生活需要，对繁荣市场、稳定物价、增加就业、扩大商品出口以及增加公共积累和国家税收等都具有十分重要的作用。

混合所有制经济，是指不同所有制经济，以控股、参股等不同方式投资形成的法人财产，由企业法人进行经营的企业。混合所有制经济中的国有成分和集体成分最终所有权属于国家和集体，由国家和集体行使所有者的权益，所以他们属于公有制经济范畴。混合所有制经济的存在有利于扩大公有经济的支配范围，增强公有制的主体地位。随着经济体制改革的深化，混合所有制经济中的公有成分在整个公有制经济中所占的比重将会进一步增加，其对发挥公有制经济主体地位的作用将越来重要。

（二）坚持公有制的主体地位

1. 坚持公有制主体地位的重要意义

坚持公有制的主体地位，是社会主义的一项根本原则，也是我国社会主义市场经济的基本标志。坚持和完善社会主义基本经济制度的前提和基础就是要坚持共有制经济的主体地位。

第一，坚持公有制经济主体地位是社会主义制度的本质要求。社会主义公有制是社会主义制度的根本特征，是社会主义经济制度的基础。正如有的学者指出的：“公有制是社会主义制度的经济基础，是劳动人民当家作主的前提，是决定劳动者地位和中国发展发展的前途和命运的根本性因素。”① 在我国，公有制经

① 张静：《中国特色社会主义制度》，吉林出版集团有限责任公司2013年版，第106页。

济控制着国民经济命脉，是我国社会主义现代化建设的支柱和国家进行宏观调控的主要物质基础。只有坚持公有制经济的主体地位，国家才有充分的经济手段引导个体经济、私营积极、外资经济等沿着有利于社会主义的方向发展，最终实现消灭剥削、消除两极分化、实现共同富裕的目标。

第二，坚持公有制主体地位是生产力发展的客观要求。社会主义公有制是与资本主义私有制相对立的所有制形式。公有制经济与社会化大生产相适应，不仅在根本上解决了生产社会化与生产资料私有制之间的矛盾，而且为社会主义现代化建设提供了主要的物质基础，是国家进行宏观调控的主要经济支撑，也是国家财政收入的主要来源。只有坚持公有制经济为主体才能够更好地适应社会主义国家生产社会化发展的要求，才能拥有雄厚的经济基础有效地组织社会生产，进行国家宏观调控，实现各地区和各部门协同发展、共同发展，促进社会主义国家生产力的迅速不断发展。坚持中国特色社会主义发展道路，坚持发展社会主义生产力，在基本经济制度中就必须要坚定地坚持公有制的主体地位不动摇。

第三，坚持公有制的主体地位是保证其他所有制经济为社会主义服务的重要条件。占主导地位的国家经济形式的主导性地位和在经济结构中所起的主导作用是非主导地位国家经济形式能否朝着有利于国家经济社会发展既定的方向和目标顺利前进的重要保证。在我国，保证社会主义公有制占主体地位并不断发展，是引导、支持和规范非公有制经济按照社会主义建设的需要，健康发展并正确发挥作用的前提。我国社会主义公有制经济掌握了国民经济的命脉，因而可以依托国家政权力量，依靠经济手段来控制和引导个体经济、私营经济和外资经济等非公有制经济朝着正确的方向发展，从所有制方面体现中国特色。

第四，坚持公有制的主体地位是贯彻按劳分配，实现共同富裕的根本保证。一个国家社会制度的性质在经济基础上主要是其主导作用的所有制形式决定的，因为不同的所有制形式决定了不同的生产关系和分配方式。在生产资料社会主义公有制的条件下，人们在生产资料面前是平等的，没有人能够凭借生产资料来无偿地占有他人的劳动成果，这就有可能实行按劳分配原则，从而消除产生剥削和两极分化的根源。正如邓小平指出的："只要我国经济中公有制占主体地位，就可以避免两极分化。"① 因此，要实行按劳分配，保证实现共同富裕，必须坚持公有制经济的主体地位不动摇。

---

① 《邓小平文选》第3卷，人民出版社1993年版，第149页。

2. 坚持公有制主体地位的基本要求

第一，公有资产在社会总资产中占优势。从全国而言，公有资产要占优势，有的地方、有的产业可以有所差别。公有资产占优势，不仅要有量的优势，更注重质的提高。如果公有经济的资产庞大，但占相当比例的资产闲置不用，反而是浪费。公有资产占优势是指有效发挥作用的资产占优势。自中华人民共和国成立以来，我国的社会主义公有制经济，特别是国有经济，已经积累了数额巨大的公有资产，这是坚持社会主义公有制经济主体地位的重要物质基础。

第二，国有经济控制国民经济命脉，对经济发展起主导作用。国有经济的主导作用主要体现在控制力上，即体现在控制国民经济发展方向、控制经济运行的整体态势、控制重要稀缺资源的能力上。在关系国民经济命脉的重要行业和关键领域，比如矿藏、河流、国有森林、荒地等自然资源，邮电、国有银行、铁路、公路等重要基础产业和设施，钢铁、煤炭、石油等重要生产资料，国有经济必须占支配地位，以保证社会主义公有制经济对整个社会生产和流通的支配和控制。

第三，公有制实现形式可以而且应当多样化。公有制实现形式是公有制的体现，适当的公有制实现形式有助于公有制的完善。在社会主义初级阶段，生产力的发展要求有适应它的公有制实现形式，社会主义市场经济的发展要求有与之相适应的公有制实现形式，社会主义初级阶段公有制经济的基本状况决定公有制实现形式多样化，因此一切反映社会化生产规律的经营方式和组织形式都可以大胆利用，坚持公有制的主体地位需要积极探索公有制的多种实现形式。

中共十八届三中全会通过的《中共中央关于全面深化改革若干重大问题的决定》中明确强调："必须毫不动摇巩固和发展公有制经济，坚持公有制主体地位，发挥国有经济主导作用，不断增强国有经济活力、控制力、影响力。必须毫不动摇鼓励、支持、引导非公有制经济发展，激发非公有制经济活力和创造力。"① 习近平在《关于〈中共中央关于全面深化改革若干重大问题的决定〉的说明》又再次强调了"两个毫不动摇"的重要性，并指出："改革开放以来，我国所有制结构逐步调整，公有制经济和非公有制经济在发展经济、促进就业等方面的比重不断变化，增强了经济社会发展活力。在这种情况下，如何更好体现和坚持公有制主体地位，进一步探索基本经济制度有效实现形式，是摆在我们面前

① 《中共中央关于全面深化改革若干重大问题的决定》，《人民日报》2013 年 11 月 16 日。

的一个重大课题。"[①] 在全面深化改革的新时期，必须不断巩固和发展公有制经济，探索公有制的多种实现形式，发挥公有制经济在国家经济社会发展中主导性作用，坚持国家和集体对生产资料的所有权。

三、鼓励、支持和引导非公有制经济发展

（一）非公有制经济及其构成

非公有制经济是相对于公有制经济而言的一个概念，是指在我国现阶段除了公有制经济形式以外的所有经济形式。鼓励、支持和引导非公有制经济的发展是发展社会主义市场经济的需要，也是中国共产党和国家根据社会主义初级阶段的基本国情确定的重要方针政策，是现阶段我们坚持和完善社会主义基本经济制度必须坚持的一条原则。

在社会主义初级阶段，非公有制经济包括个体经济、私营经济、港澳台投资经济和外资经济等，是社会主义市场经济的重要组成部分。

个体经济，是生产资料归劳动者个人所有、以个体劳动为基础、劳动成果归劳动者个人及其家庭成员直接占有和支配的一种经济形式。个体经济的鲜明特征是个人占有生产资料，因此是私有制经济。这种经济与生产社会化程度较低的生产力相适应，只要经济发展和生产力水平没有达到一定程度，个体经济的存在就具有客观必然性。个体经济虽然是私有制经济，但是个体经济以劳动者自己的个人劳动为基础，不剥削他人劳动成果，并没有资本主义国家私有制经济所带有的剥削性。大力发展个体经济对满足人民群众的各种需要、扩大就业、保持社会稳定、发展经济等都具有重要作用。

私营经济，是指个人占有生产资料和以雇佣劳动为基础，以获取利润为生产经营目的的私有制经济。由于存在着雇佣劳动关系，因而私营经济是资本主义性质的经济。改革开放以后，党和国家根据市场经济发展的规律和我国社会主义初级阶段生产力发展的现实水平，对私营经济实行允许存在和发展的政策，私营经济得到了迅速发展。事实证明，在公有制占主体地位的条件下，并且公有制经济本身还不完善的情况下，允许私营经济在社会主义国家法律法规所规定的范围内活动并健康发展，不仅有利于利用一切资源，调动多方面的积极性来发展社会生产、扩大就业，提高社会主义市场经济的活力，同时私营经济的发展也满足了人们多方面的需要，有利于提高广大人民群众的经济生活水平。

---

① 习近平：《关于中共中央关于全面深化改革若干重大问题的决定》的说明，《人民日报》2013 年 11 月 16 日。

港澳台投资经济和外商投资经济，是指香港、澳门、台湾地区的投资者和国外投资者依照中国法律法规在我国大陆地区投资兴办的中外合资经营、中外合作经营和外商独资经营的企业经济。在社会主义市场经济条件下，外资经济具有双重性质，这些经济既不同于单纯的资本主义经济形式，又不同于单纯的社会主义经济形式，从资本来源上来看，这些企业经济绝大多数都是国外或港澳台的资本家提供的资本投资，因此是资本主义性质的资本；但是从生产经营管理来看，这些企业并不是单纯的资本主义企业，而是在我国政府的管理和调节下开展生产经营活动的，要遵守社会主义国家的法律法规，接受社会主义国家的指导、管理和监督，是社会主义国家能够加以限制并规定其活动范围的资本主义。在中外合资和中外合作企业中，还可能存在公有制经济成分，还可能是国家和集体控股的经济，这部分经济成分又带有明显的社会主义性质。改革开放以来，外资经济发展的现实表明，外资经济的发展对于我们国家引进国外先进技术设备，吸引利用外资、弥补国内建设资金不足，学习国外先进经营管理模式、经验，开拓国外市场、更好进行国际经济合作，促进国内市场经济体制改革创新和制度化、法治化发展等都具有十分重要的意义。

（二）鼓励、支持和引导非公有制经济发展的原因

个体经济、私营经济、外资经济等非公有制经济形式是社会主义初级阶段我国社会主义经济的必要的、有益的补充，是社会主义市场经济的重要组成部分，是为中国特色社会主义经济和社会发展服务的。鼓励、支持和引导非公有制经济的发展，有其客观必然性。我国处于社会主义初级阶段，这是我国的基本国情。社会主义初级阶段的基本国情表明，我国仍是一个经济文化相对较为落后的国家，中国特色社会主义是在商品经济不发达的历史条件下发展起来的，要进行社会主义现代化建设，必须从商品经济不发达这一客观实际出发，大力发展商品经济，决不能超越商品经济发展的自然历史阶段，在这个历史阶段，必须采取多种形式，发展多种经济成分，实行社会生产商品化，因此，非公有制经济是社会主义初级阶段的必然产物。

在社会主义初级阶段，我国社会主义生产力水平总体较低，且呈现多层次化和不平衡的特点，这决定了必须发展非公有经济。正如习近平所强调："全面建成小康社会，实现社会主义现代化，实现中华民族伟大复兴，最根本最紧迫的任务还是进一步解放和发展社会生产力。"[①] 在社会主义初级阶段我国生产力总体

① 《习近平关于全面深化改革论述摘编》，中央文献出版社 2014 年版，第 17 页。

水平偏低，如果仅仅依靠国有经济和集体经济，很难满足国家和人民物质需求，社会经济发展也受到严重限制。要推动我国生产力整体改善，实现生产力水平总体跃升，就需要最大限度地调动一切积极因素，发挥多种所有制经济的活力，通过多种方式和多种途径来实现社会主义生产力的解放和发展，这是鼓励、支持和引导非公有制经济存在和发展的重要原因。

改革开放以来，社会主义市场经济发展的实践表明，非公有制经济是社会主义市场经济的重要组成部分，鼓励、支持和引导非公有制经济对于增加就业和满足人民群众多样化的生产生活需要具有重要意义，也是公有制实现形式多样化的现实需要。鼓励、支持和引导非公有经济的存在和发展，有效避免了公有制一统天下、缺少活力的情况，促进了各种所有制经济的共同发展，为社会主义市场经济创造了一个多元市场主体互相竞争、充满活力的体制环境，为国家产业结构调整和提高竞争力提供了直接动力。当前，非公有制经济为增加就业，繁荣市场，满足人民群众的各种特殊需要，增加各级政府的财政税收，振兴地方经济，丰富公有制的多种实现形式等，均具有重要的作用。

（三）鼓励、支持和引导相结合，促进非公有经济健康发展

2016 年 3 月 4 日，中共中央总书记习近平看望了参加全国政协十二届四次会议的民建、工商联委员，并在参加联组会时强调，实行公有制为主体、多种所有制经济共同发展的基本经济制度，是中国共产党确立的一项大政方针，必须毫不动摇巩固和发展公有制经济，毫不动摇鼓励、支持和引导非公有制经济发展。非公有制经济在我国经济社会发展中的地位和作用没有变，我们鼓励、支持、引导非公有制经济发展的方针政策没有变，我们致力于为非公有制经济发展营造良好环境和提供更多机会的方针政策没有变。这“两个毫不动摇”和“三个没有变”，正是体现了中国共产党和国家坚持“公有制为主体、多种所有制经济共同发展”的基本经济制度的坚定立场。

在社会主义条件下，我们强调把公有制经济巩固好、发展好，同鼓励、支持和引导非公有制经济健康发展并不是对立的，而是有机统一的。公有制经济、非公有制经济相辅相成、相得益彰，为促进我国社会主义经济发展提供了有力保障。对非公有经济，既要坚持鼓励和支持的方针原则，又要对其进行引导。支持和鼓励是对非公有制经济在国民经济中的重要地位及对改革开放和现代化建设的突出作用的充分肯定，毫不动摇地鼓励和支持非公有制经济的发展，保证各种非公有制经济也能够与公有制经济一样，依法平等使用生产要素、公平参与市场竞争、同等受到法律保护，国家在市场准入、用地融资等方面给以相应的政策支

持，不断完善保护私人财产的法律制度，不断为非公有制经济的健康发展创造良好的环境。同时，对非公有制经济加以引导也是要依法加强对其进行监督和管理，是为了引导它们依法经营、照章纳税、诚实守信、保障职工合法权益。因此，引导的目的正是为了提高对非公有制企业服务和监督的质量和水平，促进非公有制经济的健康发展。

四、中国特色社会主义分配制度

（一）中国特色社会主义基本经济制度是分配制度确立依据

中国特色社会主义分配制度是由我国基本经济制度决定的。马克思指出："消费资料的任何一种分配，都不过是生产条件本身分配的结果；而生产条件的分配，则表现生产方式本身的性质。……"[①] 根据这一论述再结合马克思关于生产力与生产关系的基本观点，我们得出一个最基本的结论：分配方式是由生产方式决定的，有什么样的生产方式就有什么样的分配方式。中国特色社会主义的基本经济制度和收入分配制度实际上体现的是我国社会主义的生产关系，也构成了社会主义生产关系的基础。在我国社会主义初级阶段，公有制经济的主体地位决定了我们必须实行社会主义按劳分配原则；非公有制经济发展的存在和发展就形成了多种分配方式的并存局面。一句话，"公有制为主体、多种所有制经济共同发展"的基本经济制度决定了我们必须坚持"以按劳分配为主体、多种分配方式并存"的社会主义初级阶段的分配制度。

（二）中国特色分配制度的内容阐释

第一，坚持按劳分配的主体地位。按劳分配，最直接、最简单的理解就是按"劳动"进行分配。邓小平指出，按劳分配，就是社会按照劳动者提供给社会的劳动数量和质量来分配消费品。[②] 亦如邓小平又曾经形象地指出的那样，"评定职工工资级别时，主要看他的劳动好坏、技术高低、贡献大小"[③]。如果进一步分析一下"劳动好坏""技术高低""贡献大小"这三个尺度内涵所指，实际上就体现了要按照"劳动条件""劳动能力""劳动效率"来进行分配。因此，在社会主义初级阶段按劳分配是与我国公有制经济相对应的分配形式，是"公有制"这种所有制关系在分配关系上的实现形式。从内容来讲，所谓按劳分配就是指，"凡是有劳动能力的人都应当尽自己的劳动能力为社会劳动，社会以劳动作

---

① 《马克思恩格斯选集》第 3 卷，人民出版社 2012 年版，第 365 页。

② 《邓小平文选》第 2 卷，人民出版社 1994 年版，第 101 页。

③ 《邓小平文选》第 2 卷，人民出版社 1994 年版，第 101 页。

为分配个人消费品的尺度，按照劳动者提供的劳动数量和质量分配个人消费品，等量劳动领取等量报酬，多劳多得，少劳少得，不劳动者不得食”①。

坚持按劳分配在我国社会分配形式中的主体地位，是确保国家社会制度社会性质的基本要求。我国社会主义初级阶段生产力发展水平是实行按劳分配的物质条件，也是最根本的原因和依据。但是从坚持和发展中国特色社会主义制度的角度来讲，我们国家是社会主义国家，社会主义是中国特色社会主义制度的最本质属性。坚持制度自信，首先要确保中国特色社会主义制度的本质特征，这一点上根本不存在“姓资姓社”的问题，中国特色社会主义最本质的要求就是要坚持科学社会主义的本质，坚持四项基本原则，坚持走中国特色社会主义道路。体现在经济制度和社会分配制度上就要坚持公有制的主体地位，在分配形式上坚持按劳分配的主体地位。这两个主体地位是坚持中国特色社会主义在经济基础上或者说是在生产关系上的红砖底线，是我们必须坚持的基本原则。这也是我们理解公有制主体地位和按劳分配主体地位问题中必须要明确的基本原则。

第二，多种分配方式并存。多种分配方式是指除了按劳分配这一主体分配方式之外，在社会主义初级阶段还存在按资本、技术、管理等生产要素进行分配的其他分配形式。以按劳分配为主体，以按生产要素分配为补充，共同构成了我国社会主义初级阶段的社会分配制度。从理论和制度建设来讲，在坚持按劳分配为主体的前提下允许多种分配方式并存，是中国共产党领导中国人民在改革开放和社会主义现代化建设实践中根据我国社会主义初级阶段的基本国情，尤其是国家经济结构的现实情况提出来的具有创造性的分配制度理论，是对马克思主义收入分配理论的继承发展和创新，是具有中国特色的社会主义分配制度。在社会主义初级阶段，把按劳分配与按生产要素分配相结合，是坚持效率优先，兼顾公平，优化资源配置，促进经济发展，保持社会稳定的重要保障。通过实行按劳分配和按生产要素分配相结合，充分调动了广大劳动者和一切生产要素在发展经济中的积极作用，各种生产要素的活力被激发出来，社会财富不断增加，人民日益增加的物质和精神文化生活的需要不断得以满足，这也体现了中国特色社会主义分配制度的巨大优越性。

---

① 秦宣，刘建军主编：《中国特色社会主义理论概论》，宗教文化出版社 2008 年版，第 110 页。

第六节 中国特色社会主义具体制度

中国特色社会主义具体制度就是指中国特色社会主义的政治体制、经济体制、文化体制、社会体制等各项具体体制性制度，是中国特色社会主义基本制度在经济、政治、文化、社会等各个领域的具体表现形式和实现形式，这些制度在中国特色社会主义制度体系中同样具有重要作用，是国家根本制度和基本制度得以运行的具体依托。理解中国特色社会主义制度，必须要全面认识中国特色社会主义具体制度。

一、中国特色社会主义具体制度的基本内涵

从广义来讲，制度、体制和机制都属于制度范畴。机制通过制度系统内部组成要素，按照一定方式的相互作用实现其特定的功能。在社会制度体系中，具体制度是根本制度和基本制度的具体化，是社会根本制度和基本制度的表现形式和实现方式。在中国特色社会主义话语体系中，具体制度被经常简称为体制或者体制机制。具体制度较详细地规定了一定社会领域中若干具体的办事规程和行为准则，可以具体地、直接地指导和约束社会群体的社会活动，能使根本、基本制度的原则和理念得到贯彻和落实。体制机制的发展对国家根本制度和基本制度的发展具有重要作用。因为，没有具体制度作为依托，根本制度和基本制度的原则就会悬空化；同时具体制度如果不完善、不恰当，则会从根本上影响社会基本制度的实际运行。社会各领域具体制度的形成与制定，是以根本制度和基本制度的原则要求为依据的，服从于基本制度理念贯彻落实的需要，而具体制度的安排也受到社会经济状况、政治状况、文化生态、民族心理、历史传统等因素的影响。一个社会一定的具体制度产生以后就会反作用于该社会根本制度和基本制度，对社会经济、政治、文化、社会和生态建设和发展等产生直接影响。

中国特色社会主义制度从层次来讲，分为根本制度、基本制度和具体制度三个层次。经济体制、政治体制、文化体制、社会体制，这四大体制就是具体制度。一般而言，具体制度是基本制度在经济、政治、文化等诸多领域的具体表现，是与基本制度相配套的体制。体制，通常也称为体制制度，是制度形之于外的具体表现和实施形式，是管理经济、政治、文化等社会生活各个方面事务的规范体系。因此，体制实质上是社会基本制度的表现方式和实现形式。中国特色社

会主义具体制度就是指中国特色社会主义的政治体制、经济体制、文化体制、社会体制等各项具体体制性制度，是中国特色社会主义基本制度在经济、政治、文化、社会等各个领域的具体表现形式和实现形式，它们服务于、服从于中国特色社会主义的根本制度和基本制度。这些制度在我国经济建设、政治建设、文化建设、社会建设等各个方面发挥着举足轻重的作用。

二、中国特色社会主义具体制度的主要内容

（一）政治体制

政治体制，是指政治制度的具体表现和实现形式，主要是指党和国家的领导制度、组织制度、工作制度等具体制度。当前，我国政治体制除包括选举制度、权力制约与监督制度等重要的政治制度外，还包括其他各项具体民主政治制度，比如党内民主制度、基层协商民主制度、科学民主决策制度、政务公开制度、国家公务人员财产申报公开制度等系列政治体制和政治制度。

选举制度是现代民主国家普遍实行的一项具体政治制度，也是各民主国家首要的政治制度。在我国，人民通过选举全国人民代表大会代表和地方各级人民代表大会代表来组成国家立法权力机关，保证国家政权的人民性；同时，在各项具体的政治体制运行中，包括党内选举、党政部门选人、用人制度中的选举，各项重大决策、决定形成过程中的表决等都是实现民主选举的体现。

权力制约与监督制度是实现民主政治的关键保证。中华人民共和国成立以来我国党的历代领导集体都围绕权力制约与监督体制机制的建立和完善进行着不断努力，把构建中国特色社会主义权力制约制度作为国家政治体制改革和政治制度建设的重要内容和关键环节。在我国权力运行制约与监督过程中，不仅形成了较为有效的分权制约体制，在具体的权力制约监督体制中也形成了比较有效的权力制衡机制，比如建立了行政领导问责制等制度，对领导干部权力的监督制约起到了重要作用。

党内民主制度是中国具体政治制度的重要内容。改革开放以来，中国共产党党内民主制度建设取得了一系列成就，党员权利保障制度、党代会制度、党委会制度、党内选举制度、党内监督制度以及党内组织生活、民主评议等都通过党章和一系列制度规定得到不断落实，同时党在家强自身建设过程中还颁布了一系列准则、规范和条例，比如《关于党内政治生活的若干准则》《中国共产党地方组织选举工作条例》《中国共产党党员权利保障条例》《关于实行党风廉政建设责任制的规定》等，通过这些条例的颁布执行和不断修改完善使党内民主制度体系逐渐形成。

随着我国民主政治的发展，社会主义协商民主正在向广泛、多层、制度化发展的方向不断迈进；坚持科学决策、民主决策、依法决策，从国家治理现代化的高度和要求出发不断健全决策机制和程序成为科学民主决策制度建设的新要求；中共十一届三中全会以后，随着我国改革开放的深入发展，政府职能进一步转变，国家民主政治进程不断加快发展，实行政务公开、建立阳光政府逐渐成为对各级政府的基本要求；改革开放以后，我国在财产申报公开制度建设方面也一直在进行探索，2010 年 5 月 26 日，中办、国办印发了《关于领导干部报告个人有关事项的规定》，2013 年 11 月召开的中共十八届三中全会，提出“推行新提任领导干部财产公开制度试点工作”，这代表新时期新一代领导集体对我国通过不断试点逐渐建立财产申报公开制度的高度重视。可见，随着我国各项具体政治体制和民主政治制度的改革发展，中国特色具体政治制度体系不断完善，中国特色社会主义基本政治制度和根本政治制度的作用也通过这些具体政治体制机制的运行不断得到实现。

（二）经济体制

改革开放以来，特别是中共十四大第一次将建立社会主义市场经济体制明确作为我国经济体制改革的目标以后，我国社会主义市场经济体制改革发展取得了举世瞩目的成就，成功实现了由计划经济向市场经济的转轨，逐步建立了中国特色社会主义市场经济体制。在坚持公有制经济为主体、多种经济成分共同发展的基本方针的基础上，不断转换国有企业经营机制，转变政府经济管理职能，建立健全现代企业制度，形成了统一开放的市场体系，社会主义市场经济体制的基本框架初步搭成。同时，产权制度、企业法人制度、企业管理制度、用工制度、工资制度、市场管理制度、商品经营制度等一系列具体经济制度也不断建立健全，为中国特色社会主义市场经济发展提供了制度保障。

现代企业制度是指在现代市场经济条件下，以完善的多元产权制度为基础，以公司制企业为主要形式，以规范的公司治理结构为核心，以科学的经营管理制度为特征的企业制度。它主要包括现代企业产权制度、现代企业组织制度、现代企业领导制度、现代企业管理制度、现代企业上市制度、现代企业公示制度、现代企业监管制度、现代企业退市制度等，以及围绕这些制度和在这些制度下企业处理与各方面关系的行为规范和准则。建立符合生产力发展的现代企业制度是建立市场经济制度的必然要求。1993 年中共十四届三中全会把建立现代企业制度作为我国国有企业改革的方向，国有企业改革进入了企业制度创新的阶段；2003 年国务院国有资产监督管理委员会成立，改变了我国国有资产多头分散管理的状况，逐渐化解了国有资产管理体制改革比较滞后的体制性机制性障碍，标志着我国国有企业改革步入到了由出资人依法推进的新阶段；2013 年中共十八届三中全会出台的《中共中央关于全面深化改革若干重大问题的决定》对现代企业制度有了新的表述，并强调要“推动国有企业完善现代企业制度”[①]，为新时期国有企业改革和进一步完善现代企业制度提供了重要遵循。

现代市场体系是现代市场经济的重要组成部分，其不仅包括消费品和生产资料等商品市场，而且包括资本市场、劳动力市场、技术市场、信息市场以及房地产市场等生产要素市场。其中，商品市场、资本市场和劳动力市场是现代市场体系的核心。现代市场具有高度的反应灵敏性，能够及时对劳动和资本等生产要素的变化进行反映，彰显了市场组织形式、管理结构和技术要素在现代经济发展中的重要地位。随着全球化和信息化的发展，现代市场体系也发生着不断变化，市场体系在资源配置中的作用更加凸显。正如有的学者所言，改革开放 30 多年的经验表明：“构建一个体系完整、机制健全、统一开放、竞争有序的现代市场体系，是建立和完善社会主义市场经济体制的重要内容。”[②] 随着我国经济体制改革的不断深入，建立统一开放、竞争有序的现代市场体系，为社会主义市场经济运行提供良好的环境基础，已成为党领导全国各族人民进行社会主义改革开放和现代化建设的基础性任务之一。

宏观调控体系是政府为实现宏观经济调控目标，对宏观经济运行进行引导、调节和控制而综合运用各种政策和措施的总称，是包括经济杠杆、发展规划、经济政策、法规和行政措施等组成的调节体系。其主要职能是通过宏观调节，在全社会的范围内保持国民经济稳定协调发展，提高社会经济效益。[③] 加强和改善宏观调控，建设中国特色宏观调控体系是社会主义市场经济的本质要求，是保证国家经济快速健康发展的重要保障。在社会主义市场经济条件下，加强宏观调控体系建设目的就是要推进宏观调控目标制定和政策手段运用机制化，加强财政政策和货币政策与产业、价格等政策手段的协调配合，通过发挥政府宏观调控作用来弥补“市场失灵”，进而发挥政府和市场的协同配合作用，保证国民经济目标的顺利完成和市场经济的健康运行。要保证我国经济良序发展，必须要不断健全社会主义国家宏观调控体系，促进政府全面正确履行职能，优化组织结构，提高科

① 《中共中央关于全面深化改革若干重大问题的决定》，《人民日报》2013 年 11 月 16 日。

② 陈甬军：《中国现代市场体系改革三十年》，《企业经济》2009 年第 3 期。

③ 林木西，黄泰岩主编：《国民经济学辞典》，经济科学出版社 2014 年版，第 224 页。

学管理水平。

现代财税体制是国家经济体制改革的重要目标。在国家治理、经济建设和社会安定发展中，财税体制始终发挥着不可替代的基础性、制度性、保障性作用。在财税、金融、投资、外贸、外汇等宏观经济领域的各项改革中，财税体制改革居于中心地位。财税改革不仅影响经济体制改革的整体进程，关系社会主义市场经济发展的全局，而且对国家政治体制改革、社会体制改革等各项改革都具有直接的、深刻的影响。从中华人民共和国成立以来我国财税改革的经验来看，财税改革具有“牵一发而动全身”和“一呼百应”的效果。财税改革是经济体制改革的总开关，也是政治体制改革的重要突破口。在全面深化改革、推进国家治理体系和治理能力现代化的过程中，必须高度重视深化财税体制改革问题，要把建立科学的现代财税体制作为国家经济体制改革的重要目标。

开放型经济新体制是深化经济体制改革的重要任务。开放型经济是相对封闭型经济而言的一个概念，强调一个国家和地区经济体对国际市场的开放和积极参与，通过与世界市场的紧密联系来发挥自身的经济优势，扬长补短，通过国内国际两个市场来促进本国、本地区的经济发展。2013 年中共十八届三中全会通过的《中共中央关于全面深化改革若干重大问题的决定》把“构建开放型经济新体制”作为深化经济体制改革的重要任务；① 2015 年 5 月中共中央和国务院发布了《关于构建开放型经济新体制的若干意见》（以下简称《意见》），对构建开放型经济新体制的总体要求和具体措施进行了明确部署。在全面深化改革的新时期，各地区各部门要站在全面深化改革和我国经济社会发展全局高度，认真落实《意见》精神，通过“创新外商投资管理体制”“建立促进走出去战略的新体制”“建立健全开放型经济安全保障体系”等具体措施的不断落实并逐渐构建适应中国特色社会主义发展的开放型经济新体制。

（三）文化体制

文化是一个国家和民族全部智慧和文明的集中体现，是维系一个民族的精神纽带。文化制度是国家通过宪法和法律规范社会文化生活，调整以社会意识形态为核心的各种文化生活的基本原则和规则的总和。中国特色社会主义文化是中国特色社会主义经济和政治的反映，与中国特色社会主义经济和政治统一于中国特色社会主义伟大实践中，因此，其不仅带有文化的一般属性，而且具有鲜明的时代特征和民族风格，是民族的、科学的、大众的社会主义先进文化。中国特色社

---

① 《中共中央关于全面深化改革若干重大问题的决定》，《人民日报》2013 年 11 月 16 日。

会主义文化制度是我国社会主义国家宪法和有关法律法规以法律和制度形式来规范和调节社会文化生活的各项基本原则和规则的总和。中国特色社会主义文化制度是中国特色社会主义制度的重要组成部分，其内容涵盖坚持马克思主义思想指导地位和教育制度、科技制度、文艺制度、医疗卫生制度、体育制度、宗教制度以及新闻出版制度等多个方面。

文化体制就是一定政治、经济和社会发展中文化生产、传播和消费等环节的相互关系和运行机制，包括生产机制、传播方式和管理模式等。一个国家实行什么样的文化体制对其文化发展具有重要影响，不同的文化体制对文化的生产、传播、消费和管理所产生的影响会存在很大的差异，同时也决定了国家基本文化制度和方针政策的执行和落实，对社会文化繁荣与发展、对社会主流意识形态和价值观建设都将产生很大的制约作用。因此，文化体制既是一种政治经济制度，也是一种社会文化价值，不同的文化体制代表着不同的社会文化价值和政治经济制度，文化体制的改革发展一定程度上体现了一个国家社会整体的改革和制度变迁。中国共产党成立以后就对文化建设高度重视，中华人民共和国成立以后党在领导人民进行社会主义革命和社会主义初步建设的探索过程中进行了一系列文化领域的制度建设。改革开放以后，随着社会主义民主政治建设和市场经济的改革发展，不断进行文化制度建设和文化体制改革成了党和国家重要任务。2005 年 12 月中共中央下发了《中共中央国务院关于进一步深化文化体制改革的若干意见》，明确了文化体制改革的指导思想、原则要求和目标任务；2011 年中共十七届六中全会专门研讨了深化文化体制改革问题，并通过了《中共中央关于深化文化体制改革推动社会主义文化大发展大繁荣若干重大问题的决定》，这些意见和决定对推动我国文化体制改革起到了重要作用。

当前我国文化体制改革要围绕“构建并完善现代公共文化服务体系”“建立健全现代文化市场体系”“完善文化管理体制”“建设社会主义核心价值体系”等基本目标和重要内容展开。要积极构建中国特色社会主义公共文化服务体系，为实现公民基本文化权益、满足人民群众日益提高的公共文化服务需求提供重要保障；要以建立一个统一、完备和有机协调的文化市场体系来促进我国文化产业健康发展，为社会主义文化的大繁荣、大发展提供环境依托；要以进一步深化文化管理体制改革作为提升文化发展水平，促进国家文化繁荣发展重要动力，不断建立健全党委领导、政府管理、行业自律、社会监督、企业事业单位依法运营的文化管理新体制；要把建设社会主义核心价值体系，推进社会主义核心价值观的培育和践行作为中国特色社会主义文化建设以及文化体制改革和发展的首要目标和核心内容，通过各种途径使社会主义核心价值观成为推动我国经济社会发展、提升国家软实力的精神动力和价值导向。

（四）社会体制

社会体制作为社会建设的一个重要方面，与政治体制、经济体制、文化体制以及生态文明体制一道共同构成了完整的中国特色社会主义的“体制序列”。基于我国学术界的研究，我们认为所谓社会体制，概括而言就是适应社会发展需要、规范社会行为、协调社会利益关系的各种制度和体制机制的总和。中国特色社会主义社会体制，是党和国家为了维护社会、促进社会发展而对社会管理和社会服务做出的制度安排。中国特色社会主义社会体制与中国特色社会主义社会建设、社会管理的实践相伴而生，与中国特色社会主义经济体制、政治体制、文化体制相适应，是中国特色社会主义制度体系的重要内容，是社会建设的体制保障和主要途径。

社会体制所包含的内容十分丰富，包括就业体制、收入分配体制、社会保障体制、城乡管理体制、社区和社会组织管理体制、劳动关系体制、社会治安体制、环境保护体制和医疗、教育等社会事业体制等一系列内容。有的学者如宋晓梧在其主编的《中国社会体制改革30年回顾与展望》（人民出版社2008年版）一书中主要从劳动就业体制、收入分配体制、社会保障制度、教育体制、医疗卫生体制、社会管理体制等几个方面的改革来分析社会体制改革的内容。这些内容又可以归为社会管理体制、社会事业体制、社会结构体制、社会规范体制等几个主要类别。①

社会管理体制是围绕社会管理活动所建立的一系列机构、规范和制度体系，建立社会管理体制直接目的就是为了保证社会管理活动能够有序开展；社会事业体制是指围绕公共服务和产品的提供而进行的一系列制度安排，其解决的是社会事业由谁来办、如何办的问题；社会结构体制是指一个国家或地区占有一定资源、机会的社会成员的组成方式及其关系格局，建设形成一个更加科学、合理的社会结构体系已经成为我国经济社会发展中需要完成的重要任务；社会规范则是指社会群体中共同遵守、认同的思想和行为标准。社会规范对人们的行为具有约束和指导作用，能够调节人们的社会生活和生产关系，在全面深化改革的过程中，要构建以社会主义核心价值体系为引领、政策法规为准绳、道德规范和诚信

① 秦德君在《中国社会体制问题研究》（2010年）一文中也把社会体制的构成分为社会运行体制、社会组织体制、社会保障体制、社区构成体制、社会管理体制等。

体系为基础、法律服务为保障的社会规范体系，促进社会和谐发展，形成社会约束机制、社会调节机制、社会认同机制统一运作的社会规范体制。

社会体制改革是当代中国整体改革的重要组成部分，是中国特色社会主义事业总体布局的重要组成部分，是全面深化改革的重要部分。加强社会体制改革，创新社会体制就是通过一系列制度建设、设计和安排，形成有中国特色的社会主义社会体制，并通过这种体制的运行最大限度地激发社会活力，充分发挥社会力量在社会发展、社会建设和社会治理中的积极作用，有效化解社会转型时期的各类社会矛盾，协调社会利益关系，保证社会有序发展，使中国改革开放和社会发展沿着中国特色社会主义道路顺利前进。当前我国社会体制改革的主要任务就是要进一步加强对社会体制运行规律的探索，进一步加强对中国改革转型时期各类社会问题的深入研究，在中国特色社会建设和社会管理的基本制度框架的基础上，不断推进社会体制改革创新，不断建立社会体制运行的法律法规和各项政策，建立健全社会基本公共服务体制，建立健全社会诚信机制，构建新型的社区管理体制，构建现代社会组织体制，进一步完善公共安全管理体制，保证党和政府更好地履行社会管理、社会服务的相关职责和职能，保障各类社会主体能够更好地参与到社会治理和社会建设中来。

当前我国工业化、信息化、城镇化、市场化、国际化进程不断加快，经济体制深刻变革、社会结构深刻变动、利益格局深刻调整、思想观念深刻变化，在经济、政治、文化、社会和生态建设各个领域出现了一系列新情况、新问题和新趋势。在这种背景下，进一步加强社会体制改革创新，要从全面深化改革和提升国家综合治理水平的高度和要求出发，通过各项社会体制改革来最大限度激发社会活力，最大限度地增加和谐因素和减少不和谐因素。要围绕建设中国特色社会主义社会体制的基本目标，通过完善居民身份证制度，建立健全劳动关系协调协商机制，建立健全互联网等信息网络综合管理机制，建立健全社会治安防控体系，制定社会信用管理法律法规，建立完善社会诚信行为规范，加强和完善党和政府主导的维护群众权益体制机制等多个领域具体实践来加强社会体制改革与创新，为全面深化改革、促进国家经济社会发展提供可靠的保障。

（五）生态文明体制

中国特色社会主义生态文明制度是在中国特色社会主义建设过程中形成的处理经济发展和人口、资源与环境关系的一系列制度安排，是社会主义制度在生态文明领域的反映和实现，是社会主义制度不可或缺的重要组成部分。在当代中国，生态文明建设的重大意义已经日益凸现，生态文明建设已经成为国家建设整体布局的重要内容，对经济、政治、文化、社会建设的深远影响已经受到党和国家高度重视。大力推进社会主义生态文明制度建设不仅是完善中国特色社会主义制度的重要内容，也是加强中国生态文明建设并为加强生态文明建设提供强有力的制度保证的现实需要。

中国特色社会主义生态文明制度是适应中国特色社会主义现代化建设的需要而建立起来的有利于支持、推动和保障生态文明建设的制度体系。中共十八大以来，党和国家高度重视生态文明制度建设，并先后出台了一系列决策部署，为加快生态文明制度建设提供了重要推动。建设生态文明，必须建立系统完整的生态文明制度体系，实行最严格的源头保护制度、损害赔偿制度、责任追究制度，完善环境治理和生态修复制度，通过制度来保护环境。① 要积极构建起由自然资源资产产权制度、国土空间开发保护制度、空间规划体系、资源总量管理和全面节约制度、资源有偿使用和生态补偿制度、环境治理体系、环境治理和生态保护市场体系、生态文明绩效评价考核和责任追究制度等各项制度构成的产权清晰、多元参与、激励约束并重、系统完整的生态文明制度体系，实现生态文明建设从决策部署到评价、实施再到监督执行等各个环节都有相应的制度依赖和制度根据。

中共十八大以来，“美丽中国”成为中华民族追求的新目标，生态文明建设取得明显成效。同时，我们必须看到，从理念、理论再到制度和实践，我国生态文明建设仍可谓任重而道远，生态文明体制改革成为今后破解生态文明建设难题和健全生态文明制度体系的重要突破口。中共十八届三中全会把深化生态文明体制改革作为全面深化改革的重要内容进行部署，凸显了生态文明体制改革的重要性和紧迫性；2015 年 9 月中共中央、国务院又印发了《生态文明体制改革总体方案》，为深化生态文明体制改革提供了重要指导。加强生态文明体制改革，要结合生态文明制度体系建设的要求，在经济社会全面改革的总体布局中，不断推进生态文明体制改革；要做好组织协调，做好试点实验，不断改革并健全各项生态文明体制，进一步完善生态文明建设的法律法规，加强舆论引导，加强监督落实，形成加强生态文明建设的合力机制，形成并落实最严格的环境保护制度，为生态文明建设提供坚实有效的制度保障。

---

① 《中共中央关于全面深化改革若干重大问题的决定》，《人民日报》2013 年 11 月 16 日。

第三章

中国特色社会主义制度的基本特征

中国特色社会主义制度符合我国国情，集中体现了中国特色社会主义的特点和优势。为当今中国发展进步提供根本制度保障。在党的十八大报告中，胡锦涛指出“中国特色社会主义制度，就是人民代表大会制度的根本政治制度，中国共产党领导的多党合作和政治协商制度、民族区域自治制度以及基层群众自治制度等基本政治制度，中国特色社会主义法律体系，公有制为主体、多种所有制经济共同发展的基本经济制度，以及建立在这些制度基础上的经济体制、政治体制、文化体制、社会体制等各项具体制度”。这一重要论述，既阐明了中国特色社会主义制度的基本框架，也揭示了中国特色社会主义制度的鲜明特征。从根本上说，中国共产党是中国特色社会主义的坚强领导核心，党的领导是中国特色社会主义最本质的特征，也是中国特色社会主义制度的最大优势。不仅如此，中国特色社会主义制度还具有科学性、人民性、时代性、民族性、开放性、创新性和保障性的基本特征。深刻认识中国特色社会主义制度的基本特征，对于我们坚定制度自信，进一步完善和发展中国特色社会主义制度具有重要意义。

第一节　党的领导是中国特色社会主义制度的本质特征

中国共产党是中国特色社会主义的坚强领导核心，党的领导是中国特色社会主义最本质的特征。只有坚持中国共产党的领导，才能不断发展中国特色社会主义道路，丰富中国特色社会主义理论体系，完善中国特色社会主义制度。中国特色社会主义制度包括根本政治制度、基本政治制度、基本经济制度以及各方面体制机制等具体制度，党的领导都是摆在第一位的。没有党的领导，中国特色社会主义的道路、理论、制度将不复存在。

一、中国特色社会主义制度是在党的领导下确立和发展起来的

中国特色社会主义制度是我们党创造性地运用马克思主义基本原理，经过长期实践探索逐步建立和发展起来的，凝结着几代中国共产党人带领人民艰辛探索的智慧和心血，它既符合我国国情，又能顺应时代潮流，是历史的必然、人民的选择。中华人民共和国成立后，党团结带领全国人民确立了社会主义基本制度，奠定了中国特色社会主义制度的根基。改革开放以来，在党的领导下，我国经济、政治、文化和社会全面深化改革不断推进，各个领域都逐步形成了一整套相互衔接、相互促进的制度体系，充分体现了中国特色社会主义的特点和优势，有力地促进了经济社会全面协调可持续发展，人民生活水平显著提高，综合国力和国际地位也得到巨大提升。正如中共十八大报告所指出的："中国特色社会主义制度，是党和人民九十多年奋斗、创造、积累的根本成就。"①

二、中国特色社会主义制度优势的发挥离不开党的领导

中国特色社会主义制度保障了当代中国的发展和进步，是当代中国改革开放和社会主义现代化建设的根本保障。正是在党的领导下，这一制度的优越性得以充分发挥，极大地调动了人民群众的积极性，成功地应对前进道路上的各种挑战，战胜了一个又一个困难。同时，中国共产党坚持以理论创新推动制度创新，把顶层设计与"摸着石头过河"相结合，不断健全和完善社会主义基本制度，不断改革和创新各项具体制度体制。这就为社会主义现代化建设提供了强大动力，让一切劳动、知识、技术、管理、资本的活力竞相迸发，让一切创造社会财富的源泉充分涌流，让发展成果更多更公平惠及全体人民。

三、坚定中国特色社会主义的制度自信离不开党的领导

对一个国家而言，道路选择和理论创新，都要靠制度来保障，道路自信和理论自信，也必然体现为制度自信。树立制度自信一方面源于人们对制度的基本原则、价值目标的认同，另一方面取决于制度在经济社会发展中所提供的动力机制和保障作用。在中国特色社会主义制度形成和发展过程中，党始终是坚

---

① 胡锦涛：《坚定不移沿着中国特色社会主义道路前进 为全面建成小康社会而奋斗》，《人民日报》2012 年 11 月 18 日。

强领导核心，党的宗旨和原则规范着制度价值；党的政策方针把握着制度走向；党的执政能力影响着制度绩效。正是因为党的领导，制度体系的构建和运行体现了国家、社会和人民利益诉求的统一，体现了社会主义的本质属性，制度自信才有了扎实的根基。离开了党的领导，中国特色社会主义制度自信就无从谈起。[①]

第二节　科学性

对人类美好社会制度的不懈追求是马克思主义政党与生俱来的品质。马克思主义政党区别于其他政党的一个显著特征，就在于通过科学揭示社会制度变迁规律，引领社会前进的方向和道路。中国共产党是一个坚持制度自信、制度自觉的马克思主义政党，这种制度自觉和自信是由马克思主义政党的性质、宗旨和纲领决定的，是马克思主义政党先进性的重要体现和强大优势之所在。中国特色社会主义制度既遵循科学社会主义的基本原则，又切合中国的发展实际，符合历史发展规律，符合最广大人民的根本利益，因而具有强大的生命力。

一、中国特色社会主义制度始终体现时代性

中国特色社会主义制度是我们党创造性地运用马克思主义基本原理，经过长期实践探索逐步建立和发展起来的，它凝结着几代中国共产党人智慧和心血，是历史的必然、人民的选择。它植根中国社会，符合中国国情，集中体现了中国特色社会主义的性质、特点和优势，能够保持党和国家的活力，为我国现代化建设提供坚实保障。同时，中国特色社会主义制度又处处洋溢着浓郁的时代气息，突出和平与发展的时代主题，深刻把握时代脉搏与发展规律，充分吸收借鉴当代世界各国关于制度发展的最新文明成果，在开拓中发展，在创新中完善。时代突显科学，科学性必然经得起时代的检验并且永远立于时代潮头，在时代发展中不断汲取营养的中国特色社会主义制度必将发挥出更大的制度优势。

二、中国特色社会主义制度始终富于创造性

中国特色社会主义制度更加成熟、更加定型，必须坚持以改革开放为动力、

① 肖贵清：《党的领导是中国特色社会主义最本质特征》，《人民日报》2016 年 6 月 23 日。

以不断创新为生命。中共十八大提出，要加快完善社会主义市场经济体制，推进社会主义民主政治制度化、规范化、程序化，完善文化管理体制和文化生产经营机制，形成科学有效的社会管理体制，建立生态文明制度。这就为推进制度建设和创新指明了方向。把改革创新精神贯穿于制度建设始终，不断在制度建设和创新方面迈出新步伐。同时，还要把改革创新的勇气与求真务实的精神结合起来，既要胸怀理想、坚定信念，不动摇、不懈怠、不折腾，又要脚踏实地、循序渐进，有领导、有步骤、分阶段地加以推进，积极稳妥而又不失时机地推进制度改革、制度创新。

三、中国特色社会主义制度能始终把握规律性

中国特色社会主义制度能深刻把握马克思主义发展规律、人类社会发展规律和社会主义发展规律。坚持把科学社会主义基本原则与中国实际有机统一起来，牢牢把握社会主义初级阶段这个最大国情，不断丰富中国特色社会主义制度的实践特色。坚持把制度创新与理论创新统一起来，不懈探索和把握中国特色社会主义建设规律，使制度创新建立在科学理论之上。坚持把吸收人类文明成果与传承中华民族优秀文化有机统一起来，既不妄自菲薄，也不盲目自大，构建具有民族特色、符合民族习惯的制度体系。坚持把继承历史传统与顺应时代潮流有机统一起来，既不割断历史又不迷失方向，既不落后于时代又不超越阶段，赋予中国特色社会主义制度以鲜活的时代内容。

四、中国特色社会主义制度始终注重实效性

随着中国特色社会主义制度的成熟完善，我国经济社会发展取得了举世瞩目的巨大成就。突出表现在：经济社会全面发展，综合国力大幅跃升，国际地位和影响力显著提高。水利、能源、交通、通信等基础设施建设取得突破性进展，生态文明建设不断推进，城乡面貌焕然一新，人民生活总体上达到小康水平，社会主义先进文化不断发展，教育、科技、卫生、体育等各项社会事业全面进步，人民日益增长的精神文化需求得到更好满足。现代企业制度逐步建立，企业活力和竞争力不断增强。非公有制企业快速发展，成为促进增长、扩大就业、繁荣市场的重要力量。城乡居民收入快速增长，家庭财产普遍增多。覆盖城乡的社会保障体系建设取得重大进展，保障覆盖范围不断扩大，保障水平稳步提高。改革开放以来，我国经济社会发展的伟大成就，以无可争辩的事实表明，中国特色社会主义制度符合中国实际，是发展中国特色社会主义的强大动力与根本保障。

第三节 人民性

人民性是社会主义的本质属性。在我国，随着社会主义制度的确立，剥削阶级作为阶级已经不复存在，人民群众翻身作主成为国家的主人，因而中国特色社会主义的人民性与大众性、群众性和阶级性在本质上是同一的。中国共产党领导的改革开放和现代化建设的伟大事业，最终目标就是要实现中华民族伟大复兴，实现共产主义，使全社会的每个成员都得到"自由而全面的发展"①。中国特色社会主义制度既是人们共同意志的反映，又需要全体成员共同遵守，是实现中国特色社会主义宏伟目标的坚强保障。

一、人民立场是中国特色社会主义制度现代化建设的根本立场

现代化建设既包括政治、经济、文化、社会以及生态文明建设，也包括高度完善的制度体系建设。制度现代化是现代化的重要体现和主要内容，它有利于保障全体社会成员公平而又充分地享有社会发展的文明成果。中国特色社会主义制度现代化建设的最终目标是保障实现共产主义，是实现"人的现代化"，即实现"人的自由而全面发展"。民族团结、社会稳定、国家统一，符合每一个中华儿女的根本利益，中国特色社会主义制度建设贯穿着马克思历史唯物主义的基本立场、观点和方法，只有始终站在人民群众立场上，才能充分发挥其强大的动力和保障功能。中国特色社会主义本身作为一个制度体系，无论从宏观总体还是微观具体层面，都有效地促进了民族团结、社会稳定和国家统一，为维护多民族国家的团结统一和繁荣发展提供了有力的制度保障。我们党的宗旨、路线决定了中国特色社会主义制度建设既为了群众，也要依靠群众。人民立场是中国特色社会主义制度发展、完善的根本立场。人民群众中蕴藏着无穷的智慧和创造力，只有深深扎根于人民群众的实践沃土中，不断从人民群众中吸取营养和力量，中国特色社会主义制度才能更加完善。

二、人民群众是中国特色社会主义制度建设发展完善的实践主体

中国共产党是一个以马克思主义为指导的无产阶级政党。自诞生那天起，党

---

① 《马克思恩格斯全集》第4卷，人民出版社1995年版，第730-731页。

就把建立美好的共产主义社会制度写入自己的纲领。中国共产党第二次全国代表大会宣言明确指出：党的目的是要“组织无产阶级，用阶级斗争的手段，建立劳农专政的政治，铲除私有财产制度，渐次达到一个共产主义的社会”[①]。“改革中的好多东西，都是基层创造出来的。”[②] 在中国特色社会主义制度建立完善过程中，我们党充分发挥广大人民群众积极性、主动性和创造性，尊重群众的首创精神，带领和依靠人民群众完成新民主主义革命，缔造了人民当家作主的新中国，确立了社会主义基本制度，为当代中国一切发展进步奠定了根本政治前提和制度基础。面对新形势新任务，我们党带领人民成功开辟、坚持和发展了中国特色社会主义道路，实现了从单一公有制向以公有制为主体、多种所有制经济共同发展的转变，从平均主义“大锅饭”向以按劳分配为主体、多种分配方式并存的转变，从计划经济体制向社会主义市场经济体制的转变，从不平衡、不协调、不可持续的片面发展体制向全面、协调、可持续的科学发展体制的转变，形成了一整套相互衔接、相互依存的中国特色社会主义制度体系，为中国特色社会主义事业注入了强大生机和活力。

三、以人为本是中国特色社会主义制度建设发展完善的出发点与落脚点

中国特色社会主义制度建设必须坚持以马克思历史唯物主义理论为指导，坚持以人为本。以人为本是社会主义的价值目标，它贯穿于中国特色社会主义现代化建设的各个方面。人民立场是共产党人的政治立场，一切工作以人民根本利益为出发点和落脚点，尊重人民群众的主体地位，发挥人民群众的主体作用，更加重视社会公平，切实保障人民群众的各项权益，是中国共产党推进中国特色社会主义制度建设始终不渝的政治追求。以人为本是贯穿中国特色社会主义一条一脉相承又与时俱进的思想主线，这条思想主线就是：始终站在人民大众立场上，一切为了人民、一切相信人民、一切依靠人民，诚心诚意为人民谋利益。这是马克思列宁主义的根本出发点和落脚点，是毛泽东思想和中国特色社会主义理论体系的根本出发点和落脚点，也是中国特色社会主义制度建设的出发点与落脚点。

---

① 中央档案馆编：《中共中央文件选集》第 1 册，中共中央党校出版社 1989 年版，第 115 页。

② 《邓小平文选》第 3 卷，人民出版社 1993 年版，第 382 页。

第四节 民族性

中国特色社会主义制度坚持把马克思主义基本原理与中华民族优秀传统文化相结合，创造出民族的特殊形式，体现出鲜明的民族特色，它的精髓体现了中华民族的思想传统，它的建立发展体现了中华民族的目标追求，它的核心则浓缩了中华民族的民族精神。

中国特色社会主义制度既克服了苏联模式僵化教条的弊端，也避免了西方民主社会主义制度的一系列弱点，更加符合中国发展的现状，在制度不断完善发展的过程中，体现出民族性和世界性的统一。“只有扎根本国土壤、汲取充沛养分的制度，才最可靠、也最管用。”[①] 鞋子合不合脚，自己穿了才知道。中国人民用特有的智慧和勇气，通过长期艰苦卓绝的探索一次次证明：任何理论和制度，必须本土化才能根深叶茂、绽放华彩。

中国特色社会主义制度作为马克思主义当代中国化的实践成果，是植根于中华文化土壤的制度，它不断汲取着中华优秀传统文化的思想养分，将中华民族优秀传统文化深深熔铸其中，既反映了当今世界的发展规律，又立足中国的具体实际，具有鲜明的中国气派。

一、中华民族优秀传统文化被赋予马克思主义的科学内涵而成为中国特色社会主义制度建设的基本原则

实事求是、与时俱进、求真务实是我们党的思想路线，也是中国特色社会主义制度建设的基本原则。“实事求是”一词最早出现在班固的《汉书·河间献王传》里。唐朝大学者颜师古将其解释为：“务得事实，每求真是也。”毛泽东从辩证唯物主义的高度对它进行了科学阐释，赋予它新的含义，“‘实事’就是客观存在的一切事物，‘是’就是客观事物的内部联系，即规律性，‘求’就是我们去研究”[②]。邓小平在论及中国这样一个经济文化比较落后的国家如何建设社会主义、如何巩固和发展社会主义的问题时明确指出：解决中国发展问题，“不是靠本本，而是靠实

① 习近平：《在庆祝全国人民代表大会成立60周年大会上的讲话》，《人民日报》2014年9月6日。

② 《毛泽东选集》第3卷，人民出版社1991年版，第801页。

践，靠实事求是”[①]。“与时俱进”一词，源于《周易》的“与时偕行”“与时消息”。《易经》的“益卦”中有这样一句话：“天施地生，其益无方。凡益之道，与时偕行。”“与时俱进，就是党的全部理论和工作要体现时代性，把握规律性，富于创造性。能否始终做到这一点，关系到党和国家的前途命运。”[②]“与时俱进”的“时”，讲的就是时机和时代。共产党人要为人民利益而奋斗，必须使党的理论、党的事业、党的制度建设与时俱进，而且要善于把握时机。求真务实是对“贵在力行，重在履事”“循名责实，重效致用”“清谈误国，实干兴邦”等中华民族致知力行、学以致用民族传统的传承和发展，体现了中国化的马克思主义理论与实践相统一、真理与价值相一致的鲜明的民族特色。

实事求是、与时俱进和求真务实作为中国特色社会主义制度建设的基本原则，要求我们在中国特色社会主义制度建设过程中既要把握本质、认识真理、揭示规律，又要知行统一、勇于实践、务求实效。事实表明，我们党依据时代发展的要求，把马克思主义基本原理与当代世界和中国实际相结合，深深扎根于中国大地，使中国特色社会主义制度不断发展和完善。

二、中国特色社会主义制度以人为本的价值取向，充分体现了中华民族爱民惠民的民本思想

中国特色社会主义制度建设坚持以人为本的价值取向，是中华民族传统民本思想的继承和发扬。我国的民本思想源远流长，在《尚书》《诗经》中就有“民为邦本”之说。“国以民为本，社稷亦为民而立”的民本思想，始终是重要的政治观念。顺应民意、敬畏民力、施行德政、惠民保民，一直是执政者治国安邦的重要理念。

任何社会制度的设计和建立都必然地、内在地包含着主体的价值理念，彰显着主体的价值取向。我们党始终把以人为本作为我国经济社会发展的根本价值取向，是中华民族爱民惠民的民本思想的充分体现。我们党将全心全意为人民服务作为党的根本宗旨，在探索中国特色社会主义伟大事业的过程中，始终坚持以人为本，把人民群众的利益放在核心位置。我们党尊重人民主体地位，发挥人民首创精神，保障人民各项权益，促进人的全面发展，始终把实现最广大人民的根本利益作为一切工作的出发点和落脚点。我们党立党为公、执政为民，代表最广大人民的根本利益，发展为了人民、发展依靠人民、发展成果由人民共享，把促进人的全面发展作

---

① 《邓小平文选》第3卷，人民出版社1993年版，第382页。
② 《江泽民文选》第3卷，人民出版社2006年版，第537页。

为经济社会发展的最终目的，这些崭新的执政理念，是我们党以人为本价值观的集中体现。这种以人为本的价值取向体现到中国特色社会主义制度建设上，就是要求围绕实现社会主义的基本价值原则和价值取向而建构和不断完善。

三、中国特色社会主义制度关于和谐发展、和平崛起的战略思想，充分体现了中华民族崇尚和谐与和平的民族文化

追求、崇尚和谐，是中华民族文化的基本精神之一，是中国哲学的根本范畴，也是中国古代重要的社会、政治理念。《易经》提出了“保合太和，乃利贞”的思想。《宋景文公笔记·考古》提到“天下太和，兵革不兴”。“和而不同”“和谐有序”揭示的是万事万物的生存基础和发展规律。和谐文化，是中华传统文化的内在精神和显著特征，已深深渗透在中国特色社会主义制度，尤其是社会制度的建立、发展和完善之中，渗透在我们党和国家构建社会主义和谐社会以及推动建设持久和平、共同繁荣的和谐世界的实践中。在长期的探索和实践中，我们党深刻认识到，社会和谐是中国特色社会主义的本质属性，是国家富强、民族振兴、人民幸福的重要保证。

中国的和平发展道路有着深厚的中国历史文化传统。“中国坚定不移地走和平发展道路，是基于中国历史文化传统的必然选择。中华民族历来就是热爱和平的民族。中华文化是一种和平的文化。渴望和平、追求和谐，始终是中国人民的精神特征”①。2006 年 4 月 21 日，胡锦涛在美国耶鲁大学发表演讲时指出：“中华文明历来注重亲仁善邻，讲求和睦相处。中华民族历来爱好和平。中国人在对外关系中始终秉承‘强不执弱’、‘富不侮贫’的精神，主张‘协和万邦’。中国人提倡‘海纳百川，有容乃大’，主张吸纳百家优长、兼集八方精义。”回顾世界历史，西方崛起的过程几乎就是一部动荡与战争史，他们的第一桶金是血与火带来的，他们的 GDP 是沾满鲜血的 GDP。在对外没有发动战争和掠夺的情况下，中国共产党团结带领全国各族人民，自力更生，艰苦奋斗，全面推进改革开放和现代化建设，人民生活不断改善，综合国力不断提高，国家面貌发生了翻天覆地的变化。实践表明，中国特色社会主义制度造就了一个文明型国家的和平崛起，不仅造福 13 亿中国人民，也给世界各国带来了巨大的发展机遇，为世界和平与发展做出了重大贡献，最为重要的是，中国的和平崛起证明了中国特色社会主义制度的巨大优越性。

---

① 中国国务院新闻办公室：《中国的和平发展道路》白皮书，新华网，2005 年 12 月 22 日。

第五节　时代性

中国特色社会主义制度，是马克思主义基本原理同建设中国特色社会主义实践相结合的产物，是在和平与发展成为时代主题的历史条件下形成和发展起来的，并将随着时代的发展而不断发展，它是与时俱进的制度，具有明显的时代性。其时代性，主要体现在以下三个方面。

一、中国特色社会主义制度能够准确把握时代特征和时代发展的要求

中国特色社会主义制度是在和平与发展成为时代主题的历史条件下产生、发展并最终确立的。尽管当前的世界极不安宁，存在各种错综复杂的矛盾和问题，甚至在局部地区还有爆发战争的危险，但和平与发展依然是时代主题，也是当今时代发展的基本方向。中国特色社会主义制度在发展的过程中，始终把握和平与发展这一时代特征，提出了中国的经济增长要通过和平的方式来实现，中国要走和平发展道路，实现和平崛起，使和平发展成为中国特色社会主义制度的重要内容，这既顺应了世界发展的潮流和时代的要求，又符合中国国情和中国实际。

二、中国特色社会主义制度能够紧紧把握时代脉搏坚持与时俱进

时代在不断地发展，作为具有时代特色的中国特色社会主义制度也应与时俱进，不断充实、完善自身的内容，始终保持鲜明的时代特色。中国特色社会主义制度在开创、发展和确立的过程中，总是能牢牢把握时代脉搏，坚持与时俱进。比如，在所有制方面，提出了以公有制为主体，多种所有制共同发展的基本经济制度；在资源配置上，提出要利用计划和市场两种手段来合理、有效地配置资源；在收入分配上，提出在坚持按劳分配为主的前提下，把按劳分配和按生产要素分配结合起来。此外，社会保障制度、生态文明制度的建立和完善以及“一国两制”从理论到实践的发展。所有这些，都充分展示了中国特色社会主义制度能够根据时代发展提出的新要求，不断丰富、充实自己的内容，使其始终具有时代特征。

三、中国特色社会主义制度具有不断进取和超越的时代特性

不断地进取和超越，是中国特色社会主义制度的重要特征，这一特征源于忧患意识和民族复兴意识。中华民族历史悠久，在数千年的发展历史中，中华民族创造了灿烂辉煌的古代文明。到了近代，中华民族一度落伍，遭到了东西方帝国

主义列强的掠夺与宰割。实现中华民族的伟大复兴，使中华民族屹立于世界民族之林，是每一个中国人共同的理想。然而，我们所处的时代，是一个充满风险和困难的时代，在民族复兴的道路上，我们面临诸多风险和困难。所以，我们必须居安思危，增强忧患意识和危机意识，不断进取，不断超越，始终保持中国特色社会主义制度的先进性和优越性，才能为中华民族伟大复兴奠定坚实的制度基础和强有力制度保障，从而完成实现中华民族伟大复兴的历史任务。实践表明，中国特色社会主义制度在创立、发展的过程中，从理论到实践的各个方面，都充分体现了不断进取，不断超越的特性，使中国特色社会主义制度始终具有先进性和优越性，成为实现中华民族伟大复兴的制度保障。

第六节　开放性

当今的世界是一个开放的世界，我们所处的时代是一个开放的时代。中国特色社会主义制度作为马克思主义和我国改革开放的实际相结合的产物，作为马克思主义和时代相结合的产物，也具有开放性。中国特色社会主义制度的开放性是指中国特色社会主义制度能够高扬时代主旋律，紧贴时代脉搏、顺应时代潮流、吸纳时代精华，从而形成更加充满时代气息的社会制度。中国特色社会主义制度是不断发展的开放性的制度，正是这种开放性的特征，才能保证它在中国特色社会主义建设实践中不断地丰富和发展，也正是这种开放性，才使我们敢于突破陈规、锐意进取，敢于解放思想、实事求是，敢于在实践中大胆创新，敢于不断开拓马克思主义中国化的新境界。高度的开放性不仅是制度与时俱进、不断发展的重要条件，更是其不断获得生机与活力的内在源泉。

一、中国特色社会主义制度能够不断吸收和借鉴人类文明发展的精华来丰富自己

邓小平曾说过："我们的制度将一天天完善起来，它将吸收我们可以从世界各国吸收的进步因素，成为世界上最好的制度。"① 从世界历史发展进程来看，中国特色社会主义制度的形成和发展既体现了我国社会自身发展的内在逻辑，又

① 《邓小平文选（1975—1982）》，人民出版社1983年版，第297页。

遵循了人类社会发展的一般规律。人类社会在发展的每一个阶段，都会产生该阶段有益的文明成果，成为这个阶段文明发展的结晶。一个阶段的文明成果代表着这个阶段人类的认知能力和创造水平，也标示着时代发展趋势。中国特色社会主义制度建立、丰富和发展的过程，就是在以我为主、为我所用的基础上，不断吸收、借鉴当代人类文明发展的成果来不断丰富完善自身的过程。在这一过程中，在经济社会发展的各个方面，都能够根据我国实际和改革发展的需要，吸收、借鉴人类文明发展的有益成果来丰富、完善自己。比如，我国社会主义市场经济体制的建立，充分参考了西方发达国家发展市场经济的某些经验；我国的法制建设，充分借鉴了西方国家的法治经验；我国的政治体制改革，也充分借鉴了西方国家的成功经验。① 在企业管理方式上，我们吸收借鉴了发达资本主义国家企业的运作方式和先进的管理经验，建立了现代企业制度。除此之外，中国特色社会主义制度还充分学习和借鉴了苏联的合理制度、吸取了苏东国家制度建设的惨痛教训。改革开放三十多年来，中国特色社会主义制度建设所取得的成就，足以说明这样一套制度，能够集中力量办大事，有效促进社会生产力发展，促进现代化各项事业发展，促进人民生活水平不断提高，增进中华民族和中国人民的福祉，我们完全有理由对我们的制度充满自信。

二、中国特色社会主义制度能够始终继承和弘扬我国古代文明发展的成果来发展自己

中国特色社会主义制度作为一种开放的制度，不仅要吸收当代世界的文明成果，还要从中国古代文明中汲取营养。中华民族在漫长的历史发展进程中，创造了灿烂辉煌的古代文明，中华古代文明既反映出我们的民族特色，又反映出我们民族的习俗与传统。继承与弘扬我国古代文明发展的成果来丰富完善自己，才能实现中国特色社会主义制度民族性和时代性的结合，才能使中国特色社会主义制度在立足时代的基础上，始终保持中华民族在长期历史发展过程中形成的优势，更好地发展中国特色社会主义制度。在中国特色社会主义制度的确立过程中，我们根据国情、世情以及改革开放和现代化建设的实际，继承与弘扬我国古代文明发展的积极成果来丰富完善自己。比如，中共十八大提出到2020年实现全面建成小康社会奋斗目标，就是继承与弘扬了我国古代的“小康”思想；同样，继承与弘扬我国古代“大同”思想，我们提出了构建社会

① 邹谨，张安：《中国特色社会主义制度的基本特征》，《广西社会主义学院学报》2012年第12期。

主义和谐社会的目标；我们继承与弘扬古代的“人本”思想，形成了以人为本的政治理念和坚持人民立场的价值标准，充分尊重人民群众的主体地位，发挥人民群众的主体作用。

三、中国特色社会主义制度能够把实践的开创性同制度的开放性结合起来完善自己

建设有中国特色的社会主义、实现中华民族伟大复兴是中国人民具有开创性的伟大实践和孜孜追求。勤劳勇敢的中国人民历来具有开创精神，在历史上先后提出了大量有价值的理论和制度建设思想。同样，在建设中国特色社会主义实践中，从实践到理论，再从理论到实践，中国特色社会主义思想理论和制度也在不断地向前推进。中国特色社会主义制度是为实现中华民族伟大复兴提供强有力的制度保障，中国特色社会主义实践的每一个阶段性的探索成果，既是对以往实践经验的总结，又为新的实践开辟道路。随着实践的推进，必将会有源源不断的新内容、新成果充实到中国特色社会主义制度中来，使其日趋完善，更具时代特征，更能适应时代发展的潮流和趋势，始终保持中国特色社会主义制度的先进性和优越性。

第七节　创新性

创新是一个民族进步的灵魂，也是中国特色社会主义制度的灵魂。我们党执政兴国的历史，就是一部制度创新史。中国特色社会主义制度的形成和确立，是党不断推进创新的结果，实现民族伟大复兴的征程，也将是一个制度创新的征程，同样需要与时俱进推动制度创新，补足短板、完善不足，避免制度成为“稻草人”“泥菩萨”，不断开创“中国制度”新境界。

一、能够不断进行理论创新，推进中国特色社会主义制度的完善和发展

创新是一个民族进步的灵魂，是一个国家兴旺发达的不竭动力①，是一个政党永葆生机的源泉，也是一个社会制度始终保持先进性的基本要求。理论是实践

① 江泽民：《全面建设小康社会，开创中国特色社会主义事业新局面》，《人民日报》2002年11月9日。

的先导，中国特色社会主义制度是在建设中国特色社会主义的伟大实践中逐步确立的，而建设中国特色社会主义的伟大实践，离不开不断创新的中国特色社会主义理论的指导。中国特色社会主义制度是一种具有创新性的社会制度，它立足于建设中国特色社会主义实际，在创新中开创、在创新中发展、在创新中确立。推进中国特色社会主义制度创新，要注重正义性，并将之作为首要价值；要与社会现实相契合，使之能够真正发挥效应；要注重协调性，使制度的制定、实施、监督等环节相配套，使各个领域的制度相协调；要注重群众性，既要充分尊重群众的首创精神，又要兼顾不同群众的利益。正是通过不断地创新，中国特色社会主义制度才日臻完善。

二、能够不断地进行实践创新，在实践中不断丰富完善中国特色社会主义制度

中国特色社会主义制度是在建设中国特色社会主义的实践中逐步完善并确立起来的，在建设中国特色社会主义的过程中，我们能够根据不同时期的历史条件和所面临的历史任务，大胆实践，不断进行实践创新。从改革开放初期创办经济特区的实践，到探索公有制实现形式多样化的实践；从积极发展非公有制经济的实践，到探索中国特色社会主义保障制度的实践；从农村家庭联产承包责任制的实践，到城市经济体制改革的实践；从建立社会主义市场经济的实践到构建社会主义和谐社会的实践；从西部大开发的实践到建设社会主义新农村的实践；从建设中国特色社会主义“三位一体”的实践，到“四位一体”“五位一体”的实践。都体现了中国特色社会主义制度确立过程中的实践创新。胡锦涛指出：“中国特色社会主义道路必将在党和人民的创造性实践中不断拓展，中国特色社会主义制度必将在深化改革、扩大开放中不断完善。”① 制度建设不可能一蹴而就。因此，必须认识制度建设的长期性，按照客观规律的要求，从实际情况出发，既坚定不移又循序渐进地推进各项改革，使中国特色社会主义制度在实践中不断完善和发展。正是不断的实践创新，使中国特色社会主义道路越走越宽广，中国特色社会主义理论体系内涵越来越丰富，中国特色社会主义制度越来越完善。

三、能够不断地进行制度创新，推动中国特色社会主义制度完善和发展

“农村搞家庭联产承包，这个发明权是农民的。”② 在建设中国特色社会主义实践中，我们除了推进理论创新和实践创新，还推进制度创新。在经济制度方

① 胡锦涛：《在庆祝中国共产党成立 90 周年大会上的讲话》，《人民日报》2011 年 7 月 1 日。

② 《邓小平文选》第 3 卷，人民出版社 1993 年版，第 382 页。

面，我们把马克思主义基本原理同我国的具体实践相结合，确立了以公有制为主体、多种所有制经济共同发展的基本经济制度，确立了以按劳分配为主体、把按劳分配与按生产要素分配相结合的收入分配制度，确立了社会主义市场经济体制。在政治制度方面，逐步充实和完善了人民代表大会制、中国共产党领导下的多党合作和民主协商制度、民族区域自治制度，在发展完善中增加了新的时代内容，确立了有中国特色的基层民主自治制度，并把坚持党的领导、人民当家作主和依法治国有机统一起来，推进了中国特色社会主义民主政治制度的发展。在生态文明制度建设方面，坚持最严格的资源节约和环境保护制度“高压线”，为建设美丽中国提供了强有力的制度保障。制度创新，也是执政党自身的一场“革命”。我们党自成立以来，一直注重制度创新，特别是中共十八大五年来，从出台八项规定开始，制度的笼子越扎越紧、越扎越密。先后出台和修订 80 余部党内法规，构成了严密、管用的党内法规体系，为个人扣上“风纪扣”，把权力关进“制度笼”，美国《赫芬顿邮报》感叹，中共的党内治理是“最具创新力”的举措。

第八节　保障性

制度作为一定范围内社会成员共同遵守的、按统一程序办事的规程和行为准则，在阶级社会，具有鲜明的阶级性，对被压迫被剥削阶级而言，制度具有强制性。在人民当家作主的社会主义社会，制度就具有保障性。中国特色社会主义制度是中国特色社会主义现代化建设的根本保障。

制度的保障特征对社会主义、社会主义现代化建设至关重要。改革开放之初，邓小平就强调，“为了保障人民民主，必须加强法制，必须使民主制度化、法律化，使这种制度和法律不因领导人的改变而改变，不因领导人的看法和注意力的改变而改变”①。“克服特权现象，要解决思想问题，也要解决制度问题。公民在法律和制度面前人人平等，党员在党章和党纪面前人人平等。”② 习近平在十八届中共中央政治局第一次集体学习时的讲话中指出，中国特色社会主义制

① 《邓小平文选》第 3 卷，人民出版社 1993 年版，第 136 页。

② 《邓小平文选 1975—1982》，人民出版社 1983 年版，第 292 页。

度，坚持把根本政治制度、基本政治制度同基本经济制度以及各方面体制机制等具体制度有机结合起来，坚持把国家层面民主制度同基层民主制度有机结合起来，坚持把党的领导、人民当家作主、依法治国有机结合起来，符合我国国情，集中体现了中国特色社会主义的特点和优势，是中国发展进步的根本制度保障。

一、中国特色社会主义制度是社会公平正义的保障

制度是社会公平正义的集中体现。中共十八大以来，习近平在论述制度保障性时指出："不论处在什么发展水平上，制度都是社会公平正义的重要保证。我们要努力克服人为因素造成的有违公平正义的现象，保证人民平等参与、平等发展权利。"① 制度的特点是公平和正义，制度的生命在于公平和正义，制度的最大效用也在于保障公平和正义。加强制度建设，必须着力提高制度的科学性、合理性，在制度建设中最大限度地体现公平和正义，从而能够最大限度地保障社会的公平和正义。社会公平正义是社会持续稳定发展的基本条件，有了科学合理的制度，社会才能在一定的轨道上正常有序地运转，每个人的行为才能符合社会公认的准则，人与人之间的关系才能得到恰当的调整和处理，整个社会也才能处于比较协调、稳定、安宁、和谐的状态。为了促进社会公平正义，必须加强对保障社会公平正义具有重大作用的制度建设，保障人民在经济、政治、文化、社会等方面的利益，引导公民依法行使权利、履行义务，这是历史和现实经验的总结，更是经济社会发展的客观必然要求。

二、中国特色社会主义政治制度是人民群众充分享有民主权利的保障

人民代表大会制度是植根于中国土壤的适合中国国情的国家根本政治制度，它能充分保障全体人民统一行使国家权力，发挥人民的主人翁精神，调动人民群众当家作主的积极性和主动性。人民群众能够拥有充分的民主权利，是社会公平正义的重要标志。中国特色社会主义政治制度从各个层次扩大公民有序的政治参与，保障人民依法管理国家事务、管理经济和文化事业、管理社会事务。不断深化政务公开，依法保障公民的知情权、参与权、表达权、监督权。积极推进政治体制改革，要依法实行民主选举、民主决策、民主管理、民主监督，健全民主制度，丰富民主形式，实现社会主义民主政治制度化、规范化、程序化，保障人民享有广泛的民主权利。完善基层民主管理制度，切实扩大基层民主，发挥社会自治功能，保证人民依法直接行使民主权利。

---

① 习近平：《切实把思想统一到党的十八届三中全会精神上来》，《求是》2014 年第 1 期。

三、中国特色社会主义经济制度是坚持社会主义道路和解放生产力、发展生产力的保障

中国特色社会主义基本经济制度和分配制度以及社会主义市场经济体制，既能体现我国的社会主义性质，保障社会主义的道路和方向，又能适应我国社会主义初级阶段生产力发展不平衡、不充分的状况，进而解放生产力，发展生产力。竞争是社会前进的最重要推动力量，当今时代，是一个竞争的时代、优胜劣汰的时代。社会主义公平正义需要竞争，需要发展。中国特色社会主义经济制度就是要努力创造公平公正的竞争和发展环境，确保全社会每一个成员都能在当今时代这个大舞台上，展示自己的风采，创造自身的价值；让每一个市场经济主体都能在公平公正的环境中参与市场竞争，促进经济社会有序发展。同时，还要确保各级政府和行政管理部门真正遵循市场经济规律，降低干预程度，减少对市场的行政资源配置，优化市场资源配置结构，帮助企业积极引进高精科技和管理技术，推动经济社会向着更高、更远、更强的目标发展。

四、中国特色社会主义文化体制是推动文化大繁荣大发展的保障

中国特色社会主义文化制度，以提高全民族思想道德素质和科学文化素质，促进人的全面发展为根本目的，坚持为人民服务、为社会主义服务的方向，坚持百花齐放、百家争鸣的方针，能够充分发挥先进文化引领前进方向的作用，凝聚和激励全国各族人民团结奋斗，推动中国特色社会主义事业健康发展。文化是民族的血脉，是人民的精神家园。[①] 中国特色社会主义文化建设是中国特色社会主义事业总体布局的重要组成部分，没有文化的积极引领，没有人民精神世界的极大丰富，没有全民族精神力量的充分发挥，我们的国家和民族就不可能屹立于世界民族之林。物质贫乏不是社会主义，精神空虚也不是社会主义。没有社会主义文化繁荣发展，就没有社会主义现代化。在新的历史起点上，推进并深化文化体制改革，创新文化发展理念、解放和发展文化生产力、推动社会主义文化大发展大繁荣，有利于提高全民族思想道德素质和科学文化素质、促进了人的全面发展，有利于增强国家文化软实力和综合国力，有利于为实现全面建成小康社会奋斗目标和中华民族伟大复兴的宏伟目标提供强大精神力量。

五、中国特色社会主义社会体制是维护人民群众基本生存权的保障

中国特色社会主义社会管理制度和社会保障体系，以维护最广大人民根本利

---

① 《中共中央关于深化文化体制改革、推动社会主义文化大发展大繁荣若干重大问题的决定》，《人民日报》2011 年 10 月 26 日。

益为本质特征，能够充分体现共同富裕这个根本原则和公平正义这个内在要求，有力保证人民平等参与、平等发展的权利，实现人民群众共享改革发展成果。社会保障问题是最影响社会公平正义的突出问题，中国特色社会主义社会体制就是要保障弱势群体的基本生产生活权利。在收入分配上，要通过扩大就业、建立农民增收减负长效机制、健全最低工资制度，提高低收入者收入水平。逐步建立农村最低生活保障制度，探索建立多种形式的农村养老保险制度。进一步扩大新型农村合作医疗覆盖面，完善农村医疗保障体系。落实农村基础教育政策，确保让每一个适龄人拥有公平公正的教育权。加强对困难群众的救助，完善城市低保、农村五保供养、特困户救助、灾民救助、城市生活无着的流浪乞讨人员救助等制度。完善优抚安置政策，发展以扶老、助残、救孤、济困为重点的社会福利。拓宽资金筹集渠道，加快廉租住房建设，规范和加强经济适用房建设，逐步解决城镇低收入家庭住房困难。完善公共财政制度，逐步实现基本公共服务均等化，把更多财政资金投向公共服务领域，加大财政在教育、卫生、文化、就业、生态环境、公共基础设施、社会治安等方面的投入。

六、中国特色社会主义生态文明制度是建设美丽中国、践行绿色发展理念的有力保障

中共十八大确立了全面建成小康社会和全面深化改革开放的目标，其中很重要的一项就是要大力推进生态文明建设。建设生态文明，是关系人民福祉、关乎民族未来的长远大计。面对资源约束趋紧、环境污染严重、生态系统退化的严峻形势，必须树立尊重自然、顺应自然、保护自然的生态文明理念，把生态文明建设放在突出地位，融入经济建设、政治建设、文化建设、社会建设各方面和全过程，努力建设美丽中国，实现中华民族永续发展。

坚持节约资源和保护环境的基本国策。节约资源是保护生态环境的根本之策，良好的生态环境是人和社会持续发展的根本基础。坚持节约优先、保护优先、自然恢复为主的方针，着力推进绿色发展、循环发展、低碳发展，形成节约资源和保护环境的空间格局、产业结构、生产方式、生活方式，从源头上扭转生态环境恶化趋势，为人民创造良好生产生活环境，为全球生态安全做出贡献。保护生态环境必须实行最严格的制度，坚持源头严控、过程严管、后果严惩，构建产权清晰、多元参与、激励约束并重、系统完整的生态文明制度体系。要把资源消耗、环境损害、生态效益纳入经济社会发展评价体系，建立体现生态文明要求的目标体系、考核办法、奖惩机制。建立国土空间开发保护制度，完善最严格的耕地保护制度、水资源管理制度、环境保护制度。加强环境监管，完善绿色发展长效投入机制、科学决策机制、政绩考核机制、健全生态环境保护责任追究制度和环境损害赔偿制度。

总之，中国特色社会主义制度是特色鲜明、富有效率的，但还不是尽善尽美、成熟定型的。中国特色社会主义制度建设永远在路上。随着中国特色社会主义事业不断发展，中国特色社会主义制度也需要不断完善。新的历史起点上，我们必须坚持以实践基础上的理论创新推动制度创新，坚持和完善现有制度，从实际出发，及时制定一些新的制度，逐步建立一套系统完备、科学规范、运行有效的制度体系，使各方面制度更加成熟、更加定型，为夺取中国特色社会主义新胜利提供更加有效的制度保障。①

① 《十八大以来重要文献选编》（上），中央文献出版社2014年版，第75-76页。

第四章
中国特色社会主义制度的地位意义

中国特色社会主义制度是几代中国共产党人带领人民不懈探索、奋斗、创造、积累的根本成就。这一制度坚持把政治制度同经济制度有机结合起来，坚持把国家层面民主制度同基层民主制度有机结合起来，坚持把党的领导、人民当家作主、依法治国有机结合起来，符合中国基本国情，具有中国鲜明特色，顺应时代发展大潮，既坚持了社会主义的根本性质，又借鉴了古今中外制度建设的有益成果，具有重要地位和重大意义。正如习近平在庆祝中国共产党成立95周年大会上的讲话中所指出："中国特色社会主义制度是当代中国发展进步的根本制度保障，是具有鲜明中国特色、明显制度优势、强大自我完善能力的先进制度。"①

第一节　中国特色社会主义制度是当代中国发展进步的根本制度保障

制度具有根本性、全局性、稳定性和长期性。改革开放以来，中国特色社会主义建设之所以能够取得让全世界惊叹不已的发展奇迹、稳定奇迹，绝非偶然，关键就在于，我们拥有先进的中国特色社会主义制度作保障。站在新的历史起点上，中国特色社会主义根本层面的制度、基本层面的制度、具体层面的制度以及中国特色社会主义法律体系，为不断推进中国特色社会主义伟大事业保驾护航。

① 习近平：《在庆祝中国共产党成立95周年大会上的讲话》，《人民日报》2016年7月2日。

一、中国特色社会主义制度能够成功应对前进道路上的各种风险挑战

当代中国正经历着我国历史上最为广泛而深刻的社会变革，也正在进行着人类历史上最为宏大而独特的实践创新。改革进入攻坚期、深水区，发展进入新时代、新阶段，前进道路上各种风险前所未有。在这种新的历史时期，我们要办“进行伟大斗争、建设伟大工程、推进伟大事业、实现伟大梦想”的大事，就必须依靠中国特色社会主义制度“集中力量办大事”这一重要法宝，最大限度集中全党全社会智慧，最大限度调动一切积极因素。如果不集中力量办好大事，就不可能办好绝大多数小事；如果不集中力量，也根本办不成大事。

我国宪法明确规定，中华人民共和国的国家机构实行民主集中制的原则。实行民主集中制，不仅是中国特色社会主义的制度特点，而且是中国共产党的制度优势。这一制度安排能够保证中国办成了许多别国办不了的许多大事，具备了许多别国不具备的特殊竞争力。正如有的学者指出的那样，“中国还具备了其他国家不具备的某种特殊竞争力，今天的中国是世界上唯一可以集资本、技术、管理、劳动力为一体的国家。也就是说，中国已有能力把全世界的高铁工程包下来，把全世界的高速公路工程包下来，把全世界的发电站工程包下来，把全世界的地铁工程包下来，把世界各种大型和超大型工程包下来，我们不仅提供各种大型设备，而且能够提供信贷、技术、管理和劳动力。这种竞争力与中国的政治制度的优势（特别是战略决策力和中长期规划力）相结合”①。我们战胜突如其来的非典疫情，夺取抗击汶川特大地震等严重自然灾害和灾后恢复重建的重大胜利，妥善处置一系列重大突发事件，成功举办北京奥运会、残奥会、上海世博会、广州亚运会、深圳大运会等，载人航天工程一次次圆满完成无人飞行试验和载人航天飞行任务，成功应对世界金融危机，尤其是中共十八大以来，以习近平为核心的党中央抓大事、议大事、干大事，取得了令人瞩目的重大进展，生动展现了中国特色社会主义制度“集中力量办大事”的巨大优越性。

实践是检验真理的唯一标准。中国特色社会主义伟大实践已经证明并将继续证明，充分发挥集中力量办大事的优越性是成功应对前进道路上的各种风险挑战的重要法宝。诚如习近平所指出：“我们最大的优势就是我国社会主义制度能够集中力量办大事，这是我们成就事业的重要法宝，过去我们搞‘两弹一星’等靠的是这一法宝，今后我们推进创新跨越也要靠这一法宝。”

---

① 张维为：《中国超越：一个“文明型国家”的光荣与梦想》，上海人民出版社 2014 年版，第 35 页。

二、中国特色社会主义制度有利于推动经济社会全面发展

中国特色社会主义制度，从经济、政治、文化、社会、生态等各个领域，保障最广大人民权益，充分调动了各地区、各民族、各阶层、各方面的积极性，让一切社会活力竞相迸发，让一切创造社会财富的源泉充分涌流，从而推动经济社会全面发展。

从政治制度上看，人民代表大会制度能充分保障人民管理国家各类事务、行使当家作主的权利，既最大限度地发挥人民的主人翁精神、调动人民的创造活力，又最大限度地实现好、维护好、发展好人民的根本利益。

中国共产党领导的多党合作和政治协商制度，是马克思主义政党理论和统一战线学说与我国实际相结合的产物，其本质特征是中国共产党领导，坚持和完善党的领导，是党和国家的根本所在、命脉所在，是全国各族人民的利益所在、幸福所在。民族区域自治制度，充分保障了少数民族人民当家作主的权利。基层民主制度保障了广大人民群众在基层参与管理国家事务和社会事务的权利。所有这些制度安排都能增强民族凝聚力，形成安定团结的政治局面。

从经济制度上看，基本经济制度和分配制度以及社会主义市场经济体制，既能巩固发展人民民主政权，保证社会的社会主义性质、经济的社会主义方向，又能适应我国社会主义初级阶段生产力发展多层次、不平衡、多样性的状况，进而最大限度地解放生产力，发展生产力。

从社会体制上看，社会管理制度和社会公平保障体系，能够促进社会和谐，保障和改善民生，保障社会权利公平、机会公平、规则公平，保证人民平等参与、平等发展权利，实现发展成果更多更公平惠及全体人民。

从文化体制上看，中国特色社会主义文化制度，坚持为人民服务、为社会主义服务的方向，坚持百花齐放、百家争鸣的方针，能够让一切文化创造源泉充分涌流，全民族文化创造活力持续迸发，能够更好保障人民基本文化权益，全面提升人民思想道德素质和科学文化素质，不断增强中华文化国际影响力。

从生态文明体制上看，“绿水青山就是金山银山”的绿色发展理念，节约资源和保护环境的基本国策，通过生态文明体制改革而加快建立的系统完整的生态文明制度体系，可以为人民创造良好生产生活环境，为全球生态安全做出贡献，能够保障早日建成资源节约型、环境友好型社会，建成美丽中国，实现中华民族永续发展。

三、中国特色社会主义制度能够有效维护国家独立自主

中国始终坚持独立自主的和平外交政策，但绝不屈从于任何外来压力。始终

坚持走和平发展道路，但决不放弃维护国家正当权益、决不牺牲国家核心利益。中国力量是维护世界和平、促进共同发展的重要力量，中国特色社会主义制度是促进世界和平、发展、合作、共赢的优越制度。习近平指出："中国坚持独立自主的和平外交政策，在和平共处五项原则的基础上同所有国家发展友好合作。中国坚定不移实行对外开放的基本国策，坚持打开国门搞建设，在'一带一路'等重大国际合作项目中创造更全面、更深入、更多元的对外开放格局。"

四、中国特色社会主义制度具有强大自我完善能力

中国特色社会主义制度之所以能够成为当代中国发展进步的根本制度保障，是因为它能够根据中国特色社会主义伟大实践的不断发展而自我完善。正是由于这种强大的自我完善能力，中国特色社会主义制度才能成为世界上最好的、最先进的制度，确保我们在经济上赶上或超越发达的资本主义国家，在政治上创造出比资本主义国家的民主更高、更切实的民主，在文化上创造出具有世界先进水平的优秀文化成果，在社会上构建出更加和谐的社会。

中国特色社会主义制度的强大自我完善能力突出体现在，对于不适应经济社会发展的制度能够及时进行改革完善。习近平指出："中国共产党人干革命、搞建设、抓改革，从来都是为了解决中国的现实问题。可以说，改革是由问题倒逼而产生，又在不断解决问题中而深化。"① 正是从这意义上说，中国的改革开放，就是中国特色社会主义制度的自我完善和发展。改革开放，"改"出了一个更加完善的中国特色社会主义制度。

正是基于历史经验和现实需要，中共十八大以来，以习近平为核心的党中央反复强调改革开放，把改革开放看作是决定当代中国命运的关键抉择，看作是实现"两个100年"奋斗目标、实现中华民族伟大复兴的关键一招。坚持以经济体制改革为重点，坚持社会主义市场经济改革方向，全面深化经济体制、政治体制、文化体制、社会体制、生态文明体制和党的建设制度改革，以推进国家治理体系和治理能力现代化。

习近平指出："我们要把完善和发展中国特色社会主义制度、推进国家治理体系和治理能力现代化作为全面深化改革的总目标，勇于推进理论创新、实践创新、制度创新以及其他各方面创新，让制度更加成熟定型，让发展更有质量，让治理更有水平，让人民更有获得感。"中国特色社会主义实践发展永无

① 《习近平谈治国理政》，外文出版社2014年版，第74页。

止境，中国特色社会主义制度完善永无止境。随着“只有进行时，没有完成时”的全面改革的不断深化，中国特色社会主义制度一定会与时俱进，永葆先进性。

综上所述，中国特色社会主义制度是当代中国发展进步的必由之路和可靠保障，不可须臾离开。一旦偏离，中国特色社会主义就会走上邪路、老路或不归路。

第二节 中国特色社会主义制度是人的自由全面发展的根本制度保障

人的自由全面发展是马克思主义追求的终极价值目标。马克思主义的特质就在于“其坚不可摧的批判性和对人的发展的价值追求”①。在马克思看来：资本主义世界“是一个着了魔的、颠倒的、倒立着的世界。在这个世界里，资本先生和土地太太，作为社会的人物，同时又直接作为单纯的物，在兴妖作怪”②。这种情况导致了“现实个人的现实异化”，其根源就在于私有制。由此，马克思将人的解放的出路置于私有制的扬弃上，“对私有财产的扬弃，是人的一切感觉和特性的彻底解放”③。认为只有通过消灭私有制才能消灭人的现实异化。

以马克思主义为指导建立起来的中国特色社会主义制度，是人类历史迄今为止最先进、最优越、最公正、最合理的社会制度。这种制度的创设主体是人民，核心立场是人民立场，价值指向是人的自由全面发展。正如习近平所指出：“我们党领导人民全面建设小康社会、进行改革开放和社会主义现代化建设的根本目的，就是要通过发展社会生产力，不断提高人民物质文化生活水平，促进人的全面发展。”

一、中国特色社会主义政治制度为人的自由全面发展奠定了良好政治基础

政治权利是人自由全面发展的重要条件。在资本主义社会，由于私有制的存在，政治权利以其形式上的平等来掩盖其事实上的不平等，如马克思所言：“人

① 陈新夏：《唯物史观与人的发展理论》，《哲学研究》2004年第2期。

② 《马克思恩格斯全集》第25卷（下），人民出版社1974年版，第938页。

③ 马克思：《1844年经济学哲学手稿》，人民出版社2000年版，第85-86页。

民的单个成员在他们的政治世界的天国是平等的，而在人世的存在中，在他们的社会生活中却不平等。”① 中国共产党领导中国人民取得革命胜利后，建立了以人民民主专政为核心的社会主义政治制度。与人民民主专政的国体相适应，确立了人民代表大会制度的根本政治制度。

人民代表大会制度，是中国人民在人类政治制度史上的伟大创造，是中国人民当家作主的重要途径和最高实现形式，是中国特色社会主义政治文明的重要制度载体。第一届全国人民代表大会第一次会议通过的《中华人民共和国宪法》明确规定：中华人民共和国的一切权力属于人民；人民行使权力的机关是全国人民代表大会和地方各级人民代表大会。各级人民代表大会实行民主集中制，由人民通过普选，直接和间接地选出人民代表，组成全国人民代表大会和地方人民代表大会作为行使权力的机关。各级人民代表大会对人民负责、受人民监督。这有力地保证了全国各族人民依法实行民主选举、民主决策、民主管理、民主监督，享有宪法和法律规定的广泛的民主、自由和权利。

与人民代表大会制度相联系，我国确立和完善了中国共产党领导的多党合作和政治协商制度、民族区域自治制度以及基层群众自治制度等基本政治制度。这些政治制度确保了人民的政治权利，激发了人民的主体意识，拓展了人民的政治参与空间，为人的自由全面发展奠定了良好的政治基础。

二、中国特色社会主义经济制度为人的自由全面发展奠定了基本物质基础

马克思指出：“个人的全面性不是想象的或设想的全面性，而是他的现实关系和观念关系的全面性。……要达到这点，首先必须使生产力的充分发展成为生产条件，使一定的生产条件不表现为生产力发展的界限。”② 生产力是社会发展的最终决定力量，也是人的自由全面发展的决定力量。原因就在于，当人们还不能使自己的衣、食、住以及其他生活资料得到充分供应的时候，人们就根本不能获得解放，更谈不上发展。

作为中国特色社会主义制度的重要支柱，中国特色社会主义基本经济制度，是公有制为主体、多种所有制经济共同发展的基本经济制度。公有制为主体主要体现在：公有资产在社会总资产中占优势；国有经济控制国民经济命脉，对经济发展起主导作用。公有制经济和非公有制经济都是社会主义市场经济的重要组成部分，都是我国经济社会发展的重要基础。这样的基本经济制度既坚持了社会主

① 《马克思恩格斯全集》第1卷，人民出版社1956年版，第344页。

② 《马克思恩格斯全集》第46卷（下），人民出版社1980年版，第36页。

义的基本性质，又从中国的具体国情和实际出发，极大地解放和发展了生产力，充分调动了社会各个方面的积极性，推动了经济社会的快速发展，为人们自由而全面的发展奠定了基本的物质基础。

毋庸讳言，我国正处于并将长期处于社会主义初级阶段，生产力发展水平总体上还比较低，人的自由全面发展受到一定程度的制约。但是，随着中国特色社会主义基本经济制度的不断完善，全面深化改革的不断推进，供给侧结构性改革的不断深化，我国社会生产力水平必然总体跃升，人们物质生活水平必然越来越高。

三、中国特色社会主义文化制度为人的自由全面发展奠定了思想文化基础

恩格斯指出："文化上的每一个进步，都是迈向自由的一步。"[①] 这就是说，人的自由全面发展与文化的发展如影随形，人得益于文化，才成为万物之灵。没有文化的传承和发展，就没有人的自由全面发展，推动人的自由全面发展，必须不断推进文化大繁荣大发展。

改革开放以来，我们党在探索创设、完善发展中国特色社会主义制度的过程中，以建设社会主义文化强国为目标，不断深化文化体制改革，以制度保障物质文明和精神文明"两手抓，两手都要硬"，推动社会主义文化不断发展。

中共十八大以来，以习近平为核心的党中央统筹推进"五位一体"总体布局和协调推进"四个全面"战略布局，坚持以人民为中心的工作导向，坚持把社会效益放在首位、社会效益和经济效益相统一，进一步深化文化体制改革。推动文化体制改革在新的起点上纵深拓展，取得一批开拓性、引领性、标志性的制度创新成果，进一步激发了文化创新创造活力，进一步促进了文化事业和文化产业发展繁荣，进一步增强了人民群众的文化获得感和幸福感，进一步提升全民族的思想道德素质和科学文化素质。

总之，制度具有根本性、全局性、稳定性和长期性，中国特色社会主义制度，为中国人民自由而全面的发展奠定了空前而坚实的政治、经济和文化基础，是马克思主义最高价值在当代中国的现实体现。

---

① 《马克思恩格斯选集》第 3 卷，人民出版社 1995 年版，第 456 页。

第三节　中国特色社会主义制度为人类探索更好社会制度提供了中国方案

中国坚持和完善社会主义制度，成功开辟出具有高度现实性和可行性的社会主义现代化之路，让科学社会主义在21世纪焕发出新的蓬勃生机，取得举世瞩目的成就，跃升为世界第二大经济体，创造了人类社会发展史上惊天动地的发展奇迹。因此，习近平总书指出："中国共产党人和中国人民完全有信心为人类对更好社会制度的探索提供中国方案。"①

一、中国特色社会主义让科学社会主义在21世纪焕发出新的蓬勃生机

科学社会主义从诞生到21世纪中叶，可以划分为三大历史阶段：从1848年《共产党宣言》发表标志科学社会主义诞生到1917年俄国十月革命，是科学社会主义发展的第一个历史阶段，从1917年俄国十月革命到20世纪80年代末、90年代初东欧剧变，是科学社会主义发展的第二个历史阶段，从20世纪80年代末、90年代初东欧剧变到21世纪中叶，是科学社会主义发展的第三个历史阶段。其中，苏联作为第一个社会主义大国，由于没能解决好"什么是社会主义，怎样建设社会主义"的问题而导致解体，世界社会主义运动由此陷入低潮。

中国共产党人在总结我国社会主义胜利和挫折的历史经验特别是改革开放以来的成功实践，并借鉴其他社会主义国家兴衰成败历史经验的基础上，在理论上，第一次比较系统地初步回答了在中国这样经济文化比较落后的国家如何建设社会主义、如何巩固和发展社会主义的一系列基本问题。在实践上，走完了发达国家几百年走过的发展历程，不仅创造了举世瞩目的经济奇迹，而且创造了人类减贫史上的奇迹，使科学社会主义焕发出新的蓬勃生机。在庆祝中国共产党成立95周年大会上，习近平指出："中国共产党领导中国人民取得的伟大胜利，使具有500年历史的社会主义主张在世界上人口最多的国家成功开辟出具有高度现实性和可行性的正确道路，让科学社会主义在21世纪焕发出新的蓬勃生机。"②

---

① 习近平：《在庆祝中国共产党成立95周年大会上的讲话》，《人民日报》2016年7月2日。

② 习近平：《在庆祝中国共产党成立95周年大会上的讲话》，《人民日报》2016年7月2日。

二、中国特色社会主义制度丰富了世界现代制度文明

福山的“历史终结论”曾认为，随着冷战的结束、东欧剧变，人类历史终结于“西方自由民主的普世化作为人类统治的最终形式”，自由民主理念是最好的意识形态，自由民主制度是“实际上的最正义的社会制度”。然而，“永恒论”“历史终结论”都经不起世界历史的审判。冷战结束后，资本主义自由民主制度一再遭遇现实的嘲讽。2008 年以来全面的资本主义经济危机，进入第三波“民主化浪潮”国家的政治混乱与发展停滞，“占领华尔街”“黑夜站立”和“民主之春”等运动中西方民众对其民主制度的质疑和批判等，都用事实说明，西方自由民主制度既无形式之完美，更无内容之真实；既不能保证西方国家经济持续发展、社会和谐稳定，更不可能给非西方国家带来现代化的福音。这样的制度绝不是人类社会制度的终结者，更不能阻止人类对更好社会制度的探索。

人类不能永远止于困境之中，而要在困境中找出路，这种替代性方案就是中国特色社会主义制度。中国特色社会主义制度作为资本主义制度的对立物和替代物，实行生产资料公有制，人民当家作主，保障中国用几十年的时间走完了西方国家用几百年时间取得的成就，走出了与西方发达国家不同的成功之路。历史和实践都已经证明，中国特色社会主义制度体系是一整套完备、稳定、管用的制度体系。因此，我们可以自信地说，中国特色社会主义制度丰富了世界现代制度文明。

三、中国特色社会主义制度为世界提供了有益借鉴

“民者，万世之本也。”民本思想是中华民族优秀传统治理理念，人民性是马克思主义区别于其他“主义”的根本标志。马克思主义认为，人民群众不仅是社会赖以存在和发展的物质财富的创造者、精神财富的创造者，而且是社会变革的决定性力量。中国共产党把中华民族的优秀理念与马克思主义理论相结合，制定了全心全意为人民服务的宗旨。中国共产党人历来尊重人民群众的主体地位，一贯秉持以人为本的价值理念，矢志不渝促进人的全面发展。毛泽东指出：“人民，只有人民，才是创造世界历史的动力。”习近平强调，“人民是历史的创造者”，“人民是历史的主体”，指出“我们必须坚持国家一切权力属于人民，坚持人民主体地位，支持和保证人民通过人民代表大会行使国家权力”。“我们的人民热爱生活，期盼有更好的教育、更稳定的工作、更满意的收入、更可靠的社会保障、更高水平的医疗卫生服务、更舒适的居住条件、更优美的环境，期盼孩子们能成长得更好、工作得更好、生活得更好。人民对美好生活的向往，就是我

们的奋斗目标。”

作为一种新型的制度文明形态，中国特色社会主义制度具有广泛而深远的世界意义，可以为其他国家提供诸多体制机制的有益借鉴，其中最重要的就是：国家制度建设必须坚持以人为本，保证支持人民当家作主，牢牢把握人民对美好生活的向往；始终把实现好、维护好、发展好最广大人民的根本利益作为执政党和国家一切工作的出发点和落脚点；尊重人民主体地位，发挥人民首创精神，保障人民各项权益，走共同富裕道路，促进人的自由全面发展。

总之，中国特色社会主义制度保障“中国这个世界上最大的发展中国家在短短30多年里摆脱贫困并跃升为世界第二大经济体，彻底摆脱被开除球籍的危险，创造了人类社会发展史上惊天动地的发展奇迹，使中华民族焕发出新的蓬勃生机”[①]。中国特色社会主义制度不仅造福中国，而且也为人类对更好社会制度的探索提供了中国方案。

---

① 习近平：《在庆祝中国共产党成立95周年大会上的讲话》，《人民日报》2016年7月2日。

后　记

自2011年安徽省社会科学院开始组织实施学科建设以来，马克思主义研究所一直聚力于中国特色社会主义理论与实践研究，在顺利完成所承担的第一期院骨干学科建设研究任务之后，2015年又承担了第二期院重点学科建设项目“中国特色社会主义研究”。在本周期的3年间，公开发表学术论文近200篇，其中各类核心期刊发表20多篇。

本书是安徽省社会科学院马克思主义研究所承担的第二期院重点学科建设项目“中国特色社会主义研究”的成果。全书的主体由上中下三篇，即“中国特色社会主义道路”“中国特色社会主义理论体系”“中国特色社会主义制度”三大部分组成，全书内容只撰写到中共十九大召开之前；各部分及其各章既相对独立又相互联系，比较系统地阐述了中国特色社会主义道路、理论体系、制度的“形成演进”“科学内涵”“基本特征”“地位意义”，构成了一个比较完整的体系，对深入理解和把握中国特色社会主义具有重要的参考价值。

本书由“中国特色社会主义研究”重点学科建设项目主持人杨根乔研究员负责框架设计、修改和统稿，马克思主义研究所原所长邸乘光研究员对本书的框架设计也付出了心血。马克思主义研究所的研究人员承担了全书的研究与撰写任务。其中各篇、章的撰写任务分别是：杨根乔，上篇（第一章、第二章、第三章、第四章）；邸乘光，中篇（第一章、第二章、第三章、第四章）；戚嵩，下篇（第一章、第四章）；贾绍俊，下篇（第二章）；王兴仓，下篇（第三章）。

本书的出版得到了合肥工业大学出版社的大力支持，副社长朱移山同志和责任编辑郭娟娟同志，为本书的顺利出版付出了辛勤的劳动，在此表示衷心感谢！

由于水平有限，书中难免出现疏漏与不妥之处，敬请读者谅解，并给予批评指正。

杨根乔

2017年11月8日